Sinn, Kommunikation und soziale Differenzierung

Beiträge zu Luhmanns
Theorie sozialer Systeme

Herausgegeben
von Hans Haferkamp
und Michael Schmid

Suhrkamp

CIP-Kurztitelaufnahme der Deutschen Bibliothek
Sinn, Kommunikation
und soziale Differenzierung :
Beitr. zu Luhmanns Theorie sozialer Systeme /
hrsg. von Hans Haferkamp u. Michael Schmid. –
1. Aufl. – Frankfurt am Main :
Suhrkamp, 1987.
(Suhrkamp-Taschenbuch Wissenschaft ; 667)
ISBN 3-518-28267-0
NE: Haferkamp, Hans [Hrsg.]; GT

suhrkamp taschenbuch wissenschaft 667
Erste Auflage 1987
© Suhrkamp Verlag Frankfurt am Main 1987
Suhrkamp Taschenbuch Verlag
Alle Rechte vorbehalten, insbesondere das
des öffentlichen Vortrags, der Übertragung
durch Rundfunk und Fernsehen
sowie der Übersetzung, auch einzelner Teile.
Satz und Druck: Wagner GmbH, Nördlingen
Printed in Germany
Umschlag nach Entwürfen von
Willy Fleckhaus und Rolf Staudt

1 2 3 4 5 6 – 92 91 90 89 88 87

Inhalt

Michael Schmid/Hans Haferkamp
Einleitung 7

I
AUTOPOIESIS UND SOZIALES HANDELN

Michael Schmid
Autopoiesis und soziales System:
Eine Standortbestimmung 25

Hans Haferkamp
Autopoietisches soziales System oder konstruktives
soziales Handeln? Zur Ankunft der Handlungstheorie
und zur Abweisung empirischer Forschung
in Niklas Luhmanns Systemtheorie 51

Gunther Teubner
Hyperzyklus in Recht und Organisation.
Zum Verhältnis von Selbstbeobachtung,
Selbstkonstitution und Autopoiese 89

Johannes Berger
Autopoiesis: Wie »systemisch« ist die Theorie
sozialer Systeme? 129

II
SINN UND UNSINN

Alois Hahn
Sinn und Sinnlosigkeit 155

Georg Lohmann
Autopoiesis und die Unmöglichkeit von Sinnverlust.
Ein marginaler Zugang zu Niklas Luhmanns Theorie
»Soziale Systeme« 165

III
Kommunikation

Max Miller
Selbstreferenz und Differenzerfahrung.
Einige Überlegungen zu Luhmanns Theorie
sozialer Systeme 187

Hans-Joachim Giegel
Interpenetration und reflexive Bestimmung des
Verhältnisses von psychischem und sozialem System 212

IV
Strukturelle Differenzierung

Helmut Willke
Differenzierung und Integration in Luhmanns
Theorie sozialer Systeme 247

Karl Otto Hondrich
Die andere Seite sozialer Differenzierung 275

V
Antworten und Fortführung der Diskussion

Niklas Luhmann
Autopoiesis als soziologischer Begriff 307

Hinweise zu den Autoren 325

Michael Schmid/Hans Haferkamp
Einleitung[*]

Alle Versuche, das Luhmannsche Theoriewerk mit aktuellen Kommentaren und Kritiken zu begleiten, enden im Hoffnungslosen. Das gewichtige Buch Luhmanns »Soziale Systeme. Grundriß einer allgemeinen Theorie«, zu dessen Diskussion sich die in diesem Band versammelten Autoren am 7. und 8. Februar 1986 im Rahmen einer Veranstaltung der Sektion ›Soziologische Theorien‹ der Deutschen Gesellschaft für Soziologie in Augsburg trafen, war bereits im September 1984 erschienen; erste Rezensionen tauchten gegen Ende des Jahres 1985 auf, und nun erst findet sich die Gelegenheit, die in Augsburg vorgetragenen Gedanken einer breiteren Öffentlichkeit zur Kenntnis zu geben, ergänzt um zwei Beiträge von Haferkamp und Hondrich, die unter dem Eindruck der Augsburger Tagung erst anschließend für diesen Band verfaßt wurden. Zwischenzeitlich aber lief die Luhmannsche Theorieproduktion in ungebremstem Tempo weiter, und der kritische Begleiter hätte sich der Aufgabe zuzuwenden, ein gutes halbes Dutzend zum Teil umfänglicher Artikel und ein weiteres Buch durchzuarbeiten[1], um von sich behaupten zu wollen, auf dem laufenden zu sein. Da man indessen sicher sein kann, bei diesem Bemühen niemals aus der Rolle des Achilles schlüpfen zu können, der vergeblich versucht, die vor ihm enteilende Schildkröte einzuholen, wird es sich statt dessen rechtfertigen lassen innezuhalten, nicht nur, um wieder zu Atem zu kommen, sondern vornehmlich, um sich den Geländegewinn vor Augen zu führen, der dem von Luhmann postulierten ›Paradigmawechsel‹[2] zu verdanken ist. Denn dies ist in der Tat sein Anspruch: die soziologische Theorie auf einer veränderten systemtheoretischen Grundlage neu aufzubauen. Diesen Zweck verfolgt Luhmann in einer dreifachen Weise. Zum einen gilt es, die außerhalb der Soziologie erarbeiteten Umgestaltungen und Weiterführungen der allgemeinen Systemtheorie zur Kenntnis zu nehmen; ohne diesen Blick über den Gartenzaun der eigenen Theorietradition bleibt die soziologische Disziplin festgehalten in einem Stadium »selbsterzeugter Dunkelheit«.[3] Sodann ergibt sich die Aufgabe,

unter den auf diese Weise veränderten Rahmenbedingungen eine allgemeine Theorie sozialer Systeme zu spezifizieren. Ihr stellt sich das angesprochene Buch über ›Soziale Systeme‹, dessen näherer Rezeption die nachfolgenden Beiträge gewidmet sind. Damit erst kann sich das Theorienprogramm Luhmanns dem abschließenden Schritt zuwenden, diese ›allgemeine Theorie‹ sozialer Systeme als Konkretisierungsvorgabe zur Ausarbeitung einer ›Theorie der Gesellschaft‹ zu nutzen. Dieser Schritt ist bereits vollzogen, so daß in absehbarer Zeit ein umfangreiches Buch zu diesem Themenkreis erscheinen wird.
Worin aber besteht jener systemtheoretische »Paradigmawechsel«, dessen Auswirkungen eine Rekonzeptualisierung der soziologischen Theorie nahelegen, ja erfordern? Die Systemtheorie hatte ihre Karriere damit begonnen, Systeme anhand der dominierenden Leitdifferenz von ›Teilen‹ und ›Ganzem‹ auszuzeichnen; Systeme galten ihr als Ganzheiten, die sich in angebbarer Weise aus Teilen ›zusammensetzten‹. Damit war zwar eine genauere Vorstellung davon gewonnen, daß Systeme als strukturierte und holistische Einheiten zu betrachten seien, gleichzeitig aber schlossen sich endlose Kontroversen darüber an, inwiefern das systemische Ganze mehr als die Summe seiner Teile sei, inwieweit derart konzipierte Systeme eine Identität ausbilden könnten und wie es ihnen gelingen mochte, sich von ihrer Umwelt abzugrenzen[4]; bei diesen Überlegungen konnte der unterstellte Systembegriff zwar zu Recht die Idee voraussetzen, daß sich die Struktur des Systems als Relationsgeflecht seiner konstitutiven Teile zu ergeben habe, Prozeßkategorien aber blieben zur Bestimmung dessen, was ein System sein und leisten könnte, als blinder Fleck in vielbeklagter Weise ausgeblendet.[5] Ein Teil dieser Schwierigkeiten und Unklarheiten ließ sich durch eine Verschiebung grundlegender systemtheoretischer Kategorien vermeiden bzw. auflösen. Die im Gefolge der Arbeiten von v. Bertalanffy[6] rezipierte Vorstellung, daß Systeme sich ausschließlich in bezug auf ihre Umwelt konstituieren, eröffnete dabei die Möglichkeit, das systemtheoretische Denken auf eine neue Leitdifferenz, jene zwischen System und Umwelt, umzustellen und darauf aufbauend eine Reihe neuer Distinktionen einzuführen: etwa die Unterscheidung zwischen geschlossenem und offenem System, die zur Voraussetzung der vielbenutzten Auffassung wurde, derzufolge sich Systeme durch Umwelttransfers, durch Metabolismen struk-

turierten.⁷ Systeme gewannen auf diese Weise eine greifbare Identität insoweit, als es ihnen gelingen mochte, sich aus ihrer Umwelt jene Eingangsgrößen und Einflußfaktoren zu beschaffen, die sie zur Ausbildung und Aufrechterhaltung ihres Bestands benötigten.

Auf diese Weise hoffte man darauf, ein angemessenes Verständnis der internen Strukturierungsleistungen von Systemen zu gewinnen. Diese Hoffnung trog freilich und mußte auf das eine, immer wieder benutzte Axiom zurückgenommen werden, wonach sich jede interne Strukturierung eines Systems als in das System hineinverlagerte, gestaffelte Differenzierung verstehen lassen mußte, in deren Verlauf die internen Komplexitätssteigerungen mit der sich selbst generierenden Ausbildung immer weiterer interner Umwelten und einem dadurch erhöhten Abstimmungsbedarf zwischen den ausdifferenzierten Subsystemen bezahlt werden mußten.⁸ Tatsächlich aber blieb auf diesem Wege weitgehend ungeklärt, wie Systeme es tatsächlich fertigbringen konnten, jenen Prozeß der internen Strukturierung aufzubauen und fortzuführen; die Hineinnahme externer Faktoren setzte jenen einzuklagenden internen Strukturierungsprozeß ja genau besehen bereits voraus, und daß dieser sich ausschließlich als ein Prozeß der Differenzierung darstellen lassen sollte, blieb ebenso fraglich wie das nähere Verständnis jener internen Differenzierungsvorgänge selbst. Zwar hatte man sich seit Spencer und Simmel daran gewöhnt, systeminterne Differenzierung als Folge eines »Prinzips der Kraftersparnis«⁹ und damit als einem Programm der energetischen Minimierung folgend zu verstehen; unglücklicherweise aber blieb damit offen, wie sich jene Minimierung des energetischen Aufwands tatsächlich in Strukturen umsetzte, wie aus der ausschließlichen Beseitigung von Störungen ohne weiteres Ordnung entstehen mochte.

Zwar kann kaum geleugnet werden, daß insbesondere Parsons sich der Beantwortung ebendieser Frage zugewandt hatte und seine Lösungsvorschläge einige Reputation erfuhren¹⁰; indessen blieben diese Versuche für die allgemeine Systemtheorie ohne eigentlichen Belang. Dort näherte man sich der Problematik der Systemstrukturierung auf zwei anders ausgelegten Wegen. Seit dem Ende der 50er Jahre verfolgten verschiedene Forschungen die Frage, inwieweit man die Strukturierungsleistungen von Systemen als eine Folge deren operativer Geschlossenheit begreifen könne und in diesem Sinne als Produkt systemeigener Leistungen.[11] Zwei Gedanken traten in diesem Zusammenhang immer mehr in den Vordergrund. Offenbar war eine Selbstorganisation oder Selbststrukturierung von Systemen nur zu erwarten, solange der damit angesprochene Prozeß selbstreferentiell, d. h. im System und gleichzeitig in bezug auf das System (oder seine Zustände) verlaufen konnte und sofern zum anderen diese Selbstbezüglichkeit einer rekursiven Logik gehorchte. Damit war eine formale Eigenschaft jener Gleichungssysteme angesprochen, mit deren Hilfe man jenen Prozeß der Selbstorganisation abzubilden hoffte: der Tatbestand, daß die operativen Ergebnisse jener Gleichungen als Bedingung ihrer fortgeführten Anwendung taugten und in diesem Sinne in Form eines in sich geschlossenen Systems auf sich selbst Bezug nahmen. Von Foersters Untersuchungen zur »second order cybernetics« stellten das Paradigma dieses Ansatzes dar.[12] Die mathematischen Grundlagen waren von Lorenz, Mandelbaum und anderen gelegt worden. Im Kontext dieser vereinten Bemühungen gelang es, sich das Verhalten eines Systems als Abfolge von sogenannten ›Eigenwerten‹ plausibel zu machen, d. h. als rekursiv verlaufende Serie von Gleichgewichtszuständen, die als jeweilige Lösungen der diesen Prozeß beschreibenden Systemgleichungen aufgefaßt werden durften.[13] Konnte das jeweilige Systemverhalten tatsächlich mit Hilfe solcher rekursiver Gleichungen behandelt werden, war die eigenständige, selbstbezügliche Ausbildung von Strukturen *unvermeidlich*, Selbstorganisation somit auf alle Fälle zu erwarten.

Freilich wurden diese Ideen zunächst nur sehr zögerlich rezipiert. Zumal gerade die theoretischen Wissenschaften verschiedenster Richtungen, die sich daran gewöhnt hatten, systemtheoretisch zu denken, sich nicht an die Behauptung halten mochten, empirische Systeme seien tatsächlich auch nur teilweise geschlossene Systeme. Um dies klarzustellen, bedurfte es noch einiger Überzeugungsarbeit, die ihren derzeitigen Höhepunkt in den Arbeiten von Humberto Maturana und Francisco Varela[14] und deren Schule findet. Diesen Autoren gelang der Nachweis, daß sich insbesondere biologische Systeme in der Tat aufgrund geschlossener Operationen reproduzieren und sich eben hierdurch die Elemente, aus denen sie bestehen, immer wieder beschaffen können, was voraussetzt, daß sich diese Elemente als relativ kurzlebig erweisen und in benennbaren Abständen ersetzt werden müssen.

Diese Idee einer selbstreferentiellen, rekursiv operierenden Wiederbeschaffung systemkonstituierender Elemente bezeichnet die systematische Fähigkeit zur »Autopoiesis«, zum systemischen Wiederselbstaufbau. Die empirisch-theoretischen Arbeiten der genannten Autoren wurden mittlerweile durch Simulationsmodelle untermauert[15] und alsbald auf nicht-biologische Zusammenhänge übertragen und in diesem Sinne generalisiert.[16] Dabei taucht zwangsläufig die Erinnerung daran auf, daß insbesondere die Sozialwissenschaften insgeheim und in wenig formalisierter Form Modelle spontaner Selbststrukturierung immer schon angeboten hatten.[17] Was also lag näher, als die neuerliche Wende in der allgemeinen Systemtheorie für die Theorie sozialer Systeme fruchtbar zu machen?

Und genau an dieser Stelle setzen die neueren Überlegungen Luhmanns an: Seiner Auffassung nach sollte sich die Sozialtheorie, verstanden als allgemeine Theorie sozialer Systeme, als Theorie selbstreferentieller oder autopoietischer Systeme rekonstruieren lassen, wobei Luhmann in Aussicht stellt, daß dieser Kerngedanke eines in sich geschlossenen, selbstreferentiellen Modus autopoietischen Operierens seine überkommene, eher funktionale Bestimmung der Selbststrukturierung von Systemen im Gefolge der Reduzierung von Komplexität – diese präzisierend – ablösen sollte. Dazu ist in einem ersten Schritt zu zeigen, inwiefern soziale Systeme rekursiv operieren. Luhmann argumentiert in dieser Frage pointiert: Sie tun dies in dem Umfang, als sie als *kommunikative Systeme* verfahren; soziale Systeme prozessieren sich über Kommunikation. Dieses Kommunizieren kann dabei, einer neueren Bestimmung folgend, nicht als ein einfaches Mitteilungshandeln verstanden werden, das Information ›überträgt‹, sondern muß aufgefaßt werden als eine Form eigenständigen autopoietischen Operierens, das drei Selektionen, nämlich Information, Mitteilung und Verstehen, zu einer emergenten Einheit verknüpft, an welche weitere Kommunikationen anschließen können.[18] Eine intentionale Beschreibung dieses dreifachen Selektionsprozesses ist ebensowenig angebracht wie seine Reduktion auf Handlung. Soziale Kommunikation kann entsprechend nicht im Rahmen einer Handlungstheorie rekonstruiert werden, vielmehr spielen Handlungen nur insofern eine Rolle, als sie als Sinnträger auftreten können und als solche auf weitere Handlungen, denen desgleichen Sinn (und zwar ausschließlich innerhalb

des sinnverbreitenden Systems selbst) zugeschrieben werden kann, verweisen; und genau dieser Handlungssinn und nur dieser kann als Element von Kommunikationsprozessen fungieren.
Diese Überlegung, wonach Sinn als Grundkategorie der soziologischen Theorie betrachtet werden kann – das wissen jene, die sich der Mühe unterzogen haben, die Entstehung des Luhmannschen Theoriewerks zu verfolgen –, ist keineswegs neu.[19] Neu aber ist der weitere Gedanke, daß die konstituierende Selbstreferentialität sozialer Systeme eine kommunikative ist. Kommunikation ist entsprechend nicht einer unter mehreren gleichgewichtigen Strukturierungsprozessen sozialer Systeme[20], sondern jedes System kann umgekehrt ausschließlich nur insofern als ein soziales gelten, als es sich als ein selbstfortführendes, rekursiv funktionierendes kommunikatives System ausweisen läßt. Auf der Ebene seiner autopoietischen Organisation werden Akteure und deren Bewußtsein folgerichtig zu puren Umweltdaten und verlieren jede innersystemische Bedeutung. Konsequenterweise weigert sich Luhmann – mit nur minimaler Konzessionsbereitschaft –, innerhalb seiner allgemeinen Theorie sozial-kommunikativer Systeme Auskünfte über Eigenschaften und Merkmale von Personen und Akteuren zu geben. Das »Individuum« an sich bleibt aus jeder Betrachtung ausgeschlossen, allenfalls »Theorien über Individualitäten« oder, wie Luhmann sich ausdrücken würde, »individualistische Semantiken«, auf deren ontologischen Gehalt sich seine Theorie in keiner Weise festlegen möchte oder auch nur müßte, mögen als Thema von sozialer Kommunikation taugen. Es ist kaum verwunderlich, daß gerade diese Konsequenz der Luhmannschen Systematisierungsbemühungen zum Teil harsche Kritik auf sich gezogen hat.
Daß die leibhaftigen Akteure und deren Psyche, aus der Perspektive kommunikativer Systeme betrachtet, außer Sichtweite geraten, hat einen weiteren Grund darin, daß die Konzepte der ›Beobachtung‹ und der ›Selbstbeobachtung‹ für die Luhmannsche Theorienkonstruktion fortschreitendes Gewicht gewinnen.[21] Bei der Verwendung dieser Begrifflichkeit sollte man indessen nicht an ›psychische Wahrnehmung‹ denken, sondern einen sehr viel allgemeineren Wortsinn in Erinnerung behalten, demzufolge von ›Beobachtung‹ insofern die Rede sein soll, als ein System dazu befähigt ist, die Einheit einer Operation zu nutzen, die eine Unterscheidung verwendet, um die eine oder andere Seite dieser

Unterscheidung zu bezeichnen.²² Bei Anwendung dieser Operation auf sich selbst entsteht das Phänomen der ›Selbstbeobachtung‹. Jede Beobachtung in diesem reflexiven Sinn muß indessen ihrerseits in Kommunikation eingespeist werden, um innerhalb eines sozialen Systems operativ verwendbar zu sein; oder anders: Jedes soziale System beobachtet sich und seine Umwelt ausschließlich mittels Kommunikation. Beobachtungen psychischer Systeme als solche sind innerhalb des sozialen Systems nicht operabel. Daß Luhmann die Selbstbeobachtung sozialer Systeme vornehmlich anhand deren Selbstthematisierungen und der entsprechenden kollektiven Semantiken studiert, wird vor dem Hintergrund dieser Festlegungen verständlich.²³

Die globale Folge dieses Theorienverständnisses ist, daß jede Begrifflichkeit, die den Anspruch erhebt, echter und tauglicher Bestandteil soziologischer Theorie sein zu wollen, sich als Begriff einer ›Theorie sozialer Kommunikation‹ einführen können lassen sollte. Wenn jedes soziale System gleichzusetzen ist mit geschlossen operierender Kommunikation, dann muß sich in logischer Weise jeder Wandel als Veränderung der betreffenden Kommunikationsmodi oder Kommunikationsthemen erfassen lassen, jeder Konflikt vornehmlich als eine kommunikative Verweigerung gegenüber eingefahrenen Erwartungen, jede soziale Bewegung als Versuch einer Selbstverständigung der kommunikativen Gemeinschaft angesichts einer Krise, muß jede Differenzierung verstanden werden als Abkopplung kommunikativer Teilsysteme, die sich durch Ausbildung eines kommunikationserschwerenden, eigenständigen Codes auszeichnen, und endlich alle systemische Reproduktion als Bewahrung der Fähigkeit, Kommunikationen aneinander anzuschließen. Da jedes soziale System nur als geschlossenes funktioniert, bleibt angesichts des Versagens von Kommunikation letztlich und konsequenterweise nur der Rekurs auf reflexive Kommunikation über Kommunikation. Diese Geschlossenheit bleibt auch dort Voraussetzung des internen Geschehens, wo ein System seine selbstreferentielle Organisation dazu benutzt, sich mit ihrer Hilfe als Differenz zu seiner Umwelt zu bestimmen, und genau diese Einsicht als Mittel verwendet, sich auf seine Umwelt zu beziehen, in diesem Sinne ›Fremdreferenz‹ ausbildend. Gleichzeitig bleibt zur Erhellung der Bedingungen dieser Fremdreferenz folgerichtig in letzter Instanz nichts als Kommunikation über ebendiese Bedingungen. Mit Recht spricht

Johannes Berger von einer konsequent verfolgten und durchgeführten ›phänomenologischen Wendung‹[24] der Luhmannschen Theorie.

Daß diese Wendung zur Selbstreferenz in aller Folgerichtigkeit durchgehalten und bis zur integralen Beachtung von unvermeidlichen Paradoxa, Tautologien und regressiven Argumenten geführt wird, erleichtert die Auseinandersetzung mit Luhmanns Theorienwerk nicht in allen Fällen: Angesichts einer solchen Theorie, die sich zur Beseitigung selbstinduzierter Schwierigkeiten in letzter Instanz selbst denken können muß – und dies immer auch als kontingente, d. h. als eine Theorie, die auch anders lauten mag – und die sich in Zeiten der Bedrängnis genau hierauf zurückzieht, wird sich jeder eilfertige Kritiker und Kommentator des öfteren in der Lage des Hasen finden, der, wohin er auch läuft und wie schnell er sein Ziel auch erreicht, immer wieder feststellen muß, daß ihr Protagonist längst schon hinter der Ziellinie steht und seinen Übereifer milde belächelt.

Obgleich diese Sachlage entmutigen und bisweilen Anlaß für heftige Abwehrbewegungen sein könnte, hat sich doch eine Reihe von Kommentatoren gefunden, die es sich trotz ihrer wenig beneidenswerten Lage nicht nehmen lassen wollen, auf einige kritikwürdige Punkte des Luhmannschen Theorienentwurfs hinzuweisen und Verbesserungsvorschläge zu machen. Alle diese vorgetragenen Gegenbemerkungen und Erwägungen beziehen sich zwar auf das dort vorgelegte Abstraktionsniveau und machen den Versuch, den Luhmannschen Anspruch, eine universelle Theorie vorzuschlagen, ernst und beim Wort zu nehmen; sie richten indessen ihr Augenmerk – von ganz verschiedenen Ausgangspunkten und Standpunkten her argumentierend – doch auf recht unterschiedliche Teilbereiche und Themen. Dies legt nahe, die nachfolgenden Beiträge in folgender Weise zu präsentieren: Einige basale Fragen werden im ersten Teil unter dem übergreifenden Titel ›Autopoiesis und soziales Handeln‹ erörtert.

Michael Schmid rekonstruiert unter der Überschrift ›Autopoiesis und soziales System: Eine Standortbestimmung‹ zunächst die grundlegenden Annahmen einer Theorie autopoietischer Systeme, verfolgt sodann die wesentlichsten Spezifikationsbedingungen für deren Anwendung im Kontext einer Theorie sozialer Systeme und zeichnet die wichtigsten Vorteile dieser Theorienkonzeption im Vergleich zu einigen Vorgängertheorien nach. In einem eher kritischen Teil wird darauf verwiesen, daß die Luhmannsche Theorie die Genese (sozialer) Systeme nur unvollkommen behandelt, daß ihre Logik zudem eher einer Konstitutionsanalyse gleicht als einer (testbaren) Theorie, daß die Theorie im weiteren auf die Benennung dynamischer Prozeßmodelle verzichtet und in Konsequenz dieses Mangels die Bedingungen systemischer Evolution übersieht und ausblendet. Daran, daß das Ausscheiden von Akteuren als Träger motivationaler Energie einige unnötige theoretische Kosten nach sich zieht, wird abschließend erinnert.

Hans Haferkamps Beitrag zur Frage ›Autopoietisches soziales System oder konstruktives soziales Handeln?‹ bestreitet nicht, daß die Luhmannsche Theorie Anspruch auf universale Geltung anmelden kann, stellt aber in Abrede, daß sie mit Recht behaupten dürfe, auf diesem Feld ohne Konkurrent dazustehen. Er erinnert an die Selbstreflexivitätskompetenz der allgemeinen Handlungstheorie und benutzt diese, um die von Luhmann postulierten ›Differenzen zum Fachüblichen‹ korrigierend zu reformulieren. Daß vor dem Hintergrund einer Handlungstheorie, auf die sich Haferkamp verpflichtet, Luhmanns zögerliche Behandlung der theoretischen Bedeutung subjektiver Akteure keine Zustimmung erfährt, ist ebenso leicht zu verstehen wie seine Ablehnung eines Struktur- und Evolutionsbegriffs, der jede Rückbindung an intentional handelnde Akteure vermissen läßt. Soweit Luhmanns Einsichten akzeptiert werden, erweisen sie sich bei näherer Betrachtung als bei weitem nicht derart originell, wie Luhmann sich und seinem Publikum glauben machen möchte, und lassen im übrigen nicht erkennen, daß sie sich in allen Fällen den Standards empirischer Kontrolle unterwerfen ließen, die Haferkamp für unabdingbar hält.

Gunther Teubners Arbeit ›Hyperzyklus in Recht und Organisation: Zum Verhältnis von Selbstbeobachtung, Selbstkonstitution und Autopoiese‹ hat es sich zur Aufgabe gesetzt, die während der Rezeption des Autopoiesebegriffs auch bei Luhmann aufgetauchten Inkonsistenzen durch einen begriffsbestimmenden Vorschlag zu beseitigen. Der Autor plädiert dafür, den Begriff des Hyperzyklus in das Definiens von ›Autopoiese‹ an zentraler Stelle aufzunehmen, um auf diesem Wege die Funktionsweise selbstreferentiell funktionierender Systeme genauer darstellen zu können. In zwei Abschnitten über die ›Autonomisierung des Rechts‹

und über ›Interaktion, Gruppe und Organisation‹ gelingt es ihm, die Fruchtbarkeit dieser Begriffswahl zu dokumentieren.
Johannes Bergers Nachfrage ›Autopoiesis: Wie ›systemisch‹ ist die Theorie sozialer Systeme?‹ konzentriert sich auf den Tatbestand, daß Luhmanns Umstellung der Theorie sozialer Systeme auf die konsequente Selbstreferenz in eine ›Phänomenologie‹ mündet und diese nur unter Ausblendung eines ›objektiven‹ Strukturbegriffs durchzuhalten ist. Damit aber verbaut er sich jede Möglichkeit, Gesellschaft als einen Restriktionszusammenhang zu denken und somit nach den Bedingungen einer entsprechenden, kommunikativ unerreichbaren Systemintegration zu fragen. Berger möchte sich angesichts der unzweifelhaften Verdienste einer Phänomenologisierung der Theorie sozialer Systeme in der Nachfolge von Varela zumindest die Option einer ›zweistufigen‹ Analyse offenhalten, die neben der Betonung von Binnenperspektiven auch eine externe Betrachtungsweise zuläßt, deren Kategorien eben gerade nicht notwendigerweise auf selbstreferentielle Vorgänge festgeschrieben werden müssen. Allopoietische Prozesse gibt es ebenso wie autopoietische, und die Sozialtheorie sollte sich nicht in eine Situation begeben, erstere nicht länger triftig behandeln zu können. In einem abschließenden Abschnitt sucht Berger mit Habermas und gegen Luhmann, am Sinn und an der Möglichkeit einer Fragestellung festzuhalten, die nach den Bedingungen eines gesamtgesellschaftlichen Konsenses Ausschau hält.
Den zweiten Teil bilden unter dem Titel ›Sinn und Unsinn‹ zwei Beiträge, die gegen Begrenzungen und Beschränkungen der Luhmannschen Sinnkonzeption Einwände erheben.
Alois Hahn setzt sich in seinem Beitrag ›Sinn und Sinnlosigkeit‹ gegen Luhmanns These zur Wehr, jedes Gerede über ›Sinnverlust‹, ›Sinngefährdung‹ und ›Sinnlosigkeit des Daseins‹ müsse aufgegeben werden, und erinnert daran, daß Prädikate wie die der ›Sinnlosigkeit‹ oder des ›Sinnverlusts‹ im Kontext von Selbstbeschreibungen durchaus innerhalb der Sinngrenzen Verwendung finden können, die die Luhmannsche Theorie zu ziehen bereit ist. Freilich ist mit einem Bedarf an solchen Selbstthematisierungen nur unter ganz spezifischen institutionellen Bedingungen zu rechnen, deren Ausgrenzung selbst Produkt des kommunikativen Sinngeschehens sein wird. Infolge solcher Prozesse der Selbstverständigung können die Bedingungen, unter denen sinnvoll Sinn-

zuschreibungen vollzogen werden können, auch wieder verlorengehen.
Ähnlich setzt auch *Georg Lohmanns* Arbeit zum Thema ›Autopoiesis und die Unmöglichkeit von Sinnverlust. Ein marginaler Zugang zu Niklas Luhmanns Theorie *Soziale Systeme*‹ an. Sinnverlust wird als ein Wertverlust beschrieben, der selbst als sinnvoller behandelt und über den sinnvoll kommuniziert werden kann. Insbesondere in der Antizipation des Todes mögen Bedingungen entstehen, unter denen sinnvolle Selbstbeschreibungen möglich werden, in denen Sinngefährdungen thematisiert werden können. Um diesen Gedanken zu verteidigen, muß sich Lohmann gegen Luhmanns Vorstellung darauf festlegen, daß sich jene Selbstbeschreibungen an Erwartungen und Wertigkeiten orientieren, in denen ein Individuum mehr für sich beansprucht als die bare Fortführung der eigenen Autopoiese. In solchen Situationen werden Gefühle zu mehr als nur zu Indikatoren der Krise von Autopoiesis; sie zeigen eben jenen Sinnverlust an, dessen Nichtthematisierbarkeit Luhmanns Theorie vorschnell, wie Lohmann zu beweisen trachtet, behauptet.
Im dritten Teil ›Kommunikation‹ stellt sich zunächst *Max Miller* die Frage, wie sich soziale Systeme unter den Vorbedingungen, die Luhmann zu identifizieren bereit ist, selbst transzendieren, d. h. kollektiv verbindliche Erfahrungen machen können. Sein Beitrag ›Selbstreferenz und Differenzerfahrung. Einige Überlegungen zu Luhmanns Theorie sozialer Systeme‹ rechnet Luhmann vor, daß dies im Kontext verschiedener Formen der Selbstreferenz ebensowenig zu erwarten ist wie als Folge des Aufrisses, den die Luhmannsche Theorie für die Lösung des Problems doppelter Kontingenz vorsieht. Miller besteht demgegenüber darauf, daß kollektive Erfahrungen durchaus dann als geltender Anspruch auch Gehör finden, wenn Kommunikationen argumentative Formen annehmen und die Identifikation eines gleichwohl koordinierten Dissenses erlauben. Dieser ist aber nur zu gewinnen, solange kommunikative Verhältnisse als ein kollektiver Reflexionsprozeß angelegt werden können, in dessen Gefolge sich argumentativ handhabbare Widersprüche zwischen Erwartungen in kollektiv geltende neue Einsichten übersetzen lassen.
Sodann nimmt *Hans-Joachim Giegel* unter dem Titel ›Interpenetration und reflexive Bestimmung des Verhältnisses von psychischem und sozialem System‹ die Frage auf, inwiefern ein be-

stimmtes, sich herausbildendes Verhältnis von Individuum und Gesellschaft angemessen ist. Antworten auf diese Frage können reflexive Beziehungsurteile geben, die innerhalb psychischer oder sozialer Systeme ausgesprochen werden können. Luhmann vermöge weder diese Frage zu stellen noch Antworten zu geben, da auf der Grundlage seines Interpenetrationskonzepts wesentliche Differenzierungen der Struktur der Beziehung von Individuum und Gesellschaft ungeklärt blieben. Giegel weist dies für mehrere Probleme nach und wendet sich anschließend einer Einschätzung der Möglichkeiten von Reflexion zu. Er vergleicht die Belastungen der Reflexion mit denen der Latenz.
Der abschließende vierte Teil behandelt das Thema »Strukturelle Differenzierung«.
Helmut Willke greift in seinem Beitrag ›Differenzierung und Integration in Luhmanns Theorie sozialer Systeme‹ eine der zentralen Fragestellungen soziologischer Theorie nach dem Verhältnis von Systemdifferenzierung und Einheitsbildung unter den von Luhmann veränderten Vorzeichen auf und führt den Nachweis, daß sich durch die Verschiebung der systemtheoretischen Leitdifferenz von Teil/Ganzes über System/Umwelt bis zu Selbstreferenz/Fremdreferenz die Bedingungen kategorial ändern, unter denen eine Theorie sozialer Systeme Auskunft über systemische Fähigkeiten zur Selbstordnung solcher Systeme und über deren Evolution geben kann. Dabei wird besonderes Gewicht auf die Möglichkeit sozialer Systeme gelegt, sich infolge ihrer Ordnungsbildung Eigendynamik und Selbstveränderungskapazitäten zu erhalten.
Karl Otto Hondrichs Arbeit über ›Die andere Seite sozialer Differenzierung‹ stellt die evolutionistischen Implikationen in Frage, die der Luhmannschen Idee zugrunde liegen, wonach sich die Gesellschaftsgeschichte als eine fixe Abfolge von segmentären, stratifikatorischen und funktionalen Differenzierungsformen mit einem historisch jeweils eindeutig ausweisbaren Primat denken ließe. Demgegenüber verweist er auf die Gleichgewichtigkeit und Gleichwirksamkeit aller drei Differenzierungen hin. Hondrich schlägt dabei neue Wege ein, um die Gewichtigkeit von Differenzierungen besser einschätzen zu können, und gelangt zu der Einsicht, daß dies durchaus nicht immer in zweifelsfreier Weise möglich, gleichwohl ebendeshalb funktional sein kann. In weiterer Folge erinnert er daran, daß sich die Bedeutsamkeit

vorhandener und überkommener Differenzierungsformen mit jeder neuen Differenzierungslinie mindert, was in letzter Instanz Diffusität in dem Sinne schafft, daß mögliche Handlungsorientierungen zurückgedrängt und nur mehr allenfalls als latente wirksam werden. Eine Revision der Differenzierungstheorie scheint dementsprechend geboten.
In dem abschließenden Beitrag »Autopoiesis als soziologischer Begriff« diskutiert Niklas Luhmann einige Fragen, die in den vorangestellten Beiträgen aufgeworfen werden.

Anmerkungen

* Die Herausgeber danken Anne Dreyer für ihre tatkräftige Unterstützung bei den redaktionellen Arbeiten zu diesem Band.
1 Vgl. etwa Luhmann 1986, 1986a, 1986b, 1985, 1985a, 1984a, 1984b, 1984c.
2 Vgl. Luhmann 1984, S. 15 ff.
3 Luhmann 1984, S. 9.
4 Vgl. Nagel 1965, Phillips 1976.
5 Man vergleiche hier die z. T. durchaus berechtigte Kritik des Interaktionismus am System- und Strukturbegriff z. B. bei Blumer 1969.
6 Vgl. von Bertalanffy 1968.
7 Vgl. hierzu beispielhaft Parsons/Smelser 1956.
8 Vgl. beispielhaft hierfür Parsons 1973, Smelser 1959.
9 Vgl. Spencer 1898^5, Simmel 1890.
10 Vgl. Parsons 1951, 1986.
11 Vgl. hierzu von Foerster/Zopf (eds.), 1962, Yovits/Cameron (eds.), 1960, von Foerster 1985.
12 Von Foerster 1985.
13 Vgl. von Foerster 1985, ders., 1984.
14 Vgl. Maturana 1981, Varela 1979.
15 Vgl. Zeleny 1980.
16 Beer 1981.
17 Vgl. Zeleny 1980, S. 31 ff.
18 Vgl. Luhmann 1986, S. 267.
19 Vgl. Luhmann 1971.
20 Zeitweise, so scheint es, hatte ›Entscheiden‹ als ein Gegenkandidat gegolten, vgl. Luhmann 1981a, S. 335 ff.
21 Wir referieren hier eine Bemerkung Luhmanns auf der Augsburger Tagung.

22 Vgl. Luhmann 1986, S. 266.
23 Vgl. Luhmann 1980, 1981.
24 Vgl. Berger, in diesem Band.

Literatur

Beer, S. (1981), Vorwort zu H. Maturana/F. J. Varela, Autopoietische Systeme. Eine Bestimmung der lebendigen Organisation. In: H. Maturana, Erkennen. Die Organisation und Verkörperung von Wirklichkeit. Braunschweig/Wiesbaden, S. 170-180.

Berger, Johannes (1987), Autopoiesis: Wie ›systemisch‹ ist die Theorie sozialer Systeme? In diesem Band, S. 129 ff.

Bertalanffy, Ludwig von (1968), General System Theory. Foundation, Development, Application. New York.

Blumer, Herbert (1969), Symbolic Interactionism. Perspective and Method. Prentice Hall.

Foerster, Heinz von (1984), Principles of Self-Organization in a Socio-Managerial Context. In: H. Ulrich/G. J. B. Probst (eds.), Self-Organization and Management of Social Systems. Insights, Promises, Doubts, and Questions. Berlin/Heidelberg/Toronto/Tokio, S. 2-24.

– (1985), Sicht und Einsicht. Braunschweig/Wiesbaden.

Foerster, Heinz von/George W. Zopf (eds.) (1962), Principles of Self-Organization. Oxford/London/New York/Paris.

Luhmann, Niklas (1971), Sinn als Grundbegriff der Soziologie. In: J. Habermas/N. Luhmann, Theorie der Gesellschaft oder Sozialtechnologie? Frankfurt, S. 25-100.

– (1980), Gesellschaftsstruktur und Semantik. Studien zur Wissenssoziologie der modernen Gesellschaft, Bd. 1. Frankfurt.

– (1981), Gesellschaftsstruktur und Semantik. Studien zur Wissenssoziologie der modernen Gesellschaft, Bd. 2. Frankfurt.

– (1981a), Soziologische Aufklärung 3. Soziales System, Gesellschaft, Organisation. Opladen.

– (1984), Soziale Systeme. Grundriß einer allgemeinen Theorie. Frankfurt.

– (1984a), The Self-Description of Society: Crisis Fashion and Sociological Theory. In: International Journal of Comparative Sociology 25, S. 59-72.

– (1984b), Die Theorie der Ordnung und die natürlichen Rechte. In: Rechtshistorisches Journal 3, S. 133-149.

– (1984c), Die Wirtschaft der Gesellschaft als autopoietisches System. In: Zeitschrift für Soziologie 13, S. 308-327.

- (1985), Zum Begriff der sozialen Klasse. In: N. Luhmann (Hrsg.), Soziale Differenzierung. Zur Geschichte einer Idee. Opladen, S. 119-162.
- (1985a), Die Autopoiesis des Bewußtseins. In: Soziale Welt 36, S. 402-446.
- (1986), Ökologische Kommunikation. Kann die moderne Gesellschaft sich auf ökologische Gefährdung einstellen? Opladen.
- (1986a), ›Distinctions directrices‹. Über Codierung von Semantiken und Systemen. In: F. Neidhardt, M. R. Lepsius, J. Weiß (Hrsg.), Kultur und Gesellschaft. Opladen, S. 145-161.
- (1986b), Das Kunstwerk und die Selbstreproduktion der Kunst. In: H. U. Gumbrecht, K. L. Pfeiffer (Hrsg.), Stil. Geschichten und Funktionen eines kulturwissenschaftlichen Diskurselements. Frankfurt, S. 620–672.

Maturana, Humberto R. (1981), Erkennen. Die Organisation und Verkörperung von Wirklichkeit. Braunschweig/Wiesbaden.

Nagel, Ernest (1965), Über die Aussage: ›Das Ganze ist mehr als die Summe seiner Teile‹. In: E. Topitsch (Hrsg.), Logik der Sozialwissenschaften. Köln/Berlin, S. 225-235.

Parsons, Talcott (1951), The Social System. Glencoe.
- (1973), A Functional Theory of Change. In: E. Etzioni-Halevy/A. Etzioni (eds.), Social Change. Sources, Patterns, and Consequences. New York, S. 72-86.
- (1986), Aktor, Situation und normative Muster. Ein Essay zur Theorie sozialen Handelns. Frankfurt.

Parsons, Talcott/Neil J. Smelser (1956), Economy and Society. Glencoe.

Phillips, D. C. (1976), Holistic Thought in Social Science. Stanford.

Simmel, Georg (1890), Über sociale Differenzierung. Sociologische und psychologische Untersuchungen. Leipzig.

Smelser, Neil J. (1959), Social Change in Industrial Revolution. London.

Spencer, Herbert (1898^5), First Principles. New York.

Varela, Francisco J. (1979), Principles of Biological Autonomy. New York.

Yovits, Marshall C./Scott Cameron (eds.) (1960), Selforganizing Systems. Oxford/London/New York/Paris.

Zeleny, Milan (1980), Autopoiesis. A Paradigm Lost? In: M. Zeleny (ed.), Autopoiesis, Dissipative Structures, and Spontaneous Social Orders. Boulder, S. 3-43.

I
Autopoiesis und soziales Handeln

Michael Schmid
Autopoiesis und soziales System:
Eine Standortbestimmung

Der Titel dieser Abhandlung klingt prätentiöser, als er gemeint ist. Ich werde nicht viel mehr versuchen, als den theoretischen Terraingewinn nachzuzeichnen, den wir den Annahmen und Begrifflichkeiten einer Theorie autopoietischer Systeme verdanken. Zu diesem Zweck werde ich (1) zunächst deren wesentliche Bestandteile in gebotener Kürze besprechen und ihre Konzeptualisierungsvorschläge für eine Theorie sozialer Systeme spezifizieren, sodann (2) deren gesteigertes Auflösungsvermögen im Kontrast zu einigen überkommenen theoretischen Annahmen dokumentieren, um endlich (3) einigen Bedenken und Fragen Raum zu geben.

1 Die Idee der Autopoiesis

Der Begriff des »autopoietischen Systems« ersetzt und systematisiert Luhmanns überkommene Begrifflichkeit des »geschlossenen, selbstreferentiellen Systems«[1], führt aber über diese einen Schritt hinaus. Die Geschlossenheit der Selbstreferenz bleibt durch den neuen Begriff der ›Autopoiese‹ weiterhin abgedeckt und bezeichnet den Tatbestand, daß sich die Reproduktion jedes selbstreferentiellen Systems nur als *Selbstreproduktion* vollzieht, wobei der Bezug auf eigene, selbsthervorgebrachte Systemzustände konstitutiv bleibt; ohne einen Prozeß, der genau hierzu in der Lage ist – bei Maturana ›Organisation des Systems‹ genannt[2] –, kann ein System die Differenzierung zwischen sich und seiner Umwelt für seine Eigenproduktion nicht fruchtbar machen. Prozedurale Geschlossenheit ist somit eine notwendige Bedingung dafür, daß ein System aus sich selbst heraus immer wieder die Voraussetzungen schaffen kann, auf die es im nächsten Reproduktionsschritt zu reagieren hat, womit sich im Gleichlauf seine hierzu eingesetzte reproduktive Organisation erhält.
Um dies verständlich zu machen, wird man zum einen die

prozedurale Organisation eines Systems als iterative oder rekursive deuten müsse, in der Hoffnung darauf, daß eine korrespondierende mathematische Operation das Gemeinte hinreichend spezifiziert.[3] Zum anderen wird man die Art der Systemzustände näher zu bestimmen haben, die durch die Operationen des Systems entstehen und die sie zur eigenen Kontinuierung berücksichtigen müssen. Wie traditionsreiche systemtheoretische Vorstellungen behandelt auch die Theorie autopoietischer Systeme Systemzustände unter dem Rubrum der ›Struktur‹, versteht indessen hierunter nicht länger repetitive oder unwandelbare Muster und Verteilungen systembildender Elemente, sondern betont statt dessen nachdrücklich deren *Ereignischarakter*. Damit ist in allen Fällen der Tatbestand angesprochen, daß jene strukturkonstituierenden Elemente nur einen *temporären*, vergänglichen Charakter haben, auftreten und wieder verschwinden.[4] Daraus resultieren einige wesentliche Eigenschaften der hier besprochenen Auffassung: Zum einen verlieren die Beziehungen derart temporalisierter Ereignisse zueinander jede Dauerhaftigkeit, und zum anderen entsteht gleichbedeutend damit das unabweisbare Problem, diese grundsätzlich vergänglichen Elemente und Ereignisse in einer Weise aneinander anzuschließen, daß Strukturierungen weiterhin möglich bleiben. Aus diesem funktionalen Postulat folgen für die reproduktive Organisation eines autopoietischen Systems präzisierungsfähige Forderungen: Offenbar können sich solche selbstbezüglichen Systeme nur unter der Maßgabe erhalten – und d. h. weiterprozessieren –, daß sie jene strukturbildenden Ereignisse fortwährend auseinander heraus entwickeln, indem diesen auferlegt wird, gleichviel in welcher (stetigen oder nicht-stetigen) Form, aneinander anzuschließen[5]; gleichzeitig aber, und erst damit vollendet sich der autopoietische Charakter der Selbstreproduktion, dienen genau jene ganz kontingenten Strukturverteilungen ihrerseits als Eingangsgrößen oder Eingangsbedingungen, die der betreffende Prozeß in Anspruch nehmen muß, um sich selbst als Prozeß fortzuschreiben, wobei vorausgesetzt bleibt, daß diese Selbstfortführung auch dann gelingen wird, wenn ganz divergente Strukturierungen vorliegen. D. h. man darf unter dem Hinweis auf die Anschlußbedürftigkeit vergänglicher Ereignisse unter keinen Umständen ›Repetition gleichförmiger Ereignisverteilungen‹ verstehen, sondern muß mögliche Umstrukturierungen jeder Art mitbedenken[6], mit der

Folge, daß bereits bei relativ einfach geordnetem Prozeßgeschehen die empirische Abfolge von Strukturen unvorhersehbar wird, was seinerseits jede Hoffnung darauf vereitelt, auf der Ebene ebendieser empirischen Abfolgen ›Gesetzlichkeiten‹ entdecken zu wollen. Die Einheit oder *Identität* eines autopoietischen Systems liegt somit nicht im Erhalten seiner wesensbestimmenden Strukturmuster (oder deren geordnetem Wandel), sondern in den ganz unterschiedlichen, system-spezifischen Eigenarten seiner selbstreproduktiven Organisation *und nur hierin*.

Die wechselseitige Verkettung von Strukturmustern und selbstreproduktiver Organisation wird indessen nur dann ermöglicht, wenn ein solches System sich selbst beobachten, seine Eigenzustände wahrnehmen und mit dem kontrastieren kann, was diesen nicht zugehört. Diese Befähigung zur *Selbstbeobachtung* ist außerordentlich voraussetzungsreich und im übrigen den Bedingungen evolutiver Selbsttransformation unterworfen, so daß auf der Ebene allgemeiner systemtheoretischer Betrachtungen im ersten Zugriff allenfalls eine funktionale Bestimmung am Platze ist, die die Notwendigkeit einer entsprechenden Fähigkeit betont, über Selbstwahrnehmungen die Eigenreproduktion steuern zu können.[7]

Damit, so fasse ich zusammen, meint ›autopoietisches System‹ den Tatbestand geschlossener, auf der Basis von Selbstbeobachtungen funktionierender Selbstreproduktion, die die im Verlauf des Eigenprozessierens entstehenden temporalen Zustandsstrukturen als Eingangswerte der Aufrechterhaltung eben jener selbstbezüglichen Organisation verwendet, die sich auf diese Weise unter fortwährend selbstveränderten Umständen fortschreibt.

Wendet man diese Begriffsbestimmungen konkretisierend auf soziale Systeme an, um deren Autopoiese zum Gegenstand der Untersuchung zu machen, so wird man ihre selbstreproduktive Organisation, die Eigenart daraus resultierender temporaler Ereignisstrukturen und ihre Fähigkeit zur Selbstanalyse zu lokalisieren haben. Dies kann, Luhmann folgend, mittels mehrschichtiger Zuordnungen geschehen: Im Anschluß an zahllose Vorarbeiten[8] bestimmt er ›soziale Systeme‹ zunächst als *kommunikative* Systeme.[9] Soziale Systeme prozessieren sich selbst in Form von Kommunikation; nur solche Ereignisse können Bedeutung für deren Selbstreproduktion gewinnen, die sich als kommunikationsverarbeitbar erweisen. Dazu müssen sie *Sinn* gewinnen.[10]

Nach wie vor behandelt Luhmann demnach ›Sinn‹ als einen Grundbegriff der soziologischen Theorie, da die Sinnhaftigkeit von Ereignissen allein sicherstellt, daß sie mittels kommunikativer Prozesse miteinander verknüpft werden können.[11] Die für derartige Anschlüsse benötigte, gleichzeitig Systemgrenzen ausbildende Selektivität[12] organisiert sich entlang zentraler binärer Schemata wie: Zustimmung vs. Ablehnung, Rechtmäßigkeit vs. Unrecht, Bestätigung vs. Negation etc. Damit ist die wesentliche Eigenschaft kommunikativer Selbstreproduktion benannt: Sie verfährt beständig selektiv auf der Basis von sinnhaft erfahrbaren Differenzen.

Was aber wird auf diese Weise aneinander angeschlossen? Welche Ereignisarten werden derart selektiv miteinander verkettet? Luhmanns Antwort scheint, soweit ich sehe, eindeutig auszufallen: Sinnhaft verknüpft werden *Handlungen*.[13] Diese stehen in einem wechselseitigen Bedingungsverhältnis mit Erwartungen, weshalb Luhmann die Struktur sozialer Systeme bisweilen auch als ›Erwartungsstruktur‹ bezeichnet.[14] Dem Handlungsbegriff wird indessen im vorliegenden Kontext deshalb eine gesonderte Rolle zugewiesen, weil unterschiedliche Kommunikanden sich nur soweit aneinander ausrichten und damit selektive Kommunikationsprozesse in Gang setzen können, als sich ihre Handlungen als *Informationen* (für sich selbst und andere) auffassen lassen und als solche Bestandteile wechselseitigen Kommunizierens werden.[15] Generalisiert heißt dies, daß Handlungen nur in dem Maße Gegenstand soziologischer Theoriebildung sein können, als sie jene Ereignisse darstellen, die Kommunikationsprozesse aneinander anschließen können. Handlungen externalisieren zu diesem Zweck Kommunikation wechselseitig und jedes jeweilige individuelle Erleben und Erwarten wird nur dem Umfang entsprechend in diese eingeschleust und damit verarbeitbar werden, in dem sie sich in den Handlungen, auf die sie notwendig bezogen sind, niederschlagen.

Die zentrale Logik dieser Modellinterpretation dürfte somit eindeutig sein: Soziale Systeme lassen sich nicht reduktiv als Handlungssysteme beschreiben; vielmehr stellen sie *Kommunikationssysteme* dar, die Handlungen über binäre Schematismen in weitere Handlungen überführen. Handlungen selbst sind dabei nur kurzlebige Ereignisse, sie lösen sich in engen Abfolgen ebenso rasch auf wie sie entstehen und bilden im Sinne dieser Bestimmung nur ephemere Strukturen aus. Die ›Organisation‹ und damit die Bedingung erfolgreicher Selbstreproduktion sozialer Systeme ruhen entsprechend im prozeduralen Modus der Kommunikation, der unter restriktiven Bedingungen in Handlungen ausmündet und auf ebendiesen Tatbestand rückwirkend Bezug nimmt, um sich mit erwartbarem Erfolg selbst fortschreiben zu können. Kommunikative Systeme unterstellen sich auf diese Weise im Verlauf und zur Aufrechterhaltung ihres »Sich-selbst-Prozessierens«[16] einem fortgesetzten »Selbstveränderungszwang«.[17]

Gleichzeitig bleibt diese Rückbezüglichkeit zwischen dem Organisationsmodus eines sozialen Systems und den aus diesem hervortretenden Handlungen auf die Fähigkeiten des Systems angewiesen, sich seiner eigenen Produktionen und Operationsmodi zu vergewissern, wozu es infolge von Selbstbeobachtungen *Selbstthematisierungen* und *Selbstbeschreibungen* anfertigen können muß[18], die selbst kommunikabel bleiben sollten, um innerhalb des immerzu geschlossenen Operationsprozesses sozialer Systeme plaziert zu werden. Dies gilt unabhängig von der jeweils thematisierten Reflexionsebene. Voraussetzungsgetreu bestimmt Luhmann den »Vollzug der Selbstbeobachtung« als einen »kommunikativen«.[19]

Ich unterstelle, daß diese, wenn auch nur kurze und mehr als geraffte Rekapitulation dazu hinreicht, um im folgenden deutlich zu machen, in welcher Beziehung eine derartige Theorie autopoietischer Systeme über das bislang erreichte Niveau theoretischen Nachdenkens hinausgeht bzw. vorliegende Problemlösungen korrigieren kann.

II Erweiterungen und Korrekturen
durch eine Theorie
autopoietischer sozialer Systeme

Zunächst wird man zugeben müssen, daß die vorgelegte Theorie autopoietischer Sozialsysteme mit einigem Recht für sich beanspruchen kann, überkommene systemtheoretische Konzeptionen überholt und weitergeführt zu haben. Dies gilt in besonderem Maße für ein Systemverständnis, das, ausgehend von einer Differenzierung zwischen System und Umwelt, die Reproduktivität von Systemen vom wechselseitigen Austausch von Leistungen oder Materialien abhängig sehen wollte und dabei jede Konzeptualisierung interner Prozesse auf dieses Erfordernis hin spezifizierte.[20]

Notwendigerweise mußte eine solche Auffassung des systemischen Prozeßgeschehens die Offenheit betreffender Systeme an zentraler Stelle betonen. Geschlossenheit schien ihr allenfalls einen wenig wahrscheinlichen Grenzfall systemischer Autarkie zu bezeichnen, wobei die Relevanz von Umwelten für den Metabolismus des Systems modellogisch gleich Null zu setzen war. Daß demgegenüber die selbstreferentielle Geschlossenheit als eine vorgelagerte Voraussetzung für grenzübersteigende Relationen zu denken war[21], konnte im Rahmen solcherart gestalteter Vorstellungen gar nicht erst formuliert werden, wiewenig man sich Klarheit darüber zu verschaffen wußte, daß für die ausgeblendeten Prozesse der Selbstreferentialität der Einschuß externer Faktoren solange ohne reproduktiven Belang bleiben mußte, als nicht sichergestellt war, daß jene Eingangseinflüsse oder Inputs durch den selbstreferentiellen Reproduktionsmodus bearbeitbar waren und damit den Vorgaben systeminterner Prozeßoperationen entsprechend verwertet werden konnten.[22]

In gleicher Weise kann Luhmanns Theorieentwurf sich zugute halten, einen sehr viel präziseren Begriff der ›Prozeßhaftigkeit‹ des Systemgeschehens bestimmt zu haben als dies bislang und nur solange möglich war, als man sich darauf beschränken mußte, systeminterne Prozesse als eine Art unbestimmten Kontrasts zu unwandelbaren (Kern-)Strukturen zu verstehen.[23] Dem veränderten Zugang entsprechend, den eine Theorie der kommunikativen Selbstreferenz anbietet, sind nicht länger Strukturen stabil, sondern allenfalls temporalisierte Einzelereignisse: Handlungen demnach (ihrer punktuellen Existenz wegen). Der Begriff des ›Prozesses‹ wird somit frei zur Erfassung des Tatbestands, daß die jeweiligen Abfolgen von Handlungen (und deren daraus resultierende Verteilungen) jeweils kurzfristige, aber offenbar beständig sich auseinander entfaltende Strukturierungen ermöglichen, völlig abgehoben davon, ob sich spezifische Verteilungen als solche erhalten oder nicht, und damit abgelöst von der Frage, welcher Art die Anschlüsse zwischen Einzelhandlungen sein werden. Autopoiesis wird unter solchen Vorbehalten zur fortschreibbaren Bedingung dafür, daß sich Systemzustände verändern *oder auch nicht*.²⁴ Indem beide Möglichkeiten durch die eingeführte Konzeption abgedeckt bleiben, verlieren alle tradierten Differenzierungen zwischen Statik und Dynamik, Progressivität und Konservatismus, Theorien des Wandels und solchen der Bestandserhaltung jeden theoretischen Halt.²⁵

Generalisierend und damit gleichzeitig korrigierend wirkt Luhmanns Theorie indessen nicht nur Konzeptionen des sozialen Wandels gegenüber, vielmehr gerät ihm auch Parsons Strukturfunktionalismus zum Grenzfall einer sehr viel allgemeineren Betrachtungsweise. Parsons hatte, ausgehend vom Problem der doppelten Kontingenz, den Versuch unternommen, die Reproduktivität sozialer Interaktionsformen abhängig zu sehen von der Art und Weise, wie sich unterschiedliche Akteure über normativ abgesicherte Orientierungen aneinander anpassen. Auf diesem Wege mochte die Wahrscheinlichkeit steigen, daß sie sich wechselseitig dazu befähigen, schwindende oder abweichende Motivationen im Verlauf ihrer leistungsaustauschenden Interaktion wiederzugewinnen oder zu restituieren, was seinerseits die Chance erhöhen konnte, daß sie zum weiteren Austausch von Gratifikationen innerhalb der einmal angebahnten Beziehung verblieben und diese in diesem Sinne fortschrieben. Dieser Verbleib im System erschien Parsons als die Konsequenz oder Leistung jedes einzelnen Akteurs, der als ›actor in situation‹²⁶ seine Handlungsorientierungen selbst wählte und zur Abstützung der hieraus resultierenden, hochgradig unwahrscheinlichen Erfolgsaussichten seines Handelns auf einen wenigstens minimalen Konsens seitens der Mitakteure angewiesen schien.²⁷ Luhmann kann dieser Konzeptualisierung entgegenhalten, daß Parsons die wechselseitige Abstimmung der Orientierungen nicht konsequent genug als Kommunikation versteht oder als deren Folge, womit er übersehen mußte, daß solche Kommunikationen auch dort zu Anschlüssen führen, wo ein Kommunikationsangebot negiert wird und in diesem Sinn in Konflikte ausmündet.²⁸ Konflikte erhalten auf diesem Wege einen konstitutiven Charakter für die Prozesse sozialer Reproduktion und nähren sich aus denselben Quellen selektiver Anschlüsse sinnhaft orientierten Handelns wie die von Parsons einseitig hervorgehobenen Konsensmechanismen.

In gleicher Weise verkürzte Parsons seine theoretische Perspektive, als er seine ›pattern variables‹ zu Systemfunktionen verallgemeinerte und soziale Differenzierungen ausschließlich den damit festgelegten Linien folgen ließ.²⁹ Luhmann kann sich im Rahmen seiner theoretischen Überlegungen auf solche voreiligen Festlegungen nicht einlassen. Differenzierungen entstehen für ihn nicht nach Maßgabe eines handlungstheoretisch eingeführten Funktionskatalogs, sondern in dem Ausmaß, in dem durch bereits vorliegende Selektionsentscheidungen Entwicklungen zur selbstreflexiven Autonomie eigenständiger Kommunikationscodes naheliegen. Daß dabei gerade vier Codes ausdifferenziert werden und nur diese und sich überdies den Parsonsschen Bestimmungen entsprechend kennzeichnen lassen sollten, ist ganz unwahrscheinlich. Entsprechend verfolgt Luhmann strukturelle Differenzierungen in ganz heterogenen Richtungen³⁰, ohne daß er einzelne der Parsonsschen Theoreme, etwa über die Codierung des ökonomischen Austausches durch Geld, ihres Vorbildcharakters berauben möchte.

Indem Luhmann die Ausdifferenzierung einzelner Subsysteme über Autonomisierungen und Selbstreflexionssteigerungen zu erfassen sucht und deren grundsätzlich kontingente Verlaufsformen betont, verliert sich im weiteren auch jede theoretische Berechtigung, sich die Ordnung zwischen den unterschiedenen Funktionskreisen einseitig als die einer hierarchischen Steuerung vorzustellen.³¹ Auch hier gilt zugegebenermaßen, daß es derartige hierarchische Relationierungen gibt; aber damit ist nur ein Fall unter vielen ausgezeichnet, und man muß sich die Option offenhalten, auch gänzlich anders geartete Beziehungsformen zu entdecken, bis hin zur wechselseitigen Abschottung von Teilsystemen.³²

Und in letzter Instanz muß sich Parsons' Evolutionstheorie vorwerfen lassen, von gänzlich einseitigen Voraussetzungen auszugehen. Parsons wollte als eine unverbrüchliche theoretische Einsicht gelten lassen, daß sich die Entwicklung sozialer Systeme in Richtung einer Steigerung adaptibler Fähigkeiten vollzöge; Evolution erschien – diesem Modell folgend – als ein gerichteter Prozeß gesteigerter Umweltkontrolle durch interne Differenzierung.³³ Es ist sicher unleugbar, daß Luhmann die Evolution sozialer Systeme desgleichen als (Selbst-)Steigerung auffaßt, aber er kann korrigierend jederzeit in Erinnerung halten, daß erweiterte interne Differenzierungen immer den Einbau neuer Entscheidungsnotwendigkeiten bedeuten, sich damit in Konsequenz jeder zusätzlichen binären Schematisierung, an der sich die Selektionsleistungen kommunikativer Systeme beurteilen lassen müssen, Unsicherheiten akkumulieren, welche abzuarbeiten keineswegs immer gelingen muß, wodurch der letztliche reproduktive Erfolg neuartiger Differenzierungsvorschläge immerzu in Frage steht.[34] Daß man angesichts solcher fortwährenden Selbstgefährdungen durch Differenzierungsschübe Evolution von einem Fortschrittsziel oder einem vorgelagerten Wertgesichtspunkt her denken könne, scheidet durch Luhmanns These von der Evolution als Unsicherheitsamplifikation aus rein logischen Gründen aus.[35] Differenzierung zwingt unabweislich zur Offenheit jeder evolutionären Veränderung.

Da Luhmann den autopoietischen Charakter sozialer Systeme an Kommunikationsprozessen festmacht, besteht im weiteren die Möglichkeit, die reproduktionsnotwendige Selbstbeobachtung sozialer Selbstreferenzen in Form meta-kommunikativer Reflexions- und Selbstreferenzannahmen in die vorgelegten Modellvorstellungen einzubauen.[36] Luhmanns Ansatz erhält damit ein Auflösungsvermögen, dem klassische Handlungstheorien (auch die des symbolischen Interaktionismus) nicht haben gerecht werden können. Die Fähigkeit zur stufenweisen, einer Typenlogik folgenden Selbstthematisierung kennzeichnet nicht nur die Bedingung des evolutionären Erfolgs kommunikativer oder sozialer Systeme, sondern wirft ein aufklärendes Licht auch auf die alten Thematiken von Identität und Rationalität. Jene residiert nirgends sonst als in den operationalen, selbstkonstituierenden Prozeßmodalitäten des Systems und ausschließlich hier; diese erscheint als die letztmögliche und anspruchsvollste Perspektive der Selbstreflexion eines Systems, als das ultimative, systemintern noch zugängliche Mittel zur Behandlung von ›Hyperkomplexitäten‹[37], mit dessen Hilfe ein sich selbst beobachtendes kommunikatives System die Differenz zwischen sich und seiner Umwelt als eine Einheit erfährt, diese gleichwohl als kontingente in den eigenen Reproduktionsmodus einführen kann, ohne dabei die Bedingung selbstreferentieller Reproduktion zu verlassen oder aufgeben zu müssen. Damit erreicht ein soziales System die höchste Stufe der Selbststeuerung, jenseits derer jeder weitere Versuch einer Letztableitung oder Letztbegründung am notwendigen Verwiesensein auf ebendiese ultimative Selbstbezüglichkeit scheitern muß. Es bleibt das Verdienst Luhmanns, plausibel gemacht zu haben, daß diese sich letztlich selbst schließende

Steigerung nur im Kontext selbstreferentieller Reproduktionsverhältnisse, wenngleich unter höchst unwahrscheinlichen Konstellationen und mit teils fragwürdigen Konsequenzen (auch erkenntnistheoretischer Art[38]), zu erwarten ist.
Ich hege keinen Zweifel daran, daß sich diese Liste verdienstvoller und weiterführender Einsichten verlängern ließe, möchte sie indessen schließen, um Raum für einige notwendig kritische Bemerkungen zu gewinnen, auch auf die Gefahr hin, daß mein Bilanzierungsversuch auf diese Weise unvollständig wird.

III Einwände gegen Luhmanns Konzeptualisierungen

Meine kritischen Betrachtungen sollen sich auf einige wenige Punkte beschränken, die ihre Einheit in dem Gedanken finden, daß Luhmanns Rezeption der Theorie autopoietischer Systeme eine Reihe von modellogischen Einseitigkeiten kaum zu vermeiden sucht und sie damit in systematischer Weise unterfordert.
Zunächst kann Luhmanns Theorienvorschlag die *Genese* autopoietischer Systeme nur unscharf erfassen. Lapidar geht er von der Unterstellung aus, daß es Systeme gibt, und orientiert alle weiteren Ausführungen an dieser Ausgangsthese.[39] Mit einiger Folgerichtigkeit bleibt auch die Genese kommunikativer Verhältnisse unterbelichtet. Allenfalls im Kontext der Diskussion über die Intransigenzen der doppelten Kontingenz finden sich Bemerkungen darüber, daß Kommunikationsanschlüsse dann unvermeidbar werden, wenn die notwendigen Bedingungen hierfür realisiert und jene Faktoren beseitigt sind, die sie verhindern.[40] Aber diese Festlegungen, deren Richtigkeit ich nicht leugnen möchte, werfen kein Licht auf die Frage, wie jene Verkehrsformen in erster Linie entstehen. Sicherlich hat das Theoretisieren auf der Basis der Annahme, Systeme existierten, seine lebendige Tradition, und es ist in keinem Sinne verwerflich, von diesem Ausgangspunkt her zu argumentieren, zumal man dafür plädieren kann, daß genetische und funktionale Betrachtungen einer differenten Logik folgen. Gleichwohl wäre es interessant gewesen zu erfahren, weshalb Luhmann die Einführung des Entscheidungsbegriffs beispielsweise, der ihm zur Klärung der Frage unentbehrlich scheint, wie die selbstreferentiellen, über Bewußtsein prozessierenden personalen Systeme der Akteure und Kommunikanden auf die

Handlungen ihrer Mitakteure reagieren[41], nicht im Sinne einer Theorie kollektiven Entscheidens verlängert, um die Bedingungen und Faktoren sicherzustellen, unter denen ihm die Ausbildung von wechselseitigen Erwartungen und Erwartungserwartungen ins theoretische Blickfeld gerät. Ich sage damit nicht, daß die Theorie kollektiven Entscheidens den einzigen Weg markiert, sich die erwünschten genetischen Informationen zu verschaffen, sie scheint mir aber, vor allem in Verbund mit selektionstheoretischen Modellen, ein vielversprechender Kandidat für eine ausbaufähige Leitvorstellung zu sein, deren Weiterführung zu betreiben sich lohnt.[42] Damit ließe sich der Zeitraum überbrücken, bis wir genaueren Bescheid darüber erhalten, ob und wie die erfolgreichen Modellvorstellungen hyperzyklischer Selbstorganisation für die Untersuchung der Genese sozialer Systeme fruchtbar zu machen sind.[43]

Diese eher zurückhaltende Kritik möchte ich generalisieren und vertiefen, denn, ganz allgemein gesehen, habe ich meine Probleme mit dem Tatbestand, daß Luhmann seine theoretischen Ideen allzu getreulich an der Leitfrage nach den Bedingungen der Möglichkeiten von Anschlußhandlungen ausrichtet. In meinen Augen beschränkt er sich damit ohne Not auf eine Konstitutionsanalyse sozialer Systeme, die sich darauf festlegt, immerzu und fast ausschließlich die *notwendigen* Bedingungen selbstreferentieller Reproduktion nachzuzeichnen, hierbei freilich einen beeindruckenden Katalog solcher Bedingungen einführt und diskutiert, womit der Spielraum der system- oder prozeßkonstituierenden Operationen ausgewiesen werden kann, denen die Organisationsformen sozialer Systeme genügen müssen, um die weiteren Voraussetzungen ihrer eigenreproduktiven Erhaltung zu gewährleisten. Gestaffelte Selektivitäten definieren auf diesem Wege eine *Topologie,* einen Bewegungsraum, dessen Restriktionen jede Selbstreproduktion unterworfen ist. Aber: Wir erhalten damit keinerlei Einblick in die Dynamik ihres Verlaufs, und in der Folge entfällt die Möglichkeit, Bewegungsgleichungen (oder Potentialfunktionen) für die Prozesse systemischer Selbstreproduktion zu entwerfen. Luhmanns an Kant gemahnende Thematik verbaut sich jede Antwort auf die Frage, ob nicht eine ganze Reihe von operations- und strukturbestimmenden Faktoren erst im Lichte einer dynamischen Betrachtungsweise der Systemprozesse zugänglich sind. Ich meine damit nicht, Luhmann habe versäumt, seine Theorie (wenigstens auf der Ebene metatheoretischer Betrachtungen) als eine Prozeßtheorie anzulegen; wie ich oben zugestanden habe, ist das Gegenteil der Fall. Es sollte aber deutlich werden, daß dies nicht identisch ist mit der Bereitschaft Luhmanns, Prozeßgesetze (oder wem der Gesetzesbegriff nicht behagt: Prozeßannahmen) vorzulegen. Dynamische Modelle spielen in seinen Überlegungen keinerlei Rolle, womit sich seine Rezeption der Theorie autopoietischer Systeme genau besehen auf die Übernahme ihrer Begrifflichkeit beschränkt, ohne sich um ihren Formalismus zu bemühen, mit dessen Hilfe sich dynamische Verläufe rekonstruieren ließen, wenn man dies für relevant hielte.[44] Und in der Tat sollte man dies jedenfalls solange, meiner Meinung folgend, als eine sinnvolle theoretische Aufgabe betrachten, als man an den tatsächlich wirkungsmächtigen *Transformationsbedingungen* strukturgenerierender Operationen interessiert bleibt.[45] Ganz offensichtlich können die Grundbegriffe des Luhmannschen Theorienentwurfs: Sinn, Handlung, Kommunikation, diese Lücke nicht füllen, denn Sinn beinhaltet allenfalls Anknüpfungsrestriktionen, aber keine Wirkkräfte[46], Handlungen werden bei Luhmann mit Hilfe des Sinnbegriffs eingeführt und handeln nicht, und Kommunikation kommuniziert nicht (aus demselben Grund). Wer also *tut* etwas im Kosmos der Luhmannschen Theorienwelt? Wer hält die Prozesse aufrecht, wer betreibt deren Bewegung und Fortgang, wenn die klassischen Kandidaten hierfür, wie sich verändernde personale Motivationen[47], differentielle Gründe und Entscheidungen (oder Präferenzen[48]), nur mehr als Gegenstand von Zuschreibungen oder als selbstthematisierte Sinnstrukturen auftreten dürfen? Daß in diesem Kontext ›Bewußtsein‹ die Rolle einer weiteren notwendigen Bedingung zugewiesen bekommt[49], kann als zutreffend zugestanden bleiben, löst aber das anstehende Problem nicht, welcher (selbst-)transformativen Dynamik selbstreferentielle Prozesse folgen (zunächst gleichgültig auf welcher theoretischen Ebene).

Ich kann die Frage nicht beantworten, weshalb die Rezeptionsgeschichte der Theorie autopoietischer Systeme gerade so verlaufen mußte, vermute allerdings, daß Luhmanns Neigung, jede energetische Begrifflichkeit aus seiner Systematisierung herauszuhalten[50], die vielgestaltige, teils philosophische, teils theoriearchitektonische Gründe haben mag, die Dringlichkeit dynamischer Betrachtungsweisen nicht in den Vordergrund hat treten lassen.

Dies ist in meinen Augen außerordentlich bedauerlich, einmal deshalb, weil sich die soziologische Theorienbildung damit in einer von Luhmann selbst beklagten Weise die Möglichkeit interdisziplinären Lernens verbaut[51] und jeden Anschluß an entsprechende Modellvorstellungen in der theoretischen Biologie, der Ungleichgewichtsthermodynamik, der Ökologie und den Computerwissenschaften verlieren kann, und zum anderen auch, weil ich nicht glaube, daß sich die Erstellung dynamischer Reproduktionsanalysen mit erwartbarem Zugewinn auf die erst noch nachzuliefernde Behandlung konkreter, inhaltlicher sozialer Beziehungen verschieben ließe.

Die Ausblendung im engeren Sinne dynamischer Modelle aber hat noch zwei weitere Konsequenzen, die man nur mit Vorbehalten akzeptieren sollte. Fehlt nämlich zum einen jede nähere Vorstellung darüber, wie die Dynamik selbstreferentieller Reproduktion de facto verläuft, so bleibt der Ausweis von selektiv wirkenden Möglichkeitsspielräumen und vorgelagerten Notwendigkeiten ohne triftige theoretische Begründung. Denn notwendige Bedingungen (und einschränkende) gibt es immerzu unendlich viele, und dies gilt auch dann noch, wenn man deren Auswahl durch den Tatbestand geschlossener Selbstreproduktion einigen Beschränkungen aussetzen könnte.[52] Zum anderen aber verdichtet sich die einseitige Betonung von Möglichkeitsfeldern bei gleichzeitiger Unterbelichtung dynamischer Prozeßverläufe an dem Punkt zum ernsthaften Mangel, wo es in der Folge dieser Einseitigkeiten nicht länger gelingen will, der Frage nachzugehen, wie sich autopoietische Systeme evolutionär verändern. Offenbar sieht sich Luhmann durch seine Festlegung, autopoietische Systeme erhielten sich in geschlossener Selbstreproduktion und Selbstbezüglichkeit, zu der Folgerung veranlaßt, man könne die Frage nach deren Evolution unbeantwortet lassen. Selbstreferentielle Systeme ruhen in sich selbst, finden ihre unverbrüchliche Identität ausschließlich in ihrem entwickelten und reproduktionsfähigen Operationsmodus, der als *unveränderlich* und *nicht weiter optimierbar* gilt[53], was offenbar nahelegt, die Fähigkeit zur Autopoiese auf der Ebene einer allgemeinen Theorie sozialer Systeme ohne nähere Begründung konstant zu setzen und das Thema der sozialen Evolution erst im Kontext des nächsten Konkretisierungsschritts und d. h. auf der Ebene von Gesellschaften, Organisationen und Interaktionen wieder aufzunehmen.[54]

Diese Argumentation überzeugt mich nicht. Ich glaube vielmehr, daß Luhmann in seiner Neigung, die Theorie der Selbstreferenz in identitätsphilosophischer Absicht zu nutzen[55], zu Unrecht übersieht, daß die Evolutionsfähigkeit von Systemen bereits auf der systemtheoretischen Ebene selbst sicherzustellen ist, wenn man die *allgemeinen* Voraussetzungen nicht aus den Augen verlieren will, unter denen sich Systeme als solche reproduzieren können. In meinen Augen stellt die Evolutionstheorie einen integralen Bestandteil einer Theorie der Systembildung dar, und Luhmann müßte seinen Anspruch über das von Haferkamp eingeklagte Maß hinaus, die allgemeinste Theorie anbieten zu können[56], zurücknehmen, gelänge es nicht, Prozesse evolutiver Veränderungen bereits an dieser prominenten Stelle zu berücksichtigen und die Evolutionsfähigkeit selbstreproduktiver Systeme in einen engen inhaltlichen Verbund mit deren reproduktiver Dynamik zu setzen.

Zu diesem Zweck wäre nachhaltig plausibel zu machen, wie autopoietische Systeme in einer doppelten Weise unter selektiven Druck geraten können und eben infolge ihrer Reproduktionsdynamik mit Zwangsläufigkeit geraten werden. Zum einen sollte man in diesem Zusammenhang beachten, daß selbstreferentielle Operationsmodi ihrer Logik entsprechend zwar dazu befähigt sind, kontingente Strukturverteilungen zu produzieren; aber daraus folgt keinesfalls, daß diese Verteilungen in allen Fällen genau jene Gestalt zu haben brauchen, in der sie, ohne Friktionen zu verursachen, von einem vorherrschenden Reproduktionsmodus (weiter-) genutzt werden können. Mehr noch: Häufen sich derartige strukturelle Absonderlichkeiten, die der eingefahrene Reproduktionsprozeß nur unter Schwierigkeiten verarbeiten kann, so gerät er unter diesen Umständen unter selektiven Druck, und es mögen Veränderungen seiner Modalitäten und Verlaufsdynamiken favorisiert werden, die unter Bedingungen ›normaler‹ Reproduktion keine Bestandschancen gehabt hatten. Dies impliziert ein Doppeltes: Zunächst müssen mit benennbarer Häufigkeit variate Operationsmodalitäten tatsächlich auftreten können; autopoietische Systeme müssen bezüglich ihrer Operationsmodi grundsätzlich variationsfähig sein. Zum weiteren muß ein bereits eingespielter Reproduktionsmodus dazu in der Lage sein, neuartige oder rekombinierte Operationsmodi zu adaptieren und einzubauen, was freilich durch das Erfordernis eines entsprechenden

Systems, sich unablässig und ohne Kontinuitätsverlust weiterzuprozessieren, strengsten internen Selektionsdrücken unterworfen ist.[57] Variate Operationen werden sich in der Tat nur unter der Bedingung reproduzieren lassen, daß diese Minimalvoraussetzung fortführbarer operativer Autopoiese gewährleistet bleibt.

Selbst für den Fall aber, daß der Einbau neuartiger Operationsmodi keine weiteren Diskontinuitäten und Inkonsistenzen des Reproduktionsprozesses befürchten läßt, ist damit nicht gleichzeitig sichergestellt, daß sich nicht infolge seiner nunmehr erreichten Veränderungen derartige Verteilungen von Strukturelementen einfinden, denen der neu geordnete Reproduktionsmodus zu keinen oder doch nur vermindert wahrscheinlichen Anschlüssen verhelfen kann. Wir haben entsprechend keinen Anlaß zu der Vermutung, daß autopoietische Organisationsformen etwa ihrer anfangs skizzierten Merkmale wegen ihre Selbstreproduktion zu allen Zeiten gleichgewichtig werden leisten können; vielmehr selegieren sich selbstbezügliche Operationen und deren Strukturfolgen, ihre bereits eingeführte Differenzierung nutzend, jederzeit wechselseitig und bestimmen auf diesem Weg die weiteren Bedingungen, denen ihre gemeinsame Evolution ohne erkennbaren Abschluß wird folgen müssen.

Verfolgt man diese theoretische Leitlinie mit einiger Konsequenz, so kann man Luhmanns Festlegung, wonach ein autopoietisches System entweder weiterprozessiert oder extinkt wird[58], erweitern und präzisieren. Ohne Zweifel wird in allen Fällen die reproduktive Aufrechterhaltung von Anschlußfähigkeiten und -möglichkeiten den unabwendbar kritischen Standard jedes reproduktiven Erfolges darstellen, womit jeder Form selbstreferentieller Reproduktion eine Schwelle gesetzt ist, die das betreffende System nur bei Androhung seiner Auflösung wird unterschreiten wollen; allerdings sollte man infolgedessen nicht aus den Augen verlieren, daß sich jene Anschlüsse unter ganz differenten Wahrscheinlichkeiten vollziehen werden und daß sich das Evolutionsgeschehen nachgerade auch danach beurteilen lassen muß, daß sich operative Variationen mit gänzlich kontingentem Erfolg durchsetzen, abhängig von unvorhersagbar auftretenden Innovationen oder Rekombinationen, deren Einbauwahrscheinlichkeit mit wachsender Komplexität des einmal erreichten Operationsniveaus sinken wird, und von ebenso uneinschätzbaren, regelmäßig aversiven, d. h. den Prozeß der Selbstbezüglichkeit differentiell gefährdenden Reproduktionsfolgen. Mit anderen Worten: Autopoietische Systeme können sich zwar nur unter Erhaltung ihrer Selbstbezüglichkeiten und geschlossenen Operationsmodalitäten reproduzieren, aber sie tun dies angesichts der besprochenen Kontingenzen mit gänzlich unterschiedlicher Erfolgsaussicht und damit in einer jederzeit verbesserungsfähigen Form. Dies sollte der Auffassung den Weg bereiten, daß Luhmann erst unter Berücksichtigung dieses Tatbestands differentieller Reproduktion seiner ansonsten abstrakt bleibenden Trias von Variation, Selektion und Retention[59] einen angemessenen theoretischen Platz verschaffen kann und daß im weiteren erst damit einleuchten wird, daß und wie evolutionäre Selbststeigerungen entlang einer Dynamik der Elimination reproduktionsgefährdender Einflüsse und Reproduktionsfolgen und/oder infolge einer Veränderung der Dissipation von Energien zu erwarten sind.[60]

Infolgedessen kann man dann auch Luhmanns durchaus vorhandene Einsicht besser verorten, daß sich selektive Drücke nicht nur durch die wechselseitige Gefährdung von variatem Operationsmodus und den ihm entstammenden Strukturverteilungen ergeben, sondern auch infolge jener externen Selektionsfaktoren[61], die durch das interne Reproduktionsgeschehen kaum kontrollierbar oder vorhersehbar sind, den letztlichen Reproduktionserfolg solcher autopoietischen Systeme gleichwohl nachhaltig (wenn auch immer nur in differentieller Weise) beeinflussen.

Diese skizzenhafte Argumentation ließe sich ausbauen und präzisieren. Ich möchte aber darauf verzichten, weil ich einesteils der Luhmannschen Theorie nichts unterschieben möchte, was sie nachweislich nicht oder doch nur auszugsweise thematisiert; zum anderen auch deshalb, weil auf diesem Wege nicht einsichtig wird, daß ich eine der zentralen Unterstellungen und Voraussetzungen, auf denen der Luhmannsche Theorienentwurf beruht, nicht akzeptiere, daß nämlich soziale Systeme ihren autopoietischen Charakter *ausschließlich* kommunikativ-sinnhaften Operationsmodalitäten verdanken.[62] Daß es sich hierbei nicht um eine rein definitorische Festlegung handelt, deren beliebige Konventionalität keinerlei theoretische Bedenken nach sich zieht, möchte ich durch eine nähere Betrachtung des Luhmannschen Sinnbegriffs plausibel machen.

Mein Haupteinwand ist folgender: Mir bereitet Luhmanns Behauptung nachdrücklich Schwierigkeiten, der Sinnbegriff sei auf der Ebene personaler Systeme in gleicher Weise einzusetzen wie auf der kommunikativer Systeme.⁶³ Luhmann begründet diese These nicht näher (sie mag von Parsons bezogen sein), weshalb ich sie auch nicht dadurch würdigen kann, daß ich jene Begründung diskutiere. Mir scheint sie indessen aus der generellen Logik des Modells autopoietischer Selbstorganisation nicht zu folgen: Wenn kommunikative Systeme gegenüber personalen einen eigenständigen, nicht-reduktiven und autonomen Operationsmodus besitzen und sich damit durch ein emergentes Reproduktionsniveau auszeichnen, dann bliebe zu zeigen, weshalb sie ihre jeweilige Eigenreproduktion mit Hilfe ein und desselben Mediums sicherstellen können. Daß auf diese Weise in beiden Fällen Differenzen prozessiert werden, kann in meinen Augen nicht dazu hinreichen, zumal damit jede Differenzbearbeitung nur als sinnhafte vorstellbar wäre, somit alle jene Unterschiede eingeebnet wären, auf deren Erhaltung jede hermeneutische oder handlungstheoretische Position bestehen muß. Schenkt man indessen der Luhmannschen These von der Gleichartigkeit des Sinnmediums Glauben, dann bietet sich die korrigierende Gegenthese an, daß kommunikative Systeme gegenüber personalen offenbar nicht jenen Grad der prozeduralen Eigenständigkeit gewinnen können, den Luhmann im Auge hat und der ihre Charakterisierung als ›autopoietische‹ rechtfertigen könnte. In logischer Folge dieses Bedenkens sollte man klarstellen können, daß Akteure (oder doch deren kommunikationskonstituierende ›Teile‹) *notwendige* Bestandteile der kommunikativen Autopoiese sein müssen. Allerdings gibt es dann keine »Selbstbeweglichkeit des Sinngeschehens«⁶⁴, Kommunikation verläuft entsprechend nicht ›von selbst‹, sondern eingebunden in die Bemühungen entsprechender Akteure, ihre wechselseitigen Kontingenzen zu beseitigen und damit in Abhängigkeit zu diesem, ihrem zentralen Vergesellschaftungsproblem.⁶⁵ Diese Einschränkung sollte sich sodann auch auf alle weiteren Leistungen erstrecken, die Luhmann seiner Auffassung nach einem autopoietischen Kommunikationsprozeß zugewiesen hatte: gesteigerte Reflexivitäten, Rationalität, die Bereitstellung sich selbst thematisierender Theorien usf. Selbstverständlich braucht man in diesem Kontext nicht auf die altehrwürdige These zu verzichten, daß Sinnstrukturen in dem Sinn einen objektiven Charakter gewinnen können, daß Sinnverweise, Bedeutungen und Folgerungsbeziehungen Restriktionen beinhalten, die die Akteure beachten müssen, wenn sie ihren kommunikativen Erfolg nicht aufs Spiel setzen möchten; eine entsprechende ›Eigenlogik‹ ist, diesem Zugeständnis folgend, in der Tat eine notwendige Bedingung kommunikativen Prozessierens, kaum aber eine hinreichende. Dies müßte zur Konsequenz haben, daß man Luhmanns Bestimmung, soziale Systeme *bestünden* aus Kommunikationen und deren Zurechnung als Handeln[66], als zu kurz greifend einstufen müßte, um in irgendeiner Form, die ich im vorliegenden Zusammenhang undiskutiert lassen möchte, die konstitutive Mitarbeit von Akteuren mit zu berücksichtigen, weil in meinen Augen nur auf diese Weise die Dynamik kommunikativer Reproduktionsprozesse als solche davor bewahrt wird, einer falschen Abstraktion zum Opfer zu fallen. Daß sich infolge deren Vermeidung die alte Einsicht theoretisch aufwerten läßt, wonach sich das soziale Prozeßgeschehen durchaus via Kommunikation[67] – wie auch sonst – vollzieht, aber doch gleichzeitig immer auch infolge kommunikativ unerreichbarer Handlungsvoraussetzungen und -konsequenzen und damit unter Inkaufnahme des immerzu mangelhaften (gleichwohl dennoch adaptiven) Wissens der Akteure, dürfte in der weiteren Konsequenz dieses Einwands größere heuristische Möglichkeiten eröffnen, als Luhmann einzuräumen bereit ist.[68]

Ich lege dabei Wert auf die Feststellung, daß ich damit nicht einer engstirnigen (oder gar aprioristischen) individualistischen Ontologie das Wort rede, die den Menschen ›als solchen‹ in den Mittelpunkt theoretischer Erwägungen zurückholen möchte, um auf diese Weise Luhmanns Bemühungen zu konterkarieren, dem Begriff des Individuums seinen theoretischen Glanz zu rauben[69] – das »Individuum« und der mit dieser Begrifflichkeit transportierte metatheoretische Ballast mögen theoretisch stecken, wo sie wollen. Mir liegt ausschließlich daran, mit der Berücksichtigung von Akteuren ein dynamisches Zentrum[70] zur theoretischen Verfügung zu haben, eine dynamische Wirkkraft, die es unter anderem erlaubt, den Ausbau und die differentielle Veränderlichkeit sozialer Systeme in Abhängigkeit vom Aufwand an Energien (gleich welcher Art) zu diskutieren, um damit Anschluß zu halten an eine Theorie dissipativer Ordnung[71], die Luhmanns Sinnbegrifflichkeiten ohne nähere Beachtung lassen.[72] Ich hoffe, damit den fruchtbringenden Leitlinien einer dynamisch-evolutiven Theorie sozialer Systeme zu folgen, ohne den weitergreifenden

Systematisierungsbemühungen Luhmanns die generellen Verdienste absprechen zu müssen, die sie ohne jeden Zweifel für sich beanspruchen können.

Anmerkungen

1 Vgl. Luhmann 1980, S. 301 ff., ders., 1981, S. 9 ff., ders., 1981a, S. 201 ff., ders., 1982, S. 27 ff.
2 Vgl. Maturana 1981, S. 157 ff.
3 Vgl. v. Foerster 1984, S. 2-24, ders., 1985, Peitgen/Richter 1984, dies., 1984a, Varela 1980, S. 36-48, Hofstadter 1985, S. 137 ff. u. a.
4 Luhmann 1984, S. 392 ff.
5 Vgl. Luhmann 1984, S. 62 f.
6 Vgl. Luhmann 1984, S. 98 ff., 394, 417 ff.
7 Vgl. Luhmann 1984, S. 63 f., 227 ff., 360 ff., 545 ff. u. a.
8 Vgl. Luhmann 1971, S. 25 ff., ders., 1975, S. 21 ff., 93 ff., ders., 1981a, S. 11 ff., 25 ff., 35 ff. u. a.
9 Vgl. Luhmann 1984, S. 191 ff., 498 ff. u. a.
10 Vgl. Luhmann 1984, S. 92 ff.
11 Zu früheren Ausführungen Luhmanns zu diesem Thema vgl. Luhmann 1971, ders., 1975, S. 47 f., ders., 1981a, S. 56 ff. u. a.
12 Vgl. Luhmann 1984, S. 95 f.
13 Vgl. Luhmann 1984, S. 191 ff., 501 ff. u. a.
14 Vgl. Luhmann 1984, S. 139 f., 362 ff.
15 Vgl. Luhmann 1984, S. 193 ff.
16 Luhmann 1984, S. 102.
17 Luhmann 1984, S. 98 ff.
18 Vgl. Luhmann 1981a, S. 321 ff., ders., 1981b, S. 126 ff. u. a.
19 Vgl. Luhmann 1984, S. 408.
20 Vgl. Luhmann 1984, S. 22 ff., 275 ff. Paradigmatisch für diese Auffassung in der Soziologie ist Buckley 1967.
21 Vgl. Luhmann 1984, S. 63, 556 f., 626 u. a.
22 Vgl. Luhmann 1984, S. 557 f. Man wird in diesem Kontext allerdings zugestehen müssen, daß Luhmanns Rezeption des Autopoiesisbegriffs nicht mit der erforderlichen Klarheit erfolgt. Seine Betonung der operativen Geschlossenheit vermengt zwei Sachverhalte, die analytisch trennbar sind: Zum einen wird man die autopoietische Selbstbezüglichkeit sicherlich mit Hilfe der Rekursivität entsprechender autopoietischer Prozesse bestimmen müssen (re-entry, vgl. Luhmann 1984, S. 640 f. u. a.). Oder anders: Rekursivität und Geschlossenheit der Operationen entsprechender Systeme fallen zusammen, sofern diese tatsächlich autopoietisch verlaufen. Anderseits setzt Rekursivi-

tät Geschlossenheit nicht voraus. Luhmann übersieht dies und belastet in der Folge seinen Autopoiesisbegriff mit der Schwierigkeit, sich das Hineinwirken und Hineinnehmen externer Größen angemessen vor Augen führen zu können (etwa von Energien) (vgl. unten, Anm. 50 und die entsprechende Textpassage). Die Verwaschenheit der Formulierungen Luhmanns dort, wo er das Ineinandergreifen von Offenheit und Geschlossenheit thematisiert (1984, S. 52 f., 63 f., 357 ff., 533 ff., 557 ff., 605 f. u. a.), hat in dieser Unklarheit ihren Grund. Daß die klassischen Input-Output-Analysen ihrerseits die korrekturbedürftige Schwierigkeit hatten, Rekursivitäten gerecht zu werden, bleibt natürlich richtig. Die konstruktivistische Art und Weise von Varela, mit dem Problem des gegenseitigen Verhältnisses von ›closure type-‹ und ›input-type-Analyse‹ umzugehen (Varela 1984), behagt mir dabei allerdings als Lösung des anstehenden Problems nicht; ich muß auf eine Diskussion des Varelaschen Klärungsvorschlags freilich an dieser Stelle verzichten.
23 Vgl. Luhmann 1984, S. 74, 428 ff.
24 Vgl. Luhmann 1984, S. 475. Es sei darauf hingewiesen, daß sich Luhmann durch derartige Erwägungen das schwierige Problem der Kontinuität eines Geschehens einhandelt, das sich angesichts der Tatsache fortschreibt, daß es *Einzelereignisse* miteinander verknüpfen muß, deren Punktualität vage bleibt, wenn man sie empirisch als Handlungsereignisse erfassen muß. Luhmanns vielbenutzte Begrifflichkeit des notwendigen ›Anschließens‹ oder der ›Anschlußhandlungen‹ bezeichnet demnach das betreffende Problem, nicht dessen Lösung.
25 Vgl. Luhmann 1984, S. 472. Ich kommentiere hier und bezüglich der weiteren Verdienste der Luhmannschen Systematisierungen deren sachliche Richtigkeit; ob sie gleichzeitig einen Neuigkeitswert für sich beanspruchen können, kann mit Haferkamp (vgl. seinen Beitrag in diesem Band) bestritten werden.
26 Vgl. Parsons 1968², Bd. 1, S. 44.
27 Vgl. Parsons 1968², Bd. 1, S. 43 ff., ders., 1951, S. 3 ff.
28 Vgl. Luhmann 1984, S. 488. Luhmann setzt dieses Argument auch kritisch gegen Habermas' Theorie konsensueller Verständigung ein, vgl. Luhmann 1982a, S. 366-379.
29 Vgl. Parsons 1959, S. 4 ff., Parsons/Bales/Shils 1953, Parsons 1973, S. 72-86, ders., 1976, S. 196 ff.
30 Vgl. Luhmann 1970, S. 232 ff., ders., 1980, S. 102 ff., Luhmann 1982b, Luhmann/Schorr 1979.
31 Vgl. Parsons 1959, S. 3-38, ders., 1976, S. 172 ff.
32 Vgl. Luhmann 1972², S. 272 ff.
33 Vgl. Parsons 1966², S. 22, 110.
34 Vgl. Luhmann 1984, S. 420 ff., 436 ff.

35 Vgl. Luhmann 1984, S. 484 ff.
36 Vgl. Luhmann 1984, S. 593 ff., ders., 1981, S. 195 ff.
37 Vgl. Luhmann 1984, S. 637 f.
38 Fragwürdigkeiten entstehen in folgendem: Luhmann liebäugelt an dieser Stelle mit einem epistemologischen Konstruktivismus (was in der Nachfolge von Maturana, von Foerster u. a. auch nicht verwundern kann), der die erkenntnisnotwendige Binnenperspektive eines monadischen Beobachters (vgl. von Uexküll 1981, S. 133 ff.) kokett in Tautologisierungen und Paradoxien ausmünden läßt. Erfreulicherweise bietet Luhmanns eigene Theorie selbst Enttautologisierungen und Entparadoxierungen an (vgl. Luhmann 1984, S. 604 f., 631 ff., 652 u. a.), woraus ich den tröstlichen Schluß ziehe, daß eine Theorie, die genau dies kann, in letzter Instanz weder tautologisch noch paradox ist. Bedauerlicherweise benutzt Luhmann diese zwangsläufige, wenngleich etwas im Hintergrund gehaltene Einsicht nicht dazu (wie etwa Quine 1976, S. 1-18 oder Zolo 1985, S. 523 f.), sich darüber Rechenschaft abzulegen, wie auf derartige (paradoxe und tautologische) Tatbestände mit Evolution zu reagieren sei. Er kann dies offenbar deshalb nicht, weil er im Kontext seiner Explikationsversuche von ›Autopoiesis‹ Transformationen evolutionärer Art nicht vorsehen kann. Ich komme auf diesen Punkt zurück.
39 Vgl. Luhmann 1984, S. 30.
40 Vgl. Luhmann 1984, S. 148 ff.
41 Vgl. Luhmann 1984, S. 362 ff. und 399 ff. Man muß beide Stellen zusammen lesen, um die Bedeutung des Entscheidungsbegriffs für die Autopoiesis von Bewußtsein zu klären.
42 Vgl. Ullmann-Margalit 1977, Schotter 1981, Hardin 1982 u. a.
43 Vgl. zu diesem Problemkreis die Arbeit von Teubner in diesem Band.
44 Vgl. für einen solchen Versuch, Systemdynamiken als autopoietische zu simulieren, Zeleny 1977, S. 13-28, dess., 1980, S. 3-43, ders., 1981, S. 4-17.
45 Vgl. dazu Hernes 1976, S. 513-537.
46 Luhmann sieht dies m. E. deutlich genug, vgl. Luhmann 1984, S. 100; das ›Sinngeschehen‹ bedarf in allen Fällen der »Konditionierung durch Systeme«, Sinn ist eine notwendige Bedingung für deren entsprechende »operative Verwendbarkeit« (S. 101).
47 Vgl. Luhmann 1984, S. 228.
48 Vgl. Luhmann 1984, S. 400.
49 Vgl. Luhmann 1984, S. 295.
50 Vgl. Luhmann 1984, S. 393, Anmerkung 37, wo Luhmann sich damit zufrieden gibt, die Theorie dissipativer Ordnung mit dem Hinweis abzutun, sie basiere auf dem Energiebegriff.
51 Vgl. Luhmann 1984, S. 7 ff.
52 Dieses Argument nimmt allerdings in Anspruch, daß die Angabe

notwendiger Bedingungen für das Gelingen von Theorien (auch in der Soziologie) zwar notwendig, kaum aber hinreichend sein wird. Ich gestehe freilich zu, daß sich Luhmann hinter dem Schutzschild seines bis zur letzten Konsequenz geführten Funktionalismus (vgl. Luhmann 1970, S. 31-53), der nicht auf Ursachen, sondern auf funktionale Alternativen abhebt, von einem solchen Einwand nicht treffen lassen muß. Zu diskutieren, weshalb er dies dennoch sollte, ist hier nicht die Gelegenheit.

53 Dies scheint zur autopoietischen ›Orthodoxie‹ zu gehören, vgl. Zeleny 1981a, S. 113, wo von »organizationally invariant units« die Rede ist und Evolution nur unter Akzeptierung dieser Tatsache möglich erscheint. Zolo 1985, S. 532, hat daraus geschlossen, daß »die Autopoiesis keinerlei Beitrag zur Evolutionstheorie zu liefern vermag«. Demgegenüber möchte Varela Evolution als »natural drift« zwischen eigenwertigen Gleichgewichtszuständen behandelt wissen, vgl. Varela 1984, S. 25, 30. Selbsttransformationen der operativen Modalitäten bleiben auf diese Weise aber ausgeschlossen.
54 Vgl. Luhmann 1984, S. 575. Auf diesen Ebenen wird ›Evolution‹ zwanglos verständlich als »Umformung und Erweiterung der Chancen für aussichtsreiche Kommunikation« (Luhmann 1984, S. 219).
55 ›Identitäten‹ sind auf der Ebene psychischer wie sozialer Systeme eine notwendige und ausschließliche Konsequenz der sich auf den eigenen Operationsmodus beziehenden Selbstbeschreibungen (vgl. Luhmann 1984, S. 360 f.).
56 Vgl. Luhmann 1984, S. 15, 647 ff.; Haferkamp in diesem Band, S. 51 ff.
57 Vgl. Roth 1982, S. 43 ff.; zu Luhmanns Postulat des ›Weiterprozessierenmüssens‹ vgl. Luhmann 1984, S. 233, 374 ff.
58 Vgl. Luhmann 1984, S. 474.
59 Vgl. Luhmann 1984, S. 575. Es sei an dieser Stelle darauf verwiesen, daß die retentionale Stabilisierung für den Fall keiner eigenständigen Betonung bedarf, daß man die Dynamik differentieller Reproduktion im Luhmannschen Sinn tatsächlich als eine ›prozessuale‹ auffassen darf.
60 Vgl. Ziff 1972, Corning 1983, Haken 1981^2, ders., 1982. Bereits Georg Simmel hat versucht, diese beiden Prozeßtypen für die soziologische Theoriendiskussion fruchtbar zu machen, vgl. Schmid 1987.
61 Vgl. Luhmann 1984, S. 476 ff.
62 Vgl. Luhmann 1984, S. 192. Die folgenden Ermahnungen richten sich keinesfalls an jene Versuche, autopoietische Prozesse mit der zu ihrer Weiterführung benötigten Energiedissipation zu verknüpfen; vgl. Jantsch 1981, S. 65-88, ders., 1980, S. 81-87.
63 Vgl. Luhmann 1984, S. 93, Anmerkung 3, 141 ff.
64 Luhmann 1984, S. 101.
65 Vgl. Corning 1983, Hejl 1980, S. 153, vgl. auch Anm. 38 oben.

66 Vgl. Luhmann 1984, S. 240.
67 Vgl. Luhmann 1984, S. 478.
68 Vgl. Luhmann 1984, S. 585. Luhmann hält die »Differenz von Intention und Geschehen« für die Folge einer (durch die Nebenwirkungen der französischen Revolution) »aufgezwungenen Semantik«. Diese These dürfte weder historisch richtig, noch methodisch fruchtbar sein: Wie man ohne diese ›Differenz‹ Evolution erklären möchte, ist mir uneinsichtig geblieben. Ich verzichte darauf, die zahllosen Arbeiten von von Hayek anzuführen, die an dieser Stelle einschlägig wären, vgl. auch Haferkamp in diesem Band, S. 51 ff. Luhmann kann dies freilich übergehen, weil er in seinem Sinnbegriff immer auch das Nichtangesonnene mitbedacht sieht und von der Logik dieser Begrifflichkeit her gesehen tatsächlich auch kaum mehr gesagt werden *kann*; aber damit leider nicht alles, was sich zu sagen lohnte.
69 Vgl. Luhmann 1984, S. 364, ders., 1985, S. 402-446.
70 Vgl. Rosen 1979, S. 91-111, Hejl 1982, Maturana 1981a, S. 11-31, ders., 1980, S. 45-78.
71 Vgl. Schmid 1986, Freber/Schmid 1986.
72 Daß sich Luhmann mit seiner phänomenologischen Wendung (vgl. den Beitrag Bergers in diesem Band) weit von Parsons entfernt, sei wenigstens am Rande in Erinnerung gerufen; vgl. zur Energiekonzeption bei Parsons die ausführliche Behandlung dieses Themas in Parsons/Bales/Shils 1953.

Literatur

Berger, Johannes (1986), Autopoiesis: Wie »systemisch« ist die Theorie sozialer Systeme? In diesem Band, S. 129 ff.
Buckley, Walter (1967), Sociology and Modern Systems Theory. Englewood Cliffs.
Corning, Peter A. (1983), The Synergism-Hypothesis. A Theory of Progressive Evolution. New York.
Von Foerster, Heinz (1984), Principles of Selforganization in a Socio-Managerial Context. In: H. Ulrich/G. J. B. Probst (Hg.), Self-Organization and Management of Social Systems. Insights, Promises, Doubts, and Questions. Berlin/Heidelberg/New York/Toronto.
– (1985), Sicht und Einsicht. Braunschweig/Wiesbaden.
Freber, Jochen/Michael Schmid (1986), Instabilität und Dynamik. Zur Anwendung der Katastrophentheorie in der Soziologie. Forschungsbericht der Universität der Bundeswehr. München.
Haferkamp, Hans (1986), Autopoietisches soziales System oder kon-

struktives soziales Handeln? Zur Ankunft der Handlungstheorie und zur Abweisung empirischer Forschung in Niklas Luhmanns Systemtheorie. In diesem Band, S. 51 ff.

Haken, Hermann (1981²), Erfolgsgeheimnisse der Natur. Synergetik: Die Lehre vom Zusammenwirken. Stuttgart.

– (1982), Synergetik. Eine Einführung. Berlin/Heidelberg/New York.

Hardin, Russel (1982), Collective Action. Baltimore.

Hejl, Peter M. (1980), The Problem of Scientific Description of Society. In: Frank Benseler/Peter M. Hejl/Wolfram K. Köck (eds.), Autopoiesis, Communication, and Society. The Theory of Autopoietic System in the Social Sciences. Frankfurt/New York, S. 147-161.

– (1982), Sozialwissenschaft als Theorie selbstreferentieller Systeme. Frankfurt/New York.

Hernes, Gudmund (1976), Structural Change in Social Process. In: American Journal of Sociology (83), S. 513-537.

Hofstadter, Douglas R. (1985), Gödel, Escher, Bach. Ein endlos geflochtenes Band. Stuttgart.

Jantsch, Erich (1980), The Unifying Paradigm. Behind Autopoiesis, Dissipative Structures, Hyper- and Ultracycles. In: M. Zeleny (ed.), Autopoiesis, Dissipative Structures and Spontanous Social Orders. Boulder, S. 81-87.

Jantsch, Erich (1981), Autopoiesis. A Central Aspect of Dissipative Self-Organization. In: M. Zeleny (ed.), Autopoiesis. A Theory of Living Organization. New York/Oxford, S. 65-88.

Luhmann, Niklas (1970), Soziologische Aufklärung. Aufsätze zur Theorie sozialer Systeme. Opladen.

– (1971), Sinn als Grundbegriff der Soziologie. In: Jürgen Habermas/Niklas Luhmann, Theorie der Gesellschaft oder Sozialtechnologie. Frankfurt, S. 25-100.

– (1972²), Funktionen und Folgen formaler Organisation. Berlin.

– (1975), Soziologische Aufklärung 2. Aufsätze zur Theorie der Gesellschaft. Opladen.

– (1980), Gesellschaftsstruktur und Semantik. Studien zur Wissenssoziologie der modernen Gesellschaft, Bd. 1. Frankfurt.

– (1980a), Die Ausdifferenzierung von Erkenntnisgewinn. In: N. Stehr/V. Meja (Hrsg.), Wissenssoziologie. Opladen, S. 102-139.

– (1981), Gesellschaftsstruktur und Semantik. Studien zur Wissenssoziologie der modernen Gesellschaft, Bd. 2. Frankfurt.

– (1981a), Soziologische Aufklärung 3. Soziales System, Gesellschaft, Organisation. Opladen.

– (1981b), Politische Theorie im Wohlfahrtsstaat. München.

– (1982), Funktion der Religion. Frankfurt.

– (1982a), Autopoiesis, Handlung und kommunikative Verständigung. In: Zeitschrift für Soziologie (11), S. 366-379.

- (1982b), Liebe als Passion. Zur Codierung von Intimität. Frankfurt.
- (1984), Soziale Systeme. Grundriß einer allgemeinen Theorie. Ffm.
- (1985), Die Autopoiesis des Bewußtseins. In: Soziale Welt (36), S. 402-446.

Luhmann, Niklas/Karl E. Schorr (1979), Reflexionsprobleme im Erziehungssystem. Stuttgart.

Maturana, Humberto R. (1980), Autopoiesis. Reproduction, Heredity and Evolution. In: Milan Zeleny (ed.), Autopoiesis, Dissipative Structures and Spontanous Social Orders. Boulder, S. 45-78.
- (1981), Erkennen. Die Organisation und Verkörperung von Wirklichkeit. Braunschweig/Wiesbaden.
- (1981a), Man and Society. In: Frank Benseler/Peter M. Hejl/Wolfram K. Köck (eds.), Autopoiesis, Communication, and Society. The Theory of Autopoietic System in the Social Sciences. Frankfurt/New York, S. 11-31.

Parsons, Talcott (1951), The Social System. New York/London.
- (1959), General Theory in Sociology. In: Robert K. Merton u. a. (eds.), Sociology Today. Problems and Prospects. New York/Evanston, S. 3-38.
- (1966), Societies. Evolutionary and Comparative Perspectives. Englewood Cliffs.
- (1968^2), The Structure of Social Action, Bd. 1. New York/London.
- (1973), A Functional Theory of Change. In: E. Etzioni-Halevy/A. Etzioni (eds.), Social Change. Sources, Patterns, and Consequences. New York, S. 72-86.
- (1976), Zur Theorie sozialer Systeme. Hrsg. Stefan Jensen. Opladen.

Parsons, Talcott/Robert F. Bales/Edward A. Shils (1953), Working Papers in the Theory of Action. Glencoe.

Peitgen H.O./P.H. Richter (1984), Harmonie in Chaos und Kosmos. Bremen.
- (1984a), Morphologie komplexer Grenzen. Bremen.

Quine, Willard V.O. (1976), The Ways of Paradox. In: ders., The Ways of Paradox and Other Essays. Cambridge/Mass., S. 1-18.

Rosen, Robert (1979), Morphogenesis in Biological and Social Systems. In: Colin Renfrew/Kenneth L. Cooke (eds.), Transformations. Mathematical Approaches to Culture Change. New York/San Francisco/London, S. 91-111.

Roth, Gerhard (1982), Conditions of Evolution and Adaption on Organisms as Autopoietic Systems. In: Dietrich Mossakowski/Gerhard Roth (eds.), Environmental Adaption and Evolution. A Theoretical and Empirical Approach. Stuttgart/New York, S. 35-48.

Schmid, Michael (1986), Zeit und sozialer Wandel. In: F. Fürstenberg/I. Hermann/I. Mörth (Hrsg.), Zeit als Strukturelement von Lebenswelt und Gesellschaft. Linz, S. 259-305.

- (1987), Dynamik und Selbsterhaltung. Zur naturalistischen Grundlegung der Simmelschen Gesellschaftstheorie. In: Geschichte und Gegenwart (5), im Druck.
Schotter, Andrew (1981), The Economic Theory of Social Institutions. Cambridge.
Teubner, Gunther (1986), Hyperzyklus in Recht und Organisation. Zum Verhältnis von Selbstbeobachtung, Selbstkonstitution und Autopoiese. In diesem Band, S. 89 ff.
Von Uexküll, Thure (1981), System and Crisis in Human Physical and Mental Development. In: Gerhard Roth/Helmut Schwegler (eds.), Self-Organizing Systems. An Interdisciplinary Approach. Frankfurt/New York, S. 132-144.
Ullmann-Margalit, Edna (1977), The Emergence of Norms. Oxford.
Varela, Francisco J. (1980), Describing the Logic of the Living. In: Milan Zeleny (ed.), Autopoiesis. A Theory of Living Organization. New York/Oxford, S. 36-48.
- (1984), Two Principles of Self-Organization. In: H. Ulrich/G. J. B. Probst (eds.), Self-Organization and Management of Social Systems. Insights, Promises, Doubts, and Questions. Berlin/Heidelberg/New York/Tokyo, S. 25-32.
Zeleny, Milan (1977), Self-Organization of Living Systems: A Formal Model of Autopoiesis. In: International Journal of General Systems (4), S. 13-28.
- (1980), Autopoiesis. A Paradigm Lost? In: ders. (ed.), Autopoiesis, Dissipative Structure and Spontanous Social Orders. Boulder, S. 3-43.
- (1981), What is Autopoiesis? In: ders. (ed.), Autopoiesis. A Theory of Living Organization. New York/Oxford, S. 4-17.
- (1981a), Autogenesis. On the Self-Organization of Life. In: ders. (ed.), Autopoiesis. A Theory of Living Organization. New York/Oxford, S. 91-115.
Ziff, B. K. (1972), Human Behavior and the Principle of the Least Effort. New York.
Zolo, Danilo (1985), Reflexive Selbstbegründung der Soziologie und Autopoiesis. Über die epistemologischen Voraussetzungen der ›allgemeinen Theorie sozialer Systeme‹ Niklas Luhmanns. In: Soziale Welt (36), S. 519-534.

Hans Haferkamp
Autopoietisches soziales System oder konstruktives soziales Handeln?
Zur Ankunft der Handlungstheorie und zur Abweisung empirischer Forschung in Niklas Luhmanns Systemtheorie*

1. Theorie, Konkurrenz und Kooperation

Luhmanns Theorie sozialer Systeme ist gekennzeichnet von
1. hohem Abstraktionsgrad,
2. erheblicher Komplexität und
3. unüblichen Erfahrungs- und Richtigkeitskriterien.

1. Luhmanns Begriff soziologischer Theorie ist auf weiten Strecken unproblematisch und akzeptabel. Wenn er von Punkt-für-Punkt-Entsprechungen von Begriff und Realität im Alltagsdenken spricht und als die entscheidende Differenz der Wissenschaft die Systembildung bezeichnet (1984, S. 13), dann wird man dieser Sicht zustimmen: Theorie macht in der Tat aus intransparenter transparente Komplexität. Wissenschaft und soziologische Theorie schaffen eine eigene Wirklichkeitssicht, die sich vom Alltagswissen unterscheidet, und die erste Differenz besteht im Abstraktionsgrad. Allerdings ist zu beachten, daß der Abstraktionsgrad in der Theorie von Luhmann zum Teil so hoch ist, daß man – wie bei einigen anderen Theorien auch – Mühe hat, sich die soziale Wirklichkeit vorzustellen, auf die diese Theorie und ihre Teile passen. Daran ändern auch zahlreiche konkrete Beispiele nichts, da sie von Luhmann da eingeschoben werden, wo sie ihm einfallen, nicht aber systematisch eingebaut werden, jedenfalls vermißt man sie oft. Der hohe Abstraktionsgrad ist für Luhmann notwendig, um eine *facheinheitliche Theorie* konstruieren zu können. An diesem Anspruch hält Luhmann seit nunmehr zwanzig Jahren (vgl. insbesondere 1967, S. 615 f.) unbeirrt fest. In der Gegenüberstellung seiner eigenen Theorie mit konkurrierenden Unternehmen (1984, S. 7 ff.) verwechselt Luhmann dann allerdings Tatsachen- und Werturteile, und an dieser Stelle werden viele Aussa-

gen von Luhmann problematisch und auch unrichtig. Es mag ja sein, daß er die Theorieproduktion der Konkurrenz nicht hoch bewertet, aber die konkurrierenden Theorien mit universalem Geltungsanspruch sind da, so daß Luhmanns Theorie, jedenfalls programmatisch, nicht so einmalig ist, wie er – unausgesprochen – meint. Es sind nur andere Perspektiven, die Luhmanns Konkurrenten verwenden, ob sie nun zur Zeit Parsons' oder danach ihre Unternehmen Konstruktionstheorie (Berger/Luckmann 1966), Theorie des kommunikativen Handelns (Habermas 1981) oder strukturell-individualistische Theorie (Opp 1978, S. 139 ff.; zusammenfassend Wippler 1978) nennen, und die fachuniversal arbeitenden allgemeinen Theoretiker sind zahlreich (die Verweise in den Klammern präsentieren nur die knappste Auswahl; vgl. schon über Theorien, die explizit höchste Allgemeinheitsansprüche stellen: Haferkamp 1972, S. 16 ff.). Ich vermag daher das Besondere, das Luhmann sozusagen mit einem – Pardon – Trompetenton vorträgt, nicht zu erkennen. Die Mitbewerber um die Präsentation der großen Theorie haben durchaus »für den Aussagenbereich der Theorie adäquate Alternativen entwickelt« und sich nicht mit »Hinweisen« begnügt (was Luhmann 1984, S. 9 bestreitet). Überhaupt ist es immer wieder auffallend, wie sehr Luhmann sich gegen eine Einordnung in Traditionen und Kontinuitäten mit dem Verweis auf Brüche in der Theoriegeschichte wehrt. So lehnt er Johannes Bergers Feststellung, nach der Lektüre der »Sozialen Systeme« könne »handlungstheoretisch Entwarnung gegeben werden«, ab. Sein Anspruch geht eben nicht nur auf Fachuniversalität, sondern gleichermaßen auf Einmaligkeit – auch wenn er dies nie explizit formuliert.

Ein ganz hervorragendes Kriterium zur Einlösung eines Anspruchs auf Fachuniversalität ist *Selbstreflexion der Theorie* (Luhmann 1984, S. 9 f.). Darin ist Luhmann zuzustimmen, aber gleichzeitig ist zu betonen, daß auch andere Theorien dieses Kennzeichen tragen und daß es dort ebenfalls explizit als Allgemeinheitskriterium verwandt wird. Verhaltenstheoretiker erklären unterschiedliche Theoriefortschritte in verschiedenen Wissenschaftssystemen mit differentiellen Belohnungen. Daß soziologische Theorien »keine unhinterfragbaren erkenntnistheoretischen Kriterien voraussetzen«, sondern in soziologischen Begriffen den Prozeß der Theorieentwicklung und der Forschung im Detail beschreiben sollten, hat Habermas für die kritische

Theorie schon in seinem Beitrag zum Positivismusstreit, insbesondere zur Rolle der Verständigung von Wissenschaftlern (1965, S. 305), gezeigt und in seinen Bemerkungen (1967, S. 8 ff.) über Cassirer bekräftigt, und davon ist er nie abgerückt. Auch die Handlungstheorie macht sich selbst zum Gegenstand, auch diese Theorie kann man auf sich selbst anwenden[1], wie im folgenden ausführlicher gezeigt werden soll, um schon an dieser Stelle die von Luhmann beanspruchte Sonderstellung zu bestreiten. Im übrigen werden wir uns im weiteren vornehmlich aus der Perspektive der Handlungstheorie mit Luhmanns Theorie auseinandersetzen.

Eine Theorie sozialen Handelns entwickelt sich auf dem Wege der in dieser Theorie beschriebenen Prozesse: *Theoriekonstruktion ist soziales Handeln,* wird entäußert, integriert, versachlicht und verinnerlicht. Sie wird von Handelnden in Prozessen der Interaktion geschöpft, stabilisiert und variiert. Sie wird nicht nur von einigen wenigen Handelnden geteilt, sondern von vielen. Die Prozesse der Einflußnahme, die den Aufbau einfacher und komplexer Handlungszusammenhänge erklären, bestehen auch hier. Sie ist ein Produkt einer Gruppe von Handelnden und durchaus auf deren Praxis bezogen (vgl. Segerstedt 1966, S. 66; ferner Berger/Luckmann zuerst 1966, S. 3 f., 13 ff., 95 ff.)[2], und sie wird anderen im Wege der Symbolübertragung angesonnen (vgl. Bentley 1908, S. 183 f.). Da eine solche Theorie sozialen Handelns kein fixes, für immer gewonnenes Produkt ist[3], setzt sie auch keine aller Erfahrung vorgängigen und den Erfahrungsbereich überhaupt erst aufschließenden Kategorien voraus (vgl. Mead 1965, S. 4 ff.; im Gegensatz dazu König 1963, S. 35). Sie ist auch nicht gleich ursprünglich mit anderen Symbolsystemen, sondern bedingt ein gewisses Niveau der Systemsprache (vgl. Habermas 1967, S. 11).

Der handlungstheoretischen Soziologie kommt prinzipiell keine andere Dignität zu als allem anderen sozialen Handeln. Wie andere Deutungssysteme auch, kann sie zwar einen Wahrheitsanspruch stellen, wenn sie sich über ihre Gegenstände äußert, sie büßt aber im Rahmen des auf sich selbst angewandten Ansatzes der Theorie sozialen Handelns den spezifischen Wahrheitsvorzug ein, der sonst wissenschaftlichen Theorien zugestanden wird. Sie ist Konstruktion.

Damit wird jedoch unter den Prämissen der Theorie sozialen

Handelns nichts aufgegeben, was eine andere Theorie vorher besessen hätte oder an anderen Wissenschaften zu neiden wäre, denn in den soziologischen Begriffen haben wir soziologische Definitionen der Situation vor uns, und in ihnen »erblicken wir und in ihnen besitzen wir das, was wir die ›Wirklichkeit‹ nennen«, wie man – Cassirer (1953, S. 48) abwandelnd – sagen könnte. So ist jede Wissenschaft – und wie Segerstedt (1966, S. 66) zeigt, auch die Naturwissenschaft (vgl. dazu insbesondere Latour/Woolgar 1979; Knorr-Cetina 1981) –, also alle vorausgehende und gleichzeitig bestehende Wissenschaft, als Produkt menschlicher Kreativität zu betrachten, das teils als Handlungszusammenhang von den beteiligten Wissenschaftlern bewußt hergestellt wird, teils Strukturen aufweist, die die Forscher selbst (noch) nicht durchschaut haben, die aber auf sie einwirken. In der Theorie als der Wirklichkeitsdefinition, die den bewußten Zusammenhang der Wissenschaftler erhält, bezeichnet die Rede von sozialen Ursachen oder sozialen Strukturen zwar etwas Objektives, von den Handelnden Erzeugtes, dennoch von den Akteuren unerkannt Existierendes. Aber das Opake ist in dem Moment nur noch das von den Akteuren Verdinglichte, in dem der Erzeugungsprozeß von der Soziologie durchschaut wurde. Sie hat dann einen Reflexionsvorsprung. Dennoch bleibt Theorie das, was Soziologen als Handelnde in einem Interaktionsprozeß schöpfen, übertragen oder übernehmen: Deutung – nicht mehr.

Damit zieht sich die Theorie sozialen Handelns eine *Grenze*, die ihre gesellschaftliche Relevanz, ihre Erheblichkeit im Alltagsleben betrifft, denn wenn die Theorie sozialen Handelns für sich auch einen Allgemeinheitsanspruch einlöst – sie analysiert alles Soziale als Handeln –, so bleibt sie doch damit noch ganz in dem Rahmen, den sie sich selbst setzt, und über ihre gesellschaftliche Reichweite ist noch nichts ausgemacht. Dazu ist vielmehr das Verhältnis der Theorie sozialen Handelns zum Handeln des Alltagslebens, speziell in der Form des Alltagswissens, zu bestimmen:

Theoretiker sozialen Handelns lassen sich das, was Grundbegriff sein soll, nur für das vorausgesetzte Ausgangsphänomen »soziales Handeln« von der Alltagswelt vorgeben; schon dessen Bedeutung und Bewertung, wie alle anderen Begriffe und ihre Bedeutungen und Bewertungen, lassen sie sich nicht vorschreiben. Zwar werden sie vom Alltagsdenken wohl angeregt, insoweit die Forscher selbst Mitglieder dieser Welt sind, in ihren Gruppen schöpfen sie dann aber die Theorie. Sie können damit in ihren Aussagen dem Alltagsleben äußerlich bleiben. In ihren Ansätzen versuchen sie in bezug auf das mit dem Alltagswissen gemeinsame »Ausgangsphänomen«, den Prozeß der Sinnbildung in allen Dimensionen zu begreifen, d. h. zu symbolisieren, zu bedeuten und zu bewerten, ein Unternehmen, das die Theoretiker sozialen Handelns durchaus nicht exklusiv betreiben, sondern in Konkurrenz mit den Theoretikern »gesunden Menschenverstandes«.

In diesem Rahmen gewinnt Soziologie dann ihre gesellschaftliche Stärke im *Vergleich:* Theorien des Alltagswissens, von Bedeutungen und Bewertungen von Symbolen, die im Alltag auf soziales Handeln bezogen sind, werden mit den Bedeutungen und Bewertungen der Theoretiker sozialen Handelns konfrontiert. Situationsdefinitionen werden so aneinander gemessen. Darin kann sich dann die Leistung der Theorie sozialen Handelns erweisen: Wenn sie anderem sozialen Handeln im Hinblick auf Prozesse der Genese, der Bestandserhaltung und des Verfalls auch prinzipiell gleich bleibt, so kann sie sich in ihrem Einfluß sehr wohl von ihm unterscheiden: Aus ihrer *Allgemeinheit* gewinnt, erhält oder verliert eine Theorie sozialen Handelns gesellschaftliche Relevanz und Reichweite.

Es muß hier offenbleiben, ob der Handlungsbegriff besser als der Begriff des autopoietischen Systems Entwicklung, Bestand und Zerfall von soziologischen Theorien erklärt und ob die Vorstellung unterschiedlicher Allgemeinheitsgrade von Situationsdefinitionen eher als Systembildung die Differenz von Theorie und Alltagswissen erfaßt. Für eine Überlegenheit der Handlungstheorie spricht, daß sie sich nicht nur selbst thematisiert, sondern daß gerade auch die *empirische* Analyse der Produktion naturwissenschaftlichen Wissens mit handlungstheoretischem (und eben nicht: systemtheoretischem) Begriffsinstrumentarium *erfolgreich* unternommen wurde. Pointiert könnte man sagen: Während Luhmann Selbstreflexivität und damit Universalität für seine Systemtheorie noch reklamieren muß, ist Universalität von Handlungstheoretikern nicht nur im Nachweis der Konstruktion sozialwissenschaftlicher, sondern auch naturwissenschaftlicher Wirklichkeit schon erbracht worden (z. B. von Latour/Woolgar 1979; Knorr-Cetina 1981).

2. Nach Luhmann sind Theorien Systeme und nicht nur Punkt-

für-Punkt-Relationen. Das führt bei umfassenden Theorien zu hoher Komplexität. Luhmann beansprucht durchaus zu Recht, eine derartig komplexe Theorie vorzustellen, allerdings steht er auch damit nicht allein. Auch hier muß man fragen, ob Luhmann Theorien seiner Konkurrenten, die er gern »Exegeten« nennt, eigentlich noch liest. Wenn man nach Themen, Begriffen und Thesen fragt, dann wird man sicherlich auch in den Theorien von Habermas oder Peter L. Berger – um nur zwei zu nennen – nicht weniger Komplexität finden, auch dort werden nicht einfach »einige wenige Begriffe der Literatur« entnommen und etwas anders definiert als bisher. Schaut man sich Luhmanns zentrale Begriffe an, so sind auch von diesen Begriffen die meisten wohlvertraut. Daneben treten neue Begriffe auf, wie vielleicht »Selbstreferenz« und sehr wahrscheinlich »Autopoiesis«. Alles andere aus Luhmanns Liste (1984, S. 12) ist bekannt, wenn auch zum Teil bisher wenig verwandt, wie der Begriff »Zeit«. Wo Luhmann von Reflexion der eigenen Komplexität spricht, da stellen andere an ihre Theorie den Anspruch, aus *einer* Perspektive mit durchlaufenden Kategorien zu arbeiten (Arnold Gehlen) oder alle substantiierenden Begriffe in Vorstellungsbegriffe von Akteuren zu überführen (Max Weber). Man wird wohl nicht bestreiten können, daß auch dort die Begriffsbildung nicht willkürlich ist. Wenn Luhmann schließlich von der Querlage seiner Theorie zu den klassischen soziologischen Kontroversen wie Statik versus Dynamik (vgl. 1984, S. 33 ff.) spricht und unterstellt, daß »solche Kontrastierungen ... jede Seite zum Verzicht auf Universalitätsansprüche« (1984, S. 34) zwingen, dann übersieht er, daß zahlreiche soziologische Theorien so wie seine eigene Theorie diese Kontrastierungen per se übergreifen. Das zeigt schon ein kurzer Blick in die wichtigsten Arbeiten der angeführten Konkurrenten.

Bei allem Respekt vor der Theoriearbeit Luhmanns – ich vermag im *Programm*, d. h. im fachuniversalen Ansatz und der Theoriekomplexität, die »Differenzen zum Fachüblichen« (1984, S. 11) nicht zu erkennen. Das festzustellen scheint mir nötig zu sein, um überhaupt bei dem folgenden Versuch eines Theorievergleichs nicht den Eindruck entstehen zu lassen, die angeführten konkurrierenden Theorien würden nur partiell in einen Wettbewerb mit Luhmanns Systemtheorie eintreten, nämlich im Grundbegrifflichen und in der Analyse von Wandel und Modernität. Statt dessen wird hier die Ansicht vertreten, daß die Konkurrenz auf dem ganzen Gebiet der Soziologie besteht, daß wir dies hier aber nur exemplarisch und bevorzugt mit handlungstheoretischen Argumenten belegen können.

3. Während bei den ersten zwei Kriterien – entgegen Luhmanns Urteil über die Lage der Soziologie – bedeutende Übereinstimmung anderer Theoretiker mit Luhmann besteht und Besonderheiten seiner Theorie nicht auszumachen sind, sucht man vergeblich nach fachüblichen Kriterien der Kontrolle, Bestätigung oder Bewährung sowie nach Anschlußüberlegungen zur Annäherung an Wahrheit. Es fehlen bei Luhmann begründete Aussagen über ein nachprüfbares Vorgehen. Zweifellos liegt Luhmanns Intention in den »Sozialen Systemen« auf einem anderen Feld: Es geht ihm um einen Theorieentwurf, der soziale Ereignisse und Elemente trennscharf analysieren und neu integrieren soll. Dennoch ist die Frage nach Bewährungskriterien kein unbilliges Ansinnen, da Luhmann ja auch selbst für Bewährung eintritt (vgl. 1984, S. 30).

Zunächst ist Luhmann auch dann zuzustimmen, wenn er die Idee der »unabhängigen Bestätigung (confirmation) des Wahrheitsanspruches der Theorie« verwirft oder wenn er Vorstellungen von der absoluten Wahrheit oder Wirklichkeitserfassung ablehnt. Auch die Erkenntnis- und Wissenschaftstheorie ist Konstruktion und Deutung; und ein weitergehender Anspruch kann nicht akzeptiert werden. Aber die davorliegende Frage: Wie sind Begründungen der Aussagen über das Soziale möglich, die auch für andere Forscher akzeptabel und nachvollziehbar sind und die deshalb auch für sie das Soziale annähernd aufhellen? muß gestellt werden. Darüber schweigt sich Luhmann aber weitgehend aus. Denn als zureichenden Eignungstest der Systemtheorie kann man es nicht betrachten, wenn Luhmann in seiner »Theorie auch das Analyse- und Erkenntnisverhalten« untersucht (1984, S. 30). Daneben wird von Luhmann empirische Forschung pauschal gelobt, aber für weitreichende Theorie für unzureichend erklärt. Es bleibt daher unklar, wie Luhmann systematisch und kontrolliert Richtiges und Falsches unterscheidet und wie er selbst Aussagen auswählt. Erfahrung, das ist für ihn wohl seine eigene Wahrnehmung und Realität, und daran wird Theorie gemessen. Seine Erfahrung bringt er mehrfach ins Spiel, einmal in der Vielzahl der Beispiele und in seinen zusammenfassenden Feststellungen, zum anderen weiß man aus anderen Arbeiten und Ankündigungen von Luhmann, daß historische Erfahrungen die Theorie stützen sollen. Im einen wie im anderen Fall verwendet Luhmann ein Verfahren, das Helmut Schelsky »verwissenschaftlichte Primärerfahrung« genannt (1959, S. 81) und dessen Tragfähigkeit bereits René König bestritten hat (1962, S. 6). Bei Luhmann ist noch heute eine Entscheidung über die Richtigkeit seiner Thesen auf nachvollziehendes Hineindenken angelegt, nicht aber auf Prüfung durch prinzipiell kooperativ gestimmte Forscherkollegen. Das gilt auch für die Beurteilung seiner historischen Analysen, denn wie die Realitätserfahrung im einzelnen die Begriffe der Theorie kontrolliert, wie sie für andere Wissenschaftler nachvollziehbar, im Grunde nachprüfbar abläuft, dazu sagt Luhmann eben nichts. Man muß Wirklichkeitsbezug wahren, »aber andererseits darf die Wissenschaft, und besonders die Soziologie, sich von der Wirklichkeit auch nicht *düpieren* lassen« (1984, S. 13; Hervorhebung von H. H.). Damit verschafft sich Luhmann aber Freiraum für Theorieproduktion. Hier gibt es dann keinen Schutz vor subjektiven Fehlurteilen, hier gibt es keine Vorbereitung eines Dialogs mit den Forscherkollegen, der diese in den Stand setzen würde, Luhmanns Aussagen auf ihren Wirklichkeitsanteil hin zu beurteilen. Man muß das theoretische Endprodukt akzeptieren oder ablehnen, ohne nachvollziehen zu können, wie Luhmann zu seinen Aussagen gelangt ist. Das hat wenig mit erfahrungswissenschaftlicher Kooperation, viel dagegen mit der Führung einer theoriepolitischen Bewegung zu tun.

2. Autopoietisches System, sozialwissenschaftliche Analysen dynamischer Stabilität und nicht subjektbezogene Begriffe

Luhmanns Ausweg aus der nach seiner Ansicht unbefriedigenden Theorielage ist die Theorie selbstreferentieller, ›autopoietischer‹ Systeme. Wenn nun aus unserer Sicht die allgemeinen Merkmale dieser Theorie – Allgemeinheitsanspruch und Komplexität – sich gerade nicht, wohl aber Bestätigungs- und Bewährungsprinzipien (wenn man bei Luhmann überhaupt davon sprechen kann) vom Fachüblichen unterscheiden, dann sind als nächstes die substantiellen Aussagen der Theorie sozialer Systeme zu diskutieren. Ist

»autopoietisches System« ein neues, fruchtbares Konzept, das das Soziale anders und besser sehen läßt als konkurrierende Theorien? Gewinnt die soziologische Theoriebildung viel, wenn sie als Ganze an diese Entwicklung angeschlossen werden könnte, wie Luhmann (1984, S. 15) vermutet?
Nach der allgemeinen Systemtheorie entwickeln, stabilisieren oder ruinieren Systeme sich selbst aus eigenen Ressourcen in selbstveranstalteten Operationen, und sie unterscheiden sich (dadurch und nur dadurch) von ihrer Umwelt. Dieses Theorem der Selbstreferenzen nennt Luhmann »die Zinne« der Theorie autopoietischer Systeme, alles andere seien »die Zacken« (Diskussionsbemerkung von Luhmann 1986).
Haben wir es aber beim Selbstreferenztheorem mit einer Diskussionslage zu tun, in der »Abstraktionsgewinne und Begriffsbildungserfahrungen, die interdisziplinär bereits vorliegen oder sich abzeichnen, für soziologische Forschung nutzbar gemacht werden« können (Luhmann 1984, S. 28)? Zweifellos wären derartige Importe sinnvoll, nur – wie sonst auch – sollte man prüfen, ob die Importe überhaupt notwendig sind, und wenn ja, aus welchem Gebiet sie erfolgen sollten. Kurz: Man sollte nicht übersehen, was die Soziologie und die unmittelbar angrenzenden Sozialwissenschaften nun selbst zu bieten und was sie selbst erreicht haben. Luhmann definiert immer wieder die Lage der Soziologie als katastrophal und bietet dann die Theorie autopoietischer Systeme zur Rettung an.
Mir ist dagegen unklar, worin das wesentlich Neue der Autopoiesis für die Sozialwissenschaften besteht. Theorien der Emergenz und der dynamischen Stabilität von Systemen sind in den unmittelbaren Nachbarwissenschaften der Soziologie durchaus verbreitet. »Wachstum im Gleichgewicht« nennt man in der Ökonomie ein erfolgreiches Forschungsgebiet, und dort gibt es seit langem eine umfangreiche Literatur zum Thema, in der auch Anschlußhandeln ausführlich untersucht wird. Es gibt auch Analysen des Schrumpfens und des Endes eines Systems. Man findet dort, daß aus einem bestimmten Systemzustand sich ein anderer sehr genau zu definierender Systemzustand ergibt. Man untersucht im einfachen Fall z. B., wie die Ausnutzung der Ressourcen eines Wirtschaftssystems zu einem bestimmten Einkommen führt, von dem wiederum ein bestimmter Teil gespart wird. Das Sparen entspricht ex post den Investitionen, die nun die Ressourcen

vergrößern und zu einem neuen, höheren Einkommen führen (vgl. Schneider 1964, S. 244). In diesen elementaren ökonomischen Modellen findet man schon sehr präzise Aussagen über Voraussetzungen und Auswirkungen der einzelnen Anschlußhandlungen, z. B. zur Äquivalenz von einigen Handlungen, zum Größenverhältnis von anderen. Von Aussagen ähnlicher Präzision, wie sie die Ökonomie mit ihren verhaltenstheoretischen Implikationen bereits aufweist, ist die neue Teiltheorie autopoietischer Systeme noch weit entfernt.

Der Arbeit mit derartigen Vorstellungen stand in der Soziologie bisher das Defizit an *empirischer* – nicht aber an theoretischer – Forschung über Anschlußhandlungen entgegen. Im Vergleich zum wirtschaftswissenschaftlichen Wissen über den Zusammenhang von Einkommen und Sparleistung wissen Soziologen zu wenig über bedeutende soziale Beziehungen, z. B. von sozial relevanten Leistungen und ihren Auswirkungen auf Macht, von Auswirkungen von Macht auf Ressourcen, von Ressourcen auf Belohnungen, und das Wenige, das sie empirisch wissen, wird – von Ausnahmen abgesehen – nicht formalisiert und auch nicht in noch so einfachen Modellen dargestellt. Prinzipiell sind derartige Modelle dynamischer Stabilität oder – anspruchsvoller – der Genese von Handlungszusammenhängen (vgl. dazu Abschnitt 3) aber auch in der Soziologie darstellbar, und zwar solche, die einen wesentlich höheren Informationswert haben als das, was die neue Systemtheorie bisher zu präsentieren vermag. Derartige Modellbildungen gelten im Fach überwiegend als riskant, und die an sie zur empirischen Überprüfung notwendig anschließenden Quantifizierungen sind immer noch verpönt. Das hat die Konsequenz, daß die wenigen, komplexe Zusammenhänge untersuchenden und quantifizierenden Studien auch noch keine ausreichend große Zahl an vorbildlichen Arbeiten darstellen. Durchschnittlich 30% erklärter Varianz in der besonders gut entwickelten empirischen Mobilitätsforschung veranlassen natürlich keinen Paradigmenwandel. Aber auch sehr viel anspruchslosere Quantifizierung macht keine Fortschritte. Auf Küchlers (1976, S. 237) Liste der typischen Mängel der Daten, die Soziologen produzieren, wird eher mit Empirievermeidung als mit mühsamer Verbesserung der Datenproduktion reagiert.

Luhmanns Empirieverständnis gerade auch in seinem Werk »Soziale Systeme« wird absehbar Empirievermeidung verstärken und unbeabsichtigt selbst einen Beitrag dazu leisten, daß weiterhin den Soziologen Theorien autopoietischer Systeme empfohlen werden, aber zugleich empirisch gehaltvolle Ansätze in dieser Richtung belächelt und keinesfalls von einer nennenswerten Zahl von Soziologen übernommen werden, weil das, was theoretisch *und* empirisch zur dynamischen Stabilität vorliegt, als bedeutend weniger eindrucksvoll als die große Theorie wahrgenommen wird. Michael Schmid stellt dazu nobel fest, daß Luhmann gerade nicht an derartige Arbeiten anschließen möchte, und formuliert dann zurückhaltend, aber vollkommen zu Recht: »Dies wird zumindest jene Theoretiker entmutigen, die glauben, auch für soziales Prozeßgeschehen formale und dynamische Modelle vorschlagen zu sollen« (1985, S. 780). So wird ein Ergebnis der Luhmannschen Rezeption wahrscheinlich sein, daß sein Buch zusammen mit einigen anderen (z. B. Habermas 1981, Tenbruck 1984) bei allen Verdiensten, die diese Arbeiten als theoretische haben, die Vernachlässigung des empirischen Teils der Soziologie als theoretisch-empirischer Disziplin stark fördern wird.

Wenn Luhmann (1984, S. 27) beklagt, von der Soziologie seien keine Schübe zur neueren Entwicklung der Systemtheorie ausgegangen und sie habe sich in diesem interdisziplinären Kontext auch als lernunfähig erwiesen, dann muß gefragt werden: Warum? Eine Antwort, auf die Luhmann nicht kommt, enthält den Verweis auf eben das Empiriedefizit der Soziologie. Die theoretischen Disziplinen, die Luhmann als Wegbereiter der allgemeinen Systemtheorie anführt, haben allesamt eine solide empirische Forschung als Basis: Thermodynamik, Biologie, Neurophysiologie, Zellentheorie, Computertheorie, Informationstheorie und Kybernetik. Der Beitrag der Soziologie wäre sicherlich anders einzuschätzen, wenn sie eben nicht nur überwiegend theoretisch wäre, und dies gilt insbesondere für die soziologische Systemtheorie, die sich im Vergleich zum Symbolischen Interaktionismus oder zur Sozialverhaltenstheorie als besonders empirievermeidend erwiesen hat. Es gibt ja nicht nur die Möglichkeiten der – wie Luhmann wohl meint: theorielosen – »Beschäftigung mit selbstproduzierten Daten« (die gibt es, auch wenn einige Sozialforscher nur selbstironisch ihrer empirischen Arbeit »Theorielosigkeit« als ihr Markenzeichen [Diskussionsbemerkung von Zapf 1979] anheften) oder der »Beschäftigung mit selbstproduzierten Klassikern« (1984, S. 28). Es gibt ja auch anspruchsvolle theoretisch-empirische Forschung (z. B. Bendix, Oevermann, Rokkan, Schütze), aber davon gibt es zu wenig, sie ist bisher auch nicht kumulativ, geschweige denn integrativ gewesen, und sie wird überwiegend nicht als vorbildhaft angesehen. Das ist allein die »große Theorie«, die die Mehrheit bewundert.

Weiter ist zu fragen: Wie neu ist das Selbstreferenztheorem für die Soziologie? Auch Analysen der Selbstreferenz haben mittlerweile eine lange Geschichte im Fach. Meads Konzepte des »I« und »me« dienen der Analyse der Selbstbeobachtung der Akteure und ihrer Interaktionen. Im Symbolischen Interaktionismus erfüllen die ganz grundlegenden Begriffe des »Selbst« und der »Selbst-Definition« mit ihren Bezügen auf die Handlungszusammenhänge, aus denen ein Selbst entsteht, diese Funktion. Aber in diesen Theorien üben Akteure als Träger Selbstbezug aus. Für Luhmann ist es jedoch entscheidend wichtig, daß mit dem Konzept des autopoietischen Systems keine Bindung an Vorstellungen eines subjektiven Trägers verbunden ist (vgl. Luhmanns Kritik 1984, S. 58 an Giddens). Das hat vielfältige Konsequenzen, positive wie negative.

Positiv hervorzuheben ist, daß es Luhmann gelingt, ganz konsequent »System« und den Systembegriff auf Soziales anzuwenden und das Soziale zu beschreiben und zu analysieren, ohne am Subjekt oder an mehreren Subjekten festhalten zu müssen. Prinzipiell intendieren dies nämlich auch Handlungs- und Interaktionstheoretiker, soweit sie keine methodischen Individualisten sind (vgl. Haferkamp 1984, S. 783 f.). Sowohl Simmels Untersuchung des Sozialen mit dem Konzept der Wechselwirkung als auch Meads Konzept der Interaktion sollten das aufschließen, was *zwischen* den Subjekten abläuft; sie sollten diese Theorien gerade von einer rein individualisierenden Begrifflichkeit freihalten. Auch der Symbolische Interaktionismus geht programmatisch so vor. Diese grundsätzliche Übereinstimmung mit anderen Theoretikern übersieht Luhmann übrigens wiederum. Er sieht Konsens allenfalls mit Giddens (vgl. Luhmann 1984, S. 58), aber Luhmann erwähnt an dieser Stelle nicht, daß Simmel, Mead und andere genau dies auch wollten.

Das Neue an Luhmann und eine deutliche Weiterentwicklung gegenüber Simmel, Mead und dem Symbolischen Interaktionismus besteht nun darin, daß er seinen nicht subjektbezogenen Ansatz auch *durchhält*. Das macht die Differenz aus, da Simmel,

Mead und die Symbolischen Interaktionisten subjektbezogene Begriffe nicht nur da verwenden, wo sie hingehören, etwa bei der Analyse von Merkmalen von Akteuren bzw. des Handelnden oder des Bewußtseins von Akteuren, sondern sie verwenden diese Terminologie gegen ihre expliziten Intentionen auch bei der Untersuchung von Charakteristika von Interaktionen. Das liegt daran, daß man dort nicht so radikal eine eingefahrene Terminologie ersetzt oder, wo dies nicht möglich ist, sie explizit problematisiert, wie Luhmann dies ständig vorexerziert. Das kann zum Beispiel jeder Interaktionist nun an Luhmanns »Sozialen Systemen« lernen, ohne die Systemtheorie übernehmen zu müssen. Hier besteht in der Tat eine wichtige Aufgabe für die Theorien sozialen Handelns, wenn in ihnen nicht nur die Akteure selbst – eine unbestritten wichtige Aufgabe –, sondern zusätzlich emergente Eigenschaften von Interaktionen und Handlungszusammenhängen und darüber hinaus auch noch unbegriffene Handlungsursachen, unbeabsichtigte Handlungswirkungen und soziale Strukturen analysiert werden sollen. Dann benötigen sie zusätzlich zu den traditionellen handlungstheoretischen Konzepten *auch* Begriffe, die sich von Akteurs- und letzten Endes auch Intentionalitätsannahmen freihalten. Genau dies vermag eine Begrifflichkeit zu leisten, die sich auf die zwischen den Akteuren ablaufenden, von ihnen hervorgebrachten, aber teils undurchschauten Prozesse bezieht und als Ebenen im Handeln sowohl Sinn ohne Verhaltensbasis wie Verhaltensabläufe ohne Sinn zu erfassen vermag, und zwar sowohl mikro- wie makrosozial (vgl. Haferkamp 1987). In diesem Bezugsrahmen führt die Emergenzbehauptung nicht zur Verdinglichung.

Eine wesentliche negative Konsequenz der radikalen Luhmannschen Terminologie ohne Subjektbezug besteht darin, daß Luhmann nun aus den von den Akteuren produzierten, teils sinnhaften, teils unbegriffenen Systemen von vornherein nur eigene Wesensheiten in einer eigenen Wirklichkeitsdimension macht, d. h. Luhmann verdinglicht menschliche Interaktion wie vor ihm Durkheim vor seinen religionssoziologischen Arbeiten.

3. Autokatalyse sozialer Systeme oder Produktion von Handlungszusammenhängen

Erfolgreiche Soziologie kann nach Luhmann nur als Theorie sozialer Systeme betrieben werden (1967; 1984), und Luhmann sieht seine Aufgabe in der Reformulierung dieser Theorie (1984, S. 28) im Anschluß an die Entwicklung in der Theorie autopoietischer Systeme. Wie wirkt sich nun Autopoiesis im sozialen System aus? Was bedeutet das Konzept »autopoietisches soziales System« im Vergleich zu üblichen Systemmodellen?

Das Soziale von autopoietischen Systemen konstituiert zu sehen ist in seinem sachlichen Gehalt nicht unüblich im Fach. Wenn Willke Kants Aprioris anführt und meint: »Es ist die Radikalisierung dieses Gedankens zu einer Theorie selbstreferentieller, autopoietischer Systeme, welche die Grundlage bildet für ein neues Paradigma auch in der Systemtheorie: das Paradigma selbstreferentieller autopoietischer Systeme« (1986, S. 253), dann ist daran zu erinnern, daß Durkheim Kant bereits »sozialisiert« hatte, d. h. in seinem Spätwerk von 1912 zeigte Durkheim, daß die Umweltwahrnehmung sozial erzeugt wird. Kategorien, wie Raum oder Zeit, werden von Gesellschaften entwickelt, und zwar in Auseinandersetzung mit der von ihnen produzierten sozialen Welt, in der sie leben. Zum Beispiel führt die Anordnung einer Vielzahl von Zelten oder Hütten zur Ausbildung von Raumvorstellungen, die Folge der Feste und Feiern von Stämmen eines Volkes zur Entstehung von Zeitvorstellungen (1968, S. 9 ff.). Allerdings sind es auch in den religionssoziologischen Arbeiten für Durkheim noch pauschal die *Gesellschaften*, die soziale Wirklichkeit schaffen. Von einem substantiierenden Gesellschaftsbegriff setzten sich zur Zeit Durkheims seine Konkurrenten um Gabriel Tarde noch unbeholfen mit dem Imitationskonzept ab, während dies später Mead und an ihn anschließend den Symbolischen Interaktionisten mit dem Konzept der Interaktion sehr viel präziser gelang. Gesellschaft wurde dort bis zu dem Punkt differenziert, an dem die Akteure die soziale Wirklichkeit schaffen, und diese geht der Ausbildung von Kategorien voraus. Das Konzept »Die gesellschaftliche Konstruktion der Wirklichkeit« (Berger/Luckmann 1969) erfaßt dann diesen Sachverhalt, denn gesellschaftlich heißt hier nur noch interaktiv. Sieht man weiter, daß der Konstruktionsbegriff nicht weit vom Produktionsbegriff entfernt ist, dann wird in dieser Theorierichtung über die soziale Produktion von sozialen Systemen und eben nicht über die Verursachung von sozialen Systemen gesprochen, wenn auch handlungstheoretisch statt von »sozialen Systemen« von »integrierten sozialen Handlungen« die Rede ist. Friedrich Jonas hatte so schon die Schottische Moralphilosophie interpretiert: Gesellschaftliche Integration wird von den Handelnden produziert (1968/69, 1, S. 106). In Jonas' Begriff des Handlungszusammenhangs wird auch Luhmanns Hinweis auf die fehlende Dauerhaftigkeit von einzelnen Handlungen vorweggenommen (vgl. Jonas 1968/69, 1, S. 96 f.).[4]

Die Differenz von Luhmanns neuer Systemtheorie und der soziologischen Handlungstheorie besteht dann darin: Bei Luhmann ist es das *soziale System*, das die Anschlußhandlungen erzeugt; in der soziologischen Handlungstheorie sind es die vielen *Akteure*, die vielen handelnden Subjekte, die die Integration sozialer Handlungen teils bewußt, teils unbeabsichtigt herstellen.

Wie wird diese Differenz von den Konkurrenten behandelt? Den handlungstheoretischen Einwand, wie jedermann sehen könne, seien es Menschen oder Akteure, die Soziales produzieren, und insofern arbeite Luhmann mit falschen Abstraktionen, pariert Luhmann mit dem Verweis auf die unglaubliche Komplexität von sozialen Systemen, die von niemandem ersonnen oder im Ernst als hergestellt gedacht werden könne. Es müsse als schöpferische Instanz etwas über die Akteure Hinausgehendes vorausgesetzt werden – eben umfassende autopoietische soziale Systeme. Auf Luhmanns Präzisierung, allein die Zahl von etwa fünf Milliarden Akteuren auf der Welt mache den Einbau des Akteurs (Singular!), aber auch der Akteure, in eine soziologische Theorie und damit die Zurechnung der beobachtbaren Reduktion von Komplexität zu den Akteuren nicht möglich (man müsse sonst angeben, auf welche von den fünf Milliarden Akteuren die Reduktion zurückzuführen sei – und was ist mit den anderen?), geben Handlungstheoretiker zwei Antworten:

1. Durch Prozesse der Übertragung von neuen Interaktionen (vgl. Haferkamp 1972, S. 71 ff., 103 ff.) und den Aufbau von Macht und Einflußzusammenhängen und damit durch das Auftreten charismatischer Führer oder bürokratischer Herrscher (Weber), allgemeiner: durch die Entstehung von *Makro*akteuren (Callon/Latour), wird die Zahl der Handelnden, denen Ordnungsleistungen zugerechnet werden, stark reduziert.

2. Durch eine handlungstheoretische Erklärung der Entwicklung der von den Akteuren zwar durch Handeln hervorgebrachten, von ihnen aber zumindest lange Zeit nicht durchschauten Strukturen wird ein weiterer Bereich der handlungstheoretischen Analyse zugänglich gemacht. Dieser Wirklichkeitsbereich, der nicht mit dem traditionellen Konzept der »Verdinglichung« erschlossen werden kann, da die Akteure – anders als in Verdinglichungsprozessen – auch in der Phase ihrer Erzeugung dieser Strukturen diesen Prozeß selbst *nicht* begreifen, sondern zwangsläufig hervorbringen, ist schon von Weber und Gehlen analysiert worden, und er wird in jüngster Zeit verstärkt beachtet (vgl. Haferkamp 1987, Kap. 6). Luhmann hat kein vergleichbares Strukturkonzept, da er sowohl den System- wie den Personbegriff an sein Sinnkonzept bindet. Er kann dann soziale Ereignisse und Bestände, die nicht sinnhaft sind, nicht entziffern.

Mit der Konzentration auf die Akteure kann ferner ein Fehler vermieden werden, den Durkheim erst in seiner Spättheorie ausmerzte, nämlich den unhaltbaren Objektivismus, der seiner früheren Theoriefassung noch eigen war. In Luhmanns Theorie taucht nun wieder eine »objektivistische Sinnkonzeption« auf, die »reichlich metaphysikverdächtig« ist, wie Miller (1986, S. 199) zutreffend bemerkt. Aussichtsreicher erscheint es uns, bei der Erklärung der Autokatalyse von autopoietischen Systemen oder sinnhaften Handlungszusammenhängen mit der These einzusetzen: Träger von Sinn sind Akteure. Sie erzeugen ihn, oder sie haben ihn in ihrem Bewußtsein und wenden ihn an. Außerhalb von Akteuren gibt es keinen Sinn. Auch Bücher oder kulturelle Objekte sind nur sinnvoll für Akteure, d. h. wenn sie von diesen in sinnhafte Handlungen einbezogen werden. Man kann das an Objekten untergegangener Gesellschaften studieren. Hügel werden jahrhundertelang als sinnlose, räumliche Tatbestände angesehen. Werden sie als Grabhügel einer nicht mehr existierenden Kultur erschlossen, dann bekommen ihre Form und Lage einen Sinn, und man kann diesen Prozeß von den ersten Vermutungen (Sinnzuschreibungen) von Archäologen über Ausgrabungen bis hin zu Deutungen von Einzelheiten sehr genau rekonstruieren. Der oder die wenigen Archäologen geben den Hügeln einen bestimmten Sinn, finden sich aufgrund ihrer Funde bestätigt. Dieser Sinn wird verbreitet, und er deckt sich zum Teil mit dem Sinn, den auch jene Akteure den Hügeln gaben, die sie anlegten. –

So ist es auch mit neuem, aktuellem Sinn. Ein Akteur erfindet ein neues Handlungsmuster und gibt diesem Sinn. Das Guinness Buch der Rekorde ist voll von an und für sich unwahrscheinlichen Handlungen, die Akteure sich ausdachten und als sinnvolles sportliches Handeln deklarierten und sich damit auch durchsetzten. Protesthandlungen und ein neuer Regierungsstil – auch sie laufen so ab. Am Anfang stehen immer wieder Akteure, die sinnhaftes Handeln entwickeln, das von anderen aufgegriffen wird. Wo der Sinn nicht mehr überzeugt, lassen die Akteure – und nicht etwa Systeme – bis dahin sinnhaftes Handeln als nunmehr sinnlos fallen.

Es ist auch nicht notwendig, den fruchtbaren Gedanken der Autopoiesis an die kritisierten System- und Sinnvorstellungen zu binden. In handlungs- und verhaltenstheoretischen Arbeiten wird seit langem gezeigt, daß häufige Interaktionen mehr als nur Rollen oder zukünftige Handlungsmuster entstehen lassen. Es werden so reale Gruppen gegründet (vgl. Homans 1960, S. 100 ff.). Die Akteure in der Gruppe entwickeln Selbstbewußtsein, Gruppenbewußtsein und am Ende »Wir«-Bewußtsein, und sie ziehen eine klare Grenze zur Umwelt, insbesondere zur »Die-Gruppe« (Sherif/Sherif 1969, S. 221 ff.). Diese Unterscheidung ist verbreitet und anerkannt. Diese Kleingruppenforschung ist auch theoretisch erheblich. Ihre Ergebnisse sind zum Teil axiomatisiert (Sherif/Sherif schon 1969). Sie sind aber auch – und das unterscheidet sie fundamental von Luhmanns Theorie – empirisch gut abgesichert.

Auf der Suche nach einer Antwort auf die Frage: Wie läuft der Prozeß der Gründung autopoietischer sozialer Systeme ab? ist Luhmanns Kritik an Parsons' Lösung des Kontingenzproblems berechtigt (1984, S. 149). Tatsächlich findet man bei Parsons nichts zu diesem Prozeß. Es heißt bei ihm immer: Wenn Interaktion oder Gesellschaft bestehen sollen, dann *muß* es Werte und Normen geben. Was Luhmann nun für seine Theorie reklamiert, nämlich die Erklärung der Entstehung von Kommunikation zu geben, genau das leisten die Interaktionstheorie und die Kleingruppenforschung seit langem. Gerade in diesen Ansätzen wendet man sich dem Verhältnis von ungeregelter, anlaufender Interaktion und ihrer Stabilisierung zu. Eine Form der Stabilisierung kann Normierung sein, und die Forschung gerade darüber ist mittlerweile sehr entwickelt. Luhmanns Fehleinschätzung kon-

kurrierender Theorierichtungen kann zum Teil mit Fehlinterpretationen erklärt werden, die andere inzwischen auch übernommen haben (vgl. Miller 1986, S. 208). Daß schon Mead die Kontingenzproblematik mit *dialogischer Interaktion* anging, scheint Luhmann zu übersehen. Er unterstellt (vgl. 1984, S. 154), der Symbolische Interaktionismus arbeite immer mit einem Akteur und dessen Vorstellungen von einem anderen Akteur. Das ist aber eine falsche Darstellung der Interaktionsanalyse von Mead. Luhmanns Kritik ist zutreffend, wenn sie an die stark phänomenologisch ausgerichteten Soziologen unter den Interaktionisten, wie Schütz, Garfinkel, Popitz und Schütze (vgl. Haferkamp 1987, Abschnitt 4.2.2.1), adressiert wird. Für die meisten Symbolischen Interaktionisten ist aber *Inter*aktion das grundlegende Datum bei der Analyse von Entstehungsprozessen. Wenn Luhmann von einer Unbestimmbarkeit einer Situation spricht, die »für *beide* Partner *jeder* Aktivität, die dann stattfindet, strukturbildende Bedeutung gibt« (1984, S. 154), dann ist das ein Begriff von Interaktion, mit dem Symbolische Interaktionisten seit langem soziale Handlung fassen. Wo Luhmann im Folgenden vom sozialen System spricht, können die meisten Symbolischen Interaktionisten diesen Begriff wie soziales Handeln lesen und dann meinen, in Luhmann einen Mead-Nachfolger vor sich zu haben.
Luhmann präsentiert dann ein sehr differenziertes Begriffsinstrumentarium zur Analyse der Genese von neuen autopoietischen Systemen (vgl. 1984, S. 154 ff.), wie schon in seiner Institutionalisierungstheorie (1970) und seiner Rechtssoziologie (1972). Dies ist festzuhalten gegenüber allen Kritikern, die Luhmann das Fehlen einer Erklärung der Emergenz sozialer Systeme vorhalten (vgl. Schmid 1986; Diskussionsbemerkung von Teubner 1986). Lediglich die neuerliche ausgiebige Verwendung des Konzepts »Zufall« (vgl. 1984, S. 150 ff.) ist – höflich formuliert – keine besonders plausible soziologische Kategorie, eher ein Kürzel dafür, daß man nicht weiß, welcher Zusammenhang tatsächlich besteht. Daneben und oft im ungeklärten Verhältnis zur Zufallskategorie verwendet Luhmann aber viele brauchbare Konzepte, die sich in ihrem sachlichen Gehalt mit bekannten handlungstheoretischen Begriffen decken.
Er verweist darauf, daß neue Handlungen zunächst einmal unwahrscheinlich sind, und Unwahrscheinliches ist auch riskant. Das Risiko eines Fehlschlages eines Interaktionsbeginns wird

gemildert, wenn der beginnende Akteur den Nutzen seiner Handlung für einen Partner reflektiert. Auch dieser Gedanke ist sehr tragfähig, aber er ist mit der Betonung der Antizipation des Nutzens, den ein alter ego von einer Handlung egos hat, eine Weiterentwicklung einer alten individualistischen Idee in der Theorie der symbolischen Interaktion Meads (vgl. Haferkamp 1985, S. 177). Die Verwendung dieses Erklärungsansatzes zeigt erneut die Annäherung der Luhmannschen Systemtheorie an die Handlungstheorie. Andererseits unterminiert Luhmann den aufbewahrten individualistischen Gehalt, wenn er im Widerspruch zu seiner These von der Nutzenantizipation sich an anderer Stelle explizit gegen utilitaristische Grundannahmen wendet (1984, S. 160). Weiter ist daran zu erinnern, daß sich bereits in den Arbeiten von Peter M. Blau (1960; 1964) gezeigt hat, wie weittragend dieses Konzept ist. An Blau haben viele andere angeschlossen und umfassende Theorien auf der Grundlage dieser These entwickelt, so daß auch hier die Frage nach dem Fortschritt gestellt werden muß, den Luhmann erzielt. Blau hat seine Theorie immerhin empirisch absichern können (zuerst 1960). Auf eine derartige Absicherung verzichtet Luhmann jedoch.

Ein für einen anderen Akteur nützlicher Handlungsansatz wird dann – so Luhmann – in eine Interaktion eingebracht, und die Akteure experimentieren, z. B. in einer Dyade oder einer nicht einsehbaren oder geheimen Gruppe. Die Entstehung von kriminellen Subkulturen ist so strukturiert (vgl. Cohen 1961, S. 35 ff.). Auch hier ist der Neuigkeitswert in dem, was Luhmann dann im einzelnen beschreibt, schwer auszumachen. Die Analyse des Interaktionsaufbaus von Cohen oder die Beschreibung der Genese signifikanter Symbole bei Mead enthalten diese Gedanken bereits. Man muß nur ein paar Begriffe bei Luhmann (z. B. auf Seite 176) ersetzen und »Auswahl aus anderen Möglichkeiten« (statt Kontingenz), »Wiederholung« (statt Zeit) und »Zustimmung« (statt Koordination von Selektionen) einsetzen, und die ganzen Passagen stimmen sachlich mit zentralen Vorstellungen des Symbolischen Interaktionismus oder der anthropologisch fundierten Handlungstheorie überein. So ist der These Luhmanns von der Festigkeit durch Wiederholung (1984, S. 174 ff.) ohne weiteres zuzustimmen, da auch hier genügend empirische und bestätigende Forschung vorliegt (vgl. z. B. Claessens 1970, S. 117 f.; Fine 1979). In der von Luhmann zitierten Arbeit von Cohen (1955) wird gesehen, daß der Akteur, der ein neues System, und das heißt hier einen neuen Interaktionszusammenhang, aufbauen will, sich vorwagen muß, daß er Risiken eingehen muß, abweichende Vorschläge zu machen hat, daß er bereit sein muß, solche Vorschläge als »nicht ernst gemeint« sofort zu dementieren, sie zurückzuziehen, wenn der andere nicht ein kleines Zeichen seiner Zustimmung gibt. Dieses Zeichen kann sehr unterschiedlich ausfallen: 1) alter »zieht nicht mit«, 2) alter geht auf ego ein, 3) alter überbietet ego. Im 1. Fall kann ego dann aufhören, er kann auch seine Handlung abschwächen, um eine Äquivalenz des Risikos herzustellen (»das war nicht so gemeint«). Im 2. Fall ist das Mitgehen eines anderen in der Regel Anstoß zu weiterem Voranschreiten auf jeder der beiden Seiten, und im 3. Fall führt Überbieten durch den anderen meist zu rascher Eskalation. Auch reine Negation als Reduktion auf ein Kommunikationsangebot wurde von Cohen schon behandelt. Es ist im 1. Fall enthalten und führt dazu, daß ego seinen Handlungsanfang versanden läßt.

Im Vergleich zu Interaktionstheorie (Cohen 1961; Fine 1983), Kleingruppenforschung (Homans 1960; Sherif/Sherif 1969) und anthropologischer Handlungstheorie (Claessens 1970) sind Genese- im Gegensatz zu Fortbestandsuntersuchungen bei Luhmann allerdings unterbelichtet (vgl. Schmid 1986, S. 35). Dabei überschätzt allerdings insbesondere Schmid das Defizit sehr. Luhmann präsentiert – wie hier gezeigt werden sollte – durchaus Thesen zur Autokatalyse sozialer Systeme, aber der Neuigkeitswert im Verhältnis zur Konkurrenz scheint mir gering zu sein.

An Luhmanns Analyse des Verhältnisses von Gesellschaft und Interaktion halte ich die These von der Unzugänglichkeit des autopoietischen Systems Gesellschaft durch das autopoietische System Interaktion für wenig überzeugend. Es dürfte klar geworden sein, daß hier die interaktionstheoretische Position vertreten wird, daß Akteure mit ihren sozialen Handlungen sehr wohl Gesellschaft zu steuern und zu ändern vermögen. Das kann an Prozessen des Strukturwandels besonders gut gezeigt werden.

4. Strukturänderungen versus schöpferisches oder veränderndes soziales Handeln

In diesem Abschnitt geht es um die Fragen: Wie laufen Änderungen von sozialen Systemen ab? Wie ist Systemänderung allgemein angelegt? Nach Luhmann ist das ein in der Soziologie bisher »erfolglos diskutiertes Thema« (1984, S. 470). Alles, was die Soziologie unter den Begriffen »Strukturwandel«, »sozialer Wandel« oder »Veränderung« bietet, ist nach seiner Auffassung nicht überzeugend.

Luhmanns Ablehnung der Ergebnisse bisheriger Forschungen zum sozialen Wandel, insbesondere zu den Determinanten von Strukturänderungen, und sein Beharren auf vorgängiger Klärung des Änderungsprozesses selbst verdankt sich wiederum seinem Konzept des autopoietischen Systems: Es stellt sich selbst immer wieder her, es hat daher keine vorauslaufenden Ursachen, und zusätzliche Bedingungen spielen nur eine geringe Rolle. Diese Verwendung des Autopoiesiskonzepts erinnert aber stark an viele interaktionstheoretische Vorstellungen von indeterminierten Interaktionen (Berger/Luckmann). So hat der Symbolische Interaktionismus die permanente Änderung von Rollen und Normen durch Prozesse der Rollenübernahme und Rollenschöpfung betont. In diese Abläufe bringen die kreativen Akteure aufgrund der Aktivität des »Ich« stets Neues ein, und Cicourel (1973) meint, aller Wandel laufe so ab. – Programmatisch besteht weiterhin kaum noch eine bedeutende Differenz von Luhmann zu Tenbrucks Kritik an der typisch soziologischen Sicht von gesellschaftlicher Entwicklung. Der herrschenden Meinung stellt Tenbruck die Perspektive von den freigesetzten Akteuren gegenüber, die eine unberechenbare soziale Wirklichkeit aufbauen, die in stetem Wandel begriffen ist (1981). Weitere aktuelle Parallelen zu Luhmanns Idee der Selbststeuerung und Selbstmitwirkung (1984, S. 103) findet man in Touraines Konzept einer sich selbst steuernden und daher auch sich selbst gezielt verändernden Gesellschaft (vgl. Touraine 1981, S. 2, 9).

Schließlich ist die Übereinstimmung mit der handlungstheoretischen Analyse von Verdinglichung, Veränderung und Schöpfung sozialen Handelns nicht zu übersehen (vgl. Haferkamp 1973, S. 140 ff.). Gerade wenn Luhmann betont, die Autopoiesis und das Anschlußhandeln seien die Bedingungen dafür, daß Systemzustände sich verändern oder nicht, dann unterscheidet sich diese Aussage nicht von interaktionstheoretischen Thesen zum Veränderungs- oder Verdinglichungszirkel. Daneben gibt es aber neues Handeln, von den Akteuren geschöpft, was Luhmann nur als Abweichung von nicht definierten Erwartungen begreift (1984, S. 474). In diesen verschiedenen interaktionstheoretischen Ansätzen gibt es auch keine Theorie der Statik einerseits und des Wandels andererseits. Das gilt insbesondere für die Unterscheidung von Verdinglichung, Veränderung oder Schöpfung. Alle drei Handlungsformen können auftreten, wenn auch Verdinglichung wahrscheinlicher ist als die anderen Handlungstypen. Während es in Luhmanns Ansatz auf die Struktur der bisherigen Selbstreproduktion des Systems ankommt, sind für Cicourel, Tenbruck, Touraine und andere die Handlungen und die Akteure in der Situation Agens des sozialen Wandels. Sie wählen frei eine der drei Handlungsformen.

Luhmanns Theorie und die angeführten handlungstheoretischen Theorien werden dort überboten, wo den zentralen Thesen empirische Evidenz verschafft wird. Dies ist z. B. eine Leistung der empirischen Subkulturforschung, in der deviante Subkulturen als von den Akteuren frei geschaffene Änderungen von Handlungszusammenhängen ausgewiesen werden (vgl. im Überblick zahlreiche Arbeiten von Buckner 1971).

Mit Luhmanns Theorie des sozialen Wandels ist auch eine Theorie der Handlungsspielräume vereinbar. Danach gibt es Lebensprobleme von Akteuren und Lebenslagen von Gruppen. Sie determinieren zwar Handeln nicht, aber sie begrenzen den Bereich möglicher Akte und kontingenter Anschlußhandlungen, sie eröffnen Handlungsspielräume. Um einen Handlungserfolg zu erreichen, gibt es danach in der Regel nicht einen einzigen Weg, sondern mehrere Möglichkeiten. Hier liegt der zwar eingeschränkte, aber doch noch weite Bereich des Anschlußhandelns.

Die Akteure versuchen dann, Lebensprobleme zu lösen und Lebenslagen zu verarbeiten. Der Begriff »versuchen« wird hier nicht floskelhaft verwandt. Er zeigt an, daß Handeln immer fehlschlagen kann. Mißgeschick und Scheitern sind verbreitet. Angestrebt wird aber von den Akteuren ein Erfolg, und es hängt von ihrem Handeln ab, ob und in welchem Maße er sich einstellt. Luhmanns These von dem nur latenten Beitrag der Umwelt ruft daher keinen entschiedenen Widerspruch hervor. Aus Umwelt wird immer wieder aufs neue ausgewählt, Elemente werden anders definiert, und gemäß den Definitionen handeln die Akteure in einer veränderten Weise.

Die entscheidenden Gegenargumente sind aus der Perspektive einer handlungstheoretischen Strukturerklärung dagegen programmatisch so zu formulieren: Es existieren nicht immer mehrere Möglichkeiten. Es gibt nicht nur Schranken der Handlungsfreiheit, sondern auch Zwangsläufigkeiten und Gesetzmäßigkeiten (vgl. Haferkamp 1987, Kapitel 6), denn Lebensprobleme und -lagen werden nicht nur planvoll hergestellt als Handlungszusammenhänge, sondern sie bestehen auch als unbegriffene Zusammenhänge von vielen Akten, die die Akteure nicht sinnhaft vollziehen. Sie sind auch dann Produkt sozialen Handelns – aber sie sind eben insoweit noch nicht durch Kommunikation aufgehelltes Handeln. Sie konstituieren Ursachen – jedenfalls so lange, wie sie nicht von den Akteuren durchschaut und als änderbar angesehen werden –, und so lange sind sie Probleme oder Lagen, die Handlungsfreiheit überhaupt nicht zulassen und den Handlungsspielraum extrem verengen. So muß man fragen, ob unerwartete, nicht berechnete, ändernde oder abweichende Muster zufällig verteilt sind. Schon in der ersten soziologischen empirischen Analyse, nämlich in Durkheims »Le suicide«, findet man, daß Devianzen sich bei Akteuren mit bestimmten Merkmalen oder in bestimmten Phasen gesellschaftlicher Entwicklung unwahrscheinlich oft häufen. Selbstmord wird von sozialen Tatsachen verursacht, die sich in den Handlungserklärungen der Akteure nicht wiederfinden. Externe Selektoren am Rande dürften daher plausible Erklärungsleistungen erbringen, insbesondere wenn die Analyse unerwarteter Temposteigerungen von Wandlungsprozessen zur Untersuchung ansteht. Luhmann ist aber nicht bereit, externen Faktoren diesen Rang zuzuerkennen – wenigstens nicht explizit.

Wenn die Akteure zunächst bestimmte, erfolgbringende Handlungsmuster aufbauen oder bis dahin unbegriffene Strukturen durchschauen und die nützlichen unter ihnen festhalten, dann kann sich dennoch Umwelt in einer nicht antizipierten Weise Geltung verschaffen. Das sieht auch Luhmann, und damit gibt er implizit Umweltfaktoren doch einen bedeutenden Rang. Denn darin ist ihm zuzustimmen, daß gerade der Eigenanteil (des autopoietischen Systems) am Prozeß struktureller Anpassung erfolgreiche Stabilisierung in der Umwelt verhindern kann. Das geschieht insbesondere dort, wo Umwelteingriffe der Akteure kurz- und mittelfristig sehr erfolgreich sind, wie beim Abholzen von Wäldern und dem anschließenden Holzverkauf, bei der Motorisierung und der sich erst allmählich bemerkbarmachenden Beschädigung der Umwelt durch Schadstoffe. Die Akteure machen, was sie wollen oder als nützlich erfahren, und zwar für sehr lange Zeit. Aber dann schlägt Umwelt zurück auf die Akteure bis zum Ruin kompletter Handlungszusammenhänge. Deutlicher können sich Umweltfaktoren eigentlich nicht auswirken.

Beeindruckend finde ich Luhmanns Analyse des Zusammenhangs von Zerfall und Änderung (vgl. 1984, S. 78). Zerfall, Zerstörung führt danach in der Regel gerade nicht zum Ende eines sozialen Systems, sondern Zerfall setzt Material für neuen Ausbau des Systems frei. Das wird üblicherweise so nicht gesehen. Interaktionstheoretiker sehen im nicht erneuten Auftreten eines Musters dessen Untergang, und damit Punktum. Für neue Handlungen werden neue Elemente geschaffen. Sie sind Schöpfung. Ihnen gehen Krisen in der Interaktion voraus (vgl. Matthes/Schütze 1973, S. 22 f.). Aber Krisen sind hier nicht mit Zerfall gleichzusetzen. Sucht man nach Parallelen zu Luhmanns Thesen, so findet man sie in ganz anderen theoretischen Richtungen, nämlich in der struktur-funktionalen Theorie von Merton, der bereits den Zusammenhang von Desintegration über Devianz zum sozialen Wandel untersuchte: »Strains may be dysfunctional for the social system in its then existing form; they may also be instrumental in leading to changes in that system«. Kurz: »Strains... exert pressure for change« (1957, S. 122; vgl. auch 1971, S. 38).

Luhmanns Begriff der Strukturänderung deckt aber nicht alle relevanten Situationen ab, da er formuliert: »Strukturänderung setzt Selbsterhaltung voraus« (1984, S. 474), d. h. auch bei Zurückentwicklung muß erst einmal wieder gehandelt werden. Wie würde es Luhmann aber bezeichnen, wenn nichts folgt. Menschen scheiden aus sozialen Systemen aus, Gruppen lösen sich auf, Gesellschaften (im Plural würde Luhmann sie allenfalls als Großorganisationen anerkennen) werden ausgelöscht. Ist das nichts? Ist das kein sozialer Wandel? Luhmann würde wahrscheinlich auf das nächste, die Menschen, Gruppen oder Gesellschaften jeweils umgebende System verweisen. Dort läuft Reproduktion ja weiter, und zwar aufgrund des Ausfalls von einem Element in veränderter Weise. Dagegen ist einzuwenden: Da Luhmann selbst betont, in der Durchführung einer Analyse müsse die Referenzebene stets konstant gehalten werden, muß er auch ein derartiges Zu-Ende-Kommen eines sozialen Systems beachten und mit seinen theoretischen Mitteln erfassen können.

Luhmanns Typologie von Anschlußhandlungen (vgl. 1984, S. 474) enthält wiederum Bekanntes, aber auch Neues: So läßt sein Konzept reiner Konformität diese als Stabilitätsbedingung sehen. Sein Begriff der konformen Abweichung erschließt institutionalisierten sozialen Wandel. Wenn er auf Gesetzgebung oder Wissenschaft verweist, ist an bekannte Konzepte von Robert Dubin (zuerst 1959) zu denken, die eine ganze Palette von Verhaltens- und Wertneuerungen eingrenzen. Alle Beispiele Luhmanns werden von Dubins Kategorien voll abgedeckt. Darüber hinaus wurde der Zusammenhang von »echter Devianz« und sozialem Wandel schon lange thematisiert. Wir erinnerten schon an Mertons Analyse von »Social Structure and Anomie«, in der diese Beziehung ausführlich untersucht wurde (1957, S. 122). Devianz von undefinierten Erwartungen ist dagegen eine neue Sichtweise. Diese Abweichungen sind in der Soziologie bisher tatsächlich unterbelichtet geblieben, und es ist verdienstvoll, daß Luhmann diese Prozesse als bedeutende Änderungsabläufe aufgreift.

Luhmann betont durchgehend die besondere Rolle von Zeit. Sie lasse sich nur an Strukturänderungen ablesen. Aber auch hier ist für mich die durchgreifende Neuerung fraglich. Seyfarth meint zwar, es sei »gerade an *Luhmanns...* Theorie die Vermutung prüfenswert, ob die dominante Berücksichtigung der Zeitdimension... nicht den Rahmen der Soziologie produktiv sprengt, ob nicht im Erfolgsfall eine neuartige Handlungswissenschaft begründet wird, die eben die zeitliche Bestimmung des Handelns zum dominanten theoriebildenden Prinzip macht« (1986, S. 22), ich frage mich aber, ob die Wissenschaft, die dabei herauskommen soll, nicht schon existiert, nämlich als Geschichtswissenschaft.

An Luhmanns Diagnose von Wohlstandsgesellschaften und ihrer Unfähigkeit, »auf selbstgeschaffene Probleme zu reagieren, ohne auf diesem Wege ein besseres Verhältnis zur Umwelt oder zu sich selbst erreichen zu können« (1984, S. 480f.), fällt auf, daß es konservative Sichtweisen sind, an die Luhmann einfach anschließt. Mit den selbstgeschaffenen Problemen ist wohl gemeint: Die den Akteuren in Aussicht gestellte gleiche Partizipation an Begehrtem wird nicht vollkommen oder nur sehr langsam realisiert. Die In-Aussicht-Stellung hat aber Ansprüche entstehen lassen, und die Akteure äußern sich unzufrieden über die mit den Ansprüchen nicht übereinstimmende Realität. Diese Problemlage verlangt – so Luhmann – nach Mechanismen der »Re-inhibierung«. Hier greift Luhmanns Analyse zu kurz, da er nicht genügend lange Zeiträume in den Blick faßt. Ein besseres Verhältnis von Ansprüchen und Realität ergibt sich oft erst in langen Prozessen. Gerade Angleichungsprozesse in Wohlfahrtsstaaten sind dazu ein lehrreiches Beispiel. Sie werden zwar permanent von Problemen begleitet, aber sie laufen dennoch langfristig ungebrochen ab.

Luhmanns Thesen zu »Funktionsorientierung«, »Selektion von erfolgreichen Strukturen«, »Erfahrung und Mißerfolg«, »Befriedigungswerte(n) für Zum-Abschluß-Kommen... von Handlungen oder Handlungssequenzen« (1984, S. 406 ff., ferner 591) stimmen mit zentralen Einsichten der Handlungstheorie überein: Wir haben daher in Luhmanns Theorem der Strukturänderung wie in vielen anderen Teilen seiner Theorie einen grundsätzlich handlungstheoretisch konzipierten Bezugsrahmen der Interpretation der Emergenz sozialer Systeme vor uns. Immer wieder operiert Luhmann mit dem Begriff »Bewährung«. Interaktionen des Tausches, des Einsatzes von Boten, der Tabuierung von Sexualität in unmittelbarer Verwandtschaft, das sind Interaktionen, die sich »bewährt« haben, deshalb werden sie von vielen aufgegriffen und schließlich über die ganze Gesellschaft verbreitet (vgl. 1984, S. 591). Dieses Bewährungskonzept ist aber nur unwesentlich unterschieden von handlungstheoretischen Vorstellungen von Nutzen und Erfolg, wie sie bereits Ferguson formulierte. Hier ist der Gewinn – außer der Bestätigung – von Luhmanns Erfolgskonzept nicht erkennbar. Wo Luhmann von der Selektion erfolgreicher Strukturen spricht, da sind Parallelen zu Gehlens älterer Theorie der Zweckmäßigkeit oder zu neuen mikrosoziologischen Forschungen von Fine (1979) und dessen Konzept der »Angemessenheit« neuer Strukturelemente auffallend. Sie erfassen denselben Sachverhalt.

Schließlich ist auch in Luhmanns Schlüsselbegriff der »Selbstbeobachtung« sozialer Systeme die handlungstheoretische Reklamation zumindest aufgehoben, daß die Evolution »erfolgreicher« Strukturen an das experimentierende und beurteilende Handeln von Akteuren zurückgebunden werden muß.[5] Auch das hat bereits Ferguson in seiner handlungstheoretischen Erklärung von Institutionen gesehen (vgl. die Ferguson-Interpretation von Jonas 1968/69, 1, S. 96 ff.). So vermag man den Einsichtsgewinn gegenüber Ferguson, zumindest in der Jonas-Interpretation, nicht zu sehen. Jonas spricht von Erfahrung von handelnden Subjekten da, wo Luhmann den Begriff der Selbstbeobachtung von Systemen verwendet. Die Subjektlosigkeit autopoietischer Systeme im Verhältnis zu den von den Akteuren getragenen Interaktionen – das ist dann die einzige Differenz, die uns jedoch nicht haltbar scheint, wie wir mehrfach gezeigt haben. Gewinne bringen Luhmanns Thesen dann, wenn er in seinen Ausführungen zur Selbstbeobachtung (als dem Kommunikationsprozeß, der die Operation des Strukturaufbaus sozialer Systeme betreibt) Verknüpfungen mit nutzentheoretischen und funktionalistischen Überlegungen anstellt. In der Interaktionstheorie wird die Rolle von Erfolg und Vorteil in der Regel nicht zu hoch veranschlagt, und Luhmann gibt hier allen Ansätzen eine Unterstützung, die diese Aspekte auch handlungstheoretisch stärker einbinden wollen.

5. Strukturänderungen auf dem Weg zur Moderne und Merkmale der Moderne

Strukturänderungen sind von besonderem Interesse auf der Ebene von Gesellschaft. Welche bedeutenden Änderungen hat es dort gegeben? Und insbesondere: Was sind die entscheidenden Änderungen, die zur Moderne führten, und was sind die weiteren Wandlungsprozesse, die moderne Gesellschaften kennzeichnen?

Luhmanns Aussagen über Strukturänderungen in der Entwicklung zur Moderne und seine Analyse der Moderne fallen einmal durch einen konservativen und abwehrenden Ton auf, zum andern enthalten sie eine Reihe anregender und fruchtbarer Thesen, aber im ganzen können sie wiederum nicht als eigentlich neu oder als vom Fachüblichen unterschieden angesehen werden.

Der Übergang von stratifikatorischer zu funktionaler Differenzierung (1984, S. 144) wird nur in marxistischen Theorien bestritten, ansonsten wird er verbreitet gesehen, z. B. in Theorien der Nivellierung (Schelsky 1954), des Herrschaftsverlustes (Haferkamp 1984a) und der von Massen getragenen Leistungsgesellschaft (McClelland 1961). Auch die funktionale Differenzierung ist ein verbreitet anerkanntes Merkmal. In diesen Theorien wird dann aber noch bestehende stratifikatorische Ungleichheit anders begründet: Akteure, die Leistungen zur Lösung von Lebensproblemen erbringen, haben Einfluß und hervorragende Positionen. Daraus ergeben sich *vor jeder formalen Absicherung* asymmetrische Beziehungen spätestens dann, wenn diese Beziehungen – zutreffend oder auch nicht – zugeschrieben werden, dem einen Akteur mehr Leistungsfähigkeit, dem anderen Handelnden weniger. Diese Einfluß- und Machtdifferenzen bestehen unabhängig davon, ob sie formal oder gar de jure abgesichert sind. Luhmann sieht zwar auch, »daß Ansprüche durch Verdienste ausbalanciert sein müssen, weil sonst die Gegenrechnung nicht stimmen würde und keine soziale Verständigung möglich wäre« (1984, S. 364), aber er meint, diese Beziehung sei in der Moderne regelmäßig formalisiert.

Mit dem Begriff der Moderne als funktional differenzierter Gesellschaft wird von Luhmann zugleich die ehrwürdige These von dem Zurücktreten segmentärer Differenzierung vertreten. Nun ist unbestritten, daß sie für lange Zeiträume von der Stadtgesellschaft zur Moderne und in der Moderne richtig war. Aber in der Moderne auf ihrem Höhepunkt ist diese These nicht mehr richtig, sondern im Gegenteil: In der Moderne nimmt segmentäre Differenzierung wieder zu (vgl. Hondrich; Haferkamp 1983, S. 281). Sie löst funktionale Differenzierung (noch) nicht ab, aber ihre relative Bedeutungszunahme ist unübersehbar. Das gilt auch für Arbeits- und Wirtschaftsprozesse, die regelmäßig von diesem Trend ausgenommen werden. Heute ist »das Ende der Arbeitsteilung?« (Kern/Schumann 1984) wieder eine ernsthaft diskutierte Frage.

Die von Luhmann aus der Steigerung der Differenzerfahrung von Interaktions- und Gesellschaftssystem entwickelte weitere These von der fehlenden Steuerung gesellschaftlicher Prozesse durch Interaktionen in der Moderne seit der Französischen Revolution (vgl. 1984, S. 585) ist sehr fragwürdig. Zwar ist Luhmann zu-

nächst einmal darin zuzustimmen, daß das Auseinandertreten von Gesellschafts- und Interaktionssystem nicht nur zur Unabhängigkeit, sondern gleichzeitig zu starker Abhängigkeit beider Systeme führte. Genau aus diesem Grund bleibt dann Gesellschaft weiter empfindlich für Interaktion, z. B. auch für Verweigerung. Luhmann ist daher weiter zuzustimmen, daß »Ablehnungspositionen durch Recht« gestärkt wurden (1984, S. 550). Das begann mit Sanktionsverzicht gegenüber Devianz und der Unterstützung von Protest durch Gerichte und drückt sich heute prägnant in der Unterstützung vormals Abhängiger durch die Justiz aus, ganz unübersehbar in der Arbeitsrechtsprechung. Luhmann sieht ferner richtig, daß »die Artikulation von Unruhe, Kritik und Protest« (1984, S. 550) an Bedeutung gewonnen hat. So hat nicht umsonst Helmut Klages aus der Beobachtung dieser Entwicklung einen Begriff gewonnen, der die ganze moderne Gesellschaft erfassen soll. Sie ist zuerst die »unruhige Gesellschaft« (Klages 1975), in der Protest verbreitet ist, bis hin zum Terrorismus von kleinen, eng kooperierenden Gruppen, deren Zahl zumindest nicht abnimmt. Nun kann man diese Ereignisse aber auch ganz anders interpretieren, nämlich handlungstheoretisch als Ausdruck der Stärkung der Akteure, die sich dann auch in wenigen Extremfällen in Rebellion äußert. Aber nicht nur derartige Ausnahmen, auch die allgemeine Stärkung von Akteuren wird von Luhmann sehr negativ beurteilt (vgl. 1984, S. 550). Er sieht auch darin Gefährdung von Gesellschaft. Manches erinnert in seinem Ton an Gehlen und dessen Absage an Subjektivität und »allgemeine Hanswursterei« (1961, S. 60, 74 ff.).
Sodann ist zu prüfen, ob die Differenz von Gesellschafts- und Interaktionssystem früher tatsächlich geringer war und ob früher Interaktion mehr kontrollierte. Demgegenüber wird man festhalten müssen, daß auch heute noch viel von Interaktionen abhängig ist, von einzelnen bedeutenden Akteuren und ihren Handlungen, dem Gelingen oder Mißlingen ihrer Interaktionen. Jeder Blick auf bedeutende politische Prozesse zeigt dies, wenn man z. B. den Aufstieg von politischen Führern mit Charisma ins Auge faßt. Interaktionen leiten in diesen Fällen nicht nur ein – das ist unstrittig –, sie haben auch bedeutende gewollte Konsequenzen (von Luhmann bestritten [vgl. 1984, S. 579]), ja, sie lösen sogar Probleme (von Luhmann ebenfalls bestritten). So findet man, daß aus den sehr bewußt geführten Auseinandersetzungen von Un-

ternehmern und Arbeitern viele handelnd eingeleiteten Veränderungen die gewünschten Konsequenzen aufweisen und auch tatsächlich Probleme lösen. Die Schaffung funktionierender Wohlfahrtsstaaten in Nordwesteuropa ist ein unwiderlegbares Ergebnis. Luhmanns These von der mangelnden Anschlußfähigkeit der Interaktionssysteme an Wissenschaft, Politik, Intimität und Kunst können wir daher nicht zustimmen. Im übrigen weist diese These Luhmanns weitgehende Übereinstimmung mit einer zentralen Aussage von Habermas (1981, II, S. 258, 522) auf (zur Kritik vgl. Haferkamp 1984, S. 795 f.). Es empfiehlt sich vielmehr, die Bereiche voneinander zu trennen, also jene, in denen es diesen Einfluß aus der Interaktion gibt, von denen, die als opake Bereiche tatsächlich für Interaktion vorerst unzugänglich sind, denn es gibt ja viele Entwicklungen, die nicht zu den von den Akteuren gewünschten Ordnungen führten, z. B. die konzertierte Aktion in der Bundesrepublik Deutschland. Aber man darf auf der anderen Seite nicht übersehen, daß es auch erfolgreiche Beispiele gibt, wie die angeführten wohlfahrtsstaatlichen Entwicklungen. In diesen Verhandlungen und Institutionen wurde auch Anwesenheit und Interkoordination entgegen Luhmanns Ansicht genutzt.

Wenn Luhmann meint, daß Gesellschaft, jedenfalls als Weltgesellschaft, von der unüberbrückbaren Differenz von Interaktions- und Gesellschaftssystem gekennzeichnet ist und Weltgesellschaft daher für Akteure unzugänglich ist, so möchten wir auch daran Zweifel anmelden. Die verbreitete Akzeptanz von Menschenrechten, die Ächtung der Sklaverei, die Verabscheuung der Folter, die Kodifizierung des Verbrechens des Völkermordes oder die Anerkenntnis der individuellen Verantwortung auch für Amtshandlungen (vgl. Berger/Berger/Kellner 1975, S. 84) – all das ist ohne Interaktion bestimmter Akteure nicht denkbar. Schließlich gibt es auch weiter repräsentative Interaktionen, denen bedeutende Regelungen entspringen. So muß man sich fragen, warum eigentlich trotz ungeheurer wechselseitiger Vernichtungsmöglichkeiten einzelner Nationen sowohl die Weltgesellschaft wie ihre Teile immer noch bestehen. Detaillierte Beschreibungen über Entscheidungsprozesse in der Spitze der beiden derzeit existierenden Supermächte zeigen, daß in krisenhaften Situationen in sehr häufigen und intensiven Interaktionen der Machtspitzen, die jeweils nicht mehr als dreißig Akteure umfassen, sich bisher stets die Ansicht bildete und durchsetzte, der Einsatz von Massenvernichtungswaffen mit seinen absehbaren Folgen sei vor dem eigenen Gewissen und vor der Menschheit nicht zu verantworten, und er unterblieb auch (vgl. Kennedy 1974; ferner eine Auflistung der bisherigen Situationen dieser Art: Ball 1982/83). Es gibt also bedeutende Interaktionen, die Prozesse von der Einleitung bis zum Abschluß steuern, so wie es daneben auch Interaktionen gibt, die ihre Folgen nicht kontrollieren (vgl. Sagan 1985), und wie es schließlich auch unzweifelhaft gesellschaftliche Abläufe gibt, die kein Akteur steuert. Es muß aber *empirisch* geklärt werden, wann und wo Gesellschaft von Interaktion noch erreicht wird.

Luhmann ist wiederum zuzustimmen, wenn er die Entstehung der Soziologie auf diese Differenzerfahrung zurückführt (vgl. 1984, S. 586), die wir ja nicht bestreiten, deren Auswirkung wir nur anders beurteilen, insbesondere was die Steuerbarkeit von Gesellschaft durch Interaktion angeht. Für die Entstehung der Soziologie scheint es uns bedeutend plausibler und empirisch eher belegbar zu sein, daß sich die Differenzen folgendermaßen entwickelten und auswirkten: Je mehr die Zahl der Akteure unten anwuchs, die bedeutende Leistungen erbrachten, desto mehr Macht wurde unten in der Gesellschaft beansprucht. War mehr Machtangleichung erreicht, dann wurden mehr Ressourcen verlangt. Waren diese zur Verfügung gestellt, wurde der Anspruch auf einen Zuwachs an Belohnungen ausgedehnt. Belohnungszuwachs förderte aber die Möglichkeit, Individualität auszudrükken, in starkem Maße und erlaubte es, freie Assoziationen einzugehen, zuletzt in Subgruppen und Subkulturen. In diesen Prozessen stellten sich die Änderungen auf neue Differenzierungen der Leistungen, Macht, Ressourcen und Belohnungen nicht sofort ein. Dies war um so wahrscheinlicher, als auf der anderen Seite Herrschaftsverteidigung betrieben und damit Angleichung auf der jeweils nächsten Stufe verzögert wurde. Der Zusammenprall von leistungsbegründeten Ansprüchen von unten mit der Abwehr dieser Ansprüche von oben machte den Akteuren unten bewußt, mit welchen Problemen sie zunächst weiterleben mußten, obwohl die Probleme zu beseitigen waren. Sie mußten in Armut, Unterdrückung oder partiell sinnloser Existenz ausharren. Marx', Engels', Durkheims und Toennies' Forschungen über »soziale Probleme«, auch wenn diese Forscher nicht mit diesem

Begriff arbeiteten, begründeten in der Zeit nach Comte zuerst eine ernst zu nehmende Soziologie (was ja bei Comte noch nicht der Fall war, da seine Soziologie noch stark der Spekulation und Metaphysik verhaftet war). Wenn Luhmann sagt: Die Soziologie verdankt »sich denselben Ausgangsbedingungen einer unüberbrückbar gewordenen Differenz von Interaktion und Gesellschaft« (1984, S. 586), so kann man diese Feststellung so erläutern: Immer mehr freie Assoziationen (Interaktionssysteme im Sinne Luhmanns) wurden möglich, gleichzeitig wurde aufgrund von Herrschaftsverteidigung von oben von den Akteuren unten die Gesellschaft als äußerst starr wahrgenommen (zunehmende Differenzerfahrung im Sinne Luhmanns), und sehr viele Belastungen, menschenunwürdige Zustände, die objektiv schon Jahrhunderte oder Jahrtausende bestanden, wurden nun erst als *problematisch* und auch prinzipiell *lösbar* angesehen. Das ist die Sicht, die die Soziologie von Marx und Engels, Durkheim und Toennies begründet.

Zuzustimmen ist auch Luhmanns These von der »Anerkennung des ›Individuums‹ als Letztentscheider in allen Angelegenheiten, die es selbst in seiner Privatsphäre betreffen« (1984, S. 633) und den zunehmend individuell begründeten und sozial legitimierten Ansprüchen (vgl. S. 364). Luhmann bringt aber wieder stark abwertende Töne in seine Analyse. Es gehe um Ansprüche »auf Förderung dessen, wozu man gerade Lust hat« (1984, S. 364). Aber wie erklärt Luhmann diesen Befund? Luhmann setzt beim *Anspruch* an, zu dem Verdienste hinzugedacht werden (vgl. 1984, S. 365). Stratifizierte vormoderne Gesellschaften schlossen vom Anspruch auf Verdienst. Dies ist in modernen Gesellschaften nicht mehr notwendig (und auch nicht mehr üblich). Darum läßt sich die Anspruch-Verdienstbalance nicht mehr halten.

Die handlungs- und leistungstheoretische Erklärung scheint mir wiederum überlegen zu sein, und eine ihrer zentralen Aussagen findet man auch bei Luhmann wieder: Ansprüche müssen durch Verdienste ausbalanciert werden. Aufgrund gestiegener Leistungen, errungenen Einflusses, erworbener Ressourcen und erhaltener Belohnungen *entstanden* Ansprüche. Das ist eine Realität, die sich zuerst Könige schufen und die sich in den Übergangsgesellschaften auszubreiten begann und der sich zuerst große Leistungen in der Kunst verdanken. Ansprüche des Individuums werden zuerst in der Malerei sichtbar, beispielsweise in Porträts, die den

individuellen Charakter der Gemalten wiederzugeben versuchten
– etwa im Jünglingsporträt (von Botticelli, nach 1480 gemalt)
oder im Bild Ginevra de'Benci (von Leonardo da Vinci, etwa
1474 geschaffen). Man findet den individuellen Anspruch in der
Musik allerspätestens und unüberhörbar in Monteverdis Ouvertüren Anfang des 17. Jahrhunderts; man stößt auf ihn auch in der
Politik, wenn einzelne Politiker um legitime Herrschaft kämpfen,
der sie ihren persönlichen Stempel aufdrücken wollen, wie dies
schon bei den Ministern unter den Bourbonen der Fall war.
Anschließend weitete Individualisierung sich immer weiter auf
ganze Gruppen, Schichten und schließlich auf alle aus. Daher
registrieren wir heute einen immer stärkeren Trend zur Selbstverwirklichung und Selbstbestimmung. Akteure reden in der Tat
»über sich selbst und ihre Probleme« (Luhmann) wie jener Student, der in einer öffentlichen Veranstaltung vor großem Publikum ausführte: »Ich habe Orgasmusprobleme und wünsche, daß
das hier zur Kenntnis genommen wird.« Dazu gehören auch die
unzähligen Versuche, sich schlicht wohl zu fühlen oder zufrieden
zu leben. Daß Zufriedenheit wiederum ihre Kehrseite hat, nämlich Verzicht auf an und für sich mögliche Leistungssteigerungen
oder auch Versuche, bisher erbrachte Leistungen zukünftig nicht
erbringen zu müssen – das steht auf einem anderen Blatt. Dann
kommt aufgrund seines Leistungsabfalls ein Akteur in Schwierigkeiten, »sucht dafür Hilfe und entwickelt den Zusatzanspruch auf
verständnisvolle, wenn nicht therapeutische Behandlung seiner
Ansprüche« (Luhmann 1984, S. 366). So kommen wir an einem
weiteren Punkt erneut zu einer sachlichen Übereinstimmung mit
Luhmanns Theorie.

6. Schlußbemerkung

Im ganzen hält aber Luhmanns Theorie sozialer Systeme nicht,
was der Autor uns verspricht: Es wird kein Aufbruch zu neuen
Ufern auf neuen Wegen unternommen. In der Hauptsache wird
sachlich das, was in anderen Theorien schon enthalten ist, nur neu
bezeichnet und anders arrangiert. Das wollten wir aus der Perspektive der Handlungs- und Interaktionstheorie zeigen. Daneben werden einige fruchtbare neue Aussichten gegeben, die ohne
Zweifel Übernahme verdienen – sie rechtfertigen aber nicht die

Rede von einem »andersartigen Theoriedesign«, für das »es in der Soziologie selbst kaum Vorbilder« gibt (Luhmann 1984, S. 11). Nicht versprochen, aber erwartet wurden bei einem so anspruchsvollen Unternehmen mit soziologiepolitischen Ambitionen Rezeption, wenigstens Kenntnisnahme der Ergebnisse empirischer Forschung zu den theoretischen Aussagen und darüber hinaus die Präsentation von neuen Bewährungskriterien für zukünftige empirische Absicherung. Aber diese – wohl eher normativen – Erwartungen wurden enttäuscht, wie faktisch durchaus erwartet.

Anmerkungen

* Ich danke Stephan Fuchs für wertvolle Kommentare, Susanne Bartsch und Anne Dreyer für eine kritische Durchsicht dieses Beitrages.
1 Wir schlagen also die Warnungen Bergers und Luckmanns (zuerst 1966) vor dem Versuch, »to push a bus in which one is riding«, in den Wind und halten uns eher an T. T. Segerstedt (1966, S. 7, 10), der den Zirkel für lösbar hält.
2 Segerstedt nimmt auch Bezug auf P. Winch (1958, S. 86).
3 Darum treffen gegen diese Konzeption auch nicht die von J. Habermas (1967, S. 11) geäußerten Bedenken gegen die Symbolismustheorie Cassirers zu, der Habermas das Fehlen einer historischen Dimension unterstellt.
4 Zum neueren Produktionsbegriff in der soziologischen Handlungstheorie vgl. Haferkamp 1972, S. 23 f., 1973, S. 47 ff., zur Produktion von sozialen Systemen durch Akteure 1972, S. 29 f., ferner 1973, S. 68 ff., insbesondere S. 74.
5 Stephan Fuchs hat mich zuerst auf diese Übereinstimmungen von Luhmanns Theorie der Strukturänderung mit der handlungstheoretischen Erklärung der Institutionalisierung aufmerksam gemacht.

Literatur

Ball, Desmond (1982/83), U.S. Strategic Forces. How would they be used? In: International Security, Bd. 7, S. 31-60.
Bentley, Arthur F. (1908), The Process of Government. Chicago.
Berger, Peter L., Brigitte Berger und Hansfried Kellner (1975), Das Unbehagen in der Modernität. Frankfurt und New York.

Berger, Peter L. und Thomas Luckmann (1966), The Social Construction of Reality. Garden City und New York. (Die deutsche Übersetzung erschien zuerst 1969.)

Blau, Peter M. (1964), Exchange and Power in Social Life. New York, London und Sidney.

– (1967), Eine Theorie der sozialen Integration. In: Hartmann, Heinz (Hg.), Moderne Amerikanische Soziologie. Neuere Beiträge zur soziologischen Theorie. Stuttgart, S. 203-217. (Im englischen Original zuerst erschienen 1960.)

Buckner, H. Taylor (1971), Deviance, Reality, and Change. New York.

Callon, Michel und Bruno Latour (1981), Unscrewing the big Leviathan: how actors macro-structure reality and how sociologists help them to do so. In: Knorr-Cetina, Karin und Aaron V. Cicourel (Hg.), Advances in Social Theory and Methodology. Toward an Integration of Micro- and Macro-Sociologies. Boston, London und Henley, S. 277-303.

Cassirer, Ernst (1953), Philosophie der symbolischen Formen. Bd. 1: Die Sprache. Darmstadt.

Cicourel, Aaron V. (1973), Basisregeln und normative Regeln im Prozeß des Aushandelns von Status und Rolle. In: Arbeitsgruppe Bielefelder Soziologen (Hg.), Alltagswissen, Interaktion und gesellschaftliche Wirklichkeit. Reinbek, S. 147-188.

Claessens, Dieter (1970), Instinkt, Psyche, Geltung. Zur Legitimation menschlichen Verhaltens. Eine soziologische Anthropologie. Köln und Opladen.

Cohen, Albert K. (1961), Kriminelle Jugend. Zur Soziologie jugendlichen Bandenwesens. Reinbek. (Im englischen Original zuerst erschienen 1955.)

Dubin, Robert (1967), Abweichendes Verhalten und Sozialstruktur. In: Hartmann, Heinz (Hg.), Moderne amerikanische Soziologie. Neuere Beiträge zur soziologischen Theorie. Stuttgart, S. 233-248. (Im englischen Original zuerst erschienen 1959.)

Durkheim, Émile (1968), The Elementary Forms of the Religious Life. London. (Im französischen Original zuerst erschienen 1912.)

Fine, Gary Alan (1979), Small Groups and Culture Creation: The Idioculture of Little League Baseball Teams. In: ASR, Bd. 44, S. 733-745.

– (1983), Shared Fantasy. Role-Playing Games as Social Worlds. Chicago und London.

Gehlen, Arnold (1961), Anthropologische Forschung. Zur Selbstbegegnung und Selbstentdeckung des Menschen. Reinbek.

Habermas, Jürgen (1965), Analytische Wissenschaftstheorie und Dialektik. Ein Nachtrag zur Kontroverse zwischen Popper und Adorno. In: Topitsch, Ernst (Hg.), Logik der Sozialwissenschaften. Köln und Berlin, S. 291-311.

- (1967), Zur Logik der Sozialwissenschaften. Beiheft 5 der Philosophischen Rundschau. Tübingen.
- (1981), Theorie des kommunikativen Handelns. Bd. 1: Handlungsrationalität und gesellschaftliche Rationalisierung. Bd. 2: Zur Kritik der funktionalistischen Vernunft. Frankfurt.

Haferkamp, Hans (1972), Soziologie als Handlungstheorie. Düsseldorf.
- (1973), Die Struktur elementarer sozialer Prozesse. Logik und Gehalt eines Forschungsleitfadens zur soziologischen Analyse und Erklärung. Stuttgart.
- (1983), Soziologie der Herrschaft. Opladen.
- (1984), Interaktionsaspekte, Handlungszusammenhänge und die Rolle des Wissenstransfers. Eine handlungstheoretische Kritik der Theorie des kommunikativen Handelns. In: KZfSS, 36. Jg., S. 783-798.
- (1984a), Herrschaftsverlust und Sanktionsverzicht. Kritische Bemerkungen zur Theorie des starken Staates, der neuen sozialen Kontrolle und des ideellen Abolitionismus. In: Krim. J., 16. Jg., S. 112-131.
- (1985), Mead und das Problem des gemeinsamen Wissens. In: ZfS, Bd. 14, S. 175-187.
- (1987), Soziales Handeln. Theorie sozialen Verhaltens und sinnhaften Handelns, geplanter Handlungszusammenhänge und sozialer Strukturen. Opladen.

Homans, George Caspar (1960), Theorie der sozialen Gruppe. Köln und Opladen. (Im englischen Original zuerst erschienen 1950.)

Jonas, Friedrich (1968/69), Geschichte der Soziologie. 4 Bde. Reinbek.

Kennedy, Robert (1974), Dreizehn Tage. Wie die Welt beinahe unterging. Darmstadt.

Kern, Horst und Michael Schumann (1984), Das Ende der Arbeitsteilung? Rationalisierung in der industriellen Produktion: Bestandsaufnahme, Trendbestimmung. München.

Klages, Helmut (1975), Die unruhige Gesellschaft. Untersuchungen über Grenzen und Probleme sozialer Stabilität. München.

Knorr-Cetina, Karin D. (1981), The Manufacture of Knowledge: An Essay on the Constructivist and Contextual Nature of Science. Oxford.

König, René (1962), Einleitung. In: König, René (Hg.), Handbuch der empirischen Sozialforschung. Stuttgart, S. 3-17.
- (1963), Grundlagenprobleme der soziologischen Forschungsmethoden (Modelle, Theorien, Kategorien). In: Sozialwissenschaft und Gesellschaftsgestaltung. Festschrift für Gerhard Weisser. Herausgegeben von F. Karrenberg und H. Albert. Berlin.

Küchler, Manfred (1976), Multivariate Analyse nominalskalierter Daten. Ein theoretischer und empirischer Vergleich zweier Verfahren unter dem Gesichtspunkt der Forschungspraxis. In: ZfS, 5. Jg., S. 237-255.

Latour, Bruno und Steve Woolgar (1979), Laboratory Life: The Social Construction of Scientific Facts. Beverly Hills.

Luhmann, Niklas (1967), Soziologie als Theorie sozialer Systeme. In: KZfSS, 19. Jg., S. 615-644.
- (1970), Institutionalisierung – Funktion und Mechanismus im sozialen System der Gesellschaft. In: Schelsky, Helmut (Hg.), Zur Theorie der Institution. Düsseldorf, S. 27-41.
- (1972), Rechtssoziologie. 2 Bde. Reinbek.
- (1984), Soziale Systeme. Grundriß einer allgemeinen Theorie. Ffm.
Matthes, Joachim und Fritz Schütze (1973), Zur Einführung: Alltagswissen, Interaktion und gesellschaftliche Wirklichkeit. In: Arbeitsgruppe Bielefelder Soziologen (Hg.), Alltagswissen, Interaktion und gesellschaftliche Wirklichkeit. Reinbek, S. 11-53.
McClelland, David C. (1961), The Achieving Society. New York.
Mead, George Herbert (1965), On Social Psychology. Selected Papers. Edited and with an Introduction by Anselm Strauss. Chicago und London.
Merton, Robert K. (1957), Social Theory and Social Structure. New York.
- (1971), Introduction. The Sociology of Social Problems. In: Merton, Robert K. und Robert Nisbet (Hg.), Contemporary Social Problems. New York, Chicago, San Francisco und Atlanta, S. 3-43.
Miller, Max (1986), Selbstreferenz und Differenzerfahrung – einige Überlegungen zu Luhmanns Theorie sozialer Systeme. Beitrag zur Tagung der Sektion »Soziologische Theorien« in der DGS. Augsburg, 7. und 8. 2. 1986. (In diesem Band, S. 187 ff.)
Opp, Karl-Dieter (1978), Das »ökonomische Programm« in der Soziologie. In: SW, Bd. 29, S. 129-154.
Parsons, Talcott (1965), General Theory in Sociology. In: Merton, Robert K., Leonard Broom und Leonhard S. Cottrell jr. (Hg.), Sociology Today. Problems and Prospects. Bd. 1. New York. (Zuerst erschienen 1959.)
Sagan, Scott D. (1985), Nuclear Alerts and Crisis Management. In: International Security, Bd. 9, S. 99-139.
Schelsky, Helmut (1954), Die Bedeutung des Schichtbegriffs für die Analyse der gegenwärtigen deutschen Gesellschaft. In: Transaction of the Second World Congress of Sociology. Bd. 2. London.
- (1959), Ortsbestimmung der deutschen Soziologie. Düsseldorf und Köln.
Schmid, Michael (1985), Niklas Luhmann, Soziale Systeme. Grundriß einer allgemeinen Theorie. (Besprechung). In: KZfSS, 37. Jg., S. 778-780.
- (1986), Autopoiesis und soziales System: Eine Standortbestimmung. Beitrag zur Tagung der Sektion »Soziologische Theorien« in der DGS. Augsburg, 7. und 8. 2. 1986. (In diesem Band, S. 25 ff.)
Schneider, Erich (1964), Einführung in die Wirtschaftstheorie. Bd. 3: Geld, Kredit, Volkseinkommen und Beschäftigung. Tübingen.

Segerstedt, Torgny T. (1966), The Nature of Social Reality. An Essay in the Epistemology of Empirical Sociology. Lund.

Seyfarth, Constans (1986), Wieviel Theorie kann Soziologie vertragen? In: Soziologische Revue, 9. Jg., S. 19-25.

Sherif, Muzafer und Carolyn W. Sherif (1969), Social Psychology. New York, Evanston und London.

Tenbruck, Friedrich H. (1981), Émile Durkheim oder die Geburt der Gesellschaft aus dem Geist der Soziologie. In: ZfS, 10. Jg., S. 333-350.

– (1984), Die unbewältigten Sozialwissenschaften oder Die Abschaffung des Menschen. Graz, Wien und Köln.

Touraine, Alain (1981), The Voice and the Eye. An Analysis of Social Movements. Cambridge. (Im französischen Original zuerst erschienen 1978.)

Willke, Helmut (1986), Differenzierung und Integration in Luhmanns Theorie sozialer Systeme. Beitrag zur Tagung der Sektion »Soziologische Theorien« in der DGS. Augsburg, 7. und 8. 2. 1986. (In diesem Band, S. 247 ff.)

Winch, Peter (1958), The Idea of a Social Science. London.

Wippler, Reinhard (1978), The Structural-Individualistic Approach in Dutch Sociology. Toward an Explanatory Social Science. In: The Netherlands Journal of Sociology, Bd. 14, S. 135-155.

Gunther Teubner
Hyperzyklus in Recht und Organisation
Zum Verhältnis von Selbstbeobachtung, Selbstkonstitution und Autopoiese

1. Soziale Autopoiese zweiter Ordnung?

Mit Theorien soll man nicht dogmatisch umgehen. Die Theorie selbstreferentieller Sozialsysteme soll man kritisch daraufhin prüfen, ob sie mit anderen Konstrukten verträglich ist, inwieweit sie empirisch gehaltvoll und nachprüfbar ist, welche ideologischen Orientierungen und welche praktischen Handlungsprogramme sie nahelegt. Eine Dogmatisierung widerspräche ihrem hypothetischen Charakter. Als Jurist und Rechtssoziologe möchte ich mir dennoch die Freiheit nehmen, die Begriffe von Selbstreferenz und Autopoiese mit einer Art dogmatischer Analyse anzugehen, wie sie Juristen bei ihrer Konstruktionsarbeit geläufig ist. Man unterschätzt die Produktivität von Dogmatik, wenn man die Offenheit wissenschaftlichen Denkens polemisch mit dem »Glaubensgehorsam« der Dogmatik kontrastiert.[1] Die Chancen dogmatischer Analysen bestehen darin, daß sie Negationsverbote mit konstruktiver Freiheit verbinden, genauer: daß sie aufgrund von Prämissenbindungen neue Kombinationsspielräume eröffnen und damit als eine ars combinatoria Denkprodukte möglich machen, die ohne diese Festlegungen nicht zu erreichen wären.[2]

Dogmatisches Arbeiten führt typisch auf sogenannte Sekundärprobleme, Probleme, die mit den Primärproblemen des realen Lebens nichts zu tun haben, sondern von der Dogmatik selbst erzeugt sind. Etwa der Art: Wenn das Dogma der leiblichen Himmelfahrt Mariae gilt, war Maria nun bekleidet oder nicht, als sie gen Himmel fuhr? Oder die ewige Frage nach der »Rechtsnatur« der Juristischen Personen: »reale Verbandspersönlichkeiten«[3] oder »künstliche, durch bloße Fiktionen angenommene Subjekte«?[4] Ein entsprechendes Sekundärproblem der Autopoiese-Dogmatik lautet: Gibt es Autopoiese innerhalb von Autopoiese? Genauer: Können wir die Autonomie von Teilsystemen in der Gesellschaft dadurch näher bestimmen, daß wir sie als autopoietische Sozialsysteme zweiter Ordnung innerhalb der Gesellschaft als autopoietischen Sozialsystems erster Ordnung begreifen?

Mit dieser Frage sind wesentliche Elemente der Luhmannschen Systemtheorie mit einem (vorläufigen) Negationsverbot belegt, insbesondere, daß Gesellschaft aus Kommunikationen besteht, die einander rekursiv produzieren, und daß sich innerhalb dieses Kommunikationssystems eigenständige Subsysteme ausdifferenzieren, die ihrerseits rekursiv geschlossen sind.[5] Der konstruktiven Phantasie freigegeben hingegen ist die Frage, ob und wie die Begriffe von Selbstreferenz und Autopoiese ein zweites Mal eingesetzt werden können, diesmal um die Autonomie von Subsystemen gegenüber der Gesellschaft zu beschreiben. Wird in gesellschaftlichen Subsystemen die Selbstreproduktion gesellschaftlicher Kommunikationen nur thematisch variiert? Oder entstehen neuartige selbstreferentielle Verhältnisse? Wenn ja, handelt es sich nur um selbstorganisierende Systeme? Oder verfügen gesellschaftliche Teilsysteme über voll-autopoietische selbstreproduktive Mechanismen, die ihnen gegenüber der allgemeinen kommunikativen Reproduktion der Gesellschaft und im Verhältnis zueinander eine neuartige operationelle Geschlossenheit verschaffen?

Luhmann hat eine bestechend einfache Lösung parat.[6] Zwar: »Die bloße Partizipation an der Autopoiese der Gesellschaft macht die Teilsysteme noch nicht zu eigenen autopoietischen Systemen.«[7] Aber sobald gesellschaftliche Teilsysteme eigenständige Elemente konstituieren, können sie ihrerseits autopoietische Geschlossenheit erreichen. So ermöglicht die »Erfindung« der Rechtshandlung die selbstreferentielle Schließung des Rechtssystems, das sich durch ständige Anschlüsse von Rechtshandlungen reproduziert.[8] Die Konstitution des Zahlungsaktes übernimmt die gleiche Funktion im Wirtschaftssystem.[9] Damit zusammenhängend wird die Herausbildung von subsystemischer Autopoiese als »Alles-oder-Nichts« beschrieben. Im Anschluß an Maturana und Varela schmiedet Luhmann den Autopoiese-Begriff zu »unbiegsamer Härte«.[10] Die Selbstreproduktion der Subsysteme funktioniert oder sie funktioniert nicht. Eine partielle Autonomie wird als denkunmöglich ausgeschlossen.

Ich möchte demgegenüber die in der »galaxie auto«[11] rotierenden Sinnmaterien etwas anders arrangieren und vorschlagen, Autonomie als gradualisierten Begriff zu fassen.[12] Ob man die historische Herausbildung von autonomen Teilsystemen oder die zu einer Zeit existierenden gesellschaftlichen Teilsysteme analysiert, immer lassen sich graduelle Abstufungen ihrer Autonomie feststellen. Selbstreferenz und Autopoiese kann man dann als trennscharfe Kriterien für diese graduellen Abstufungen einsetzen, wenn man gegenüber Luhmanns Lösung die Konstruktion subsystemischer Autopoiese etwas komplizierter faßt. Ich schlage vor, dazu in leichter Abwandlung die von Eigen und Schuster entwickelte Vorstellung des »Hyperzyklus« zu benutzen.[13] Meine Thesen: (1) *Gesellschaftliche Teilsysteme gewinnen an Autonomie in dem Ausmaß, wie es ihnen gelingt, die Anzahl ihrer Systemkomponenten in selbstreferentiellen Zyklen zu konstituieren.* (2) *Autopoietische Autonomie erreichen sie erst dann, wenn ihre zyklisch konstituierten Systemkomponenten miteinander zu einem Hyperzyklus verkettet werden.*

Am Beispiel von Recht und Organisation soll die Konstruktion des Hyperzyklus erprobt werden. Typische Strukturmerkmale des Rechts, besonders die Positivität des modernen Rechts, ebenso wie herausragende Merkmale formaler Organisation, besonders die Abgehobenheit der Organisation gegenüber ihrem Personenbestand und gegenüber inhaltlichen Festlegungen, lassen sich aus der hyperzyklischen Verkettung der Systemkomponenten erklären. Darüber hinaus sollte die Konstruktion trennscharfe Kriterien für Rechtstypen unterschiedlichen Autonomisierungsgrades liefern. Ebenso müßte es gelingen, damit der Unterscheidung von Interaktion, Gruppe und Organisation neue Aspekte abzugewinnen. Und schließlich soll die Konstruktion etwas zur Erklärung der Evolution von Recht und Organisation beisteuern. Die historische Autonomisierung des Rechtsdiskurses ebenso wie die allmähliche kollektive und korporative Verfestigung der Organisation müßten sich als Steigerung von selbstreferentiellen Verhältnissen, kumulierend in ihrer hyperzyklischen Verkettung, darstellen lassen.

2. Emergenzprobleme

Mit der Frage der Verschachtelung autopoietischer Systeme erster, zweiter und dritter Ordnung hat sich besonders Maturana im Bereich multizellulärer Organisationsmuster auseinandergesetzt und generalisierbare Unterscheidungen geliefert.[14] Er unterscheidet drei Fälle: (1) die bloße Kopplung autopoietischer Systeme, in der die Systeme ihre Identität nicht verlieren und auch nicht zu einer neuen Einheit verschmelzen, (2) die Herstellung einer neuen autopoietischen Einheit, in der die Teilsysteme ihre Identität verlieren und (3) ein autopoietisches System höherer Ordnung, dessen Autopoiese die Autopoiese der es realisierenden gekoppelten autopoietischen Einheiten notwendig bedingt.[15]

Mit diesem Modell kann man womöglich im sozialen Bereich die Verkoppelung von Organisationen, also Probleme von Dachverbänden und Unternehmenskonzernen und die entsprechenden Fragen von »Einheit und Vielheit im Konzern« bearbeiten.[16] Das Modell führt aber in die Irre, wenn man damit sämtliche Verschachtelungen autopoietischer Systeme erfassen will. Das wird besonders deutlich an Maturanas Gesellschaftsbegriff. Wenn man mit dieser Denkfigur Gesellschaften als »Systeme gekoppelter Menschen« begreift, dann kann man Gesellschaften nur noch eine »scheinbare Autopoiese« zuschreiben.[17] Selbst wenn man, wie Hejl es tut, als soziale Basiseinheit nicht Organismen, sondern individuelle kognitive Systeme oder deren Ausschnitte wählt (»Zustände von Neuronengruppen«[18]), dann lassen sich soziale Systeme weder als selbstorganisierend, noch gar als selbsterhaltend, noch als selbstreferentiell, sondern nur noch als »synreferentiell« begreifen.[19]

Der »Kategorienfehler« einer solchen Argumentation liegt darin, Verschachtelungen autopoietischer Systeme ausschließlich nach dem Muster zu konstruieren, wonach das autopoietische System erster Ordnung (Organismus, kognitives System) notwendig zum Element des autopoietischen Systems höherer Ordnung wird (Gesellschaft). Letztlich muß diese Sichtweise auf die bekannten Hypostasierungen sozialer Systeme als Kollektive hinauslaufen (vgl. Maturanas »gekoppelte Menschen« oder die Kennzeichnung des »Bienenstaats« als autopoietischen Systems dritter Ordnung[20]). Entsprechend irritiert reagieren denn auch die Autoren auf die Folgen ihrer eigenen Begriffsbildung.[21] Der Ausweg liegt im Emergenzbegriff: Auf der Basis autopoietischer Systeme erster Ordnung können sich autopoietische Systeme höherer Ordnung auch dadurch bilden, daß sich emergente Einheiten konstituieren, die vom autopoietischen System niederer Ordnung verschieden sind und die Elemente für das autopoietische System höherer Ordnung abgeben. Und im Fall der Gesellschaft sind diese emergenten Einheiten Kommunikationen (und nicht etwa Menschen oder kognitive Systeme[22]).

Emergenz neuartiger Elemente gibt also die Richtung an zur Bildung von Autopoiese höherer Ordnung. Und in gleicher Richtung muß man suchen, wenn man der Verselbständigung sozialer Teilsysteme gegenüber der Gesellschaft auf die Spur kommen will. Autopoietische Sozialsysteme höherer Ordnung bilden sich also nicht so, daß sich einfache soziale Systeme, etwa Interaktionen, als Elemente für ein zusammengesetztes soziales Supersystem, etwa Organisation, zur Verfügung stellen. Vielmehr muß man nach emergenten Einheiten suchen, die – von den existierenden autopoietischen Systemen hervorgebracht – als Elemente eines andersartigen selbstreproduktiven Systems dienen können.

Emergenzverdacht besteht nun insbesondere dann, wenn – in welcher Weise auch immer – selbstreferentielle Zirkel auftreten. Wenn Kommunikationen reflexiv werden, wenn also Kommunikation über Kommunikation stattfindet, dann führt dies zu mancherlei Verwirrungen und Blockierungen, besonders bekannt unter dem Titel Tautologien und Widersprüche, Paradoxien und infinite Regresse.[23] Die Zirkel müssen jedoch, wie Varela betont, nicht alle viziös sein, sie können auch virtuos sein.[24] Was sie jedenfalls gemeinsam haben, ist das Merkmal der Autonomie. Immer wenn Selbstreferenz auftritt, wenn gesellschaftliche Kommunikation auf sich selbst trifft, entsteht eine Beziehung der von außen nicht zu steuernden Selbstbestimmung – eben Autonomie.[25] Und dieser Fall der reflexiven Kommunikation bezeichnet zugleich die Chance, daß die Gesellschaft neuartige Einheiten konstituiert, die als emergente Elemente für eine höherstufige Autopoiese in gesellschaftlichen Teilsystemen dienen können.[26]

Die Emergenz subsystemischer Elemente ist denn auch Luhmanns Ausgangspunkt für die Analyse subsystemischer Autopoiese. Erst die Konstitution der Rechtshandlung ermöglicht eine autopoietische Rechtsorganisation, erst die des Zahlungsaktes die Autopoiese der Wirtschaft.[27] Fraglich ist nur, ob diese Emergenzqualität auf die System*elemente* beschränkt bleiben kann. Müssen nicht auch andere System*komponenten* erst emergent konstituiert sein, ehe die Elemente das Netzwerk und das Netzwerk die

Elemente à la Maturana produzieren können? Fraglich ist weiter, ob die Selbstkonstitution von Systemelementen und anderen Systemkomponenten schon hinreichende Bedingung für autopoietische Reproduktion ist. Bedarf es zur Selbstreproduktion und Selbsterhaltung eines Systems nicht noch ganz andersartiger zirkulärer Mechanismen?

3. Begriffsraum der Selbstreferenz

Beim Versuch, diese Fragen zu beantworten, muß man darauf achten, sehr sorgfältig zwischen verschiedenen Dimensionen der Selbstreferenz zu differenzieren und nicht alle Phänomene, die irgend etwas mit Selbstbezüglichkeit zu tun haben, sogleich mit der viel voraussetzungsvolleren Autopoiese gleichzusetzen.[28]
Gerade hier besteht nun in der »galaxie auto« eine heillose Begriffsverwirrung.[29] Man setzt ungeniert Selbstreferenz, Selbstproduktion, Selbstorganisation, Reflexion, Autopoiese miteinander gleich. Besonders unerfreulich ist hier Jantsch, bei dem diese Begriffe ineinander verschwimmen und der entsprechend keine Schwierigkeiten hat, eine totale »cosmologie auto« zu konstruieren.[30] Aber auch die begrifflich ungleich sorgfältiger arbeitenden Großmeister der Autopoiese benutzen Selbstreferenz und Autopoiese häufig synonym.[31] Oder aber man arbeitet mit Ad-hoc-Definitionen, mit am konkreten Anschauungsmaterial gefundenen Unterscheidungen, die der systematischen Fundierung entbehren.
Auch Varelas Versuch einer Begriffsklärung führt nicht recht weiter.[32] Er definiert Autonomie als allgemeinstes Phänomen selbstreferentieller Geschlossenheit und grenzt Autopoiese dagegen als einen Spezialfall ab, der dadurch ausgezeichnet ist, daß die Systemkomponenten einander im strengen Sinne »produzieren«. Das beschränkt den Autopoiese-Begriff auf den naturwissenschaftlichen Bereich und verbietet seine Übertragung auf soziale Phänomene. Für eine allgemeine Systemtheorie ist daran unbefriedigend, daß ein Zentralbegriff, nämlich der der Produktion von Systemelementen, bereichsspezifisch beschränkt sein soll. Zudem dürften mit der Definition der Autopoiese als Spezialfall von Selbstreferenz die begrifflichen Voraussetzungen von Autopoiese noch zu einfach beschrieben sein. Diesen werden die

komplizierter gefaßten Begriffsreihen von Roth und Luhmann schon eher gerecht.

Roth konstruiert die folgende Begriffsreihe: Selbstorganisation, Selbstherstellung, Selbsterhaltung, Selbstreferentialität.[33] Systeme seien selbstorganisierend, wenn die am Prozeß beteiligten Komponenten wegen ihrer spezifischen Eigenschaften »spontan« einen Ordnungszustand, der als Attraktor wirkt, einnehmen. Selbstproduktion hingegen entstehe aus der zyklischen Verknüpfung von selbstorganisierenden Prozessen. Selbsterhaltung, also die Aufrechterhaltung der Systemidentität, die Abgrenzung zur Umwelt und die aktiv betriebene Zufuhr von Energie, müsse zu Selbstherstellung hinzukommen, damit Autopoiese eines Systems im Maturanaschen Sinne der Elementreproduktion möglich ist. Selbstreferentialität schließlich solle dann vorliegen, wenn gewisse »Zustände« eines Systems zyklisch miteinander interagieren, ohne daß man von ihrer Selbstreproduktion sprechen könnte. Offensichtlich sind diese Unterscheidungen nahe – allzu nahe – am konkreten Anschauungsmaterial bestimmter chemischer Reaktionen (Selbstorganisation), zellulärer Prozesse (Autopoiese als Selbstherstellung plus Selbsterhaltung) und neuronaler Prozesse (Gehirn als nur selbstreferentielles, aber nicht autopoietisches System) gewonnen, und eignen sich deshalb nicht ohne weiteres für eine systemtheoretische Generalisierung. Sie leiden zudem an einer Unklarheit des Element- und Strukturbegriffs. Sind nicht die »Zustände« der nur selbstreferentiellen Systeme emergente Elemente einer neuartigen Autopoiese? Heißt Selbstorganisation nur Herstellung einer eigenen Ordnung (Struktur) oder ist zirkuläre Produktion von Elementen gemeint? Festzuhalten an dieser Begriffsreihe bleibt jedoch die klare Trennung von Selbstreferenz und Autopoiese, die Unterscheidung von Selbstherstellung und Selbsterhaltung und besonders der Gedanke der zyklischen Verknüpfung zirkulär organisierter Prozesse.

Auch Luhmann hat bisher noch keine systematische Klärung des gesamten Begriffsfelds unternommen, vielmehr mehrere Begriffsreihen entwickelt, die aber noch kein konsistentes Gesamtbild ergeben. Das Problem dieser Begriffsreihen ist insbesondere, daß sie nicht nur ein Merkmal innerhalb einer Dimension variieren, sondern zugleich in anderen Dimensionen heterogene Phänomene übergreifen.

Die Begriffsreihe Reflexion, Selbstorganisation, Autopoiese

scheint auf den ersten Blick zur Begriffsklärung vorzüglich geeignet zu sein, da sie selbstreferentielle Verhältnisse nach ihrem Ebenenbezug differenziert: Reflexion auf der Ebene des Systems, Selbstorganisation auf der der Struktur, Autopoiese auf der der Elemente.[34] Bei näherem Hinsehen zeigt sich jedoch, daß jeweils ganz unterschiedliche Operationen involviert sind, die sich nicht parallelisieren lassen. Reflexion meint die *Selbstbeobachtung* eines Systems, während Autopoiese gerade nicht nur Selbstbeobachtung, sondern *Selbstherstellung* von Elementen ist. Ebenso betrifft Selbstorganisation nicht Selbstbeobachtung, sondern Selbstherstellung und *Selbsterhaltung* der inneren Ordnung. Die strikte Parallele zur Reflexion wäre auf der Strukturebene die systemische Selbstbeobachtung der eigenen Erwartungen, auf der Elementebene wäre sie reflexive Kommunikation, also die Selbstbeobachtung der Kommunikationen. Auch dürfte es verkürzt sein, Autopoiese nur auf die Ebene der Elemente zu konzentrieren. Selbstreproduktion nicht nur der Elemente, sondern sämtlicher Systemkomponenten, insbesondere deren reproduktive Verknüpfung untereinander, dürfte Autopoiese gegenüber Reflexion oder Selbstorganisation differenzieren.

Ähnliche Probleme wirft eine andere Begriffsreihe auf, mit der Luhmann systemische Selbstreferenzen auseinanderhalten will: basale Selbstreferenz, Reflexivität, Reflexion.[35] Auch hier werden Phänome suggestiv in eine Parallellage gebracht, die in Wahrheit nicht existiert. Nur durch die verschiedenen Typen des Selbst sollen sich diese drei Versionen von Selbstreferenz unterscheiden: Elemente formen basale Selbstreferenz, Prozesse Reflexivität, Systeme Reflexion. Die involvierten Operationen, aber auch die Relation zwischen Referierendem und Referiertem und schließlich die Produkte der Selbstreferenz sind jedoch so grundverschieden, daß auch diese Begriffsreihung zur systematischen Klärung der Zusammenhänge ausscheidet. Nur im Fall der Reflexion bezieht sich ein »Etwas« im strengen Sinne auf sich selbst, während sich im Fall der Reflexivität ein »Etwas« (Metaprozeß) auf ein anderes, gleichartiges »Etwas« (Prozeß) und im Falle der basalen Selbstreferenz ein »Etwas« auf etwas anderes und erst im Rückbezug wieder auf sich selbst bezieht. »Produkt« der Reflexion schließlich ist eine Vereinfachung, Produkt der basalen Selbstreferenz eine Verkomplizierung. Während die Reflexion ein vereinfachtes Abbild des Systems herstellt, wird bei basaler

Selbstreferenz ein zusätzliches Element in die rückbezügliche Schleife einbezogen.
Die dritte Begriffsreihe, die Luhmann in diesem Zusammenhang verwendet – Selbstbeobachtung, Selbstbeschreibung, Reflexion, Reflexionstheorie, Rationalität[36] –, hat ihr Problem darin, daß der Begriff der Selbstbeobachtung zwischen unterschiedlichen Bedeutungen oszilliert, ohne daß immer klar wäre, welche Bedeutung im Einzelfall gemeint ist. Im strengen Sinne ist Selbstbeobachtung die Anwendung einer bezeichnenden Unterscheidung auf sich selbst. Zugleich wird der Begriff aber auch in dem Sinne benutzt, daß eine Einheit eine Beobachtungsoperation auf sich anwendet, wobei hier zusätzlich das »Subjekt« und das »Objekt« der Beobachtung entweder das ganze System oder eine seiner Komponenten sein kann. Schließlich soll Selbstbeobachtung auch noch den Fall bezeichnen, daß eine Einheit im System eine andere, gleichartige Einheit unterscheidet und bezeichnet.
Diese etwas pedantische Auseinandersetzung mit Luhmanns Begriffsreihen ist nicht Selbstzweck. Sie soll vielmehr eine systematische Strukturierung des Begriffsfeldes vorbereiten, insbesondere dadurch, daß sie sozusagen induktiv verschiedene relevante Dimensionen der Selbstreferenzproblematik aufdeckt. Ein systematisierender Begriffsvorschlag würde dann darauf hinauslaufen, *Selbstreferenz* als den *allgemeinsten Begriff* zu fassen. Er umfaßt jegliche Zirkularität oder Rekursivität, in der eine Einheit in Beziehung zu sich selbst gerät. Er ist so weit definiert, daß Phänomene wie Kreiskausalität, feed-back ebenso wie sinnhafte Rückverweisung, Selbstbeobachtung, Selbstreproduktion, aber auch zirkuläre logische Verhältnisse wie Tautologien, Widersprüche, infinite Regresse nur Sonderfälle von Selbstreferenz darstellen. Systematisch können nun andere Selbstbezüglichkeiten in der Weise anschließen, daß man sie aus Differenzierungen der beiden Bestandteile von Selbstreferenz, also verschiedener Arten des »Selbst« und verschiedener Arten des »Referierens« gewinnt. Eine dritte Dimension der Differenzierung ergibt sich daraus, daß das Subjekt und das Objekt der Selbstreferenz nur im Fall der Tautologie identisch sind. Normalerweise schließt Selbstreferenz zusätzliche Aspekte ein, wie bei der Rückverweisung über ein Drittes, oder sie schließt Aspekte aus, wie beim Verweis vom Ganzen auf einen Teil.
Man müßte also einen *Begriffsraum der Selbstreferenz* konstru-

ieren, dessen Dimensionen aus einer Typologie der »*Autos*«, einer Typologie des »*Referierens*« und einer Typologie der »*Referent/ Referat*«-*Beziehungen* gebildet werden. In diesen Begriffsraum müßten sich die verschiedenen Phänomene der Selbstbezüglichkeit (Autopoiese, Selbstbeobachtung, Reflexion etc.) verorten lassen.

Ein erster Vorschlag in dieser Richtung ist nun, die erste Dimension, also die »Auto«-Typen, nach Systemkomponenten zu differenzieren: Elemente, Strukturen, Prozesse, Grenzen, Umwelten, Funktionen, System als Ganzes. Je nachdem, ob sich Selbstreferenz in bezug auf Element, auf Strukturen, Prozesse, Funktionen oder auf das System als Ganzes bezieht, haben wir es mit ganz unterschiedlichen Phänomenen zu tun. Die Selbstkonstitution einer Struktur etwa ist – wie Zeleny am Beispiel der Autogenesis gezeigt hat[37] – selten stabil; sie muß von der Selbstkonstitution der Grenze begleitet werden. Wie immer das Referieren aussieht, ob als Selbstverursachung, Selbstbeobachtung oder Selbstreproduktion, immer ist es notwendig zu zeigen, in bezug auf welche einzelne Systemkomponente Selbstreferenzen auftreten.

Diese begriffliche Differenzierung gibt Anlaß, die erste These zum Zusammenhang von Selbstreferenz und Autonomie gesellschaftlicher Teilsysteme zu formulieren. *Quantität und Qualität subsystemischer Autonomie bestimmen sich danach, welche und wie viele der Systemkomponenten eines Subsystems – Elemente, Strukturen, Prozesse etc. – selbstreferentiell konstituiert sind.* Eine Steigerung subsystemischer Autonomie ergibt sich dann, wenn selbstreferentielle Verhältnisse in den verschiedenen Systemkomponenten kumulieren. Es wird also behauptet, daß aus der allgemeinen gesellschaftlichen Kommunikation Teilbereiche allmählich dadurch größere Autonomie gewinnen, daß sie nach und nach ihre Systemkomponenten selbstreferentiell konstituieren, und zwar in der Weise, daß sie ihre Elemente, Strukturen, Prozesse, Grenzen, Umwelten, Identität selbst definieren. Man kann vermuten, daß der Entwicklungspfad eines gesellschaftlichen Teilsystems dadurch vorgezeichnet ist, an welchen Systemkomponenten sich Selbstreferenzen ausbilden.

4. Selbstbeobachtung, Selbstkonstitution, Autopoiese

Wenn es also Sinn macht, die »Selbste« der Selbstreferenz als Systemkomponenten zu differenzieren, nach welchen Kriterien sollte man unterschiedliches »Referieren« der Selbstreferenz bestimmen? Hier besteht unter Autopoieten Streit, ob man eine Vielheit von selbstreferentiellen Operationen überhaupt annehmen dürfe und in welchem Verhältnis die »harten« Systemoperationen wie Produktion und Reproduktion zu den »weichen« Operationen wie Beobachtung, Information und Kontrolle stehen.

Während sich von Foerster in seiner »second order cybernetics« auf die weichen Operationen des computations of computations of computations konzentriert, ohne deren Verhältnis zur Systemreproduktion zu thematisieren[38], vertritt Maturana in aller Härte einen »behavioristischen« Autopoiesebegriff, der allein mit den Operationen der zirkulären Selbstreproduktion der Elemente und ihres Netzwerks auskommt.[39] Sämtliche »weichen« Operationen wie Beobachtung, Kontrolle, Steuerung, Funktionalisierung, Instrumentalisierung werden nach außen in die Beobachterperspektive verlagert. Nach Maturana gibt es im autopoietischen System »keine Informationsverarbeitung, keine Errechnung des Verhaltens nach den Bedingungen einer Außenwelt, keine zielgerichteten Prozesse im Arbeiten des Organismus«, es gibt nur reproduktive Operationen – den »endlosen Tanz interner Korrelationen«.[40]

Diesen Widerspruch von Reproduktion und Beobachtung im System »aufzuheben«, haben sich verschiedene Autoren – Varela, Roth, Bråten, Luhmann – in je unterschiedlicher Weise vorgenommen. Varela versucht eine Synthese, indem er die »operative« und die »symbolische« Erklärung zu unterschiedlichen, aber gleichberechtigten und komplementären Arten des Erklärens von autonomen Systemen deklariert.[41] Aber auch damit verschiebt er nur das Problem, wenn auch in anderer Weise als Maturana, in die Beobachterperspektive. Roth hingegen differenziert auf der Ebene der Systemoperationen zwischen »harten« Reproduktionsoperationen und »weichen« Zustandsinteraktionen, die Kognition ausmachen.[42] Er tendiert dann aber dazu, sie exklusiv unterschiedlichen Systemtypen zuzuordnen, und trennt entsprechend zwischen autopoietischen Systemen (Zelle, Organismus) und nur selbstreferentiellen Systemen (kognitive und soziale Systeme).

Auch Bråten beschäftigt sich mit dieser Thematik, wenn er die Begrenzungen des mechanischen Autopoiesekonzeptes dadurch zu überwinden hofft, daß er die geschlossene Selbstreproduktion durch ein Dialogmodell »öffnen« will.[43] Bråtens »dritte Position« konstatiert einen ständigen Dialog und Wechsel zwischen organisierter Geschlossenheit und symbolischer Repräsentation. Hier dienen also autopoietische Reproduktion der Schließung und Beobachtungsakte der Öffnung des Systems.

Wieder anders setzt Luhmann an.[44] In einer Art »big bang«-Theorie der Autopoiese müssen »harte« und »weiche« Operationen zusammenwirken, um autopoietische Reproduktion überhaupt zu ermöglichen. Nur aus dem Zusammenfallen von Selbstbeschreibung und Selbstreproduktion kann Autopoiese entstehen. Selbstbeschreibungen sind ihrerseits selbstreproduktive Operationen, ihre Sonderfunktion besteht aber darin, Anschlußfähigkeit der einzelnen Operationen für weitere Operationen dadurch herzustellen, daß sie die Zugehörigkeit der Operation zum System bestimmen. Selbstbeschreibungen führen die Unterscheidung System/Umwelt in das System ein und dienen dadurch der Steuerung der Selbstreproduktion. Konkreter: Kommunikationen müssen durch reflexive Kommunikation als zum System gehörig definiert werden; erst wenn sie derart als »Handlungen« definiert sind, können weitere Handlungen an sie anschließen.

Ich halte diese Synthese aus Autopoiese (Maturana) und second-order cybernetics (von Foerster) für außerordentlich fruchtbar, möchte aber Korrekturen in drei Hinsichten vorschlagen:

(1) Man sollte sich von der Vorstellung lösen, daß in der Autopoiese Selbstbeschreibung und Selbstreproduktion uno actu zusammenfallen müssen. Vielmehr sollte man eine *deutliche sachliche und zeitliche Zäsur zwischen Selbstbeobachtung, Selbstkonstitution und Autopoiese* vornehmen, um den Vorgang einer allmählichen Autonomisierung gesellschaftlicher Teilsysteme erfassen zu können. Nicht erst durch eine neuartige Selbstreproduktion der Systemelemente, sondern schon durch systemische Selbstbeschreibungen werden neue Einheiten geschaffen, die dem Subsystem Teilautonomie verschaffen.

(2) Diese Autonomie kann – wie bereits oben angesprochen – dadurch gesteigert werden, daß die Selbstbeschreibung nicht nur

das System in seiner Identität betrifft, sondern sich auf einzelne oder sämtliche Komponenten erstreckt. Gegenüber allgemeingesellschaftlicher Kommunikation gewinnen Teildiskurse dadurch eine höhere Unabhängigkeit, daß sie in reflexiver Kommunikation ihre eigenen Elemente konstituieren und/oder daß sie systemeigene Prozesse und Strukturen definieren. Die Selbstbestimmung ihrer Grenzen, ja die Selbstdefinition ihres Umweltverhältnisses als Selbstbeschreibung ihrer spezifischen Funktion und ihrer spezifischen Leistungen an die Umwelt sind weitere Steigerungsformen von Autonomie. In diesem selbstreferentiellen Stadium ist aber von Autopoiese zweiter Ordnung im Gegensatz zur gesellschaftlichen Autopoiese (erster Ordnung) noch keine Rede.

(3) *Autopoiese* (zweiter Ordnung) im strengen Sinne kann erst dann auftreten, wenn die *selbstreferentiell konstituierten Systemkomponenten hyperzyklisch miteinander verknüpft* werden. Es ist zumindest mißverständlich, die Produktion von Elementen durch Elemente als Autopoiese zu kennzeichnen. Es geht nicht um Verstärkung der Selbstreferenz einer Systemkomponente, sondern um die zyklische Querverbindung zwischen verschiedenen Systemkomponenten. Wenn selbstreferentiell konstituierte Systemkomponenten etwa in der Weise miteinander verkettet werden, daß Elemente Strukturen produzieren und umgekehrt oder daß selbstdefinierte Systemfunktionen und Umweltleistungen Systemprozesse und Systemstrukturen umdirigieren, dann erst ist eine voraussetzungsreiche selbsttragende Konstruktion entstanden, für die man den Begriff der Autopoiese reservieren sollte. Der Hyperzyklus, also die nochmalige zyklische Verkettung von zyklisch konstituierten Einheiten, geht damit als wesentliches Merkmal in den Begriff der Autopoiese ein. Im Unterschied zu Eigen und Schuster[45], die von einer Verkettung von zyklisch organisierten Systemen ausgehen, wird hier auf die Verkettung von Systemkomponenten abgestellt. Der Unterschied wird aber geringer, wenn man bedenkt, daß die Komponenten bei Eigen und Schuster sozusagen verschiedene »Rollen« als Systemkomponenten im Hyperzyklus übernehmen.

Um es auf eine Formel zu bringen: Gesellschaftliche Teilsysteme gewinnen steigende Autonomie, wenn im Subsystem die Systemkomponenten (Element, Struktur, Prozeß, Identität, Grenze, Umwelt, Leistung, Funktion) selbstreferentiell definiert sind

(= *Selbstbeobachtung*), wenn zusätzlich diese Selbstbeobachtungen als Selbstbeschreibungen im System operativ verwendet werden (= *Selbstkonstitution*) und wenn schließlich in einem Hyperzyklus die selbstkonstituierten Systemkomponenten als einander wechselseitig produzierend miteinander verkettet werden (= *Autopoiesis*).

Historisch bilden sich solche komplizierten Hyperzyklen nicht zwangsläufig oder gar zielorientiert heraus. Es waltet »blinde« sozio-kulturelle Evolution.[46] Selbstbeobachtungen entstehen sozusagen spontan. Immer wenn eine Unterscheidung auf Weltphänomene angewendet wird, kommt sie irgendwann auch in Versuchung, sich auf sich selbst anzuwenden. Wenn in einer Interaktion über Gott und die Welt gesprochen wird, spricht man irgendwann auch über die Interaktion selbst. In dieser Weise werden auch die Komponenten gesellschaftlicher Teilsysteme kommunikativ beobachtet; es wird in der systemeigenen Sprache über sie kommuniziert. Diese zufälligen Thematisierungen bilden den Variationsmechanismus für die Evolution von sozialer Selbstreferenz. Ihre Selektion hängt davon ab, ob sie erfolgreich konstituiert werden, ob also das Sozialsystem evolutionäre Vorteile davon hat, mit solchen Selbstbeschreibungen tatsächlich umzugehen. Für ihre Stabilisierung schließlich sorgt der Hyperzyklus, der die Produktion der Systemkomponenten dadurch umweltunabhängiger macht, daß sie sich wechselseitig die Bedingungen ihrer Produktion garantieren. »The circular organization of production and replication processes must be stable, precise and *protected* from the turbulent environment«.[47] Während also Selbstreferenz die Funktion der Selbstherstellung der Komponenten übernimmt, ist Selbsterhaltung die wesentliche Funktion der hyperzyklischen Verknüpfung.[48]

Ein kontrollierender Seitenblick auf die Legaldefinition von Autopoiese[49] drängt die Vermutung auf, daß das Produkt womöglich auch hier die Intentionen seines Urhebers übertrifft. Wenn die autopoietische Organisation als eine Einheit definiert wird durch »das Netzwerk von Bestandteilen, die 1. rekursiv an demselben Netzwerk der Produktion von Bestandteilen mitwirken, das auch diese Bestandteile produziert, und die 2. das Netzwerk der Produktion als eine Einheit in dem Raum verwirklichen, in dem die Bestandteile sich befinden«, ist dann nicht auch die Lesart möglich, daß es nicht nur auf Elementproduktion durch

Elemente, sondern auch auf die wechselseitige Produktion aller Komponenten, nämlich Elemente (= »Bestandteile«), Strukturen (= »Netzwerk«), Prozesse (= »Produktion«), Grenzen und Umwelt (= »Raum«) und System als Ganzes (= »Einheit«), und zwar in ihrer hyperzyklischen Verkettung (= Maturanas hyperzyklische Sprache), ankommt?

5. Selbstbezüglichkeit: Referent, Referat, Beziehung

Rekapitulieren wir kurz, wohin uns die Dogmatik der Selbstreferenz bis jetzt geführt hat: erstens zu einer Differenzierung des allgemeinen Phänomens selbstreferentieller Beziehungen in zwei Dimensionen – (1) Systemkomponenten als unterschiedliche Formen des »Selbst« und (2) Beobachtung, Konstitution und Produktion als verschiedene Formen des »Referierens« – und zweitens zur Konstruktion eines Hyperzyklus in gesellschaftlichen Teilsystemen. Beides, Selbstreferenz und Hyperzyklus, wird um wesentliche Aspekte bereichert, wenn man die dritte Dimension von Selbstreferenz, die Referent/Referat-Beziehung, zusätzlich in den Blick nimmt.

Selbstreferenz löst die Einheit einer Einheit auf und ersetzt sie durch die Dreiheit von Referenten, Referat und Beziehung zwischen beiden.[50] Dabei ist von Bedeutung, daß die Beziehung Referent/Referat ganz unterschiedlich ausfällt, je nachdem ob Referent und Referat identisch sind (pure Selbstreferenz) oder das Referat mehr umfaßt als der Referent (überschießende Selbstreferenz) oder ob das Referat nur ein Teilbereich des Referenten ist (partielle Selbstreferenz).

Für soziale Beziehungen relativ unergiebig dürfte der Fall purer Selbstreferenz sein, in der eine soziale Einheit in allen Aspekten und ausschließlich auf sich selbst verweist. Die logischen Verstrickungen der Tautologie und des Paradoxes stempeln diese Konstellation eher zu einem gesellschaftlichen Tabu, das dann nicht als solches, sondern in den Wegen seiner Vermeidung interessant wird.[51]

Eher fündig wird man, wenn man auf »unreine« Selbstreferenz stößt, dort also, wo entweder mehr oder weniger als die Einheit selbst in Bezug genommen wird. Umfaßt das Referat mehr als der Referent, dann liegt eine Kombination von Fremdbeziehung und

Eigenbeziehung vor. Fremdes wird in die autonome Selbstbezüglichkeit verstrickt; in die selbstreferentielle Geschlossenheit wird die Offenheit gegenüber anderem zirkulär eingebaut. Hier liegt der Schlüssel zum Verständnis subsystemischer Autopoiese: Anschlußfähigkeit ihrer Elemente und ihre Umweltoffenheit trotz operativer Geschlossenheit.

Anschlußfähigkeit als Voraussetzung der Autopoiese wird dadurch hergestellt, daß eine Handlung immer zugleich auf eine Anschlußhandlung verweist, die wiederum auf die Ausgangshandlung zurückverweist. Diese virtuelle Rückverweisung, die Luhmann basale Selbstreferenz nennt[52], ermöglicht, daß Handlungen an Handlungen anschließen können. Sie ist nicht nur in allgemeingesellschaftliche Kommunikation eingebaut, sie ist auch für den uns hier interessierenden Aufbau autonomer Teilsysteme konstitutiv. Sonderkommunikationen (Rechtshandlungen, Zahlungsakte, wissenschaftliche Aussagen, Organisationsentscheidungen) müssen, wenn sie autopoiesefähig sein sollen, immer zugleich einen Verweisungsüberschuß auf vergangene und künftige Elemente der gleichen Art enthalten. Ein Beispiel aus dem Vertragsrecht: Positive Vertragsverletzung als Rechtsakt ist selbstreferentiell gebaut, indem sie einerseits auf den Akt des Vertragsschlusses, andererseits auf die Ausübung des Wahlrechts nach § 326 BGB – Schadensersatz, Rücktritt oder Abstandnehmen vom Vertrag – verweist und durch deren Verweisungen auf sich selbst zurückverweist. Allgemeiner: Autopoiesegeeignete Rechtsakte müssen von der Dogmatik so konstituiert sein, daß sie ihre Erfüllung nicht in sich selbst finden, sondern auf künftige Rechtsakte verweisen und kraft deren Sinnverweisung auf vergangene Rechtsakte letztlich auf sich selbst zurückverweisen.

Zugleich findet sich in der Ungleichartigkeit des Referates gegenüber dem Referenten der paradoxe Mechanismus, mit dem sich operationell geschlossene Teilsysteme gegenüber ihrer Umwelt öffnen. Auch für die Spezialkommunikationen innerhalb gesellschaftlicher Teilsysteme gilt, daß sie sich ihre äußere wie ihre innergesellschaftliche Umwelt dadurch zugänglich machen, daß sie im selbstreferentiellen Fortschreiten von einer Subsystemhandlung zur nächsten Umweltinformationen im strengen Sinne »konstruieren« und sich dadurch ihre Umwelt erschließen.[53]

Jedoch kann diese Umweltöffnung gesellschaftlicher Teilsysteme – und an dieser Stelle führt uns der Gedanke wieder einen Schritt über Luhmann hinaus – auch »real« im Sinne eines selbstreferentiell organisierten echten Außenkontakts des Systems sein. In Varelas Terminologie tauchte dann »couplage par input« und »couplage par clôture« nicht nur als Gegensatz, sondern als Kombinationsmöglichkeit auf.[54] Der von Luhmann meist anvisierte Fall von Umweltöffnung betrifft bloße systeminterne Umweltkonstruktionen, mit denen Systeme *über* ihre Umwelt kommunizieren, indem sie Informationen systemintern selegieren. Eine ganz andere Art zirkulärer Umweltöffnung liegt aber im Fall der »Interferenz« gesellschaftlicher Teilsysteme vor, also des Überschneidens zweier oder mehrerer subsystemischer Kommunikationen, wenn soziale Teilsysteme *mit* ihrer sozialen Umwelt kommunizieren.[55] Wenn etwa Rechtsakte, z. B. Gerichtsurteile, im politischen System nach politischen Kriterien prozessiert werden und in der Form neuer Rechtsfälle wieder dem Rechtssystem präsentiert werden, wird die politische Umwelt dem Recht nicht nur durch rechtsinterne Konstruktionen als »Rechtswirklichkeit« zugänglich, sondern zugleich durch den realen zirkulären Einbezug von politischen Kommunikationen. In solchen systemexternen (und nicht bloß systemintern simulierten) Rückkopplungsprozessen kommt eine emergente selbstreferentielle Verkettung von gesellschaftlichen Teilsystemen zum Tragen, die man in Anlehnung an Ballmer und Weizsäcker als »ultrazyklisch« bezeichnen kann.[56] Dieser Mechanismus einer gesamtgesellschaftlichen Verkettung von Subsystemen, der nicht über das Kommunikationsphänomen im allgemeinen, sondern als Inter-System-Verknüpfung zustande kommt, bezeichnet bisher noch eine Leerstelle in der Theorie sozialer Selbstreferenz, deren Ausfüllung einiges zum Thema Integration/Differenzierung beitragen könnte.[57]

Für unsere Frage der hyperzyklischen Konstitution der Subsysteme ungleich wichtiger ist die dritte Konstellation, wenn nämlich das Referat nur einen Teilaspekt des Referenten umfaßt (partielle Selbstreferenz), denn hier werden die evolutionären Vorteile sozialer Selbstreferenz deutlich. Wir hatten zwei Phasen der Autonomisierung gesellschaftlicher Teilsysteme unterschieden: Selbstkonstitution von Systemkomponenten und deren hyperzyklische Verknüpfung. In beiden Phasen wird partielle Selbstreferenz benutzt. Ihr Vorteil besteht darin, daß das Teilsystem nicht auf sich als Ganzes Bezug nehmen muß, sondern mit kompakten Vereinfachungen arbeiten kann, die sich dann als emergente Einheiten verwenden lassen. Die selbstreferentielle Konstitution von Systemkomponenten ist so vorzustellen, daß durch subsystemische Kommunikation die Systemelemente, Strukturen, Prozesse, Grenzen etc. in reduktiver Vereinfachung symbolisiert werden und durch diese Vereinfachung operativ verwendbar werden. Beispiele sind die Symbolisierung eines komplexen Entscheidungsvorgangs in der Organisation durch die Organisationsentscheidung, eines langwierigen Gesetzgebungsprozesses durch den Gesetzgebungsakt, eines sich über Jahre ziehenden streitigen Verfahrens durch das Gerichtsurteil, eines zähen Verhandlungsprozesses durch den Vertrag. Gegenüber den zugrundeliegenden kommunikativen Abläufen sind dies geradezu »fürchterliche« Vereinfachungen. Aber ihre neue Kompaktheit macht sie – etwa in einer Präjudizienkette oder in begrifflich-dogmatischer Verknüpfung – zugriffsschnell verwendbar.

Die hyperzyklische Verknüpfung benutzt ihrerseits solche symbolischen Vereinfachungen der Systemkomponenten und fügt eine weitere Vereinfachung der Systemkomponenten hinzu, indem sie den Selbstbezug des Systems auf das System durch den Bezug einer Systemkomponente auf eine andere Systemkomponente ersetzt und diesen Bezug wiederum durch ein symbolisches Kürzel operativ verwendbar macht.

6. Stufen der Autonomie des Rechts

Was hilft der Hyperzyklus dem Recht? In einer leicht ironisch getönten Kritik hat Rottleuthner den Rechtsautopoieten dunkles Reden in Metaphern vorgehalten.[58] Sie benützten einen äußerst schwammigen Produktions- oder Konstitutionsbegriff, der ihn an ähnliche Verschwommenheiten der rechtstheoretischen Marx-Exegeten der frühen 70er Jahre erinnere. Was sei denn nun gemeint: die rekursive Produktion von Rechtsakten durch Rechtsakte, die zirkuläre Beziehung zwischen Rechtsnorm und Entscheidung, die reflexive Beziehung zwischen primären und sekundären Normen, die rechtliche Konstitution von »institutional facts« oder die spezifisch juristische Weise von Handlungsbeschreibungen? Warum sollte man – so fragt Rottleuthner mit einigem Recht – all diese unterschiedlichen Aspekte mit dem Ausdruck »Selbstproduktion« des Rechts belegen? In der Tat findet man bei Luhmann unter dem Titel »selbstgemachtes Recht« eine Fülle von zirkulären Beziehungen (Rechtsentscheidung – Rechtsentscheidung, höherrangiges – niederes Recht; Entscheidung – Regel etc.), deren systematischer Zusammenhang offenbleibt.[59] Rottleuthner fügt diesem Petitum zur Begriffsklärung noch die »flehentliche Bitte« an, sich doch um Datierung und Lokalisierung zu bemühen: »Wo liegt der ›Punkt der Entwicklung, an dem sich das Rechtssystem zu autopoietischer Geschlossenheit zusammenzieht‹?«

Die Bitte kann erhört werden, jedenfalls insoweit, als die hier eingeführten Differenzierungen von Selbstreferenz die von Rottleuthner angesprochenen Phänomene trennscharf auseinanderhalten, und insoweit, als die These von der Autonomisierung durch hyperzyklische Verknüpfung eine empirische Identifizierung von kritischen Schwellenwerten zumindest in der gleichen Präzision ermöglichen, wie es etwa die etablierte Theorie der »secondary rules« von H. L. A. Hart[60] oder Bohannans Begriff der »double institutionalization of norms« tun.[61]

Die Autonomisierung des Rechtssystems verläuft, wendet man die Konstruktion des Hyperzyklus versuchsweise auf das Recht an, in drei Phasen. In der Phase eines »gesellschaftlich diffusen Rechts« sind Elemente, Strukturen, Prozesse und Grenzen des Rechtsdiskurses mit denen der allgemeinen gesellschaftlichen Kommunikation identisch oder jedenfalls heteronom von gesellschaftlicher Kommunikation bestimmt; die Phase eines »teilautonomen Rechts« setzt ein, wenn der Rechtsdiskurs beginnt, seine Systemkomponenten selbst zu definieren und operativ zu verwenden; von der Phase eines »autopoietischen Rechts« kann man erst sprechen, wenn die Systemkomponenten des Rechtssystems hyperzyklisch miteinander verkettet werden (vgl. Abb. 1).

Es bietet sich an, ein solches Phasenmodell rechtshistorisch und rechtsethnologisch zu verwenden und es auf seine Tragfähigkeit hinsichtlich von Rechtsentwicklungen zu prüfen.[62] Eine vielleicht noch interessantere Anwendungsmöglichkeit eröffnet sich, wenn man im Rahmen eines »pluralistischen Rechtskonzepts« zeitgenössische Phänomene eines gesellschaftlich diffusen Rechts untersucht[63], wie man es etwa in gruppeninternen oder organisationsinternen Konfliktregulierungen vorfindet. Ebenso lassen

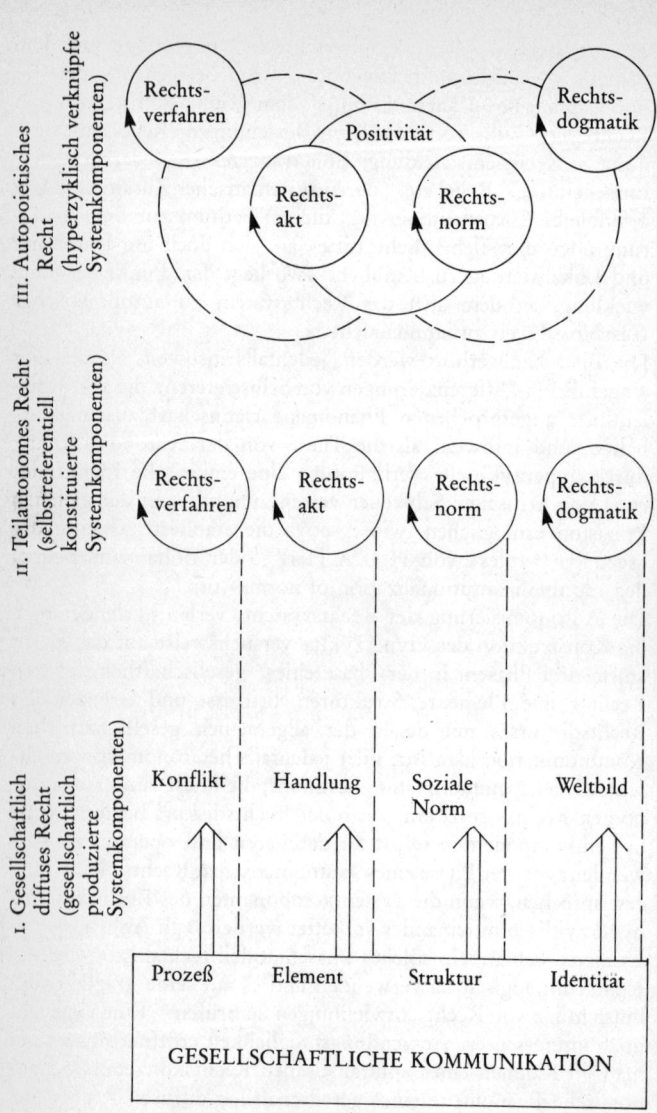

Abbildung 1: Stufen der Autonomie des Rechtes

sich Aufschlüsse über heutige Formen eines teilautonomen Rechts, wie etwa im Völkerrecht, in der lex mercatoria oder im Recht internationaler Organisationen, erhoffen.

»Gesellschaftlich diffuses Recht« ist naturgemäß schwer von anderen normorientierten gesellschaftlichen Kommunikationen – Koordination über soziale Normen, unspezifizierte Formen der Konfliktlösung – abzugrenzen. Nicht schon jede institutionalisierte Konfliktlösung sollte mit Recht identifiziert werden.[64] Insbesondere sind Konfliktbeendigung durch Unterdrücken, Durchsetzung aufgrund von Macht, aber auch Schlichtung oder Kompromiß immer noch nicht-rechtliche Formen der Konfliktlösung. Von Recht in einem rudimentären Sinne kann man erst dann sprechen, wenn Konflikte als entscheidungsbedürftige Divergenz von Erwartungen definiert werden und dieser Erwartungskonflikt durch Handhabung der Unterscheidung Recht/Unrecht gelöst wird. Man braucht hier nicht nur an archaische Rechtsformen zu denken, sondern sollte durchaus zeitgenössische Phänomene des »indigenous law« bei familien- und gruppeninternen Konflikten in Betracht ziehen.[65] Wenn Familien- oder Gruppenzwistigkeiten in der Weise gelöst werden, daß man das streitige Verhalten an Verbandsnormen überprüft und entsprechend als Recht oder Unrecht auszeichnet, haben wir es mit genuinen Rechtsprozessen zu tun, auch wenn solche rudimentären Rechtsordnungen vom offiziellen Recht unabhängig oder gar – wie im Falle der Mafia – offensichtlich rechtswidrig sind.

Ein solches Recht ist aber immer noch fremdreferentiell produziert. Denn die Erwartungsproduktion stützt sich im wesentlichen auf soziale Normen, die nicht im Kontext von Konfliktverarbeitung, sondern im ganz anderen Kontext der Verhaltenskoordination gebildet worden sind.[66] Von einem Rechtssystem im strengen Sinne kann man noch nicht sprechen, da Rechtshandlungen mit allgemeingesellschaftlichen Handlungen, Rechtsnormen mit sozialen Normen, Rechtsprozesse mit allgemeinen Konfliktlösungsprozessen identisch sind.

Die kritische Übergangsschwelle zu einem »teilautonomen Recht« ist erreicht, wenn eine oder mehrere der Systemkomponenten des Rechts durch Selbstbeschreibung und Selbstkonstitution gegenüber den Komponenten allgemeingesellschaftlicher Interaktion verselbständigt werden. Berühmtestes Beispiel für eine Selbstbeschreibung des Rechts, also für die Operation, mit der das Rechtssystem seine eigenen Systemkomponenten kommunikativ beobachtet und in die Form semantischer Artefakte bringt, sind die von H. L. A. Hart analysierten »sekundären Normen«[67]. Hart will ja bekanntlich von Recht überhaupt erst dann sprechen, wenn die primären Verhaltensnormen von sekundären Identifizierungs- und Verfahrensnormen überlagert und gesteuert werden. »The heart of a legal system« ist nach Hart »the structure which has resulted from the combination of primary rules of obligation with the secondary rules of recognition, change and adjudication.«[68] In unserer Sprache: Es entstehen Rechtskommunikationen, die Rechtskommunikationen regulieren – »le droit du droit«.[69] Sie bilden Strukturen heraus, die die Selektion von Strukturen steuern.

Der Mechanismus der sekundären Normen wäre danach aber noch nicht schon mit Autopoiese des Rechts gleichzusetzen[70], es handelt sich noch nicht um eine autonome Selbstreproduktion des Rechtes, sondern nur um einen selbstreferentiellen Zirkel in der Form von Selbstbeschreibung von Rechtsstrukturen. »Secondary rules« markieren also eine wichtige Schwelle der Entwicklung zu einem teilautonomen Recht; in der Sicht der Autopoiese-Theorie erscheinen sie jedoch nur als ein Teilphänomen selbstreferentieller Verhältnisse. Denn ähnliche selbstreferentielle Operationen, die ihrerseits ebensowenig schon Autopoiese darstellen, sind auch in bezug auf andere Komponenten des Rechts möglich: die rechtsbegriffliche Erfassung von Rechtselementen, die Normierung von Prozessen, die rechtliche Definition der Kategorien von Recht und Unrecht, die Beschreibung der Außenwelt des Rechts in Rechtskategorien. Wie gesagt: alles nur Selbstbeschreibungen, noch keine Selbstkonstituierung und schon gar keine Autopoiese (zweiter Ordnung).

Von *Selbstkonstitution* der Systemkomponenten des Rechts sollte man erst dann sprechen, wenn die Selbstbeschreibungen tatsächlich operativ verwendet werden, um Kommunikationen im Recht zu steuern[71]. Es ist bekanntlich eine Sache, die Gedankenkonstruktion der sekundären Normen vorzuschlagen oder ihre Einsetzung zu fordern (= Selbstbeschreibung), eine andere Sache aber ist ihre operative Verwendung im Entscheidungsbetrieb (= Selbstkonstitution). Im modernen Recht ist diese Unterscheidung von Selbstbeschreibung und Selbstkonstituierung institutionalisiert in der Trennung von universitär betriebener Dogmatik und der Rechtsprechungs- und Gesetzgebungspraxis, die solche Selbstbeschreibungen verwendet oder nicht verwendet. Das BGH-Zitat – der große Triumph des deutschen Rechtsprofessors – markiert den Übergang von der bloßen Selbstbeschreibung zur Selbstkonstitution im Rechtssystem.

Womöglich ist es eine lohnende Aufgabe, historisch existierende Rechtssysteme, aber auch Rechtsphänomene innerhalb der modernen Gesellschaft, danach zu differenzieren, ob und inwieweit und insbesondere in bezug auf welche Systemkomponenten sie in diesem Sinne selbstkonstituiert sind. Probleme der empirischen Identifizierung, wie sie Rottleuthner kritisch angesprochen hat[72], dürften nicht größer sein, als wenn man versucht, Rechtsordnungen zu kennzeichnen, in denen schon sekundäre Normen praktiziert werden.[73]

Aber selbst wenn Rechtssysteme ihre Systemkomponenten zum Teil oder im ganzen selbst konstituieren, sind sie nicht autopoietisch im Sinne des Maturanismus, also Systeme, die durch ihre Elemente und deren Netzwerke neue Elemente produzieren. Rechtliche *Autopoiese* kann erst dann auftreten, wenn die selbstreferentiellen Zirkel der Systemkomponenten in einer solchen Weise kongruent zueinander konstituiert sind, daß sie sich zu einem selbstreproduktiven Hyperzyklus verketten. Um dies wieder am Beispiel der sekundären Normen zu erläutern: Juristische Techniken zur Normidentifizierung können ihre Kriterien aus ganz verschiedenen Quellen gewinnen, etwa aus religiösen Texten, göttlichen Offenbarungen, wahren Erkenntnissen der Natur, althergebrachter Überlieferung, gruppenspezifischen Usancen oder schieren Machtprozessen. Man muß in solchen Fällen schon von rechtlicher Selbstkonstituierung der Normen sprechen, da es das Rechtssystem selbst ist, das über »secondary rules« die Kriterien festlegt und mit ihnen operativ umgeht, auch wenn die Normen »inhaltlich« fremdbestimmt bleiben.[74] Die Verweisung der Rechtsordnung auf soziale Normen in Generalklauseln ist ein vorzügliches Beispiel.[75] Im Unterschied zu gesellschaftlich diffusem Recht sind hier soziale Normen nicht einfach mit Rechtsnormen identisch, es bedarf einer sekundären Norm der Fremdverweisung, sei es des Gesetzgebers, sei es des Richters, um die selektive Transformation sozialer Normen in Rechtsnormen zu ermöglichen.

Nun ist *ein* Sonderfall der Selbstkonstitution für unsere Zwecke interessant: wenn die Kriterien für die Normidentifizierung nicht auf außerrechtliche Rechtsquellen, sondern auf interne Systemkomponenten verweisen. Autopoiese-Verdacht tritt also etwa dann auf, wenn die Selbstbeschreibungen des Rechts eine Rechtsquellenlehre entwickeln und praktizieren, die die Normgewinnung auf Präjudizien verweist oder auf andere Prozesse rechtsinterner Rechtsbildung. Dann werden Rechts*normen* durch Verweis auf Rechts*handlungen* definiert, also Systemkomponenten durch Systemkomponenten »produziert«. Im modernen »positiven« Recht[76] ist dies der Normalfall: Rechtsnormen können nur noch auf dem Weg über präzise definierte Rechtsakte, sei es Gesetz, sei es Richterspruch, sei es organisationsinterne Satzung, entstehen. Selbst das Gewohnheitsrecht kann heute nur noch als Richterrecht anerkannt werden, weil es den Weg über einen »konstitutiven« (und nicht bloß »deklaratorischen«) Rechtsakt gehen muß, wenn es als positives Recht gelten soll.[77]

Es wird sozusagen in der Selbstbeschreibung der Weg der Autopoiese vorgezeichnet, den die tatsächlichen Reproduktionsoperationen dann einschlagen können.[78] Das muß im übrigen nicht auf direkte Entsprechungen zwischen Selbstbeschreibung und Selbstreproduktion hinauslaufen in dem Sinne, daß die Selbstbeschreibung die Selbstreproduktion begrifflich genau erfaßt, sondern es reicht eine adäquate Entsprechung in der Weise, daß die Selbstbeschreibungen die Selbstreproduktionen auf Systemkomponenten hinleiten, auch wenn dies begrifflich nicht »erkannt« wird. Berühmtes Beispiel: Rechtserzeugung durch subjektive Rechte, deren Subjekte aber verschwunden sind und das Recht im Verweis auf sich selbst allein lassen.[79]

Was gerade über Rechtsstrukturen (Rechtsnormen) gesagt wurde, gilt entsprechend für die anderen Systemkomponenten (Elemente, Prozesse, Grenzen etc.). Rechtshandlungen als Elemente des Rechtssystems müssen dann in einer solchen Weise selbstkonstituiert werden, daß sie auf Rechtserwartungen in autopoiesegeeigneter Weise verweisen. Das ist nicht selbstverständlich. Rechtshandlungen können auch anders definiert sein, etwa als Verhaltenseinheiten, die dem Recht unterworfen sind, im Gegensatz zu »rechtsfreien Räumen« des Verhaltens (gesellige Akte, Hoheitsakte, exterritoriale Akte). Solche Rechtshandlungen sind selbstkonstituierte Systemelemente, aber ohne hyperzyklische Verknüpfung zu anderen Komponenten des Systems. Eine hyperzyklische Verkettung kommt erst dann zustande, wenn als Rechtshandlung nur solche rechtlich relevanten Akte erfaßt werden, die zu einer Änderung der Rechtslage führen.[80] Dann erst kann man im strengen Sinne davon sprechen, daß Elemente Strukturen produzieren.

Diese doppelte hyperzyklische Verknüpfung von Element und Struktur, als wechselseitige Produktion von Rechtsakt und Rechtsnorm, scheint für das moderne Recht das zentrale Merkmal zu sein, demgegenüber Verknüpfungen der anderen Systemkomponenten zurücktreten. Ladeur etwa spricht von einer »Verschleifung« von Handlungsebene und Normebene.[81] Herzstück des positiven Rechts ist, wie besonders Esser herausgearbeitet hat[82], das zirkuläre Verhältnis von Regel und Entscheidung: Geltung erlangt das Gesetzesrecht erst durch den Richterakt, der seine Geltung wiederum nur aus dem Gesetz begründen kann.[83] Für die anderen Systemkomponenten, insbesondere für Dogmatik und Prozeß, muß aber trotz dieses Primats von Norm/ Entscheidung das gleiche gelten. Auch der Rechtsprozeß muß in einer Weise konstituiert sein, daß er auf Rechtshandlungen einerseits, Rechtsnormen andererseits Bezug nimmt. Schaut man genauer hin, so wird weder der Rechtsprozeß noch die Rechtsdogmatik mit den anderen Systemkomponenten direkt verknüpft, sondern nur mit deren Relationierung. Verfahren und Dogmatik sind hyperzyklische Relationierungen der Relationierung von Norm und Entscheidung, die auf diese Weise die Selbstreproduktion des Rechts steuern. Erst wenn also in dieser Weise Selbstbeschreibungen und Selbstkonstituierungen der Systemkomponenten die notwendigen Voraussetzungen zur hyperzyklischen Verkettung geschaffen haben, kann die tatsächliche Produktion von *Rechtskommunikationen* durch Rechtskommunikationen über das Netzwerk der *Rechtserwartungen*, gesteuert durch *Rechtsdogmatik* und *Rechtsverfahren*, beginnen.

7. Interaktion, Gruppe, Organisation

Unter Juristen ist es ein wohlbekanntes Problem, wie sich zu Zwecken rechtsförmigen Entscheidens der schuldrechtliche Vertrag von der bürgerlich-rechtlichen Gesellschaft und wie sich diese wiederum von der juristischen Person mit körperschaftlicher Organisation abgrenzen lassen.⁸⁴ Unter der quälenden Frage nach der »Rechtsnatur« der Juristischen Person – Fiktion, Zweckvermögen oder reale Verbandspersönlichkeit – haben ganze Juristengenerationen gelitten, bis sich die Qual durch den tagtäglichen vertraulichen Umgang mit dieser Rechtsfigur ganz von selbst zu erledigen schien.⁸⁵ Soziologen haben ähnliche Probleme, wenn es darum geht, die kollektive und korporative Verfestigung eines Handlungssystems von der flüchtigen Interaktion über die verschiedenen Formen der Gruppe bis hin zur formalen Organisation nachzuzeichnen.⁸⁶ Entsprechend wurden auch in beiden Disziplinen ähnliche Lösungen gesucht. Man hantierte viel mit dem Zweckbegriff, obwohl doch sowohl im Vertragsrecht der Vertragszweck eine gewichtige Rolle spielt als auch Interaktionen in der Regel nicht zweckfrei verlaufen. Und beim Übergang zu höher organisierten Formen dräute die Gierkesche »reale Verbandspersönlichkeit«.⁸⁷ Im Recht sucht man den Hypostasierungen einer Kollektivperson durch kühle Eingrenzung auf ein »simple procédé technique« oder eine »mitgliedsunabhängige Sondervermögensordnung« zu entgehen⁸⁸, und in der Soziologie wollen etwa Coleman und Vanberg den methodologischen Individualismus dadurch retten, daß sie das beunruhigende Phänomen des »corporate actors« mit dem Begriff des »resource pooling« hinweginterpretieren⁸⁹.

Was bewirkt hier der »›Explosivstoff‹ Selbstreferenz«?⁹⁰ Interpretiert man die Autonomisierung von Interaktionsnetzwerken in dem hier vorgeschlagenen Sinne als Kumulierung von selbstreferentiellen Zirkeln bis hin zu hyperzyklischen Verkettungen, so lassen sich emergente Eigenschaften der Gruppe und der formalen Organisation, etwa die Unabhängigkeit vom Personenbestand, die Verselbständigung gegenüber konkreten Zwecken oder Strukturen bis hin zur sozialen Realität einer handlungsfähigen Kollektivperson erklären, ohne daß man damit den organizistischen Metaphern der realen Verbandspersönlichkeit verfällt, die der formalen Organisation eine neuartige, menschliche Individuen übergreifende organische Einheit unterstellen (s. Abb. 2).

Bekanntlich unterscheidet sich die Gruppe dadurch von der flüchtigen Interaktion, daß aus bloßen Interaktionsteilnehmern Mitglieder werden. Was fügt die Vorstellung von Selbstreferenz dieser gängigen Abgrenzung hinzu? Antwort: die selbstreferentielle Konstitution einer der Systemkomponenten, und zwar der

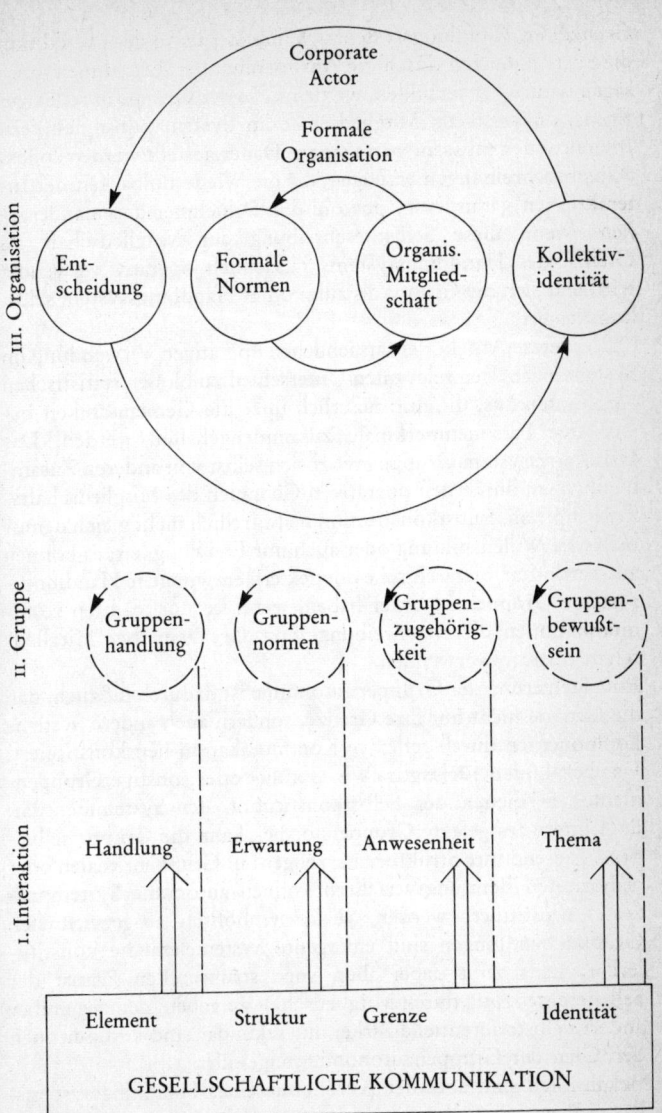

Abbildung 2: Interaktion – Gruppe – Organisation

Grenze des Handlungssystems. Während sich in der Interaktion die Systemgrenzen durch die Anwesenheit der Teilnehmer sozusagen naturwüchsig bilden, werden sie in der Gruppe in reflexiver Kommunikation als Mitgliedschaft im System selbst definiert. Interaktionen müssen, wenn sie auf Dauer gestellt werden sollen, Selbstbeschreibungen erzeugen, die die Wiederholbarkeit der Interaktionen garantieren, obwohl die Teilnehmer auseinandergehen. Wenn diese Selbstbeschreibung der Mitgliedschaft als Grenze des Handlungssystems tatsächlich operativ verwendet wird, hat sich die Gruppe als autonomes Handlungssystem selbst konstituiert.

Dieser letzte Aspekt der tatsächlichen operativen Verwendung im System macht den relevanten Unterschied zu bloßen statistischen Aggregaten aus, die nur äußerlich über die Gemeinsamkeit bestimmter Personenmerkmale zusammengehalten werden. Das Handlungssystem Gruppe grenzt sich selbst von anderen Zusammenhängen durch den operativen Gebrauch des Mitgliedschaftskriteriums ab. Selbstkonstitution heißt freilich nicht gleich demokratische Willensbildung oder auch nur Freiwilligkeit; es können auch autoritär-hierarchische oder extern erzwungene Handlungssysteme Gruppencharakter haben, wenn sie nur in ihren Kommunikationen die Beschreibung ihrer Grenzen über Mitgliedschaft operativ verwenden.

Eine Steigerung der Gruppenautonomie ist dadurch möglich, daß die Gruppe nicht nur ihre Grenze, sondern auch andere Systemkomponenten durch reflexive Kommunikation neu konstituiert. Das berühmt-berüchtigte »Wir-Gefühl« oder sonstige Gruppenideologien dienen der Selbstkonstitution der Systemidentität; über intern festgelegte Gruppennormen kann die Gruppe selbstorganisierend ihre Strukturen erzeugen; in Gruppenritualen oder elaborierten Beratungsverfahren können autonome Systemprozesse konstituiert werden, ja in symbolisch ausgezeichneten Gruppenhandlungen sind emergente Systemelemente konstituierbar. Es scheint dabei aber einen strukturellen Primat der Selbsteingrenzung durch Mitgliedschaft zu geben, demgegenüber andere selbstreferentielle Zirkel nur sekundär sind und nur noch den Grad der Gruppenautonomie steigern.[91]

Bekanntlich sind aber der Autonomie eines Handlungssystems, das sich nur als Gruppe konstituiert, effektive Grenzen gesetzt. Die Strukturprobleme der Familienunternehmen, bei denen wirtschaftliche Organisationserfordernisse mit der gruppenhaft bestimmten Ordnung der Gesellschaft konfligieren, sind ein schlagendes Beispiel.[92] Die Emanzipation der Gruppe über Mitgliedschaft, die sie von der konkreten Interaktion unabhängig gemacht hat, scheint hier in eine selbstverschuldete Abhängigkeit vom Personenbestand der Gruppe umzuschlagen. Die Gruppe ist von der Fluktuation ihrer Mitglieder abhängig (§ 727 BGB: »Die Gesellschaft wird durch den Tod eines der Gesellschafter aufgelöst ...«). Darüber hinaus sind die Grenzen des Handlungssystems Gruppe fließend, da Gruppenhandeln und Individualhandeln ineinander verschwimmen.

Der Ausgang der Gruppe aus ihrer selbstverschuldeten Unmündigkeit heißt formale Organisation – und in unserem Modell hyperzyklische Verknüpfung der Systemkomponenten. Gegenüber der Gruppe – so lautet die These – ist die formale Organisation typisch dadurch ausgezeichnet, daß zwischen Grenze und Struktur und zwischen Element und Identität hyperzyklische Verknüpfungen aufgebaut werden.

Durch eine interessante Innovation macht sich die formale Organisation von den konkreten Mitgliedern unabhängig. Sie konstituiert Mitgliedschaft nicht mehr durch Bezug auf konkrete Individuen oder durch abstrakte Merkmale, die die Mitglieder besitzen müssen, etwa Augenfarbe oder Liebe zu Kaninchen, insgesamt also durch einen Verweis auf die Systemumwelt. Sie verweist vielmehr auf systeminterne Strukturen, genauer: auf die formal geltenden Systemnormen. Zugehörigkeit wird durch Regelunterwerfung und durch nichts anderes definiert.[93] Damit hat die Organisation ein intern beherrschbares Kriterium gewonnen, mit dem sie selbst und nicht die Umwelt die Mitgliedschaft kontrolliert.

Wird die Abhängigkeit auch in umgekehrter Richtung hergestellt, so daß Organisationsnormen nur von der Mitgliedschaft geändert und neu produziert werden können, ist die ganze Konstruktion selbsttragend geworden. »Mitgliedschaft« symbolisiert den Hyperzyklus zwischen Organisationsnormen und Zugehörigkeit, abstrakter: zwischen Systemstrukturen und Systemgrenzen. Das »Territorium« einer formalen Organisation wird durch den Geltungsbereich der Organisationsnormen definiert und nicht durch das »Volk« der Mitglieder. Dies macht die Organisation in einer Weise von ihren sozialen Umwelten, besonders den Mitgliederpersönlichkeiten, unabhängig, wie es für die Gruppe noch undenkbar erscheint. Selbst bei vollständig ausgewechseltem Mitgliederbestand kann die Organisation ihre Identität durchhalten, und dies liegt nicht etwa daran, daß sie dazu ihre Struktur konstant gehalten hat. Denn auch die Strukturen können gegenüber dem Ausgangszustand total geändert sein. Nur die hyperzyklische Relation von Mitgliedschaft und Organisationsnormen als solche garantiert die Identität des konkreten Handlungssystems, das sich historisch durch den Anschluß von Organisationshandlung an Organisationshandlung mit sich selbst identisch erhält. Die Parallelen zu Maturanas Unterscheidung von auswechselbarer Struktur bei konstanter autopoietischer Organisation drängen sich auf.[94]

Die andere große Innovation durch Organisation heißt Kollektivierung. Sie löst unter anderem das Problem, daß Gruppen keine kommunikative Geschlossenheit erreichen können, wie sie für eine autopoietische Organisation erforderlich ist. Zu groß ist der spill-over von Kommunikation in der Gruppe zur Kommunikation der Gruppenmitglieder in anderen Kontexten. Denn verläßliche Kriterien, wann das Handeln eines Einzelmitgliedes durch Gruppenkonsens gedeckt ist, sind nur unzureichend entwickelbar. Das führt einerseits zu unnötigen Restriktionen des individuellen Handelns des Mitglieds, zur Dauerberücksichtigung seiner Gruppenzugehörigkeit in allen möglichen Sozialkontexten, und andererseits zu unnötigen Restriktionen des Gruppenhandelns, zu seiner Bindung an interne Konsensverfahren (vgl. etwa die Regeln zur Geschäftsführung und Vertretungsmacht in §§ 709 ff. BGB).

Eine elegantere Lösung bietet das Kollektiv. Die Organisation verselbständigt sich zur handlungsfähigen »collectivity«[95], zur Juristischen Person oder, wie es heute gern heißt, zum »corporate actor«.[96] Diese Personifizierung eines Handlungssystems ist weder »reale Verbandspersönlichkeit«[97] noch »Fiktion«[98], ist also – modern ausgedrückt – weder auf der Ebene der realen Systemoperationen noch auf der Ebene der (rechts- oder sozial-)wissenschaftlichen Beobachtung angesiedelt. Die Kollektivperson »existiert« nicht in der gleichen Weise wie Kommunikationen existieren. Sie ist aber auch nicht nur analytisches Konstrukt der Wissenschaft oder das Hirngespinst der Kollektivisten und Organizisten, das von methodologischen Individualisten immer wie-

der tapfer bekämpft werden muß.[99] Aber auch die unter Juristen verbreitete Fiktion ist eine Fiktion. Die Kollektivperson ist sehr viel realer als ein bloßes Denkprodukt von Juristen oder ein handliches Regulierungsinstrument des Staates sein könnte.
Es ist alles sehr viel einfacher: ein Kollektiv entsteht durch Selbstbeschreibung im Handlungssystem selbst. Es hat entsprechend den realen (oder fiktiven) Status von sozialen Selbstbeschreibungen. Reflexive Kommunikation innerhalb des Handlungssystems ›Gruppe‹ über die eigene Identität und Handlungsfähigkeit konstituiert die Kollektivperson als ein semantisches Artefakt, als sprachlich kondensierte Vorstellung von Gruppenidentität. In dem Maße nun, in dem eine solche interne Konstruktion der eigenen Identität institutionalisiert wird, in dem sie operativ verwendet wird, in dem Gruppenkommunikationen sich an dieser selbsterfundenen Identität orientieren, gewinnt das Kollektiv an sozialer Realität. Ähnlich wie schon Max Weber, der Kollektive als handlungsorientierende Gedankengebilde beschrieben hatte, kommt Wieacker diesem Sachverhalt sehr nahe[100], wenn er als »Substrat« der Juristischen Person die »sozialempirische Realität des gesellschaftlichen Gruppentypus ›Verband, Körperschaft‹« beschreibt, »die im Gruppenbewußtsein der Mitglieder und ihrer Partner und in der spezifischen Eigenart des Gruppenverhaltens gegeben ist«. Ersetzt man in dieser psychologisierenden Version »Gruppenbewußtsein« durch reflexive Kommunikation und »Gruppenverhalten« durch operative Verwendung von Selbstbeschreibungen, dann wird deutlich, daß Savigny und Gierke, beide auf ihre Weise, recht hatten. Die Juristische Person ist »Fiktion«, aber nicht eine solche des Staats oder des Rechts, sondern eine Fiktion der Gruppe selbst, die dann in Fremdbeschreibungen der Gruppe durch die Wissenschaft, die Politik und das Recht elaboriert und gesamtgesellschaftlich verbindlich formuliert wird und auf diese Weise in der Gruppe als sozial institutionalisierte Selbstbeschreibung wiederverwendet werden kann. Und in diesem – eingeschränkten – Sinne gewinnt die Fiktion an Realität, wird das Kollektiv zur »realen Verbandspersönlichkeit«.
Eine genauere Analyse verkompliziert die Angelegenheit allerdings beträchtlich. Man erfaßt die Kollektivierung einer Gruppe nur in erster Näherung, wenn man sie als Institutionalisierung von kollektiver Identität nach dem Bilde einer menschlichen

Person oder eines Organismus versteht. Max Weber etwa sah zwar, daß Kollektive als Gedankengebilde eine »ganz gewaltige, oft geradezu beherrschende kausale Bedeutung« im Sozialleben haben, verneinte aber für eine soziologische Betrachtung kategorisch deren Handlungsfähigkeit: »Und jedenfalls gibt es für sie keine ›handelnde‹ Kollektivpersönlichkeit«.[101] Diese Reduktion des Kollektivs auf Gruppenidentität ist noch zu einfach. Man muß vielmehr die »collectivity« als zweistellige Relation begreifen, etwa im Sinne Parsons, der sie als Beziehung zwischen Wertbewußtsein und Handlungsfähigkeit konstruiert hat.[102]

Der Schlüssel zum Verständnis steckt in der hyperzyklischen Verknüpfung von Handlung und Identität über Zurechnungsmechanismen. Schon für den Fall der einfachen Interaktion und den der Gruppe muß man das Alltagsverständnis von agierenden Individuen daraufhin umdirigieren, daß Ereignisse erst dadurch zu Handlungen im System werden, daß die Kommunikation ihre Teilnehmer bzw. Mitglieder als »Personen« beobachtet, d. h. daß Individuen als soziale Konstrukte erst konstituiert und diesen selbstgeschaffenen kommunikativen Realitäten dann bestimmte Ereignisse als Handlungen zugerechnet werden.[103] Schon auf der Interaktions- und der Gruppenebene sind es also Zurechnungsmechanismen, die Systemhandlungen im Unterschied zu Umweltereignissen konstituieren, allerdings als Handlungen (von Personen) *im* System und nicht als Handlungen *des* Systems (als kollektivem Akteur). Erst wenn man diese Konstruktion ernst nimmt, versteht man den Prozeß der Kollektivierung. Kollektivierung bedeutet dann nur noch eine Verlagerung der Handlungszurechnung von einem Sozialkonstrukt auf das andere, von »natürlichen« auf »juristische« Personen. Es wird eine Selbstbeschreibung des Systems als eines Ganzen produziert, und diesem Konstrukt werden Handlungen als Handlungen des Systems zugerechnet. Auch hier wieder eine selbsttragende Konstruktion: Kollektivhandlungen sind das Produkt des »corporate actors«, dem Ereignisse zugerechnet werden, und der »corporate actor« ist nichts als das Produkt dieser Handlungen.

Die »emergent property« dieser hyperzyklischen Verknüpfung liegt nun nicht nur in den Koordinationsvorteilen des »resource pooling«[104], in der Handlungsfähigkeit des Systems als solchem[105], in den Positionsgewinnen des Systems in Umweltkontakten[106] oder in der bekannten »legal immortality«. Sie liegt im

Gewinn jener vollständigen operativen Geschlossenheit, die zugleich eine neuartige Umweltkopplung des Systems bedeutet, also jener Verbindung von Geschlossenheit und Offenheit, die für autopoietische Systeme typisch ist und auf der zugleich ihr evolutionärer Erfolg und ihr intellektueller Reiz beruht. Besonders dramatisch zeigt sich dies in wirtschaftlichen Zusammenhängen: Das Profitmotiv kann von den Anteilseignern auf das »Unternehmen an sich« verlagert werden[107], was überhaupt erst die Wege zu spätkapitalistischen Unternehmensaggregierungen und zu sozialistischen Hoffnungen auf ihre Gemeinwohlorientierung eröffnet hat. Allgemeiner: Über die Formel vom Organisationszweck, der mehr ist als ein Kompromiß aus konkurrierenden Individualzwecken, wird eine neuartige Umwelt intern konstituiert, deren Entscheidungsanliegen, Interessen und Strukturveränderungen in strenger operativer Geschlossenheit prozessiert werden als Orientierung sämtlicher Kommunikationen an der emergenten Einheit des »corporate actor«.

Anmerkungen

1 Etwa Hans Albert, Erkenntnis und Recht: Die Jurisprudenz im Lichte des Kritizismus, in: Jahrbuch für Rechtssoziologie und Rechtstheorie 2 (1972), S. 88-96; ders., Traktat über rationale Praxis, Tübingen 1978.
2 Zu einer solchen Sicht der Dogmatik etwa Josef Esser, Vorverständnis und Methodenwahl in der Rechtsfindung. Rationalitätsgarantien der richterlichen Entscheidungspraxis, Frankfurt 1970, S. 87 ff.; Werner Krawietz, Recht als Regelsystem, Wiesbaden 1984, S. 1 ff.
3 Otto von Gierke, Das Wesen der menschlichen Verbände, Leipzig 1902.
4 Friedrich Carl von Savigny, System des heutigen Römischen Rechtes, Berlin 1840, S. 236, 239.
5 Niklas Luhmann, Soziale Systeme, Frankfurt 1984, S. 191 ff., 624 ff.
6 Niklas Luhmann, a.a.O. (Anm. 5), S. 624 f.
7 Niklas Luhmann, Die Einheit des Rechtssystems, Rechtstheorie 14 (1983), S. 129-154 (S. 138).
8 Niklas Luhmann, a.a.O. (Anm. 7), S. 134 ff.; ders., Einige Probleme mit »reflexivem Recht«, in: Zeitschrift für Rechtssoziologie 6 (1985), S. 1-18.

9 Niklas Luhmann, Das sind Preise, in: Soziale Welt 34 (1983), S. 153-170.
10 Niklas Luhmann, Einige Probleme mit »reflexivem Recht«, a.a.O. (Anm. 8), S. 2.
11 Paul Dumouchel/Jean-Pierre Dupuy (Hrsg.), L'autoorganisation. De la physique au politique, Paris 1983.
12 Vgl. auch Gunther Teubner, Autopoiese im Recht: Zum Verhältnis von Evolution und Steuerung im Rechtssystem, Florenz, EUI Working Paper No. 86/213.
13 Manfred Eigen/Peter Schuster, The Hypercycle: A Principle of Natural Self-Organisation, in: Naturwissenschaften 64 (1977), S. 541-565; dies. (1978), S. 7-41, 341-369.
14 Humberto Maturana, Erkennen: Die Organisation und Verkörperung von Wirklichkeit, Braunschweig 1982, S. 37, 211 ff.
15 Vgl. auch die Fortführung solcher Unterscheidungen bei D. Mossakowski/H. K. Nettmann, Is There a Linear Hierarchy of Biological Systems?, in: Gerhard Roth/Helmut Schwegler (Hrsg.), Self-Organizing Systems, Frankfurt 1981, S. 39-46.
16 Ulrich Bälz, Einheit und Vielheit im Konzern, in: Festschrift für Ludwig Raiser, Tübingen 1974, S. 287-338.
17 Humberto Maturana, Erkennen, a.a.O. (Anm. 14), S. 212, 220.
18 Peter Hejl, Konstruktion der sozialen Konstruktion: Grundlinien einer konstruktivistischen Sozialtheorie, in: A. Mohlar (Hrsg.), Einführung in den Konstruktivismus, München 1985.
19 Peter Hejl, a.a.O. (Anm. 18).
20 Humberto Maturana, Erkennen, a.a.O. (Anm. 14), S. 220, 37.
21 Humberto Maturana, a.a.O., S. 220 f.; Peter Hejl, a.a.O. (Anm. 18).
22 Niklas Luhmann, Soziale Systeme, a.a.O. (Anm. 5), S. 191 ff.
23 C. P. Wormell, On the Paradoxes of Self-Reference, in: Mind 67 (1985), S. 267-271; Douglas R. Hofstadter, Gödel, Escher, Bach: An Eternal Golden Braid, New York 1979, S. 684 ff.
24 Francisco Varela, Autonomy and Autopoiesis, in: Gerhard Roth/Helmut Schwegler (Hrsg.), Self-Organizing Systems, Frankfurt 1981, S. 14-24.
25 Klärend zum Begriff der Autonomie in der Theorie selbstreferentieller Systeme: Hans-Georg Deggau, Die kommunikative Autonomie des Rechtssystems, Florenz, EUI Colloquium Paper 1985, in: Gunther Teubner (Hrsg.), Autopoietic Law, Berlin (im Erscheinen).
26 Vgl. auch Jean-Pierre Dupuy, On the Supposed Closure of Normative Systems, Florenz, EUI Colloquium Paper 1985, in: Gunther Teubner (Hrsg.), State, Law, Economy as Autopoietic Systems, Berlin (im Erscheinen).
27 Niklas Luhmann, Soziale Systeme, a.a.O. (Anm. 5), S. 624 f.; ders.,

Die Einheit des Rechtssystems, in: Rechtstheorie 14 (1983), S. 134 ff.; ders., Die Wirtschaft der Gesellschaft als autopoietisches System, in: Zeitschrift für Soziologie 13 (1984), S. 308-327.

28 Vgl. auch die Kritik bei Danilo Zolo, Autopoiesis: Un Paradigma Conservatore, MicroMega 1 (1986), S. 129-173; Florenz, EUI Colloquium Paper, Hubert Rottleuthner, Biologische Metaphern im Rechtsdenken, Florenz, EUI Colloquium Paper, in: Gunther Teubner (Hrsg.), Autopoietic Law, Berlin (im Erscheinen).

29 Höchst unterschiedliche Begriffsverwendungen in den einzelnen Beiträgen diverser Sammelbände über Selbstorganisation und Autopoiese: Milan Zeleny, Autopoiesis, Dissipative Structures, and Spontaneous Social Orders, Colorado 1980; ders., Autopoiesis. A Theory of Living Organization, New York 1981; Frank Benseler/Peter Hejl/Wolfram Köck, Autopoiesis, Communication and Society. The Theory of Autopoietic Systems in the Social Sciences, Frankfurt 1980; Gerhard Roth/Helmut Schwegler (Hrsg.), Self-Organizing Systems, Frankfurt 1981; Hans Ulrich/Gilbert Probst (Hrsg.), Self-Organization and Management of Social Systems, Berlin 1984; Gunther Teubner (Hrsg.), Dilemmas of Law in the Welfare State, Berlin 1985; ders., Autopoietic Law, Berlin (im Erscheinen). Ein Bild über den Stand der Begriffsbildung geben auch die verschiedenen Definitionsbemühungen in diesem Band.

30 Erich Jantsch, The Self-Organizing Universe: Scientific and Human Implications of the Emerging Paradigm of Evolution, Oxford 1980.

31 Humberto Maturana, Erkennen, a.a.O. (Anm. 14), S. 36; Niklas Luhmann, Soziale Systeme, a.a.O. (Anm. 5), S. 59.

32 Francisco Varela, Autonomy and Autopoiesis, a.a.O. (Anm. 24), S. 14-24; ders., Describing the Logic of the Living, in: Milan Zeleny (Hrsg.), a.a.O. (Anm. 29), 1981, S. 36-47.

33 Gerhard Roth, Erkenntnistheoretische Probleme des Prinzips der Selbstorganisation und der Selbstreferentialität, Manuskript, Bremen 1984; ders., Selbstorganisation – Selbsterhaltung – Selbstreferentialität: Prinzipien der Organisation der Lebewesen und ihre Folgen für die Beziehung zwischen Organismus und Umwelt, in: A. Dress u. a. (Hrsg.), Selbstorganisation – Zur Bedeutung eines neuen disziplinübergreifenden Paradigmas für die Einzelwissenschaften, München 1986; ders., Autopoiese und Kognition: Die Theorie H. R. Maturanas und die Notwendigkeit ihrer Weiterentwicklung, in: G. Schiepek (Hrsg.), Systemische Diagnostik. Pro und Contra, Weinheim 1986.

34 Niklas Luhmann, Soziale Systeme, a.a.O. (Anm. 5), S. 24.

35 A.a.O., S. 600 f. Vgl. dazu auch den Beitrag von Max Miller, Selbstreferenz und Differenzerfahrung, in diesem Band, S. 187 ff.

36 A.a.O., S. 593 ff.
37 Milan Zeleny, Autogenesis, in: ders., (Hrsg.), Autopoiesis, New York 1981, S. 91-115.
38 Heinz von Foerster, Observing Systems, Seaside 1981, S. 287 ff.; ders., Erkenntnistheorie und Selbstorganisation, in: Delfin 3 (1984), S. 6-19; ders., Principles of Self-Organization – In a Sociomanagerial Context, in: Hans Ulrich/Gilbert Probst (Hrsg.), Self-Organization and Management of Social Systems, Berlin 1984, S. 2-24.
39 Humberto Maturana, Erkennen, a.a.O., S. 18 ff.
40 A.a.O., (Anm. 14), S. 28.
41 Francisco Varela, Autonomy and Autopoiesis, a.a.O. (Anm. 24), S. 14-24; ders., Describing the Logic of the Living, a.a.O. (Anm. 32), S. 36-48.
42 Gerhard Roth, Erkenntnistheoretische Probleme, a.a.O. (Anm. 33); ders., Selbstorganisation, a.a.O. (Fn. 33); ders., Autopoiese und Kognition, a.a.O. (Anm. 33).
43 Stein Bråten, Paradigms of Autonomy: Dialogical or Monological? Florenz, EUI Colloquium Paper, in: Gunther Teubner (Hrsg.), State, Law, Economy as Autopoietic Systems, Berlin (im Erscheinen).
44 Niklas Luhmann, Soziale Systeme, a.a.O. (Anm. 5), S. 25, 227 ff., 247 f.
45 Manfred Eigen/Peter Schuster, The Hypercycle, a.a.O. (Anm. 13).
46 Donald Campbell, Variation and Selective Retention in Socio-Cultural Evolution, in: General Systems 14 (1969), S. 69-85; ders., On the Conflicts Between Biological and Sociological Evolution and Between Psychology and Moral Tradition, in: American Psychologist 30 (1975), S. 1103-1126; Bernhard Giesen, Makro-Soziologie. Eine evolutionstheoretische Einführung, Hamburg 1980; Philippe van Parijs, Evolutionary Explanation in the Social Sciences: An Emerging Paradigm, London 1981.
47 Milan Zeleny, Autogenesis, in: ders. (Hrsg.), Autopoiesis, New York 1981, S. 101.
48 Vgl. allgemein zur Evolution des Hyperzyklus auch Milan Zeleny, a.a.O., S. 100 f.
49 Humberto Maturana, Erkennen, a.a.O. (Anm. 14), S. 158.
50 Vgl. Ranulph Glanville, The Same is Different, in: Milan Zeleny (Hrsg.), Autopoiesis, New York 1981, S. 253.
51 Vgl. die glänzende Analyse des Rechtsproblems, ob das zwölfte Kamel zurückzugeben ist oder nicht, bei Niklas Luhmann, Die Rückgabe des Zwölften Kamels, Konferenzmaterialien, Autopoiesis in Law and Society, Florenz 1984.
52 Niklas Luhmann, Soziale Systeme, a.a.O. (Anm. 5), S. 607 ff.
53 Vgl. Niklas Luhmann, Die Einheit des Rechtssystems, a.a.O.

(Anm. 7), S. 134; siehe auch Ernst von Glasersfeld, Einführung in den radikalen Konstruktivismus, in: P. Watzlawick, Die erfundene Wirklichkeit, München 1981, S. 16-38; Peter Hejl, a.a.O. (Anm. 18).
54 Francisco Varela, L'auto-organisation: de l'apparence au mecanique, in: Paul Dumouchel/Jean-Pierre Dupuy (Hrsg.), L'autoorganisation: de la physique au politique, Paris 1983, S. 147-164. Vgl. hierzu auch den Vorschlag einer »zweisprachigen« Analyse von Sozialsystemen bei Johannes Berger, Autopoiesis: Wie »systemisch« ist die Theorie sozialer Systeme? (In diesem Band, S. 129 ff.)
55 Dazu Gunther Teubner, Social Order from Legislative Noise? Autopoietic Closure as a Problem for Legal Regulation, Florenz, EUI Colloquium Paper, in: ders. (Hrsg.), State, Law, Economy as Autopoietic Systems, Berlin (im Erscheinen).
56 T. Ballmer/Ernst von Weizsäcker, Biogenese und Selbstorganisation, in: Ernst von Weizsäcker (Hrsg.), Offene Systeme I: Beiträge zur Zeitstruktur von Information, Entropie und Evolution, Stuttgart 1974.
57 Vgl. Helmut Willke, Entzauberung des Staates. Überlegungen zu einer sozietalen Steuerungstheorie, Königstein 1983. Zum genau darauf bezogenen Begriff der »third order autopoiesis« vgl. Bob Jessop, The Economy, the State and the Law: Theories of Relative Autonomy, in: Gunther Teubner (Hrsg.), State, Law, Economy as Autopoietic Systems, Berlin (im Erscheinen).
58 Hubert Rottleuthner, a.a.O. (Anm. 28).
59 Z. B. Niklas Luhmann, Subjektive Rechte: Zum Umbau des Rechtsbewußtseins für die moderne Gesellschaft, in: ders., Gesellschaftsstruktur und Semantik, Bd. 2, Frankfurt 1981, S. 99; ders., Die Einheit des Rechtssystems, a.a.O. (Anm. 7), S. 135, 139 ff.; ders., The Self-Reproduction of the Law and Its Limits, in: Gunther Teubner (Hrsg.), Dilemmas of Law in the Welfare State, Berlin 1985, S. 111-127, S. 113 ff.
60 H. L. A. Hart, The Concept of Law, London 1961, S. 77 ff.
61 Paul Bohannan, Law and Legal Institutions, in: International Encyclopedia of the Social Sciences (1968), S. 73.
62 Dazu etwa die Materialien bei Uwe Wesel, Frühformen des Rechts in vorstaatlichen Gesellschaften, Frankfurt 1985.
63 Marc Galanter, Justice in Many Rooms, in: Mauro Cappelletti (Hrsg.), Access to Justice and the Welfare State, Florenz 1981, S. 147-182.
64 Vgl. Uwe Wesel, a.a.O. (Anm. 62), S. 52 ff.
65 Marc Galanter, a.a.O. (Anm. 63), S. 161 ff.
66 Vgl. Theodor Geiger, Vorstudien zu einer Soziologie des Rechts, Neuwied 1964, S. 48 ff.
67 H. L. A. Hart, a.a.O. (Fn. 60), S. 77 ff.; siehe auch den Rechtsbegriff

bei Paul Bohannan, a.a.O. (Anm. 61); Philippe Nonet/Philip Selznick, Law and Society in Transition, New York 1978, S. 10 ff.; Marc Galanter, a.a.O. (Anm. 63), S. 162 f.
68 H. L. A. Hart, a.a.O. (Anm. 60), S. 95.
69 François Ewald, Le droit du droit, Florenz, EUI Colloquium Paper, in: Gunther Teubner (Hrsg.), Autopoietic Law, Berlin (im Erscheinen).
70 Anders Niklas Luhmann, Die Einheit des Rechtssystems, a.a.O. (Anm. 7), S. 141.
71 Vgl. Hans-Georg Deggau, a.a.O. (Anm. 25).
72 Hubert Rottleuthner, a.a.O. (Anm. 58).
73 H. L. A. Hart, a.a.O. (Anm. 60), S. 91 ff.
74 A.a.O., S. 92.
75 Dazu Gunther Teubner, Standards und Direktiven in Generalklauseln, Frankfurt 1971; ders., Generalklauseln als sozionormative Modelle, in: H. Stachowiak (Hrsg.), Bedürfnisse, Werte und Normen im Wandel, Bd. 1, München 1982, S. 87-112.
76 Niklas Luhmann, Rechtssoziologie, Bd. 1 u. 2, Reinbek 1972, S. 207 ff.; Horst Dreier, Hans Kelsen und Niklas Luhmann, Positivität des Rechts aus rechtswissenschaftlicher und systemtheoretischer Perspektive, in: Rechtstheorie 14 (1983), S. 419 ff.
77 Vgl. Josef Esser, Richterrecht, Gerichtsgebrauch und Gewohnheitsrecht, in: Festschrift für Fritz von Hippel, Tübingen 1967, S. 95 ff.; Hans Otto Freitag, Gewohnheitsrecht und Rechtssystem, Berlin 1976, S. 103 ff., 169 f.
78 Karl-Heinz Ladeur, Perspektiven einer post-modernen Rechtstheorie, Florenz, EUI Colloquium Paper, in: Gunther Teubner (Hrsg.), Autopoietic Law, Berlin (im Erscheinen).
79 Niklas Luhmann, Subjektive Rechte, a.a.O. (Anm. 59), S. 96 ff.
80 Niklas Luhmann, Die Einheit des Rechtssystems, a.a.O. (Anm. 7), S. 136.
81 Karl-Heinz Ladeur, a.a.O. (Anm. 78).
82 Josef Esser, Grundsatz und Norm in der richterlichen Fortbildung des Privatrechts. Rechtsvergleichende Beiträge zur Rechtsquellen- und Interpretationslehre, Tübingen 1956, S. 123 ff., 253 ff.; ders., Vorverständnis, a.a.O. (Anm. 2), S. 71 ff.
83 Vgl. auch das Konzept der »Fallnorm« bei Wolfgang Fikentscher, Methoden des Rechts, Bd. IV, Tübingen 1977, S. 202 ff.
84 Dazu als neuere anspruchsvolle Formulierung Werner Flume, Allgemeiner Teil des bürgerlichen Rechts, Bd. 1, Teil 1 – Die Personengesellschaft, Berlin 1977, S. 37 ff., 87 ff.
85 Vgl. die Verwunderung über solche Indifferenz bei Claus Ott, Recht und Realität der Unternehmenskorporation. Ein Beitrag zur Theorie der Juristischen Person, Tübingen 1977, S. 36 f.

86 Etwa Dieter Claessens, Gruppen und Gruppenverbände. Systematische Einführung in die Folgen von Vergesellschaftung, Darmstadt 1977, S. 5 ff., 59 ff.; Viktor Vanberg, Markt und Organisation, Tübingen 1982, S. 8 ff.
87 Otto von Gierke, a.a.O. (Anm. 3).
88 Herbert Wiedemann, Gesellschaftsrecht. Ein Lehrbuch des Unternehmens- und Verbandsrechts, Bd. 1, München 1980, S. 196.
89 James Coleman, Power and the Structure of Society, New York 1974; ders., The Asymmetric Society, Syracuse 1982; ders., Responsibility in Corporate Action: A Sociologist's View, in: Klaus Hopt/ Gunther Teubner (Hrsg.), Corporate Governance and Directors' Liabilities, Berlin 1985, S. 69-91; Viktor Vanberg, a.a.O. (Anm. 86).
90 Constans Seyfarth, Wieviel Theorie kann Soziologie vertragen?, in: Soziologische Revue 9 (1986), S. 19.
91 Eine Analyse der Gruppenautonomie in systemtheoretischer Begrifflichkeit etwa bei Theodore Mills, Soziologie der Gruppe, München 1969, S. 154 ff.
92 Dazu Dieter Reuter, Privatrechtliche Schranken der Perpetuierung von Unternehmen. Ein Beitrag zum Problem der Gestaltungsfreiheit im Recht der Unternehmensformen, Frankfurt 1973.
93 Niklas Luhmann, Funktionen und Folgen formaler Organisation, Berlin 1964, S. 29 ff.; Gunther Teubner, Die Gesellschaft des bürgerlichen Rechts. Kommentierung zu §§ 705 ff. BGB, in: Alternativkommentar zum Bürgerlichen Recht, Neuwied 1979, S. 727.
94 Humberto Maturana, Erkennen, a.a.O. (Anm. 14); S. 240 f.
95 Talcott Parsons, The Social System. The Major Exposition of the Author's Conception Scheme for the Analysis of the Dynamics of the Social System, New York 1951, S. 41.
96 James Coleman, Power, a.a.O. (Anm. 89); ders., The Asymmetric Society, a.a.O.; Viktor Vanberg, Markt und Organisation, a.a.O. (Anm. 86).
97 Otto von Gierke, a.a.O. (Anm. 3).
98 Friedrich Carl von Savigny, a.a.O. (Anm. 4), S. 236, 239.
99 Viktor Vanberg, Die Zwei Soziologien – Individualismus und Kollektivismus in der Sozialtheorie, Tübingen 1975; ders., Markt und Organisation, a.a.O. (Fn. 86), S. 1 ff., 8 ff.
100 Max Weber, Wirtschaft und Gesellschaft, Tübingen 1925, S. 6 f. Franz Wieacker, Zur Theorie der Juristischen Person des Privatrechts, in: Festschrift für Rudolf Huber, Göttingen 1973, S. 367.
101 Max Weber, a.a.O., S. 7.
102 Talcott Parsons, Social System, a.a.O. (Anm. 95), S. 41, 96; Talcott Parsons/Neil Smelser, Economy and Society. A Study in the Integration of Economic and Social Theory, London 1956, S. 15 f.

103 Vgl. Niklas Luhmann, Soziale Systeme, a.a.O. (Anm. 5), S. 155, 225 ff.
104 Viktor Vanberg, Markt und Organisation, a.a.O. (Anm. 86).
105 Thomas Raiser, Das Unternehmen als Organisation. Kritik und Erneuerung der juristischen Unternehmenslehre, Berlin 1969, S. 166 ff.
106 Niklas Luhmann, Soziale Systeme, a.a.O. (Anm. 5), S. 271.
107 Gunther Teubner, Unternehmensinteresse – das gesellschaftliche Interesse des Unternehmens »an sich«, in: Zeitschrift für das gesamte Handelsrecht und Wirtschaftsrecht 149 (1984), S. 470-488 (S. 477 f.).

Johannes Berger
Autopoiesis:
Wie »systemisch« ist die Theorie sozialer Systeme?*

I

In den Mittelpunkt seiner Auseinandersetzung mit Luhmanns »Theorie sozialer Systeme« hat Jürgen Habermas jüngst die Behauptung gestellt, aus ihr verschwinde jenes Ineinander von System- und Lebensweltperspektiven, das den zwieschlächtigen Charakter der gesellschaftlichen Modernisierung erkläre (Habermas 1985, 412) – ein Einwand, der seinem Urheber zufolge spiegelbildlich auch für Marx zutreffen soll. Während für Marx – allerdings erst *nach* der Revolution – die »systemisch verselbständigten Funktionszusammenhänge« in ein »Nichts zerrinnen werden«, habe für Luhmann *heute* schon »die Lebenswelt in der funktional differenzierten Gesellschaft der Moderne alle Bedeutung verloren.«

Es wäre nicht weiter verwunderlich, wenn angesichts der Bekanntheit des Urhebers dieser Kritik die wissenschaftlich relevante Auseinandersetzung mit Luhmanns Werk auf den durch diese Argumentationslinie gezogenen Pfaden gesucht würde. Fragt man sich aber nach ihrer Haltbarkeit, dann vermag allein schon der Sachverhalt bedenklich zu stimmen, daß Schüler von Jürgen Habermas (Honneth 1985, Joas 1984) just diesen Einwand in einer radikalisierten Version an seinen Urheber zurückgegeben haben. In Habermas' »dualistischer Gesellschaftskonzeption« – so z. B. Honneth – stünde ein Bereich »normfreier Sozialität« wie eine »geschlossene Welt« der Sphäre kommunikativen Handelns gegenüber; mit dem funktionalistischen Dualismus von System und Lebenswelt und der Zuweisung der Subsysteme zweckrationalen Handelns zur Domäne der Systemtheorie habe Habermas unnötig Terrain, das auch von der Theorie kommunikativen Handelns bearbeitet werden könne, an die Systemtheorie abgegeben. Kommunikatives Handeln sei schließlich der »fundamentale Reproduktionsmechanismus aller Gesellschaften« (Honneth

1985, 353), und moralische Konsensbildung organisiere *alle* Handlungsbereiche (vgl. 307).

Einer solchen, mit der Unterscheidung von System und Lebenswelt arbeitenden Kritik liegt unausgesprochen eine Vorstellung darüber zugrunde, was eigentlich Systeme zu Systemen macht. Die Behauptung Luhmanns, alles Soziale bilde ein System, muß jedoch ganz und gar nicht deckungsgleich sein mit der Vorstellung, daß jene verselbständigten Funktionszusammenhänge, die Habermas auf den Bereich der »Subsysteme« Wirtschaft und Staat eingekesselt sehen möchte, sich nun praktisch gesellschaftsweit ausgedehnt hätten. Die Systemidee, die einer solchen Kritik unterliegt, ist jedenfalls der Theorie autopoietischer, selbstreferentieller Systeme fremd. Weder sind soziale Systeme *zweckrational* – die ganze, gerade durch Luhmanns Arbeiten angeregte organisationssoziologische Forschung ist ja z. B. darauf konzentriert, die Unangebrachtheit dieses Begriffs als Leitbegriff zur Analyse formaler Organisationen aufzuzeigen –, noch sind soziale Systeme Bereiche normfreier Sozialität; dagegen spricht schon, daß ja auch nach Luhmann deren Strukturen aus normativen Erwartungen gebildet werden. Die Idee eines »stummen Zwangs der Verhältnisse« ist für Luhmanns Systemkonzept so wenig prägend wie die Anlehnung an Vorstellungen vom »Gehäuse der Hörigkeit« und ähnliche »Zwangsbegrifflichkeiten«.

Zwar kommen Subjekte im vollen Sinne von Menschen in dieser Art von Systemtheorie nicht mehr vor, aber diese hatten sich schon aus der Soziologie verflüchtigt, seit Weber den Begriff der Handlung zum Grundbegriff der Soziologischen Theorie erhoben hatte. Sicherlich: die »Emanzipation« oder auch nur eine wie immer geartete Besserstellung der Menschen ist nicht Zweck der Systembildung, und die Theorie sozialer Systeme ist für sozialpolitische Intentionen welcher Art auch immer nicht entworfen. »Wir (stellen) der soziologischen Theorie nicht die Aufgabe«, heißt es lapidar (Luhmann 1984, 444), »ihre eigene Aufgabe im Hinblick auf gesellschaftliche Normen und Werte zu formulieren«. Wer jedoch der Systemtheorie vorhält, daß in ihr jeder praktisch-pädagogische Zweck fehle, um dessentwillen sie entworfen sei, wird gleichwohl einräumen müssen, daß man solchen Zwecken nicht einfach praktische Konsensfähigkeit und theoretische Generalisierbarkeit unterstellen darf. Jedenfalls kann man sich z. B. – um ein Bonmot von Luhmann aufzugreifen – darüber streiten, ob der Zweck der Post die Emanzipation der Postler oder die Beförderung von Briefen ist.

Schließlich lauert hinter der »Theorie sozialer Systeme« auch keine aus der Diskussion der fünfziger Jahre in die Gegenwart transponierte und entsprechend »aufgeputzte« Technokratiethese. Sie ist nicht konzipiert, um zu *bestreiten*, daß die Menschen ihre Geschichte aus freien Stücken machen. Vielmehr ist diese Freiheit als *doppelte* Freiheit gerade das Grundproblem dieser Theorie. Ihre prinzipielle Frage ist ja: Wie läßt sich die Komplexität möglicher Kommunikationen so konditionieren, daß Handeln überhaupt möglich wird? Welche Vorgaben müssen gemacht werden, damit soziale Systeme sich kontinuieren können? Bestünde z. B. völlige Unsicherheit über das nächste gesprochene Wort, so würde jedes Gespräch zwangsläufig zusammenbrechen. In ihrer Not, die drohende »Implosion« zu vermeiden, orientieren soziale Systeme sich an den geringfügigsten Anhaltspunkten, die ihrer Fortsetzung dienlich sind; sie ergreifen buchstäblich alles und jedes als »rettenden Strohhalm«, um das Reich des Möglichen soweit zu begrenzen, daß sinnvolles Handeln möglich wird. Die Grundbedingung für die freie Wahl von Handlungen liegt daher zunächst einmal in der Einschränkung des Raumes möglicher Handlungen. Weil die Ermöglichung von Kommunikationen der tragende Gesichtspunkt der Theorie ist, wird »Anschlußfähigkeit« zum Grundbegriff und die »Sicherung der Anschlußfähigkeit« zur zentralen Sorge dieser Art Theorie. Sie ist von einer konstitutionstheoretischen Problematik angetrieben, die durchaus mit den zentralen Fragestellungen der Kantischen Philosophie parallelisiert werden kann. Lautete dort die Grundfrage im Bereich der reinen Vernunft: »Wie ist Natur möglich«, so hier für den praktischen Bereich: »Wie ist Handeln möglich«?

Versucht man einmal, den zentralen Kritikpunkt an Luhmanns Systemtheorie von der spezifischen Färbung zu befreien, die er in Habermas' »Theorie des kommunikativen Handelns« erhalten hat, dann läßt er sich genereller so formulieren: die Systemtheorie vermag die Handlungsfähigkeit von Akteuren nicht zu erfassen, ihr entgeht die »sozialintegrative Perspektive« (vgl. Schimank 1985, 426). Meines Erachtens verfehlt eine auf diesen Bahnen vorgetragene Kritik das Zentrum der Theorie sozialer Systeme. Der Zweck der folgenden Ausführungen ist daher zu zeigen, daß *jener* Version der Systemtheorie, die um den Begriff der *Selbstreferenz* gruppiert ist, umgekehrt die Perspektive der »Systemintegration« (im Sinne von Lockwood) entgeht. Handlungstheoretisch läßt sich also durchaus Entwarnung geben. Meine zentrale Aussage über die Theorie sozialer Systeme ist dann: in ihr handelt es sich um eine systemtheoretisch umformulierte Handlungstheorie, um eine Art kybernetischer Phänomenologie. Die »phänomenologische Wendung« ist dabei bedingt genau durch die Aufwertung des Autopoiesiskonzepts. »Systemisch« an der Systemtheorie ist allein die kybernetisch oder »subjektlos« aufgezogene Analyse. Konsens und Verständigung erhalten keinen ausgezeichneten Platz im Begriffsgebäude, vielmehr sind Konsens und Dissens gleich ursprünglich für die Kontinuierung sozialer Systeme. Zwar identifiziert die Theorie sozialer Systeme das Soziale nicht mit »Verständigungsverhältnissen« im Sinne der Kritischen Theorie, aber auch in ihr wird die Gesellschaft aufgelöst in Kommunikationen. Auch deren »Schlußakt« ist: Verstehen; Verstehen wird geradezu zum Erfolgsindikator für Kommunikation.

Über zu wenig Kommunikation und Verstehen in der Theorie sozialer Systeme wird sich also niemand beklagen können. Vielleicht darüber, daß all diese Konzepte entsubjektiviert und systemtheoretisch umformuliert werden. Aber dies ist nicht mein Einwand. Ich frage mich: Wieviel »Phänomenologie« (im wohlverstandenen Sinne des Wortes!) steckt in der Systemtheorie? Eine Kritik an dieser »phänomenologischen Wende« formuliere ich dabei von einem »strukturalistischen« oder »anti-konstruktivistischen« Standpunkt aus. Luhmanns Theorie ist eingestandenermaßen keine strukturalistische Analyse (1984, 377), weder im Sinne des Strukturfunktionalismus noch im Sinne des französischen Strukturalismus. Wenn ich die Nähe zu Husserls Phänomenologie hervorhebe, dann soll dies jedoch *nicht* heißen, daß es sich um phänomenologische Soziologie in dem Sinne handelt, der sich in der Soziologie durch die Rezeption Husserls durch Schütz und seine Nachfolger eingebürgert hat. Die »Phänomenologisierung« ist vielmehr fast zwangsläufig gegeben mit der Interessenverschiebung von der *Funktionsweise* sozialer Systeme zu ihrem *Zustandekommen*, zur »Konstruktion« der sozialen Realität. An diese Interessenverschiebung ist der Schritt vom System/Umwelt-Paradigma zu dem der Autopoiesis gebunden. Damit einher geht eine Entstrukturalisierung zentraler Begriffe. Wäre der Begriff nicht so verbraucht, könnte man auch sagen: eine Entmaterialisierung. Allerdings plädiere ich nicht schlicht für »materialistische Analysen«, sondern für eine *Zweistufigkeit* oder Zweisprachigkeit der Gesellschaftsanalyse.

Aus der zentralen These: mit dem Schritt von dem System/ Umwelt-Paradigma zu dem Paradigma der Selbstreferenz geht eine Interessenverlagerung auf den Konstitutionsprozeß sozialer Systeme und zugleich damit eine Phänomenologisierung der Begrifflichkeit einher – folgt die Gliederung des Beitrags. Im Mittelpunkt des Interesses steht die Frage, was es für die Soziologische Theorie bedeutet, wenn soziale Systeme aus ihrer autopoietischen Eigenschaft heraus begriffen werden. Ich will die Behandlung dieses Problems in vier Schritte untergliedern. Zunächst möchte ich die Wendung der soziologischen Systemtheorie zur Theorie autopoietischer, selbstreferentiell geschlossener Systeme skizzieren (II). Sodann gilt es, Folgerungen aus der Betonung des autopoietischen Charakters sozialer Systeme für die soziologische Begriffsbildung zu ziehen. Mit der Verlagerung des Interesses auf die »Binnenperspektive« geht eine Entstrukturalisierung oder Phänomenologisierung zentraler Begriffe einher. Diese »phänomenologische Wende« möchte ich u. a. am Strukturbegriff selbst erläutern (III). Auch die Theorie sozialer Systeme identifiziert die Gesellschaft mit Gesellschaftlichem; sie konzentriert sich auf die Analyse von Praktiken. Auf Produktionsverhältnisse (altbacken formuliert) oder, moderner formuliert, Diskriminierungsmechanismen fällt dementsprechend nur ein schwaches Licht. Aber, sind soziale Systeme nichts als autopoietische Systeme? Gibt es an ihnen Züge, die nach einer anderen, zweistufigen Begrifflichkeit verlangen? Diese Frage möchte ich am Beispiel des Wirtschaftssystems diskutieren (IV).

Schließlich gilt es Folgerungen zu ziehen, die sich aus der Selbstreferenz für die Rationalitätsproblematik ergeben. Ich möchte zeigen, daß die Rationalitätsproblematik, verstanden als die Rolle moralisch-praktischer Argumentationen für die soziale Integration, auch in einer auf dem Begriff der Selbstreferenz fußenden Analyse nicht umschifft werden kann, sie sich vielmehr auch in dieser Gestalt der Systemtheorie hartnäckig wieder meldet (V).

II

Mit der Theorie sozialer Systeme hat Luhmann ein Werk vorgelegt, das beansprucht, fachuniversalen Charakter zu besitzen (1984, 10). Diese, mit fachuniversalem Geltungsanspruch auftretende Theorie ist Ergebnis eines zweifachen Paradigmenwechsels: von einer um die Differenz von Ganzem und Teil zu einer um die Differenz von System und Umwelt gruppierten Begrifflichkeit und von dort zu einem den Begriff der Selbstreferenz zum Leitbegriff erhebenden Ansatz. Erst mit dem zweiten Schritt rückt der Begriff der Selbstreferenz ins Zentrum der Systemtheorie. Die beanspruchte Universalität der Theorie bezieht sich allerdings nur auf die Gegenstandserfassung, nicht auf die Ausschließlichkeit des Wahrheitsanspruchs im Vergleich zu konkurrierenden Theorien. Damit gibt die Theorie selbstreferentieller Systeme selbst den Weg frei, danach zu fragen, wie universell dieses Konzept der Selbstreferenz wirklich ist.

Es hat nun in den letzten Jahrzehnten wenigstens zwei Anstöße für die Umstellung der soziologischen Begrifflichkeit auf »Selbstreferenz« gegeben. Der erste stammt aus der Beschäftigung mit der Operationsweise formaler Organisationen. Empirische Forschungen wie theoretische Annahmen über das Verhalten von Organisationen haben dazu geführt, daß das seit Ende der fünfziger Jahre vorherrschende Paradigma der Umweltabhängigkeit von Organisationen zunehmend Konkurrenz erhalten hat durch Forschungen, die auf dem Begriff der Selbstorganisation aufbauen. Organisationen sind der Leitidee der Selbstorganisation zufolge nicht umweltdeterminiert, sondern steuern sich selbst. Ihr Handeln ist nicht fremdbestimmt, sondern folgt einer inneren Logik der Selbstregulierung. Z. B. reagieren Organisationen nicht einfach auf Umweltprobleme, sondern definieren selbst, was in der Umwelt ihnen zum Problem wird (vgl. Berger 1984). In dieser Perspektive wird Selbstorganisation zum Gegenbegriff für Kontrolle.

Der zweite Anstoß stammt aus der Gesellschaftstheorie, hat dann aber auch eine organisationssoziologische Ausdeutung erfahren. Er resultiert aus der Entdeckung, daß eine Differenz zwischen zielgerichteter Aktion und sozialer Struktur besteht. Nur der allergeringste Teil sozialer Institutionen ist aus zielgerichtetem Handeln aufschlüsselbar, der größte Teil beruht auf Evolution (vgl. von Hayek 1969). In der Organisationstheorie hat diese Einsicht in der Annahme ihren Niederschlag gefunden, daß auch Organisationen nicht Sedimentierungen von Zweckrationalität sind, sondern *evoluierende* Sozialsysteme. Malik (1984) z. B. hat daraus die Folgerung gezogen, daß eine an der Vorstellung der Zweckrationalität orientierte konstruktivistisch-technomorphe Management-Strategie ersetzt werden müsse durch eine systemisch-evolutionäre Management-Strategie. Diesmal lautet der Gegenbegriff zu »Selbstorganisation« nicht Kontrolle, sondern Intentionalität.

So wichtig nun die Unterscheidung zwischen sozialen Gebilden einerseits, die produziert sind nach einem »Design« und dementsprechend ihren Existenzgrund in der Anstrengung von »Designern« haben, und spontanen Ordnungen andererseits auch ist, sie erreicht noch nicht den Kern der von Luhmann vorgelegten neuen Theorie. Beide bislang genannten Formen der Selbstorganisation beziehen sich ja auf Selbstreferenz auf der Ebene der *Struktur*. Terminologisch wäre viel gewonnen, wenn ein Sprachgebrauch sich durchsetzte, der für Selbstreferenz auf der Ebene der Struktur den Begriff der *Selbstorganisation* reservierte (und Reflexion als Bezeichnung für Selbstreferenz auf der Ebene des Systems vorbehielte – vgl. Teubner in diesem Band). Der eigentliche Schritt zur Theorie autopoietischer Systeme ist aber erst vollzogen mit der Ausweitung des Konzepts der Selbstreferenz auf der Ebene der *Elemente* des Systems. Autopoietische Systeme sind sich selbst produzierende, sich selbst erschaffende Systeme. Autopoietisch im strengen Sinn ist ein System dann, wenn es die Elemente, aus denen es besteht, als Funktionseinheiten selbst konstituiert (vgl. Luhmann 1984, 59). Das autopoietische Sozialsystem »par excellence« ist für Luhmann nun die Gesellschaft. Die Elemente des Gesellschaftssystems sind wie die jedes sozialen Systems *Kommunikationen*. Diese Elemente werden durch die Gesellschaft selbst hergestellt; indem sie diese ihre Elemente herstellt, reproduziert sie sich selbst.

Bekanntlich stammt das Konzept der Autopoiesis aus der Biologie. Entwickelt wurde es zur Analyse lebender Organismen. Den empirischen Referenzpunkt bilden gewöhnlich die Zellen. Wenn nun soziale Systeme als autopoietische Systeme charakterisiert werden, wird ihnen damit die Fähigkeit zugesprochen, sich zu erneuern, so wie lebende Zellen diese Fähigkeit besitzen, indem sie die Elemente, aus denen sie bestehen, selbst herstellen. Aber sogar in der Biologie ist die Tragweite dieses Konzepts umstritten. Während für Maturana Autopoiesis die notwendige und die hinreichende Bedingung für alle oder jedenfalls die meisten biologischen Phänomene ist, ist sie für Varela nur die hinreichende Bedingung (vgl. Zeleny 1981, 2). Um so mehr wird man nach der Übertragbarkeit der Autopoiesisidee im strengen Sinne auf soziale Systeme fragen dürfen – darauf komme ich noch zurück.

Aus der Grundidee der »Selbsterzeugung« folgen vier weitere Eigenschaften von Luhmanns Theorie sozialer Systeme.

(a) Die Selbsterzeugung geschieht auf dem Wege der Selbstselektion aus einem Möglichkeitsraum, die unter der Bedingung doppelter Kontingenz abläuft. Kommunikationen sind daher »Selektionssynthesen« (1984, 241); die Reichweite des Sozialen ist deckungsgleich mit der Menge der durch doppelte Kontingenz charakterisierbaren Phänomene.

(b) Den Ausgangspunkt der Analyse bilden nicht Bestand und Struktur eines sozialen Systems, sondern deren *Problematisierung*. Für die »Theorie sozialer Systeme« ist die hohe Unwahrscheinlichkeit charakteristisch, daß es überhaupt zur Bildung sozialer Systeme kommt. Die Unwahrscheinlichkeit der Kommunikation bildet das Zentralproblem der Theorie. Warum ist überhaupt Kommunikation und nicht vielmehr nichts – so könnte man in Abwandlung von Heideggers metaphysischer »Urfrage« die Leitfrage der Systemtheorie formulieren. Für das Verständnis von Luhmanns Theoriekonzeption ist es entscheidend, zu sehen, daß sie mit dem Verständnis des Sozialen als einem natürlich Vorgegebenen und Selbstverständlichen bricht, es vielmehr als hoch unwahrscheinlich betrachtet und sich dann für die Prozesse und Mechanismen interessiert, die zur Normalisierung des Unwahrscheinlichen führen (1984, 537).

(c) Mit der Unwahrscheinlichkeit der Kommunikation hängt die Unfaßbarkeit des Gegenüber (154) zusammen. Die Bedeutung dieses Punktes für die spezifische Version der Systemtheorie kann man nicht genug betonen. Für deren Duktus ist die Aversion vor dem »Sich-Einbringen« oder gar dem »Sich-ganz-Einbringen« erhellend. Wenn für Habermas' Theorie kommunikativen Handelns die »zentrale Erfahrung der zwanglos einigenden, konsensstiftenden Kraft argumentativer Rede« (Habermas 1981, Bd. 1, 28) ausschlaggebend ist, dann charakterisiert Luhmanns »Theorie sozialer Systeme« gerade, daß sinnbenutzende Systeme für einander *nicht* durchsichtig sind. »Zwei black boxes«, heißt es an einer zentralen Stelle (1984, 156), »bekommen es, auf Grund welcher Zufälle immer, miteinander zu tun. Jede bestimmt ihr eigenes Verhalten durch komplexe selbstreferentielle Operationen innerhalb ihrer Grenzen. Das, was von ihr sichtbar wird, ist deshalb notwendig Reduktion. Jede unterstellt das gleiche der anderen. Deshalb bleiben die black boxes bei aller Bemühung und bei allem Zeitaufwand ... füreinander undurchsichtig.« Der Versuch, die »schwarzen Kästen« in »helle Kästen« (white boxes), also in Kästen bekannten Inhalts, umzuwandeln, muß bei psychischen Systemen auf definitive Grenzen stoßen. Psychisches ist für soziale Systeme prinzipiell unverfügbar. Auch diese radikale Trennung von Psychischem und Sozialem ist charakteristisch für Luhmanns Theorieentwurf; sie ist es vor allem, die neben der eingangs erwähnten Aufsaugung der Differenz von System und Lebenswelt bei Habermas und anderen auf schärfsten Widerspruch gestoßen ist.

(d) Der Analysetypus, den Luhmann bezüglich der Selbsterzeugung sozialer Systeme verwendet, ist dem der phänomenologischen Reduktion Husserls verwandt. Ging es bei Husserl darum, eine Analyserichtung, die Bewußtseine als Weltstücke betrachtet, auszutauschen durch eine transzendentale Betrachtungsweise, die in der Richtung des Leistungsstroms des Bewußtseins selbst sich bewegt, so geht es auch bei Luhmann darum, soziale Systeme nicht als vorgegebene Objekte zu nehmen, sondern die Perspektive der Selbsterzeugung in der Analyse sozialer Systeme selbst einzunehmen. Von diesem prinzipiellen Ansatz her erklärt sich die immer wieder auftauchende Kritik am »Ontologismus« der herkömmlichen soziologischen Theoriebildung. Auch wenn alles Soziale vorgegeben ist und die Analyse von der Existenz sozialer Systeme den Ausgang nimmt, werden diese in der Theorie dennoch nicht wie gegebene Objekte *betrachtet*.

Mit dieser »phänomenologischen Wende« hängt die Konzentration des Blicks auf die innere Kohärenz sozialer Systeme zusammen. Diese Aufmerksamkeitsverschiebung wird erkauft mit einer Abblendung von System-Umweltproblemen, für deren Analyse das ältere, kybernetische Paradigma der Systemtheorie entwickelt worden war. Wo das autopoietische Prozedieren von Systemen in das Zentrum der Begriffsbildung rückt, geht es nicht mehr um die

Analyse von »Beiträgen« von Systemen füreinander, nicht mehr um den Austausch von Leistungen und die Verträglichkeit von System-Outputs eines Systems für andere Systeme. Die Aufmerksamkeit ist abgezogen von funktionalen Erfordernissen, von den desintegrativen Folgen der Differenzierung und von systemischen Mechanismen, wie z. B. Rückschleifen. Weil aber auf diesen Begriffsapparat nicht verzichtet werden kann, hat z. B. Varela (1984) in bezug auf biologische Systeme zwei Analysetypen unterschieden: Input-Output-type und Closure-type. Während für erstere die Welt ein Bild ist (gemeint ist: sie rechnet mit der Vorgegebenheit der Objekte und ihrer Präsentation in Subjekten durch Abbildung), nimmt die letztere die gut phänomenologische Perspektive eines »laying down of a world« ein. Selbsterzeugung und Weltentwurf sind dann gleich ursprünglich. Varela hat diese gewandelte Perspektive ausdrücklich mit der Position der Hermeneutik in Verbindung gebracht. Der Wechsel vom System/Umwelt-Paradigma zu dem der Selbstreferenz entspricht dem Wechsel von einer Input-Output-Analyse zur Closure-type-Analyse. Dieser Wechsel ist es, der zugleich die »Phänomenologisierung« der Begrifflichkeit impliziert.

III

Einer solchen Phänomenologisierung kann man nicht vorhalten, daß sie wahr oder falsch sei. Ansätze sind nicht wahr oder falsch wie Sätze. Sie sind fruchtbar oder unfruchtbar, sie heben bestimmte Züge der Realität hervor und schwächen andere ab, sie führen zur Konzentration der Aufmerksamkeit auf bestimmte Züge der Wirklichkeit bei gleichzeitiger Unterbelichtung anderer. Unterbelichtet werden nun m. E. die strukturalistischen oder »systemintegrativen« (Lockwood) Momente der Sozialität. Was hiermit gemeint ist, möchte ich zunächst am Strukturbegriff der Theorie sozialer Systeme selbst zeigen.
Wie im handlungstheoretischen mainstream werden auch bei Luhmann die Strukturen sozialer Systeme als generalisierte Verhaltenserwartungen definiert (1984, 139). Weil soziale Systeme ihre Elemente als Handlungsereignisse temporalisieren, gibt es für sie gar keine anderen Strukturbildungsmöglichkeiten (vgl. 398); soziale Strukturen sind »nichts anderes ... als Erwartungs-

strukturen« (397). Zwar differenziert Luhmann zwischen kognitiven und normativen Erwartungen und verschafft sich damit die Möglichkeit, sich von der empirisch unbestreitbaren Tatsache, daß jede soziale Ordnung auf Normen aufbaut, theoretisch nicht übermäßig beeindrucken zu lassen und damit das Bezugsproblem spezifizieren zu können, im Hinblick auf welches es zu Normierungen kommt. Die »Theorie sozialer Systeme« unterscheidet sich von der Durkheim/Parsons-Tradition ja genau dadurch, daß der Normbegriff nicht mehr als letztinstanzliche Erklärung für die Möglichkeit sozialer Ordnung fungiert. Dies ändert aber nichts an der Bindung des Strukturbegriffs an den Begriff generalisierter Erwartungen. Nicht einmal der Begriff der latenten Struktur dient Luhmann als Ansatzpunkt für eine abweichende begriffliche Fassung. »Wenn statistische Artefakte bzw. Zusammenhänge gemeint sind« – so Luhmann –, »sollte man es bei dem Hinweis darauf belassen« (399). Warum eigentlich? Es sind doch zumindest zwei andere soziologische Strukturbegriffe denkbar: erstens der Strukturbegriff der Sozialstatistik. Demnach sind Strukturen Verteilungen von Merkmalen, die auf Gesamtheiten bezogen sind, wie z. B. die Einkommensverteilung. Einkommensverteilungen sind keine Erwartungsstrukturen. Sind sie deswegen nichts Soziales? Die Antwort hierauf hängt ganz und gar davon ab, ein wie zugespitzter Begriff des Sozialen als Grundbegriff der Soziologie fungiert. Denkt man konsequent auf den Bahnen weiter, die erstmals durch Webers handlungstheoretische Grundbegrifflichkeit eröffnet worden sind, dann ist es nur folgerichtig, lediglich solche Momente des Handlungsprozesses als sozial anzuerkennen, die aus der Perspektive des Handlungsprozesses selbst heraus formuliert sind und alles Übrige in die Kategorie der Handlungsbedingungen abzuschieben[1] (vgl. 278).

Ein zweiter Strukturbegriff, der ebenfalls nicht Strukturen mit generalisierten Verhaltenserwartungen identifiziert, wird von der Politischen Ökonomie und der Makro-Ökonomie verwendet. Es ist derselbe Strukturbegriff, der in der biologischen und physikalischen Forschung vorherrscht, wonach die Struktur eines Systems aus der Gesamtheit der Beziehungen zwischen ihren Elementen besteht. Bei diesem Strukturbegriff sind nicht die Elemente entscheidend, sondern ihre formale Anordnung (vgl. Glaser 1986, 58). Zum Beispiel gehört zu den strukturellen

Eigenschaften einer Geldwirtschaft, daß die Investitionsnachfrage sich auf das Sozialprodukt multiplikativ auswirkt mit einem Faktor, der dem Kehrwert der Sparquote entspricht. Jedenfalls gilt dies für das Modell einer Geldwirtschaft mit autonomen Investitionsentscheidungen, wie Keynes es entwickelt hat. Auch der von Marx in den Schemata der erweiterten Reproduktion herausgearbeitete Sachverhalt, daß eine kapitalistische Wirtschaft nur dann wachsen kann, wenn der Verbrauch an Produktionsmitteln in der Konsumgüterindustrie wertmäßig kleiner ist als die Summe von variablem Kapital und dem Mehrwert der Produktionsmittelindustrie, gehört zu den strukturellen Eigenschaften einer solchen Wirtschaftsform, die sich zwar in Erwartungsstrukturen umsetzen kann, aber keine solche darstellt. Ob es sich hierbei um eine soziale Struktur handelt oder nicht, hängt letzten Endes wiederum von einer Vorentscheidung über den Begriff des Sozialen und damit auch den Begriff der Soziologie selbst ab.

Die gleiche rigorose Abweisung nicht-normativer Strukturen läßt sich an Luhmanns Fassung des Widerspruchs- und Konfliktbegriffs nachweisen. Einerseits wird von Luhmann ausdrücklich in Frage gestellt, daß es einen Sinn mache, von *strukturellen* Widersprüchen zu reden (vgl. 1984, 488, 507), andererseits wird der Widerspruchsbegriff in einer Weise »semantisiert« und versprachlicht, daß »Lebensweltler« hieran ihre helle Freude haben müßten. Als Widerspruch läßt Luhmann lediglich die Unvereinbarkeit von Erwartungen gelten. Das ist für eine Soziologie, die sich als »Sinnwissenschaft« (494) versteht, nur konsequent; dennoch muß die Frage erlaubt sein, ob soziale Widersprüche in der Unvereinbarkeit von Erwartungen aufgehen.

Auf ähnliche Weise ist der Konfliktbegriff am Kommunikationsvorgang selbst festgemacht. Konflikte liegen ausschließlich dort vor, wo Sinnzumutungen abgelehnt werden: »Leihst Du mir Deinen Wagen? – Nein« (530). Ich verkenne nicht die Vorteile einer Veralltäglichung und Banalisierung der Konfliktidee, die dazu führt, den Konfliktbegriff vom dramatisierenden Vorbild des Klassenkonflikts abzulösen. Ebenso übersehe ich nicht, daß die Theorie neue, überraschende Einsichten gewinnt, wenn sie ihre Leitbegriffe auf der Ebene der autopoietischen Kommunikation und nicht der Strukturen des Systems formuliert. Durch diesen Ebenenwechsel wird es z. B. möglich, die Positivität des Konflikts zu entdecken. Wenn »Negieren« auch nicht der Erhaltung von Strukturen dient, »so doch der der Erhaltung der autopoietischen Reproduktion selbst« (556). Gleichwohl kommt man mit diesem Wechsel der Perspektive nicht um den Sachverhalt herum, daß Konflikte und Widersprüche auf der Ebene der autopoietischen Reproduktion der Elemente auf andere Momente der Realität zielen als der Begriff des strukturellen Widerspruchs. Zum Beispiel gibt es Theorien, die eine Inkompatibilität zwischen wirtschaftlicher Effizienz und Sozialstaatlichkeit behaupten. Hinter dieser konkreten Fassung des Widerspruchs verbirgt sich generell die Frage nach der Kompatibilität des Outputs von Systemen füreinander. Lediglich zwischen Konflikten (Widersprüchen) und den strukturellen Bedingungen für Konflikte und Widersprüche zu unterscheiden, ist m. E. keine befriedigende Lösung für das hier angesprochene Problem, einen soziologischen Begriff struktureller Widersprüche zu formulieren. Deren Analyse verlangt die Sprache von feedbacks, von Verstärkungsmechanismen, funktionalen Bezügen, desintegrativen Folgen etc., eine Begrifflichkeit, die mit der Konzentration der Aufmerksamkeit der Theorie auf das Problem der Produktion anschlußfähiger Kommunikationen in den Hintergrund tritt. Durch die Hervorhebung der selbstreferentiellen Geschlossenheit der Systeme auf der Ebene der *Elemente* in einer Closure-type-Analyse ist zugleich bedingt, daß die Fragemöglichkeiten des System-Umweltmodells abgeschwächt werden.

IV

Damit komme ich zu meinem nächsten Punkt: Sind soziale Systeme ausreichend charakterisiert als autopoietische Systeme? Am Beispiel der kapitalistischen Wirtschaft möchte ich diese Frage in zwei Schritten diskutieren:
(a) Ist die kapitalistische *Firma* ein autopoietisches System?
(b) Ist die kapitalistische *Produktionsweise* ausreichend verstanden, wenn sie als autopoietisches System begriffen wird?
Im Lehrbuch wird die Firma üblicherweise analysiert als ein Inputs kombinierendes System, das Outputs an seine Umwelt abgibt; die Firma produziert allopoietisch Outputs, aber nicht autopoietisch die Komponenten selbst, aus denen sie besteht (Arbeitskräfte und Sachkapital). In der allopoietischen Perspek-

tive ist die Firma gerade nicht rekursiv erzeugt »through the interaction of its own products« (Zeleny 1981, 7). Generell ist die Umformung der Inputs zu Outputs festgelegt durch ein »Systemgesetz«, das den Zusammenhang zwischen den Eingangsgrößen und den Ausgangsgrößen determiniert. Für die Firma wird dieses Systemgesetz im einfachsten Fall spezifiziert durch die Angabe einer Produktionsfunktion.

An dieser Firmentheorie ist in der Literatur bekanntlich eine vernichtende Kritik geübt worden. Die Firma ist keine triviale Maschine, die Funktion des Unternehmers reduziert sich nicht auf die Wahl der optimalen Technik, wobei diese Technik eindeutig durch das Preissystem determiniert ist; auch herrscht in der Firma als sozialer Organisation ein komplizierteres Innenleben, als es im Modell des von der Unternehmerentscheidung durchstrukturierten Firmengeschehens faßbar ist. Aber auch wenn man die Firma als eine nicht-triviale Maschine faßt und Unternehmensentscheidungen nicht von Marktlagen eindeutig diktiert sieht, bleibt immer noch die Wahl, ob die Firma thematisiert wird als allopoietischer Produzent von Waren oder als autopoietischer Produzent von Entscheidungen. Gerade diese Wahl wird jedoch nicht getroffen vom Gegenstand der Forschung, sondern vom Forscher selbst.

Es ist Sache der Forschung, die Input-Output-Analyse einzutauschen gegen die Closure-Analyse. Bei letzterer werden nicht mehr Austauschprozesse mit der Umwelt, die Beiträge, die eine Firma an ihre Umwelt liefert, die Frage der Kompatibilität der Firmenleistungen mit der Umwelt etc. relevant, sondern die Autonomie des Systems rückt in den Vordergrund und Umweltfaktoren sinken ab zu Perturbationen, die die Oberfläche des Systems nur »modulieren«. Verschiedene Grade der Radikalität in der Ausarbeitung dieser Perspektive sind denkbar; »ideologischer« Fluchtpunkt ist die Behandlung der Umwelt als einen bloßen Residualfaktor und die Reduzierung der Kopplung von System und Umwelt auf Beobachtungen.[2]

Um aus der Firma als einer offenen Organisation ein rekursiv geschlossenes System von Komponenten und komponentenproduzierenden Prozessen zu machen, sind verschiedene Techniken denkbar. Ein Weg z. B. wäre, den Konsumenten als Abnehmer der Produkte zur Firma selbst hinzuzählen, also die Firmengrenze nicht mehr zwischen Produktion und Konsumtion zu ziehen (so bereits Simon 1976). Der wichtigere, ebenfalls bereits durch Simon vorgezeichnete Weg besteht darin, die Elemente von Organisationssystemen neu zu definieren. Der »Clou« der *Verhaltens*theorie der Firma besteht ja genau darin, zu zeigen, wie Organisationen in Begriffen von Entscheidungsprozessen analysiert werden können (vgl. Simon 1976, ix). Den Anstößen von Simon folgend, hat auch Luhmann (1981, 335 ff., insbesondere 339 ff.) Organisationen als Systeme konzeptualisiert, die aus Entscheidungen bestehen. Wenn Entscheidungen die Letztelemente von Organisationen sind, dann sind Organisationen autopoietische Systeme im strengen Sinne des Wortes: sie erhalten sich durch die Produktion ihrer Elemente. Die Zerlegung von Entscheidungen z. B. führt zu nichts anderem als Entscheidungen und die Verbesserung von Entscheidungen ist nur durch Entscheidungen möglich (vgl. Luhmann 1981, 344).

Die gleiche Überlegung läßt sich für die kapitalistische Wirtschaft als ganze anstellen. Ist sie ein offenes oder ein geschlossenes System – geschlossen im Sinn der Zirkularität? Für die Diskussion dieser Frage, die nicht dadurch in eine falsche Frontstellung geraten darf, daß die rekursive Geschlossenheit eines Systems verwechselt wird mit dem Begriff des geschlossenen Systems im Input-Output-Modell, das weder Stoff noch Energie mit seiner Umwelt austauscht, gibt es ein Vorbild in den in der ökonomischen Theorie entwickelten Modellen für die Gesamtwirtschaft. Leontief hat ein offenes Modell für die Analyse gesamtwirtschaftlicher Zusammenhänge zugrunde gelegt. Das Modell ist offen, weil die Wirtschaft nach außen Outputs abgibt und wenigstens einen primären Input verwendet, der nicht vom System selbst erzeugt ist. Im geschlossenen Modell dagegen werden alle Outputs zugleich als Inputs verwendet. Ein solches System produziert alle Komponenten, aus denen es besteht, selbst. Sraffa hat in seiner »Warenproduktion mittels Waren« (1960) die kapitalistische Wirtschaft als ein solches rekursiv geschlossenes System analysiert, dessen einzelnes Element die Ware ist. Jedes im System verwendete Element wird durch dieses selbst erzeugt. Mathematisch ist der Übergang vom offenen zum geschlossenen System recht simpel: man füge zu der Leontief-Produktions-Matrix einen Spaltenvektor des Arbeiterkonsums und einen Zeilenvektor des Arbeits-Inputs hinzu und schon ist das System geschlossen.

Aber ist eine kapitalistische Wirtschaft vollständig begriffen, wenn man sie als rekursiv geschlossenes System konzipiert? Wiederum hängt die Entscheidung dieser Frage davon ab, welche Sachverhalte als Letzteinheiten des Systems gewählt werden und welche Implikationen eine solche Wahl hat. Bilden Waren (Sraffa) oder Zahlungen (Luhmann) die Letzteinheiten des Systems, dann ist die kapitalistische Wirtschaft rekursiv geschlossen. Wählt man Waren als Letzteinheiten des Systems, dann wird zur alles entscheidenden Grundfrage der Theorie, ob und in welchem Sinne die Arbeitskraft eine Ware ist. Sraffa hat es für ausreichend gehalten, die Ware Arbeitskraft durch den Arbeiterkonsum im System zu repräsentieren; Marx hat die Arbeitskraft immerhin für eine *besondere* Ware gehalten und Polanyi hat bezüglich der Arbeitskraft von einer »Warenfiktion« gesprochen. Wenn die Arbeitskraft umstandslos unter die Waren gerechnet wird, die vom System als seine Elemente produziert werden (bei Sraffa durch den »Trick«, an die Stelle der Arbeiter den Arbeiterkonsum zu setzen), dann entschwinden Probleme aus dem Blick, die sich z. B. aus der Tatsache ergeben, daß ein solches System auf die dauerhafte Zufuhr von Arbeitskraft angewiesen ist, die es nicht selbst herstellt und daher Mechanismen entwickeln muß, diese Zufuhr zu sichern. Generell werden alle in den verschiedenen Versionen einer »Kolonisierungstheorie« entwickelten Problemfronten abgeblendet, die daraus herrühren, daß ein kapitalistisches System nicht völlig aus sich selbst, sondern auch von einem »anderen« lebt.

Welche Perspektive ist nun die richtige, die autopoietische oder allopoietische? Meines Erachtens besteht der durch diese Frage erzeugte Zwang zu einer Wahl nur zum Schein. Eine dritte Möglichkeit, die den Zwang dieser zum Schein bestehenden Alternative durchbricht, besteht darin, jedenfalls auf der Ebene der Gesamtgesellschaft und ihrer Teilsysteme für ein »Autopoiesis-Allopoiesis interplay« (Andrew 1981) zu plädieren. Für die Beschreibung von Wirtschaftssystemen, hat Andrew gemeint, gibt es keine Alternative zum Gebrauch allopoietischer Begriffe wie »goal« und »feedback« (162).

Läßt man sich auf diesen Vorschlag ernstlich ein, dann erscheinen Autopoiesis und Allopoiesis eher als komplementäre denn als exklusive Charakterisierungen eines Systems (Varela 1981, 39, vgl. Varela 1984).

In der Soziologischen Theorie gibt es nun m. E. eine Parallele zu dem epistemologischen Streit in der Kybernetik und der Biologie, die auf die von Lockwood (1971) eingeführte Unterscheidung zwischen Systemintegration und Sozialintegration zurückführbar ist. Die Integration der Gesellschaft läßt sich weder ausschließlich als Sozial- noch als Systemintegration verstehen (vgl. Habermas 1981, Band II, 226). Da *keine* der beiden hiermit bezeichneten Begriffsstrategien befriedigend ist, bedarf es einer zweistufig konzipierten Gesellschaftstheorie. Obwohl unklar ist, welche Art von Offenheit gemeint ist, die des Input-Output-Modells oder die des Closure-type-Modells, scheint Luhmann dies anzuerkennen, wenn er einräumt, daß gerade die voll durchmonetarisierte Wirtschaft zugleich ein offenes und ein geschlossenes System bildet (vgl. 1984, 622, 624, 626).

V

Was folgt aus der Selbstreferenz sozialer Systeme für das Problem der Ermöglichung gesamtgesellschaftlicher Rationalität? Dieser Frage möchte ich mich abschließend zuwenden. Die »Theorie sozialer Systeme« will erklärtermaßen keine Gesellschaftstheorie sein. Gleichwohl hat sie unverkennbar gesellschaftstheoretische Implikationen. Insbesondere im 11. Kapitel wird explizit der Anspruch aufgestellt, daß der »kommunikationstheoretische Ansatz« (!) auch makrosoziologische Hypothesen bilden kann. Makrosoziologische Qualität gewinnt dieser Ansatz dadurch, daß die Grundidee der »Reflexivität« oder »Selbstreflexivität« auf das Gesellschaftssystem angewandt wird. Auffällig ist nun, daß im 11. Kapitel zwei Klarstellungen bezüglich des Konzepts der Selbstreferenz erfolgen, die in dieser Deutlichkeit jedenfalls vorher nicht getroffen wurden. Erstens: Selbstreferenz kann immer nur mitlaufende Selbstreferenz sein; das Selbst besteht nie aus reiner Selbstreferenz (604). Die Erörterung der eigentlich spannenden Frage, ob der Gesichtspunkt des »Sich-Selbst-Meinens« dominant vor der »Bezugnahme auf anderes« rangiert, wird jedoch ausgespart. Zweitens werden drei Formen der Selbstreferenz unterschieden: basale, Reflexivität und Reflexion. Auf der Ebene der Gesamtgesellschaft wird allein die letztere relevant; aber gerade sie erfüllt nicht den strengen Begriff der Autopoiesis.

Für die Erörterung der Frage der gesamtgesellschaftlichen Rationalität (Können Gesellschaften eine vernünftige Identität ausbilden? – J. Habermas) hilft das Autopoiesiskonzept nicht recht weiter. Einmal, weil es kaum möglich ist, die autopoietische Reproduktion auf der Gesellschaftsebene zu gefährden. Solange die Gattung sich nicht physisch selbst auslöscht, läuft die autopoietische Kommunikation weiter. Nur der Strukturbestand ist von Änderungen bedroht, nicht aber die Kontinuierung von Kommunikationen. Sodann ist es fraglich, aufgrund welcher Eigenschaften Kommunikationen solche Auswirkungen auf ihre Umwelt haben, daß diese wieder negativ auf die Gesellschaft zurückwirken. Irrational wird für Luhmann die Gesellschaft ja nur dann, wenn sie den Gesichtspunkt ausblendet, welche Rückwirkungen auf die Gesellschaft die Beeinträchtigung der Umwelt durch die Gesellschaft hat. Dementsprechend verhält sich ein soziales System dann rational, wenn es »seine Einwirkungen auf die Umwelt an den Rückwirkungen auf es selbst« kontrolliert. Es ist aber nicht recht zu sehen, von welcher Qualität von Kommunikationen die negative Wirkung auf die Umwelt abhängig sein soll. Jedenfalls für die natürliche Umwelt der Gesellschaft könnte man in Abwandlung eines Wortes von H. Bonus sagen, daß, so harmlos Geld für die Umwelt ist, so wenig Kommunikationen die Umwelt schädigen können.[3] Mag Luhmann vielleicht die Unangebrachtheit des strengen Autopoiesiskonzepts für das Problem der Zukunft des Gesellschaftssystems geahnt haben; verräterisch ist jedenfalls, daß der Begriff der Autopoiesis in den gesellschaftstheoretischen Partien wenig benutzt wird und dafür das klassische Konzept der funktionalen Differenzierung wieder in den Vordergrund rückt. Unbestritten bestehen Zusammenhänge zwischen verstärkter Ausdifferenzierung gesellschaftlicher Funktionssysteme und dem Reflexivwerden funktionswichtiger Prozesse (621). Aber die Kausalitäten bleiben unklar. Drückt sich in funktionaler Differenzierung die Reflexivität des Gesellschaftssystems aus oder ist funktionale Spezifizierung eine Voraussetzung für Reflexivität? Luhmann scheint eher das letztere zu meinen: »Erst mit der Umstellung des Gesellschaftssystems von stratifikatorischer auf funktionale Differenzierung wird es nötig, die mitlaufende Fremdreferenz durch mitlaufende Selbstreferenz zu ersetzen, weil die neue Differenzierungstypik die hierarchische Weltordnung sprengt und die Funktionssysteme autonom setzt« (624 f.).

Die gesellschaftstheoretisch entscheidende Auswirkung dieser Differenzierungsform ist der Wegfall einer »Ganzheitsidee«; »nur noch funktionsbezogene Formen« können »als Selbstbeschreibung wirklich funktionieren, wirklich in das System selbst und seine laufende Kommunikation eingegeben werden« (629). Daher besteht nicht »viel Aussicht auf solche Zentralfusionen in einer letzten Einheit von Differenz, zu der dann keine Distanz mehr möglich ist, so daß jedermann aus Gemeinsinn einstimmt« (599), und, möchte man hinzufügen, der Differenzierung sei Dank, besteht sie nicht.

An dieser Stelle ergibt sich gleichwohl eine interessante Parallele zum gesellschaftstheoretischen Entwurf von J. Habermas. Auch bei ihm ist die Gesamtgesellschaft nicht mehr als »höherstufiges Subjekt« (Habermas 1985, 415) konzipiert. Habermas sieht klar genug, daß eine Krisenbewältigung im Großformat die »Selbsteinwirkung der Gesellschaft auf sich selbst« voraussetzen würde, daß die Gesamtgesellschaft eine selbstbezügliche Einheit wie ein Subjekt bildet. »Ohne ein selbstbezügliches Makrosubjekt ist so etwas wie eine selbstreflexive Erkenntnis der gesellschaftlichen Totalität ebenso wenig denkbar wie die Einwirkung der Gesellschaft auf sich selbst« (415). Während nun für Luhmann der Gedanke einer zentralen Selbstreflexions- und Selbststeuerungsinstanz moderner Gesellschaften mit der Idee funktionaler Differenzierung unvereinbar ist, möchte Habermas wenigstens das Konzept einer Selbstwahrnehmung oder Selbstreflexion der Gesellschaft gerettet wissen (vgl. 435). Zwar fehlt modernen Gesellschaften die Fähigkeit zur Selbst*steuerung* im ganzen, aber sie besitzen nach Habermas immerhin schwache Fähigkeiten zur Selbst*verständigung* (418). Als Ort solcher Selbstverständigung und Identitätsbildung fungiert die bürgerliche Öffentlichkeit, in der politische Diskurse organisiert und moralisch-praktische Argumente ausgetauscht werden können.

Genau hiervon will die Systemtheorie nichts wissen. Die Politik ist von den Forderungen moralisch-praktischer Rechtfertigung tunlichst freizuhalten. Um dies am Beispiel der Genforschung deutlich zu machen: zwischen den Folgeproblemen des wissenschaftlich-technischen Fortschritts auf der einen Seite und dem Ordnungsvermögen einer Ethik auf der anderen Seite gibt es keine Zusammenhänge (vgl. Luhmann 1985, 1). Die »Moral der Moral« kann daher nur sein, die Dinge »auf einer

Ebene höherer Amoralität zu ordnen« (4), also durch reines positives Recht.
Damit ist die Frage nach der gesamtgesellschaftlichen Funktion moralisch-praktischer Verständigungsprozesse für die Kontinuierung der Gesellschaft aufgeworfen; ich halte dies nicht nur für eine Grundfrage der Gesellschaftstheorie, sondern auch für eine eminent praktische Frage.
Mit wachsender Bevölkerungszahl wird die Schwierigkeit bis zur Unmöglichkeit gesteigert, daß alle sich auf dieselben Werte diskursiv einigen. Die einen mögen etwa die gesellschaftliche Ordnung der Bundesrepublik für ein »Schweinesystem« halten, die anderen für die beste Ordnung, die je »auf deutschem Boden« existierte. Hinzu kommt, daß öffentliche Diskussionen ein schwer kontrollierbares Mittel zur Erzeugung von Konsens sind. Unter Umständen erhöhen sie das Neinsagepotential, erzeugen also gerade nicht Konsens, sondern vermehren den Dissens. Die wichtigsten Hemmnisse, die der Konsenserzeugung im Wege stehen, liegen einerseits in der Bevölkerungszahl; daß der gesellschaftliche Ort der konsensstiftenden Rede eher lokale als globale Strukturen sind, läßt sich schon bei Max Weber nachlesen. Auf der anderen Seite sind Interessenlagen außerordentlich wirksame Hebel, die der Konsenserzeugung entgegenstehen. Wo sie noch durch Rechtspositionen verstärkt werden, helfen Argumente kaum. Auch dies steht schon bei Weber.
Aber auch wenn eine vollständige Rechtfertigung einer jeden gesellschaftlichen Praxis ein undurchführbarer Gedanke ist; ist deswegen Verständigung gesamtgesellschaftlich funktionslos? Zwar ist der gesamtgesellschaftliche Diskurs in der Form einer thingähnlichen »Versammlung der mündigen Bürger« nicht nur praktisch ein Unding, aber Diskussionen – etwa über die Genforschung oder den § 116 des Arbeitsförderungsgesetzes – durchsetzen den Gesellschaftsprozeß und lassen sich in kein Teilsystem einsperren.[4] Die Funktion solcher Diskussionen ist immer wieder als Erzeugung von Legitimität beschrieben worden. Diese Legitimitätsstiftung über öffentliche Diskussionen unterscheidet sich grundsätzlich von einer bloßen Ventilfunktion. Für das Parlament hat Böckenförde diesen Sachverhalt bei der Begründung seiner abweichenden Meinung zum Urteil des Bundesverfassungsgerichtes über die Beteiligung der Fraktion der Grünen an der politischen Kontrolle der Geheimdienste noch einmal unter-

strichen: »Es ist die allgemeine Beteiligung an der politischen Willensbildung im Parlament, der daraus hervorgehende Prozeß allgemeiner geistig-politischer Diskussion und Auseinandersetzung, die das innere Recht und die Legitimation der Mehrheit begründen, Entscheidungen der bzw. für die Volksvertretung zu treffen. Das eine ist vom anderen nicht ablösbar« (Böckenförde 1986). Ohne diese Verankerung in einer Legitimität verliert das Recht jene Steuerungsfunktion, die es durch Positivierung gewonnen hat. Auch Luhmann scheint dies zu sehen. Das Recht, schreibt er (1984, 441), »läßt nur noch änderbares positives Recht zu ... mit dem Zwang zur Paradoxie, an mindestens einer Stelle das Gegenteil doch noch behaupten zu müssen.«

Ähnliche Überlegungen lassen sich für andere Funktionssysteme anstellen. Angesichts der Hartnäckigkeit, mit der sich z.B. die Wirtschaft weigert, sich an der Vorstellung der Einheit ihrer selbst und der Umwelt anstatt an der Differenz zu ihrer Umwelt zu orientieren, sich also weigert, im Sinne der »Theorie sozialer Systeme« Rationalität in das Funktionssystem einzuführen, wird die Sensibilisierung der Wirtschaft für Umweltprobleme durch eine diskutierende Öffentlichkeit immer dringlicher. Jedenfalls sehe ich nicht, wie das »doch auch nötige Ja zur Gesellschaft« (550) ohne das Element der Verständigung über gemeinsame Werte stabilisiert werden kann.

Anmerkungen

* Für kritische Kommentare und hilfreiche Hinweise habe ich den Kollegen D. Baecker, H. Ganssmann, G. Ortmann, G. Teubner, H. Tyrell, H. Willke und – nicht zuletzt – N. Luhmann zu danken.
1 Luhmanns systemtheoretischer Ansatz teilt mit der soziologischen Handlungstheorie diese Reduktion sozialer Tatsachen auf kommunizierte Tatsachen. »Wenn sich niemand aufregt, dann ist auch nichts passiert«. Daß »die Flüsse zu warm werden, die Wälder absterben«, heißt es in einer neuen Publikation des Autors (Luhmann 1986, S. 63) deutlich genug, »mag der Fall sein oder nicht der Fall sein, erzeugt ... jedoch keine gesellschaftliche Resonanz, solange nicht darüber kommuniziert wird«. Gilt dies für alle Tatsachen? Reichen z. B. die Auswirkungen von Änderungen der Sozialstruktur nur genau so weit, wie sie auch thematisiert werden? Luhmann bindet Tatsachen an Feststellun-

gen über Tatsachen und Realität an Wahrnehmungen (vgl. Luhmann 1986, S. 47) und bezeichnet diese Auffassung selbst als »konstruktivistisch« (ebd.).

Mit dem »erwartungsbezogenen Strukturbegriff«, so Luhmann in einer brieflichen Mitteilung an den Verfasser, sollen Zusammenhänge ausgeschlossen werden, die »völlig außerhalb der Kommunikation liegen; und das entspricht meinem Eindruck, daß die Bedeutung von latenten Strukturen und Funktionen seit Freud immens überschätzt wird«. Konsequent zu Ende gedacht führt dieser Ansatz wie in der phänomenologischen Tradition zur Auflösung der gesellschaftlichen Realität in die Mannigfaltigkeit von Wirklichkeiten und Sinnprovinzen, die sich je nach Systemreferenz unterscheiden und deren Einheit problematisch ist.

2 Es soll nicht behauptet werden, das System/Umwelt-Paradigma und das Paradigma autopoietischer, selbstreferentiell-geschlossener Systeme seien einander ausschließende Gegensätze. Der letztere Ansatz kann Universalität ja nur insofern beanspruchen, als es ihm gelingt, die System/Umwelt-Theorie in sich aufzunehmen. Das Problem besteht aber in dem möglichen »Rollenwechsel« der Umwelt beim Übergang vom System/Umwelt-Paradigma zu dem der Autopoiesis. Der Zusammenhang zwischen beiden Ansätzen besteht darin, daß in demselben Akt, in dem ein System durch Selbstselektion aus seiner Umwelt entsteht und es sich selbst gegen die Umwelt abgrenzt, auch ein autopoietischer Kommunikationszusammenhang sich herausbildet. Die Bildung einer System/Umwelt-Differenz und die Konstitution eines autopoietischen Operationszusammenhangs fallen insoweit zusammen. Die zentrale Frage aber ist, welche Relevanz der Umwelt für die Fortsetzung autopoietischer Operationen beigemessen wird. Im Autopoiesis-Ansatz kommt die Umwelt praktisch nur noch als Quelle von Störungen und Irritationen in Betracht. »Die primäre Zielsetzung autopoietischer Systeme ist immer die Fortsetzung der Autopoiesis ohne Rücksicht auf die Umwelt« (Luhmann 1986, S. 38). In erster Linie reagieren solche Systeme auf sich selbst und die je eigenen Zustände. Das theoretische Interesse richtet sich dementsprechend primär auf die Binnenoperationen des Systems. Die Innendetermination prädominiert die Außendetermination, und externe Kausalitäten können überhaupt nur wirksam werden nach Maßgabe interner Selektionsprozesse.

3 Ich sehe nicht, wie bei einem auf »das umfassendste System sinnhafter Kommunikation« (Luhmann 1986, S. 62) reduzierten Gesellschaftsbegriff von einer Gefährdung der Umwelt oder gar der Selbstgefährdung der Gesellschaft (über Umweltgefährdungen) gesprochen werden kann. Soweit die Gesellschaft »aus nichts anderem als aus Kommunikationen« besteht (ebd., S. 24) und sie sich kontinuiert durch die »Reproduktion von Kommunikation durch Kommunikation«, ist sie erst dann

gefährdet, wenn der physische Fortbestand der »Gattung« auf dem Spiel steht. Ja, nicht einmal die Aussicht eines atomaren Holocaust gefährdet die autopoietische Reproduktion; angesichts der Bedrohung nehmen Kommunikationen eher sogar zu. Entweder geschieht autopoietische Reproduktion oder sie bricht ab. Mehr läßt sich vom Standpunkt der Autopoiesis aus nicht sagen. Zur adäquaten Thematisierung der Umweltgefährdung und Selbstgefährdung der Gesellschaft bedarf es der Auszeichnung von Sollwerten, der Angabe bewahrenswerter Bestände, wünschenswerter Strukturen etc.

4 Auch in einem funktional differenzierten Gesellschaftssystem, räumt Luhmann (1986, S. 75) ein, gibt es »funktional nicht zugeordnete oder mehrdeutig zugeordnete Kommunikation ... etwas hochtrabend: lebensweltliche Kommunikation«. »Gesellschaftlich folgenreiche Kommunikation«, postuliert der Verfasser jedoch, bleibe »auf die Möglichkeiten der Funktionssysteme angewiesen« (ebd.). Mit dieser theoretischen Vorentscheidung fallen soziale Bewegungen als relevante Kräfte sozialen Wandels eigentlich weg. Dementsprechend vermag Luhmann bei den neuen sozialen Bewegungen »mehr als ein resigniertes Kommentieren des Untergangs im Stile von Adorno und Gehlen« nicht auszumachen (S. 236).

Literatur

Andrew, A.M. (1981), Autopoiesis-Allopoiesis Interplay. In: Zeleny (1981), S. 157-166.

Berger, U. (1984), Wachstum und Rationalisierung der industriellen Dienstleistungsarbeit. Zur lückenhaften Rationalität der Industrieverwaltung. Frankfurt.

Böckenförde, E. W. (1986), »Es darf keine verschiedenen Klassen von Abgeordneten geben.« (Abweichende Meinung vom Grünen-Urteil des Bundesverfassungsgerichtes). Frankfurter Rundschau, 25. 1. 86.

Glaser, R. (1986), Biophysik. 3. Aufl. Stuttgart.

Habermas, J. (1981), Theorie des kommunikativen Handelns. Zwei Bände. Frankfurt.

Habermas, J. (1985), Der philosophische Diskurs der Moderne. Zwölf Vorlesungen. Frankfurt.

Hayek, F. A. von (1969), Freiburger Studien. Ges. Aufsätze. Tübingen.

Honneth, A. (1985), Kritik der Macht. Reflexionsstufen einer kritischen Gesellschaftstheorie. Frankfurt.

Joas, H., 1984: Die unglückliche Ehe von Hermeneutik und Funktionalismus. In: Honneth, A., Joas, H. (1986), Kommunikatives Handeln. Frankfurt, S. 144-176.

Lockwood, D. (1971), Soziale Integration und Systemintegration. In: Zapf, W., Theorien sozialen Wandels. Köln–Berlin, S. 124-137.

Luhmann, N. (1981), Organisation und Entscheidung. In: ders., Soziologische Aufklärung 3. Soziales System, Gesellschaft, Organisation. Opladen, S. 335-389.

Luhmann, N. (1984), Soziale Systeme. Grundriß einer allgemeinen Theorie. Frankfurt.

Luhmann, N. (1985), Können wir alles, was wir dürfen? Manuskript, Bielefeld.

Luhmann, N. (1986), Ökologische Kommunikation. Kann die moderne Gesellschaft sich auf ökologische Gefährdungen einstellen? Opladen.

Malik, F. (1984), Strategie des Managements komplexer Systeme. Ein Beitrag zur Management-Kybernetik evolutionärer Systeme. Stuttgart und Bern.

Schimank, U. (1985), Der mangelnde Akteurbezug systemtheoretischer Erklärungen gesellschaftlicher Differenzierung – Ein Diskussionsvorschlag. In: Zeitschrift für Soziologie, Jg. 14, S. 421-434.

Simon, H. A. (1976), Administrative Behavior. London (1. Aufl. 1945).

Sraffa, P. (1976), Warenproduktion mittels Waren. Frankfurt (engl. Originalausgabe 1960).

Teubner, G. (1986), Hyperzyklus in Recht und Organisation. Zum Verhältnis von Selbstbeobachtung, Selbstkonstitution und Autopoiese. In diesem Band, S. 89 ff.

Varela, F. J. (1981), Describing the Logic of the Living. In: Zeleny (1981), S. 36-48.

Varela, F. J. (1984), Two Principles for Self-Organization. In: Ulrich, H., Probst, G. J. B. (Hg.), Self-Organization and Management of Social Systems. Berlin, S. 25-32.

Zeleny, M. (1981), Autopoiesis. A Theory of Living Organization. New York, Oxford.

II
Sinn und Unsinn

Alois Hahn
Sinn und Sinnlosigkeit

1. Talbewohner und Lawinen

Normalerweise beteilige ich mich an der Konstruktion von Theorien auf höchstem Abstraktionsniveau sehr selten. Mir geht es in dieser Hinsicht wie dem Bewohner eines Alpendorfes, der sich darauf beschränkt, vom Tal aus den ewigen Schnee der Gipfel zu bewundern und, was seine eigenen Zwecke anbetrifft, sein Gärtchen mit dem Wasser begießt, das in getauter Form herunterplätschert. Mit Freud könnte man sich vielleicht damit begnügen, »als ehrlicher Kleinbauer auf dieser Erde seine Scholle zu bearbeiten«, aber es gibt eben Situationen, in denen man, ohne sich Illusionen über die Zukunft zu machen, keineswegs mit Heine sagen darf: »Den Himmel überlassen wir den Engeln und den Spatzen«.
Manchmal kann man die Gipfel nicht sich selbst überlassen, und zwar dann, wenn ganze Lawinen vom Gipfel stürzen und die Arbeit im eigenen Gärtchen unmöglich zu machen drohen. Dann muß auch der theoretische Kärrner zur Schippe greifen und den Schnee zurückschaufeln. Eine solche Lawine ist nun mit Luhmanns These von der Unmöglichkeit des Sinnverlusts oder der Sinnlosigkeit der Behauptung, es könne so etwas wie Sinnlosigkeit des Daseins überhaupt geben, für mich zu Tal gegangen. Wie viele Religionssoziologen habe nämlich auch ich immer wieder davon gesprochen und darüber geschrieben, daß Menschen unter bestimmten Umständen ihr Leben für sinnlos halten oder daß die Theodizeen der Hochreligionen Antworten auf die Erfahrung von Sinnverlust seien. Sätze wie der folgende wären ja, wenn Luhmann mit seiner These recht hätte, illegitim: »Die Sinnlosigkeit der rein innerweltlichen Selbstvervollkommnung zum Kulturmenschen... folgte für das religiöse Denken ja schon aus der – von eben jenem inner-weltlichen Standpunkt aus gesehen – offenbaren Sinnlosigkeit des Todes, welcher, gerade unter den Bedingungen der ›Kultur‹, der Sinnlosigkeit des Lebens erst den endgültigen Stempel aufzuprägen schien« (M. Weber: Gesammelte Aufsätze zur Religionssoziologie, Bd. 1, Tübingen ⁴1947, S. 569).

Für Luhmann ergibt sich demgegenüber aus der Selbstreferentialität von Sinn, daß auch die Subjekt-Theorie, wenn sie diese ernst nähme, zu der Konsequenz gelangen müßte, »... daß es auch für sie nichts mehr geben kann, was nicht als Sinn erscheint. Die Rede von ›Sinnverlust‹, ›Sinngefährdung‹, ›Sinnlosigkeit des Daseins‹ (in der Moderne!) müßte dann auch von diesem Theorieansatz aufgegeben werden« (Soziale Systeme (1984), S. 108).

2. Ein Beispiel aus der therapeutischen Praxis

Indessen war mir der mögliche praktische Wert der Luhmannschen These von der Unmöglichkeit der Daseinssinnlosigkeit durchaus bewußt. Bevor ich mich also ans Geschäft der theoretischen Widerlegung machte, versuchte ich eine praktische Anwendung: Ein Therapeut aus meinem Bekanntenkreis behandelt schon seit einiger Zeit einen suizidgefährdeten Philosophiestudenten, der seine selbstmörderische Absicht mit dem Hinweis auf die Sinnlosigkeit seiner Existenz begründet. Ihm drückten wir Luhmanns neues Werk in die Hand, damit er die Unhaltbarkeit seines Vorhabens einsehe. Und tatsächlich, erst einmal entschlossen weiterlebend, las er das Buch. Neulich traf ich meinen Freund wieder. Auf die Frage nach dem therapeutischen Erfolg der systemtheoretischen Kur erhielt ich zur Antwort, daß der Patient sich zwar immer noch umbringen wolle, aber seine Absicht inzwischen auf einem der Theorieentwicklung angemessenen höheren Begründungsniveau rechtfertige.

3. Nur ein Detail

Nach dieser Erfahrung und um dem Vorwurf der berüchtigten »misplaced concreteness« zu entgehen, versuchte ich eine immanente Widerlegung der einschlägigen Luhmannschen Thesen, wohl eingedenk, daß das, was aus der Perspektive des Talbewohners ein ernsthaftes Problem ist, vom Gipfel aus betrachtet ein kaum wahrnehmbares Detail ist. Es geht nur darum, in einem Nebenzimmer der Theorie ein Bild umzuhängen.

4. Die Vergegenwärtigung des Endes

Während für alle anderen Systeme gilt, daß sie entweder existieren oder nicht, gilt für Sinn-Systeme, daß sie ihr Ende nicht erst am Ende sind. Die Autopoiesis der Sinn-Systeme kann das Ende vom Zeitpunkt, wo es wirklich eintritt, ablösen und als permanente Möglichkeit, die aber irgendwann unvermeidlich wirklich wird, durch Selbstthematisierung perpetuieren, in seiner Wirklichkeit aktualisieren. Während andere Systeme, solange sie leben, unsterblich sind, kann das Bewußtsein und können soziale Systeme ihre Sterblichkeit zur Selbstbeschreibung verwenden.

Wenn das stimmt, dann muß auch die These modifiziert werden, daß »Sinnlosigkeit nie durch Negation von Sinnhaftigkeit gewonnen werden kann« (Soziale Systeme (1984), S. 96). Nach Luhmann ist demgegenüber Sinnlosigkeit ein Spezialproblem, das überhaupt nur im Bereich der Zeichen möglich ist und das in der Verwirrung von Zeichen besteht (ebd., S. 96).

Nun ist Luhmann natürlich zunächst zuzugeben, daß Sinn-Systeme, solange sie existieren, auf Sinn festgelegt sind. Sie haben für Sinn keine Alternative. Aber heißt es nicht, die Reichweite des Sinnbegriffs selbst unnötig zu begrenzen, wenn man ihm die Möglichkeit beschneidet, nicht sein Gegenteil zu *sein*; das wäre in der Tat unmöglich, wohl aber, es für Selbst-Beschreibung zu verwenden?

Denn für Beschreibungen gilt ja ähnlich wie für Zeichen, daß sie nicht Sinn sind, sondern Sinn haben. Also können sie ihn auch verlieren. Damit ist im übrigen nicht ausgeschlossen, daß sinnlose Zeichen nach Wechsel der Referenzebene höchst sinnvoll sein können. Man kann sogar sagen, daß zur Erzeugung sinnloser Texte sinnstiftende Prozesse erforderlich sind, man denke etwa an das berühmte Beispiel der Ebbinghausschen Experimente, wo die Erzeugung sinnloser Silben gerade die Voraussetzung sinnvoller Gedächtnisleistungstests ist. Hier wird aufgrund der Möglichkeit von Sinnlosigkeit eine Erweiterung des sinnhaften Handelns erreicht. Es kommt auf die Trennung der Ebenen an.

Das Individuum, das sein Leben als ›sinnlos‹ bezeichnet, kann das natürlich nur als weiterhin sinnhaft prozessierendes System tun. Die Selbstbeschreibung des Systems als sinnlos wird insofern nur für Sinn-Systeme möglich, ist also daran gebunden, daß sinnhaftes Handeln und Erleben nicht auf allen Ebenen gleichzeitig aussetzen. Sinnhaftigkeit als virtuell unendliche Möglichkeit von Verweisung schließt den Verweis auf ihr eigenes Gegenteil mit ein. Insofern greift die Formulierung zu kurz, die sagt, solange Sinn-Systeme existieren, prozessieren sie sinnhaft, und wenn sie das nicht mehr tun, ist es zu Ende mit ihnen. Der Grund liegt einmal in der Aktualisierung des Endes als Virtualität und andererseits in der Möglichkeit von Selbstbeschreibungen, in denen das Ganze des Systems als Abstraktion präsentiert wird und als Beschreibung unter Sinnpostulate gerät, wie sie auch für Zeichen gelten. Eine Selbstbeschreibung, die dann ins System zurückwirkt, kann u. U. die Folge haben, daß sich das System selbst zerstört. Die Zerstörung selbst kann freilich ihrerseits bis zur vollendeten Vernichtung nur mittels sinnhaft organisierter Handlungen zustande gebracht werden.

5. Selbstthematisierung und Selbstbeschreibung

Keinesfalls also läßt sich das Problem auf Zeichenverwirrung in engerem Sinne begrenzen. Vielmehr zeigen sich Erfahrungen von Sinnlosigkeit zumindest als Möglichkeit da, wo Systeme Verfahren entdecken, sich als Ganzheiten zum Thema zu machen. Solche Prozeduren sind vermutlich nicht schon mit der Existenz von Sinn-Systemen als solchen unvermeidlich verbunden. Die Selbstthematisierung von Systemen hängt in ihren Formen von historisch höchst variablen institutionellen Voraussetzungen ab. Für die Selbstthematisierung von Individuen in Europa läßt sich jedenfalls sagen, daß es erst seit der Neuzeit möglich wird, das Leben als Ganzes in einer Weise zum Thema zu machen, daß die Frage nach dem Sinn des Ganzen überhaupt gestellt werden kann. Das Leben, so könnte man das auch formulieren, wird nicht in allen Gesellschaften ausdrücklich thematisiert. Es läuft erst einmal bloß ab, es fließt gleichsam. Die Aufmerksamkeit des Handelnden richtet sich auf die Situationen, in denen er sich zu bewähren hat. Dabei spielt sicherlich fallweise auch Vergangenes oder in der ferneren Zukunft Liegendes eine Rolle. Aber nur unter ganz besonderen historischen Umständen wird der Lebenslauf zum Gegenstand von »Biographie«, für die dann anders als für den Lebenslauf selbst Sinnlosigkeit ein sinnvolles Prädikat werden kann. Die Unterscheidung von Lebenslauf und Biographie ist hierbei von größter Bedeutung. Den einen gibt es überall und zu allen Zeiten, die andere nur unter höchst voraussetzungsvollen Bedingungen. In jedem Fall aber ist die Biographie nicht nach dem Vorbild der Spiegelmetapher adäquat symbolisierbar, weil sie gerade den selektiven sinnstiftenden Charakter der Biographie ausblendet. Die Biographie verhält sich gegenüber den Sinngebungsprozessen der ihr vorausliegenden »naiven« Lebensführung reflexiv, ist also eine Art Sinnbildung zweiten Grades. Typischerweise ist eine solche Thematisierung durch besondere institutionelle Grenzen gegenüber dem normalen Alltag abgesichert. Man kann eben im alltäglichen Daseinsvollzug gerade nicht die wie auch immer gewonnene Gesamtbiographie als mehr oder minder deutlichen Horizont seiner Handlungen vor Augen haben. Es geht erst einmal um Näher- oder Nächstliegendes. Als Beispiele für solche Institutionen der biographischen Reflexivität führe ich nur etwa die Beichte oder die Psychoanalyse an. Beide wirken als sozial vorgegebene Angebote zur Erzeugung von Lebensbeschreibung unter bestimmten Auswahlgesichtspunkten. Man könnte von Biographie-Generatoren sprechen. Sie bedürfen typischerweise schon bestimmter räumlicher Distanzierungen vom Üblichen. Beichtstuhl und Couch sind gewissermaßen extraterritoriale Bezirke des Lebenslaufs, von denen auf ihn reflektiert werden kann und nach je besonderen Kriterien Sinn aus Sinn gebildet wird. Die Rede von der Sinnlosigkeit des Daseins hat hier in dieser Sphäre der Reflexivität von Sinn ihren Ort. Sie setzt durchaus ein Funktionieren der Sinnleistungen auf vorreflexiver Stufe voraus und steht dazu keineswegs im Widerspruch. Sinndefizite im Alltag würden sich allenfalls da ergeben, wo die elementare Handlungskompetenz verlorengeht. Wenn jemand plötzlich keinen Schritt mehr machen könnte, weil er kein Kriterium hätte, in welche Richtung der erste gelenkt werden soll, wenn jemand keinen Satz mehr sprechen könnte, weil er angesichts des Sagbaren nicht mehr wüßte, womit überhaupt anfangen, wenn also sein Handeln, Reden und Empfinden zur absolut erratischen, nur aleatorisch zu bestimmenden Sequenz würde, ohne daß zwischen den einzelnen Akten und Erlebnissen sachliche oder soziale Sinnbezüge bestünden, wenn ein derartiger situativer Verlust sinnstiftender Fähigkeiten zum Ordnen spürbar wäre, dann läge eine gleichsam elementare Sinnlosigkeit des Handelns vor. Aber in diesem Falle, wie er sich z. B. bei bestimmten

Formen der Psychose zeigen mag, wird der Charakter des Systems als Sinnsystem selbst fraglich. Doch wenn wir normalerweise von »Sinnlosigkeit« des Handelns oder des Lebens sprechen, dann meinen wir nicht eine solche, auf alle Situationen durchschlagende, elementare »Selektionsohnmacht«.

Wir denken vielmehr an eine Lage, in der die einzelnen Handlungen und Erlebnisse, gegenwärtige, vergangene oder zukünftige, nicht mehr als Momente eines für die Existenz bei aller Mannigfaltigkeit und Heterogenität des Augenblicks konstitutiven Zusammenhangs erfahrbar sind. Unser Leben, so wie wir es uns vor Augen stellen, fügt sich nicht mehr der Regel, die wir als unverzichtbar für eine nicht bloß zufällige Abfolge von Ereignissen ansehen. Es stellt sich wie ein Puzzle dar, das nicht aufgeht.

Allerdings wird daraus Sinnlosigkeit erst dann, wenn zunächst die Regel selbst als Kriterium für Sinn gilt. Nur wenn es Verfahren gibt, das Leben als Ganzes zu repräsentieren, dann kann die jeweilige einzelne Biographie als bloß beliebige Auswahl aus Möglichkeiten erscheinen, die nicht von einer Art existentieller Grammatik gesteuert wird.

6. Institutionelle Voraussetzungen

Institutionen, die Existenz als ganze erst vors Bewußtsein ziehen, sind notwendig, damit die Frage nach Sinnhaftigkeit oder Sinnlosigkeit *des* Lebens überhaupt aufkommen kann. Insofern solche Methoden der Selbstvergewisserung, die normalerweise mit dem Anspruch der Sinnstiftung auftreten (wie z. B. die Beichte oder der Glaube an ein Jenseits), mit dem Argument verteidigt werden, ohne sie sei kein Sinn möglich, übersieht man, daß dies nur für jene Sinnebenen gilt, die durch jene Prozeduren erst erzeugt werden. Das Bedürfnis nach biographischen Sinngebungen entsteht erst, wenn die Biographie selbst als Form selbstverständlich geworden ist. Die Erschütterung über die Darstellung der bloßen Zufälligkeit der Ereignisverkettungen, wie sie moderne Romane auslösen können, entspringt nicht notwendig der Bloßlegung der Wirklichkeitsstruktur als solcher, sondern eher der Enttäuschung einer Erwartung, die vorher durch die Romanform aufgebaut worden ist. Auf die Frage nach dem Sinn von Existenz angewandt, könnte man vielleicht sagen: Durch Erziehung und Umstände sind wir zunächst auf diese Frage festgelegt worden, für die wir dann keine Antwort finden. Damit will ich aber nicht – wie Luhmann – sagen, daß die Frage nach Sinn oder Sinnlosigkeit der Existenz falsch gestellt sei, sondern lediglich, daß es möglich ist zu leben, ohne daß sie sich in der in Europa tradierten Form stellt. Übrigens auch hier natürlich nur bei einer Minderheit von Menschen in einer Minderheit von Situationen. Allerdings: Wenn Existenz als ganze thematisiert wird, dann wird Sinnlosigkeit zumindest möglich. Dabei hängt die Klassifizierbarkeit der Darstellung als sinnlos ihrerseits von den jeweils gültigen Kriterien ab, wobei freilich, historisch gesehen, Konsistenz der thematisierten Momente ein generell wichtiges Erfordernis zu sein scheint.

7. Äquivokationen des Sinnbegriffs?

Ich möchte zum Schluß noch einem naheliegenden Einwand begegnen. Man könnte vielleicht vermuten, daß meine These von der Korrekturbedürftigkeit der Luhmannschen Behauptung, Sinngebungsverlust sei kein möglicher Zustand eines Sinnsystems, ausschließlich auf eine Äquivokation des Gebrauchs des Terminus Sinn zurückgeht, indem ich einen für den elementaren Prozeß der Selbsterhaltung durch Sinnstiftung verwendeten Begriff in die reflexive Sphäre transponiere, wo er sich auf die Konsistenz von Darstellungen bezieht. Demgegenüber wäre aber zu sagen, daß der Sinnbegriff auch bei Luhmann ja nicht als pure indifferente Selektivität gefaßt ist, die jede einzelne Wahl bloß noch temporal mit der früheren und der nächsten verbindet und sich von den synchronen Alternativen nur noch durch das bloße Faktum der Dezision unterscheidet. Auch bei Luhmann ist das sinnkonstituierende Wählenmüssen vor dem Horizont von durch die Wahl selbst nicht getilgtem anderen durch Prädikate wie Anschlußfähigkeit und Verweisungsstruktur näher bestimmt. Ähnlich war schon bei Simmel (hier allerdings bezogen auf den Kommunikationsprozeß) gesagt worden, daß Sinn nur durch Auslese zustande kommt: »So ist nun alles das, was wir einem anderen mit Worten oder etwa auf sonstige Weise mitteilen, auch das Subjektivste, Vertrauteste, eine Auswahl aus jenem seelisch-wirklichen Ganzen, dessen nach Inhalt und Reihenfolge absolut genaue Verlautbarung jeden Menschen... ins Irrenhaus bringen würde« (Soziologie, Berlin, 4. Aufl., 1958, S. 259). Aber diese Auswahl ist – worauf ebenfalls Simmel hinweist – nur dadurch vom Charakter der sinnlosen Beliebigkeit unterschieden, daß sie sich von Kriterien leiten läßt. Simmel spricht von »teleologischer Lenkung«, von Gesichtspunkten »der Vernunft, des Wertes, der Beziehung zum Hörer, der Rücksicht auf sein Verstehen« (ebd.), die im Kommunikationsprozeß sinnstiftend sind. Es waltet also schon auf der elementaren Ebene der Sinnstiftung, durch die Sinnsysteme konstituiert sind, ein Konsistenzprinzip, das für Anschlüsse und Verbindung und über sachliche und soziale (nicht bloß temporale) Verweisungen für Zusammenhang sorgt. Auf dieser Ebene kann – darin ist Luhmann zuzustimmen – dem Sinnsystem der Sinn nur abhanden kommen, wenn es seinen Charakter als Sinnystem verliert. Aber das gilt nicht für die Sphäre der Selbstrepräsentation: Dort kann die faktische Verknüpfung als bloße Beliebigkeit erscheinen und deshalb als »sinnlos«. Es handelt sich bei meinem Versuch, die Rede von der möglichen Sinnlosigkeit des Daseins im Kontext der Systemtheorie sinnvoll sagbar zu machen, nicht um eine Subreption, sondern um die Angabe des legitimen Kontextes solcher Rede. Er ist nicht nur bei gegebener Zeichenverwirrung, sondern auch bei Selbstdarstellungen des Systems gegeben.

8. Sinn in Systemen, die nicht mit Sinn arbeiten

Sinnsysteme müssen Sinn andererseits nicht notwendigerweise monopolisieren. Sie können sie auch anderen Systemen supponieren. Dabei sind sie nicht auf die Restriktionen festgenagelt, die ihnen die Systemtheorie suggeriert. Nicht nur Dasein kann in der reflexiven Perspektive unter Sinnpostulate gestellt werden und diesbezüglich als defizitär empfunden werden. Das gleiche gilt auch für Welt. So wie Max Weber darauf verweist, daß Leben in bestimmten Situationen als sinnlos erfahren wird, so zeigt er auf, daß auch an die Welt der Anspruch gerichtet sein kann, »sinnvoll« geordneter Kosmos zu sein. Dieses Postulat werde dann durch die rationale Wissenschaft der Neuzeit zerstört: »Denn die empirische und vollends die mathematisch orientierte Weltbetrachtung entwickelt prinzipiell die Ablehnung jeder Betrachtungsweise, welche überhaupt nach einem ›Sinn‹ des innerweltlichen Geschehens fragt« (Gesammelte Aufsätze zur Religionssoziologie, Bd. 1, a.a.O., S. 564). Handelnde verbinden offenbar nicht nur mit ihrem eigenen Handeln einen Sinn, sie unterstellen nicht nur, daß andere Personen, wenn sie handeln, damit subjektiv einen – wie schwer auch immer zu verstehenden – Sinn verbinden, sondern sie behandeln unter bestimmten Voraussetzungen auch bloßes Geschehen, als wäre es eine Handlung. Der Sturm, der Regen, die Katastrophe usw. erscheinen dann als Aktionen eines höheren Wesens. Insofern kann auch »an sich« sinnfreie Naturkausalität unter Sinnpostulate geraten. Natur hat dann einen Sinn, läßt sich verstehen. Sie wird analog zu subjektivem Handeln gedeutet. Einerseits sind bei diesem Vorgang ganz universale empathische Unterstellungen am Werke. (Man vergleiche hierzu die ihrerseits u. a. an Max Scheler und Friedrich Tenbruck anknüpfenden Überlegungen von Thomas Luckmann in seinem Aufsatz über die Grenzen der sozialen Welt: »On the Boundaries of the Social World«, in: Maurice Natanson (Hg.), Phenomenology and Social Reality. Essays in Memory of Alfred Schutz. The Hague 1970, S. 73 – 100.) Es muß uns erst ausgetrieben werden, nach der schönen Maxime zu verfahren »Im Frühling ist es billig und recht, auch ein Pferd zu grüßen« (wie die heterodoxe Übersetzung Bergengruens von »Vere dignum et iustum est (a)equm et salutare« lautet) oder die Yamsknollen um Rat zu fragen. Allenfalls in extremen Situationen dürfen auch Erwachsene, die nicht Dichter sind, der Rakete zurufen »Go, Atlas, go!«, wie die Techniker auf Cap Canaveral beim Start. (Das Beispiel verdanke ich Friedrich Tenbruck.) Ansonsten aber sind die Sinngrenzen für uns enger gesteckt. Die Welt ist für den wissenschaftlich gebildeten Menschen von heute kein sinnvoller Kosmos mehr. Der Sinnverlust, der sich hier abgespielt hat, ist eben jener Vorgang der Entzauberung, von der Weber noch als einem tragischen Ereignis spricht. Der Sinnbegriff, der hier zugrunde liegt, ist aber nicht einfach der Transposition des unterstellten subjektiv gemeinten Sinns von Handeln auf Geschehen entsprungen, wenn er auch ohne sie nicht zustande gekommen wäre. Zusätzlich muß auch hier zunächst die Erwartung gebildet werden, daß nicht nur einzelne Geschehensverläufe auf einen Handelnden als zuzurechnende Selektionen bezogen werden können, sondern daß auch der Gesamtzusammenhang allen Geschehens Ordnung und Konsistenz aufweisen soll, und zwar im

Sinne einer verstehbaren und nicht nur regelhaften Abfolge. Wie bekannt, hat Weber in diesem Zusammenhang auf die Bedeutung der wenigstens der Absicht nach rationalen, von Intellektuellen geschaffenen Weltdeutungen verwiesen. Durch sie erst entsteht jene Sinnerwartung der Welt gegenüber, die dann enttäuscht werden kann. Paradoxerweise ist die Fähigkeit, diese Erwartung wieder aufzugeben, ihrerseits auch nur durch dem Anspruch nach rationale religiöse Weltdeutungen auf den Weg gebracht worden. Damit aber Welt wie Dasein oder Existenz als Ganzheiten unter Sinnkriterien gestellt werden, bedarf es spezifischer historischer Bedingungen, die mit bestimmten Darstellungsverfahren eng zusammenhängen.

Daß Sinnsysteme zumindest auf der Beschreibungsebene über Begriffe verfügen, die ausdrücklich Sinnlosigkeit oder Sinnfreiheit als Tatbestand diagnostizieren, zeigt das Luhmannsche Sinnsystem selbst. Denn auch hier ist »natürlich nicht gesagt, daß es außer Sinn nichts gibt« (a.a.O., S. 97). Es wird in diesem Kontext z. B. auf den selbst sinnleeren Realitätsunterbau verwiesen, der Sinnsysteme erst möglich macht. »Wie immer man diesen Sachverhalt deuten und die Deutungen auf Grund von Forschungen ändern wird: Er muß in selbstreferentiell-geschlossenen Sinnsystemen sinnhaft formuliert werden. Sinnsystemen ist zwar im Prinzip alles zugänglich, aber nur in der Form von Sinn« (ebd.). Damit muß auch Sinnfreies und Sinnloses im oben angedeuteten Verstande sinnvoll beschreibbar sein, auch wenn im einzelnen die Frage schwer lösbar zu sein scheint, was denn Sinnloses »an sich« ist, wenn wir doch nur in Sinnbegriffen über es verfügen. An dieser Stelle wiederholt sich in anderem Kontext die Frage nach dem Status des Dings an sich, wie sie schon bei Kant nicht befriedigend gelöst war. Allerdings darf die richtige Behauptung, daß der Verweis auf Sinntranszendentes selbst nur innerhalb der Sinnsphäre möglich ist, die Radikalität der Differenz nicht vergessen machen.

Georg Lohmann
Autopoiesis und die Unmöglichkeit von Sinnverlust
Ein marginaler Zugang zu Niklas Luhmanns Theorie »Soziale Systeme«

Wer mit Luhmann streitet, wird schnell eines Besseren belehrt. Auseinandersetzungen mit ihm geraten häufig in den Sog eines Konkurrenzunternehmens. Für ihn ist es leicht – auch zur eigenen Entlastung –, auf jeweils andere Theorieprobleme hinzuweisen, die der Opponent nicht beachtet hat oder berücksichtigen kann. Allerdings, auch wenn man die Prämissen der Luhmannschen Theorie nicht teilt, müßte diesseits des Universalitätsanspruches um Fragen der Richtigkeit einzelner Theorieteile argumentiert werden können. Einen solchen Versuch unternehme ich hier und hoffe zugleich, eine zentrale Intention der Theorie aufzuhellen und in einer ihrer Ausprägungen namhaft, und das heißt auch kritisierbar zu machen. Das beeindruckende Potential dieses theoretischen Weltentwurfs bleibt für Anerkennung und Kritik gleichermaßen attraktiv.

1. Befremdlicher Befund

Bei einem im Darstellungsgestus so nüchternen Buch, das sich, was die inhaltlichen Aussagen betrifft, offenbar in Distanz zum Autor »wie von selbst geschrieben hat« (14)[1], fallen die wenigen Stellen auf, in denen der Autor mit Engagement sich einschaltet. Um solche und immer abwertend getönte Stellen handelt es sich, wenn Luhmann auf »Sinnverlust« zu sprechen kommt. Diese »Formel« (587) oder der »einstimmig-monotone Gesang von Sinnverlust« (362) ärgern Luhmann anscheinend deshalb, weil, was mit diesem Ausdruck gemeint ist, »durch diese Formel nicht zutreffend bezeichnet, sondern übersteigert (wird), *um* die Gesellschaft für schuldig erklären zu können« (587, Herv. v. Vf.). Es liegt, nach Luhmann, ein Mißbrauch vor (vgl. ebd.), und zu dem

dadurch fälschlich und wider besseres, mögliches Wissen erschlichenen »Kulturpessimismus« »besteht kein Grund« (588).
Diese Aversion, das kann man wissen, »wider die allzulaute Klage vom Sinnverlust«, teilt Luhmann mit Odo Marquard[2] und all denjenigen, die als ein Grundübel der »spätmodernen« Wohlfahrtsgesellschaft eine übermäßige Steigerung der Ansprüche diagnostizieren.
Das Argument aber, mit dem Luhmann die »Sinnverlust-Klage« zur Raison bringt, ist an allen Stellen das gleiche: Sinn kann nicht negiert werden (vgl. auch 96); die Erfahrung des »Sinnverlustes« und auch das davon zu unterscheidende »Sinnlose« machen Sinn, und insofern ist die Rede vom »Sinnverlust« unredlich und theoretisch irreführend. Wie man mit Marquard reimen könnte: Sie ist, das steht fest, der Unsinn, den man besser läßt.
Nun muß man zunächst festhalten, daß es hier um zwei ganz verschiedene Sinnbegriffe oder doch zumindest um zwei unterschiedliche Verwendungsweisen oder Bedeutungen des Sinnbegriffes geht, die einsichtigerweise und ohne große Schwierigkeiten auseinandergehalten werden können und müssen und über deren Differenz sich Luhmann auch vollständig im klaren zu sein scheint. Der Sinnbegriff, den Luhmann in die Soziologie als »Grundbegriff« einführt und den er entwickelt, ist ein phänomenologisch gewonnener Begriff, der das »Sinnhafte« bezeichnet, das in Sequenzen von Bewußtsein oder Kommunikation eingefügt werden kann (vgl. 142), oder, in einer von Luhmann unabhängigen Terminologie, was irgend verstehbar eine Bedeutung hat.
Der Sinnbegriff, der mit der Rede vom »Sinnverlust« gemeint ist, kann auch als *Lebenssinn* bezeichnet werden und bedeutet, daß Sachverhalte und/oder ein je sinnhafter Lebensvollzug mehr oder weniger wichtig oder wertvoll für ein Individuum sind. Mit »Sinnverlust« ist ein *Wertverlust* gemeint, insofern Sachverhalte, Handlungen und Erlebnisse oder der ganze Lebensvollzug als weniger wertvoll von einem menschlichen Individuum erfahren werden. In gewissen Hinsichten davon zu unterscheiden sind Erfahrungen der Sinnlosigkeit, die *auch* einen Wertaspekt beinhalten, aber *mehr* auf die Erfahrung der Inkohärenz und Unverstehbarkeit gerichtet sind.
Die Rede vom »Sinnverlust« meint aber daher nicht, daß das, was als wertlos erfahren wird, nicht auch »Sinn« in der Bedeutung des

phänomenologisch-verständlichen Sinns hat, im Gegenteil, ohne diesen phänomenologisch-hermeneutisch erschlossenen Sinn wäre gar keine wertende Erfahrung des Sinnverlustes möglich. Wenn Luhmann nur dieses meint, so wäre sein Argument kein Gegenargument, sondern führte nur aus, was auch die aversierte und kritisierte Position behauptet.

Ich sehe dabei von einer Position ab, die unter »Sinnverlust« annihilatio versteht, weil mit der Auslöschung und Vernichtung von verstehbarem Sinn auch die Möglichkeit von Erfahrung überhaupt undenkbar wird (vgl. 96). Wie Alois Hahn gezeigt hat, impliziert auch die Erfahrung von Sinnlosigkeit, weil sie in der Regel eine höherstufige, reflexive Selbstbeschreibung voraussetzt, nicht eine, gleichsam elementare Vernichtung *allen* Sinns.[3]

Luhmanns Argument, wenn es denn ein Gegenargument sein soll, verwischt beide Bedeutungen von Sinn oder springt fälschlich von einer Bedeutungsebene zur anderen, und eine solche Metábasis eis állo génos überrascht bei einem so reflektierten Theoretiker wie Luhmann, der sehr genau auf die theoretischen Ebenenentsprechungen von Argumenten achtet. Das legt im Gegenzug die Frage nahe, ob irgend etwas an der Rede vom »Sinnverlust« Luhmannns Theorie wirklich irritieren könnte.

2. Formale Struktur und Bedeutung der Erfahrung des »Sinnverlustes«

Zum besseren Verständnis möchte ich zunächst unabhängig von Luhmann skizzieren, was mit »Sinnverlust« gemeint ist. Unter einem »sinnvollen Leben« versteht man gemeinhin ein Leben, das den Individuen wertvoll und wichtig erscheint. Der Wertcharakter des Lebens kann sich zunächst an einzelnen Zielen und Zwecken des Wünschens, praktischen Wollens und Handelns darstellen, die dem Individuum als für es gut oder schlecht erscheinen und die es gegebenenfalls anderen Zielen, mehr oder weniger begründet, vorziehen würde. Auf das Ganze des Lebens bezogen zeigt sich der Wertcharakter darin, daß der Mensch in seinem Existieren in ein *voluntatives* Verhältnis zu seinem eigenen Zu-sein tritt, in dem er die für ihn beste Art, so oder so zu leben, wählt.

Wie zu leben für ihn gut oder schlecht ist, ist ihm im *passiven*, *emotionalen Erleben* erschlossen. Entscheidend dafür sind Affekte und Stimmungen.[4] Im Unterschied zu körperlichen Empfindungen sind *Affekte* nicht nur durch körperliche Reaktionen und Ausdrucksverhalten bestimmt, sie sind darüber hinaus auf einen je bestimmten Sachverhalt bezogen und motivieren zu einer bestimmten Handlungsweise.[5] Der Sachverhalt, auf den sie bezogen sind, ist immer so beschaffen, daß er als *für mich* gut oder schlecht erscheint; er zeigt die Betroffenheit meines Wohls – oder, z. B. im Fall des Mitleids, des eines anderen, an dessen Wohl mir liegt – durch einen deskriptiven Tatbestand an.[6] Affekte implizieren so ein »kognitives, urteilsmäßiges Moment«, das den Wertcharakter von etwas in bezug auf mein Wohl mir erschließt. Eben deshalb läßt sich die in Affekten zum Ausdruck kommende Meinung auch kritisieren und korrigieren, etwa durch Hinweise oder andere Erfahrungen, und eben deshalb auch kann sie motivieren. *Stimmungen* unterscheiden sich von Affekten dadurch, daß sie nicht zu bestimmten Handlungen motivieren, sondern nur eine mehr oder weniger generelle Disposition ausdrücken. Sie sind insbesondere nicht auf bestimmte, einzelne Sachverhalte gerichtet, sondern auf die Lebenssituation im ganzen bezogen. In ihnen erschließt sich uns, ob es uns insgesamt in unserem so und so zu lebenden, weltlichen und situativen Leben gut oder schlecht ergeht, ob das Leben im ganzen sinnvoll/wertvoll oder sinnlos/wertlos uns erscheint.

Stimmungen können einmal auf eine gegebene Sinnkonzeption bezogen sein, die historisch entstanden, sozial und kulturell vorgeprägt, anerkannt oder legitim etc. sein kann, und dann relativ zu solchen Konzeptionen uns den Sinn/Wert des Lebens erschließen. Sie können aber auch, und das ist insbesondere der Fall bei negativen Stimmungen wie Mißmut, Langeweile, Depression und Angst etc., solche gegebenen Sinnkonzeptionen selbst in Frage stellen und konfrontieren uns dann überhaupt mit unserer Faktizität des Lebenmüssens, daß wir so und so und hier und jetzt im Bevorstehen des Todes zu existieren haben. In solchen »existentiellen« Situationen wird besonders deutlich, was es überhaupt und formal heißt, das eigene Leben sinnvoll zu finden.[7] Diese Stimmungen erschließen uns »subjektive Sinnkonzeptionen« des Lebens, die man mit U. Wolf nach ihrem Ganzheitsbezug und nach ihrem Wertcharakter explizieren kann.[8]

Vornehmlich in der emotionalen Konfrontation mit der »Jemeinigkeit« des Existierens und der Unabänderlichkeit des Todes erschließt sich der Wertcharakter der Sinnkonzeption, weil wir nach »starken Werten« suchen, die gegen den Tod und die Faktizität des bloßen Seinmüssens uns »wirklich wichtig« sind.[9] Der in den Stimmungen erschlossene Wertaspekt der subjektiven Sinnkonzeptionen bezieht sich daher in der Regel nicht auf das bloße Ablaufen des Lebensprozesses (als bloßes »autopoietisches« Prozessieren, s. dazu unten), sondern wählt gerade eine Konzeption von »gutem« oder sinnvollem Leben, die wir diesem »bloßen Leben« vorziehen würden, oder bewertet das »bloße Leben« besser als den Tod.

Darüber hinaus zeigen unsere emotionalen Reaktionen auf ein für uns zu stark fragmentiertes oder zu episodenhaftes Leben, daß die subjektiven Sinnkonzeptionen auch auf eine irgendwie geartete, noch ausstehende Ganzheit und/oder Einheit des Lebens zielen. Darunter ist nun aber weder die Summe unserer affektiven Befindlichkeiten noch ein sozusagen rundes, vollständiges und endgültiges Ganzes zu verstehen. Es ist vielmehr so, daß jede Artikulation eines subjektiven Lebensgefühls aus einem Kontext weiterer Sinnvorstellungen auswählt und zweitens an die immer unvollständige Vergegenwärtigung unserer vergangenen und gegenwärtigen Befindlichkeit gebunden ist. Aus diesen Gründen läßt sich der Zusammenhang einer subjektiven Sinnkonzeption auch nicht vollständig in sprachlichen Sätzen darstellen. Er ist vielmehr arrangierbar analog zu einem textlichen *Gebilde*, das vorläufig und selektiv und immer offen für Interpretationen ist. Der Ganzheitsaspekt subjektiver Sinnkonzepte ist daher nicht positiv umfassend artikulierbar, sondern zumeist nur negativ, in affektiven Stimmungen als ausstehend angezeigt.[10]

Wir können jetzt präzisieren, was mit der Rede vom Sinnverlust gemeint ist. In der Erfahrung des Sinnverlustes zeigt sich relativ zu »subjektiven Sinnkonzeptionen«, in denen es dem Individuum um sein Wohl geht, eine durch Affekte und Stimmungen erschlossene und erfahrene *Entwertung* und/oder *Fragmentierung* eines individuell zu lebenden *Lebens*. Die Verlusterfahrung kann sich steigern bis zu Situationen, in denen die jeweils gelebte subjektive Sinnkonzeption sich asymptotisch dem bloßen, faktischen Verlauf des Lebensprozesses annähert, im Extremfall bis zu einer Situation, in der es nichts gibt, was dem Tod vorzuziehen wäre.

3. Basale Autopoiesis und Selbstbeschreibung des psychischen Systems

Suchen wir nach Parallelstellen in Luhmanns Buch für die Problematik des »Sinnverlustes«, so bietet sich das Kapitel 7, »Die Individualität psychischer Systeme«, an (346-376). Darin geht es um eben dieselben formalen Strukturen und Phänomene des individuellen Sichzuzichverhaltens, allerdings in der Sprache und Interpretation der Luhmannschen Theorie. Es reizt, in einer für Soziologen vielleicht ungewöhnlich textnahen Interpretation, die Unterschiede herauszuarbeiten und so genauer zu sehen, welche theoretischen Entscheidungen hinter der Minimierung des Sinnverlustproblems stehen.

Wir steigen damit relativ hochstufig in die in ihren Grundzügen schon entwickelte Theorie autopoietischer und sinnverarbeitender Systeme ein und müssen daher, was Luhmann an begrifflicher Entfaltung schon voraussetzt, ebenfalls voraussetzen. Das ist nicht ganz ohne Risiko, ist doch Luhmanns »evokative Methode«[11] der Explikation durch schnelle Definitionen immer mit Unschärfen behaftet, die besonders verwirren, wenn man es genau zu nehmen versucht.

Darüber hinaus stellt sich der Textabschnitt als ein für die Theorie sozialer Systeme »eher marginales Kapitel« (347) vor, das offenbar vermutete Mißverständnisse derjenigen Kritiker abfedern soll, die immer noch nicht sehen, was es mit der These auf sich hat, daß »psychische Systeme (oder Individuen) zur Umwelt sozialer Systeme« (346) gehören. Ein in dieser Weise marginaler Zugang bietet aber, auch nach Luhmanns eigener Bemerkung über die mögliche Unergiebigkeit der »großen, einladenden Portale«[12] von Theorien, vielleicht die Chance, in jene »Dunkelkammern« zu purzeln, in denen der Theoretiker die Fäden spinnt.

Luhmann beginnt mit einem wie immer kenntnisreichen und anregenden Überblick zur Geschichte der Individualitätstheorien (348-354), um auf diesem Hintergrund seines Erachtens erschöpfter Möglichkeiten die Theorie autopoietischer Systeme auf das Problem der »Individualität psychischer Systeme« anzuwenden. »Bewußtsein« ist der »spezifische Operationsmodus psychischer Systeme« (355), in dem die elementaren Ereignisse des Systems, hier Vorstellungen (355)[13], auf die als bekannt vorausgesetzte Weise sich als ein selbstreferentielles und geschlossenes System reproduzieren. Schon diese basale »zirkuläre Geschlossenheit dieser selbstreferentiellen Reproduktion« nennt Luhmann »Individualität« (357). Das überrascht, und das ist schon die Pointe. Zunächst einmal treffen gängige Kriterien für Individualität auf diesen basalen Vollzug der Autopoiesis zu: Das Bewußtseinssystem ist unverwechselbar, ›der Zahl nach eins‹, unteilbar, sofern jede Teilung es zerstören würde (vgl. 358), und unterschieden von anderem. Über seine *numerische* Identität kann daher kein Zweifel bestehen.[14] Freilich kann die Individualität von Bewußtsein auch eine qualitative Bedeutung haben. Um diese *qualitative* Identität zu berücksichtigen, sieht sich Luhmann zu einer Unterscheidung genötigt: Er nennt die Autopoiesis des Bewußtseins »die *faktische Basis* der Individualität psychischer Systeme« (359, Herv. v. Vf.) und hebt von dieser Basis die *»Selbstbeschreibung«* (360) des Individuums ab. Ausdrücklich betont Luhmann, daß es sich dabei nicht um eine Modifizierung des Bewußtseinsprozesses handelt (vgl. 358). Man muß deshalb sagen: Ein schon (!) (numerisch) individuiertes System kann sich selbst beobachten und beschreiben, indem es »Differenz und Limitation« (360) organisiert und in der Handhabung und Ausrichtung auf Differenz sich selbst beschreibt. Diese Selbstbeschreibung interpretiert Luhmann als »die Einführung der Einheit in die Einheit«[15] mit dem Resultat, daß immer nur Differenz erzeugt wird und daher jede Selbstbeschreibung grundsätzlich auf unauflösbare Paradoxien aufläuft.[16]

Wenn man diese paradoxen Folgen vor Augen hat, muß man sich fragen, warum denn überhaupt das schon individuelle Bewußtseinssystem sich die Mühe einer Selbstbeschreibung abverlangt. Genau diese Frage stellte sich auch Luhmann: »Wozu sollte eine solche Selbstbeschreibung dienen, wenn damit doch nur festgestellt wird, was ohnehin läuft, und dies auch nur mit Mitteln der ohnehin laufenden Autopoiesis des Bewußtseins, also auch nur für ihre Dauer« (360).

Luhmann selbst beantwortet seine Frage mit der Vermutung: »Muß das Individuum nicht, um Sinn (!) für solche Selbstbeschreibung zu erhalten, ... doch etwas mehr zu sein hoffen (!) als nur der pure Vollzug der Autopoiesis selbst?« (ebd.) Der Terminus »Sinn«, den Luhmann hier verwendet, hat die Bedeutung von *Lebenssinn*. Wenigstens in Frageform deutet Luhmann an, daß möglicherweise der Grund für die Selbstbeschreibung ein Verlangen (»hoffen«) nach Sinn ist, das durch den puren Vollzug der Autopoiesis nicht erfüllt wird. Jetzt läßt sich auch eine erste Parallele zu den vorangegangenen Überlegungen ziehen. Der pure Vollzug der bewußtseinsmäßigen Autopoiesis entspricht (nicht: ist identisch mit) dem bloß faktischen Lebensprozeß, das Konzept der Selbstbeschreibung entspricht (nicht: ist identisch mit) der subjektiven Sinnkonzeption. – Beim Problem der Selbstbeschreibung geht es entsprechend um die Frage der qualitativen Identität oder um das Problem der subjektiven Sinnkonzeption des Individuums, das die Fragen beantwortet: Wer bin ich? und: Wie will ich sein?

Warum, so war die Ausgangsfrage, sieht sich ein schon individuelles Bewußtsein zu Selbstbeschreibungen genötigt? Können es »etwa soziale Bedingungen sein«, die zu einer Selbstbeschreibung »Anlaß geben« (360)? Wie zu erwarten, klärt Luhmann die Frage dahin, daß wegen der autopoietischen Geschlossenheit des Systems die soziale Umwelt nicht direkt die Selbstbeschreibung veranlassen – im Sinne von kausal bewirken – kann, wohl aber, daß sie eine historisch variable Semantik der Selbstbeschreibung anbieten und bereithalten kann, mit der das individuelle Bewußtsein (wenn es will) autopoietisch operieren kann. Für die jeweilige Artikulation *seiner* Selbstbeschreibung kann das System dann »soziale Resonanz« (= Anerkennung) oder Ablehnung erhalten (vgl. 361). Das ist aber nicht so zu verstehen, daß Luhmann den Begriff einer »sozialen Identität« akzeptieren würde (360, vgl. 373 u. 531 f.). Er konstatiert vielmehr, historisch gesehen, einen Verschleiß von sozial bestimmten »Formularen« (362) der Selbstbeschreibung. Weil in der Gegenwart psychologisches und soziales System so weit differenziert sind, daß sie nur noch Umwelten füreinander bilden, müßte dies, wenn man nicht »geblendet (ist) durch den kulturellen Imperativ der Hochwertigkeit« (ebd.), zu der nüchternen Feststellung führen, »daß das Individuum nur noch seine Individualität zur Selbstbeschreibung verwenden kann« (ebd.). Darunter versteht Luhmann, daß nur die basale Autopoiesis des Bewußtseins selbst den jeweiligen Selbstbeschreibungen zugrunde liegen kann (vgl. 361).

Das erinnert auf den ersten Blick an die oben angeführte »existentielle Situation« und scheint doch davon verschieden. Wie Luhmann diese existentielle Situation deutet, läßt sich mit Hilfe der Begriffe ›Erwartungen, Ansprüche, Gefühle‹ zeigen, mit denen zugleich das spezifische Umweltverhältnis des Systems erläutert wird.

4. Erwartungen, Ansprüche, Gefühle

Das Ausgangsproblem lautet, wie ein psychisches System, obwohl es nur autopoietisch geschlossen prozessiert, doch »sich der Kontingenz seiner Umwelt aussetzt« (362). Der Begriff, der die Lösung bezeichnet, ist schon vorher entwickelt worden: *Erwartungen* (vgl. 139 ff., 396 ff. u. ö.). Ich gehe nicht auf das Problem ein, daß der Erwartungsbegriff zunächst für psychische *und* soziale Systeme gelten soll und dann erst spezifiziert wird. Für psychische Systeme bezeichnet Erwarten eine Orientierungsform, »mit der das System die Kontingenz seiner Umwelt auf sich selbst abtastet« (362), und das kann es deshalb, weil im autopoietischen Prozeß durch »Beobachten«, d. h. durch die Orientierung an der basalen Differenz von Selbst- und Fremdreferenz[17], elementare Ereignisse (Gedanken/Vorstellungen) sich zu »Episoden« (362) verdichten können.[18] Es schleifen sich durch Erfahrung gestützte Differenzen ein, die erfüllt oder enttäuscht werden können. Entscheidend ist dabei, daß die Erwartungserfüllung oder -enttäuschung im autopoietischen Prozeß immer Anschluß finden, und d. h., daß das System auf erwartete Umweltkontingenz so oder so, aber als geschlossenes System reagieren kann. So weit, bona fide so gut.[19]

Für unsere Fragestellung ist der Übergang zu Ansprüchen wichtig. »Erwartungen lassen sich zu *Ansprüchen* verdichten. Das geschieht durch Verstärkung der Selbstbindung und des Betroffenseins, die man (?) in die Differenz Erfüllung/Enttäuschung hineingibt« (363). Die Bedeutung dieser Differenz wird für das System gesteigert und eben deshalb ist die interne Reaktion auf Erfüllung und Enttäuschung komplexer und »erscheint im System als *Gefühl*« (364). Wir haben jetzt alle begrifflichen Vorgaben zusammen, um in Luhmanns Terminologie unser Ausgangsproblem reformulieren zu können. Zunächst muß man natürlich fragen, was heißt »Verstärkung«, was »Selbstbindung«, was »Betroffenheit«.

Verstärkung hat nicht die Bedeutung einer oft und schnell wiederholten, nur quantitativ vergrößerten Differenzorientierung,

sondern als »Verstärkung der Selbstbindung« hebt sie hervor, daß es in den Ansprüchen dem System um es selbst geht. Es qualifiziert sich selbst in Hinsicht auf Erfüllungen bzw. Enttäuschungen, und d. h., es wertet. Der selbstreferentielle Wertcharakter zeigt sich darin, daß diese Verstärkung der Selbstbindung »Betroffenheit« hervorruft, und daß das System so oder so betroffen ist, zeigt sich ihm im »Aufkommen« der Gefühle.
Bis jetzt sieht es so aus, als ob gegenüber der Individualität der basalen Autopoiesis es sich zumindest bei Ansprüchen *und* Gefühlen um eine wertende Selbstqualifizierung des Systems handelt, also um Selbstbeschreibungen. Darüber hinaus konstatiert Luhmann, daß bei einem »Zurückfahren« von Ansprüchen auf Erwartungen die »Gefühle *abgedämpft* werden« (364, Herv. v. Vf.), was freilich bedeutet, daß die Grenze zwischen Erwartungen und Ansprüchen »flüssig« (ebd.) ist. Wie sind in dieser Konzeption die Gefühle bestimmt? Sie werden hervorgerufen durch Ansprüche und gelten als »*interne* Anpassung an *interne* Problemlagen psychischer Systeme« (ebd., s. auch 371). Das erscheint, wenn man einmal die Frage des propositionalen Gehaltes von Affekten offen läßt, auch im Lichte der Position subjektiver Sinnkonzepte zutreffend. Zu klären bleibt, was mit »Anpassung« gemeint ist und auf welche »internen Problemlagen« Gefühle wie reagieren. Bei diesem Stand der Entwicklung wären Erwartungen *und* Ansprüche *und* Gefühle immer auch Momente von Selbstbeschreibungen; mit ihnen qualifiziert das System, indem es auf Umweltkontingenz reagiert, wie es sein will.
Das aber wäre für Luhmann eine zu starke These; deshalb versucht er, Erwartungen von Ansprüchen wieder zu unterscheiden. Er setzt ein mit einer anderen Interpretation ihres Verhältnisses zu Gefühlen. In der Anmerkung 27, S. 364, heißt es, »daß Gefühls*qualitäten erlöschen*, wenn Ansprüche auf bloße Erwartungen reduziert werden; und ebenso, wenn sie routinemäßig erfüllt oder enttäuscht werden« (Herv. v. Vf.). Daß die Gefühlsqualitäten erlöschen, ist davon zu unterscheiden, daß die Gefühle abgedämpft werden (s. o.). Damit wird die Behauptung vom bloß graduellen Übergang von Erwartungen zu Ansprüchen widerrufen. Die neu betonte Differenz zwischen Erwartungen und Ansprüchen schlägt aber auch auf die »Welt der Gefühle« (370) durch. Den im basalen autopoietischen Prozessieren erfüllten oder enttäuschten Erwartungen werden quasi qualitätslose, »in-

haltsleere« Gefühle zugeordnet, die ein »im wesentlichen (?) einheitliches, gleichartiges Geschehen« (371) sein sollen; die Erfüllung/Enttäuschung von Ansprüchen wird hingegen mit der qualitativen »Vielfalt unterschiedlicher Gefühle« (372) korreliert. Letztere kommen aber nach Luhmann nur »sekundär, ... durch kognitive und sprachliche Interpretationen zustande; sie (sind) ... sozial bedingt« (ebd.). Hinter diesen Unterscheidungen steckt die Absicht, Erwartungen der Selbstreferenz der basalen Autopoiesis zuzurechnen, während Ansprüche der davon abgehobenen »Selbstbeschreibung« zugeordnet werden sollen.

Nach diesem begrifflichen Umarrangieren kann Luhmann nun seine These formulieren, daß Gefühle mit einem »Immunsystem«[20] vergleichbar sind (371), welches »angesichts von auftretenden Problemen den Weitervollzug der Autopoiesis« (ebd.) sichert. Die Funktion der Gefühle wird also ebenfalls der basalen Autopoiesis des Bewußtseins zugeordnet, sie melden sich »und ergreifen Körper und Bewußtsein«, wenn jene gefährdet ist. Die oben erwähnte Funktion der »internen Anpassung« besteht nach Luhmann in der Immunfunktion der Gefühle für basale Autopoiesis.

Hätte Luhmann mit dieser Interpretation recht, wäre der Gegenposition »subjektiver Sinnkonzepte« der Boden entzogen. Nun glaube ich aber weder a), daß es eine inhaltsleere Einheitlichkeit von Gefühlen gibt, noch b), daß Gefühle in der Weise, wie Luhmann meint, funktional auf den Prozeß basaler Autopoiesis bezogen sind.

ad a) Luhmann selbst betont, daß Gefühle mehr sind als »interpretierte Biochemie« (372). Das heißt, es geht nicht um körperliche Empfindungen wie z. B. Zahnschmerzen, sondern es geht um Affekte wie Freude, Wohlgefallen, Verliebtheit oder Haß, Furcht, Verachtung etc., und es geht um Stimmungen wie Zufriedenheit, Glück oder Langeweile, Niedergeschlagenheit, Angst etc. Es fällt durchweg auf, daß Luhmann vom Aufkommen der Gefühle nur bei der *Gefährdung* der Autopoiesis spricht; mithin erfaßt er nur die negativen Affekte und Stimmungen. Eine Bestätigung der basalen Autopoiesis durch Freude, Zufriedenheit, Glücksgefühl würde auch in der Tat keinen Sinn machen, schon weil »das Bewußtsein seine eigene Autopoiesis nicht bezwecken« (358) kann und positive Gefühle etwas mit dem Erreichen von Absichten und Zwecken zu tun haben. Es ist aber ganz willkürlich und uneinsichtig, von Gefühlen nur bei negativen Gefühlen zu sprechen.

Auch die Vermutung der Inhaltsleere ist nicht plausibel. Ganz unzweifelhaft haben Affekte einen propositionalen Gehalt und sind auf mich betreffende Sachverhalte gerichtet; auch Stimmungen sind, obwohl sie nicht auf bestimmte Sachverhalte gerichtet sind, doch nicht inhaltsleer. Ihr »Inhalt« ist das Wie meiner gesamten Lebenssituation.

ad b) Dieser letzte Punkt leitet schon über zu der Frage, wie sich Gefühle auf die basale Autopoiesis des Bewußtseins beziehen und was ihre Funktion ist. Zwar hat Luhmann recht, wenn er sagt, daß Gefühle »eine Selbstinterpretation des psychischen Systems in Hinblick auf die Fortsetzbarkeit seiner Operationen« (372) sind, aber er hat unrecht, wenn er mit Fortsetzbarkeit jene der basalen Autopoiesis meint, die von der Selbstbeschreibung zu unterscheiden ist. Klären läßt sich diese Frage anhand einer Interpretation der Stimmungen.

»Relative« Stimmungen bewegen sich per definitionem im Rahmen anspruchsvoller Selbstbeschreibungen, insofern sie dem Individuum erschließen, wie seine faktische anspruchsvolle Autopoiesis relativ zu *gegebenen* Selbstbeschreibungen abweicht oder diese erfüllt. Beide Möglichkeiten, sowohl die Abweichung wie die Erfüllung, implizieren eine Wertung, daß relativ zu einer gegebenen Selbstbeschreibung das faktische, höherstufige Prozessieren gut oder nicht gut, wichtig oder unwichtig, angenehm oder unangenehm etc. ist.

Für Luhmanns reduktive Interpretation sind freilich erst die sogenannten »existentiellen Stimmungen«[21] wie Depression, Angst, Langeweile etc. (evtl. auch positive wie Hoffnung und Glaube) entscheidend. In ihnen wird das Individuum tatsächlich mit dem puren Vollzug seiner Autopoiesis konfrontiert und mit der Frage, ob es so weitermachen soll oder nicht. Wir hatten diese existentielle Situation so gedeutet, daß gerade aus dieser Konfrontation das Verlangen nach »starken Werten« entsteht, d. h. der Versuch, subjektive Sinnkonzeptionen oder eben Selbstbeschreibungen zu entwerfen, die diesem bloßen Weiterlaufen vorzuziehen sind. Insbesondere an den existentiellen Stimmungen wird daher deutlich, daß Gefühle nicht auf eine Immunfunktion für die basale Autopoiesis reduziert werden können, sondern daß sie gerade das Verlangen anzeigen, über eine bloß numerische Identität hinaus eine qualifizierte und anspruchsvolle Identität zu gewinnen oder zu bewahren. Damit ist eine auf Gefühl basierte Option für Selbstbeschreibungen oder subjektive Sinnkonzeptionen gegeben, mithin Luhmanns Deutung der Funktion der Gefühle und damit auch seine Absicht, Identität, die mehr ist als bloß numerische, allein durch die »wertungsfreie« basale bewußtseinsmäßige Autopoiesis zu gewinnen, in Frage gestellt.

5. Tod und Selbstbeschreibung

Nun kann Luhmann mit Recht sagen, daß er ja nicht die Autopoiesis des individuellen Lebens, sondern des Bewußtseins behandelt. Ich will auch gar nicht bestreiten, daß es für bestimmte Aufgaben Sinn macht, das komplexe menschliche Leben als ein irgendwie kompliziertes Verhältnis von jeweils autopoietisch operierenden, organischen, nervlichen, bewußtseinsmäßigen etc. Systemen zu analysieren. Es gibt aber einen Sachverhalt, den wir vorhin bewußt unerwähnt gelassen haben, der das menschliche Bewußtsein und das menschliche Leben auf eine für unsere Fragestellung entscheidende Weise miteinander verknüpft: den Tod.

Im menschlichen Bewußtsein gibt es Vorstellungen von Tod und Sterbenmüssen, und insbesondere die negativen und existentiellen Stimmungen erschließen uns eine freilich noch zu klärende Bedeutung der Sterblichkeit des menschlichen Lebens und in eins damit des Bewußtseins. Der Tod aber, nach Luhmann »das wohl wichtigste Problem der Autopoiesis des Bewußtseins« (374), ist zugleich dasjenige Problem, das sich innerhalb der basalen Autopoiesis nicht »produzieren« läßt. Zwar ist es m. E. schon eine *verkürzte* Interpretation des Todes, ihn einfach als das »letzte Element« zu beschreiben, aber Luhmann hat natürlich recht, daß in seiner Fassung des basalen autopoietischen Bewußtseins dieses letzte Element für das Bewußtsein »unzugänglich« (375) ist. Und er kann sich in der Tat dabei auf Sartre berufen (vgl. 374), für den, gegen Heidegger, der Tod nicht eine »*meiner* Möglichkeiten« ist, sondern ein äußerliches »kontingentes Faktum«, das mir grundsätzlich entzogen ist.[22] In gewissem Sinne radikalisiert aber Sartre damit nur den Heideggerschen Gedanken der »Faktizität« und »Geworfenheit« und schlägt das Sterblichsein und den Tod des

Menschen seiner Auffassung des Seins-für-andere zu.[23] Deshalb auch tangiert nach Sartre der Tod, gerade weil er nicht *meine* Möglichkeit ist, nicht meine Freiheit. Er schränkt die Freiheit, zu der der Mensch verurteilt ist, nicht ein, schmälert nicht seine Verantwortung. In dieser *Wendung* aber unterscheidet sich Sartre nicht so radikal von Heidegger. Auch für Heidegger hat die Bezugnahme auf meinen jederzeit möglichen Tod (»Sein zum Tode«) die Bedeutung, die Qualität der menschlichen Freiheit zu klären.[24] Heidegger interpretiert die Konfrontation mit dem möglichen Tod so, daß in ihr eine qualifizierte Freiheit mit Bezug auf die *Ganzheit* des Lebensvollzuges bewußt wird.

Trotz ihrer divergierenden Auffassungen des Todes stimmen Sartre und Heidegger darin überein, daß die im Bewußtsein mitgegebene Vorstellung der Möglichkeit des/meines Todes das Individuum gerade auf seine Verantwortlichkeit und Freiheit wirft. Es ist diese Wendung, die Luhmann nicht beachtet. Soweit er allein auf die basale Autopoiesis bezogen ist, kann er sie auch nicht berücksichtigen. In ihr kann diese Wendung zur qualifizierten Freiheit nicht vollzogen werden, weil die basale Selbstreferenz der Autopoiesis nur zwischen Elementen Relationen herstellen kann, in der obigen Konfrontation mit dem Tod aber eine Reflexion des Systems auf sich selbst erforderlich ist; eine solche Reflexion aber kann nur als Selbstbeschreibung in der Luhmannschen Terminologie gedacht werden.[25]

In den anspruchsvollen und qualifizierenden Selbstbeschreibungen kann das individuelle Bewußtsein in der Konfrontation mit der Möglichkeit des Todes wählen, ob und wie es dieser Möglichkeit eine Bedeutung zumißt oder ob es diese Möglichkeit »verdrängt«. Es gibt zahlreiche Belege dafür, daß in der heutigen Zeit – z. B. »durch die Konspiration des Schweigens der Ärzte« (375) – das Individuum »von seinem Tod abgelenkt« wird und daß das Sterbenmüssen individuell und sozial verdrängt wird. Aber es ist doch ein überraschendes Eingeständnis, daß »die Theorie der bewußtseinsbasierten Autopoiesis ... nur diese bekannten Sachverhalte« reformuliert (376).

Sie ist in der Tat eine Theorie, die das Problem des Todes auf der Ebene basaler Autopoiesis nicht »lösen« oder nur partiell erfassen kann – und deshalb dazu neigt, die »Verdrängung des Todes« theoretisch zu affirmieren. Über die Todessemantik und über die Verdrängungsweisen kann sie freilich wieder theoretische Aussagen machen. Ihr Ansatz zeigt sich aber als ein partieller, und mithin ist die Aussage der Theorie, daß »Individualität *nichts anderes* sein (kann) als die zirkuläre Geschlossenheit dieser selbstreferentiellen Reproduktion« (357, Herv. v. Vf.), irrig. Sofern das Problem des Todes mitbegriffen werden soll und sofern unsere Affekte und Stimmungen uns zeigen, daß es mitbegriffen werden muß, ist ein zureichender Begriff von Individualität, auch der des Bewußtseins, nur über Weisen qualitativer Identität zu gewinnen. Gegen Luhmanns theoretische Intention sind daher die anspruchsvollen Selbstbeschreibungen als grundlegend zu betrachten.

Mit diesem Ansatz kann sogar in der Interpretation einer allerdings extremen Grenzsituation die Möglichkeit einer Qualifizierung auch der basalen Autopoiesis aufgezeigt werden. Im Abschnitt über das Problem des Todes spricht Luhmann davon, daß das autopoietische Bewußtsein zwar nicht seinen Tod als Element seines Prozessierens sich vorstellen kann, aber es kann »in jeder Erneuerung des entschwindenden Bewußtseins (die) mitlaufende Möglichkeit, daß es aufhört« (375), präsent haben. *Wenn* es aber weiß, daß es in jedem Augenblick aufhören kann und doch nicht aufhört, dann kann es die Wahl wählen, entweder etwas zu *veranlassen*, daß es aufhört oder daß es nicht aufhört. Macht es weiter, so zieht es vor, nicht aufzuhören. Wenn es aber in dieser Situation die Möglichkeit des Weitermachens vorzieht, dann wertet es. Dann ist es ihm wertvoller weiterzumachen als aufzuhören. Genau aus dieser Konfrontation mit der Möglichkeit des Todes kann unter besonderen Umständen schon der »autopoietische Reproduktionszusammenhang« des Bewußtseins selbst einen Wertcharakter für das Individuum (Bewußtsein?) erhalten. Dieser sicherlich minimale Sinn ist wohl nur in den seltensten Fällen, etwa in extremen Krankheitssituationen, von Bedeutung. Er zeigt aber, daß schon das pure Weitermachen der Autopoiesis einen vorziehbaren Wert und damit Sinn haben kann.

6. Die Möglichkeit von Sinnverlust und die Strategie der Diätetik

In der Regel ist freilich die bewußtseinsmäßige Autopoiesis nicht so bescheiden, sondern stellt Ansprüche, die, wie Luhmann zutreffend sieht, in der modernen Welt »*individuell* begründete Ansprüche« sind, die »auch (!) *sozial* legitimiert werden« (364). Ich übergehe die interessante These der Ausbalancierung von Ansprüchen durch Verdienste (vgl. 364 f.) und betrachte Luhmanns Befund, daß in der modernen Gesellschaft, eben weil Ansprüche nicht mehr nur durch Verdienste begründet werden – und das sozial akzeptiert wird –, das Individuum seine vornehmlich selbst begründeten Ansprüche in der Form von Selbstbeschreibungen artikulieren muß (vgl. 365). Daß jede Selbstbeschreibung zu Schwierigkeiten, d. h. Paradoxien und Authentizitätsproblemen (vgl. 372) führt, weil das Individuum sich nie vollständig selbstbeschreiben kann, ist sowohl aus den Gründen, die Luhmann vorbringt, wie auch aus den Gründen, die wir oben mit Bezug auf die Überlegungen von U. Wolf (1986) referiert haben, unstrittig. Es ist aber nicht ein Argument, um mit den Selbstbeschreibungen und den in ihnen implizierten Ansprüchen zurückhaltender zu sein. Das aber ist die Lösung, die Luhmann, zwar vorsichtig, aber doch entschieden, nahelegt.

Um diese Option zu verstehen, ist die Lage des modernen Individualismus mit Luhmann kurz zu skizzieren. Luhmann betont, daß bei aller höheren Komplexierung von Ansprüchen und Selbstbeschreibungen *Kommunikation* und insbesondere *Sprache* bei »der autopoietischen Reproduktion des Bewußtseins mitwirken« (367 f.). Durch Sprache wird die »Fähigkeit zur Episodenbildung« (369) verstärkt, d. h. es sind raschere und variantenreichere Übergänge möglich. Zwar aktualisiert das autopoietische Bewußtsein immer noch mehr Möglichkeiten, als es sprachlich artikulieren kann, aber es kann sich qua sprachlicher Selbstbeschreibung mit kulturellen Mustern korrelieren, kann copieren oder auch, was für Luhmann gänzlich absurd ist, um »Hilfe bei der Fundierung von Ansprüchen« (366) nachfragen.

In dieser Situation stellt sich die Frage nach den »Reflexionslasten« und nach der *Belastbarkeit* des Individuums. Ich zitiere einmal (mehr): »Die Strukturierung der Autopoiesis (stellt) größere Anforderungen... (, weil) höhere Kontingenz und höhere Instabilität verkraftet werden müssen, ... mehr Abhängigkeit erfahrbar, mehr Indifferenzen notwendig werden und ... mit all dem die Ich-Selektion schwieriger wird« (373). Das ist, alles in allem, eine recht ausführliche Beschreibung der *Möglichkeiten von Sinnverlust*. Denn darum geht es: Wenn die »Ich-Selektion«, d. h. die Selbstbeschreibung oder die subjektiv gelebten Sinnkonzeptionen, »schwierig« werden, dann verlieren sie für das Individuum ihren Wert- und Sinncharakter und damit ihre Fähigkeit, zu bestimmten Handlungen oder überhaupt in einer sozial angemessenen (erwarteten) Weise zum Mitmachen zu motivieren. Wie weit diese Erfahrungen möglichen Sinnverlustes gehen, wenn, wie Luhmann sich ausdrückt, »Ansprüche nicht mehr routiniert werden können« (365), ist eine empirische Frage. Sie hängt davon ab, wie das Individuum mit seinen gelebten Sinnkonzeptionen zurechtkommt[26] und wie es mit seinen eigenen, andrängenden Gefühlen umgehen kann. »Von daher ist die moderne Gesellschaft mehr als man gemeinhin denkt, durch Emotionalität gefährdet« (ebd.). Hier irrt Luhmann, weil es natürlich nicht die Emotionalität ist, die gefährdet, sondern die durch sie angezeigten Erfahrungen des Sinnverlustes und deren Ursachen.

Luhmann sieht also die Möglichkeit und auch die zunehmende Wahrscheinlichkeit von Sinnverlusterfahrungen, aber er versucht sie theoretisch-begrifflich nicht als solche zu behandeln und hat deshalb eine theoretische Auffangposition konstruiert, von der her das Problem des Sinnverlustes entschärft werden soll: Individualität als basale, bewußtseinsmäßige Autopoiesis.

Diese Rückzugsposition hat, wenn sie zu Rezepten führt, einen merkwürdig diätetischen Charakter: Wo sie nicht überhaupt empfiehlt, die Ansprüche zurückzuschrauben, d. h., die subjektiven Sinnerwartungen nicht zu hoch anzusetzen, da empfiehlt sie Wechselkuren. Warum soll das moderne Individuum, statt nach einer für es einheitlichen und ganzheitlichen Weise seiner Lebensführung zu verlangen, nicht »je nach Interaktion verschiedene Selbstbeschreibungen anfertigen? ... Muß man diese dann noch als Einheit thematisieren, wo doch das Bewußtsein selbst operative Einheit ist und anders gar nicht sein kann?« (374), fragt sich Luhmann.

Nach unseren Überlegungen liegt das Problem aber nicht nur darin, »ein Geschick für Übergänge zu entwickeln« (ebd.) –

nebenbei bemerkt, nach Hegel die schlechteste Art von Dialektik –, sondern, wie man an Georg Simmels Diagnose moderner Lebensstile sehen kann[27], liegt das Problem darin, ob die dadurch notwendige Fragmentierung des individuellen Lebens vom Individuum noch gefühlsmäßig als sinnvoll erfahren werden kann.
Eine Theorie der Individualität psychischer Systeme muß also vor dem Hintergrund der theoretisch-begrifflich explizierten Möglichkeit des Sinnverlustes entwickelt werden, sonst trifft sie, was Luhmann ja gerade nicht will und oft als theoretische »Todsünde« brandmarkt, durch die Wahl der theoretischen Begriffe schon eine Vorentscheidung über die empirischen Befunde.
Es wäre »ein weites Feld«, die *Strategie der Diätetik* in Luhmanns Theorie »Soziale Systeme« aufzuzeigen und zu würdigen.[28] Hier sollte versucht werden, eine der »Dunkelkammern« auszuleuchten, in der diese Strategie ihren Ursprung hat.

Anmerkungen

1 Seitenzahlen ohne weitere Angaben beziehen sich auf: Niklas Luhmann, Soziale Systeme, Frankfurt/M. 1984.
2 Vgl. dessen gleichlautenden Vortrag, abgedruckt in der FAZ v. 31. Okt. 1983.
3 Alois Hahn zeigt deshalb in seinem anregenden Beitrag, der eine ähnlich gerichtete Kritik gegen Luhmann vorbringt, die sozialen und historischen Bedingungen auf, nach denen auch die Rede von »Sinnlosigkeit« einen theoretisch legitimen Kontext hat; siehe A. Hahn, Sinn und Sinnlosigkeit, in diesem Band, S. 155 ff. – Ich stelle im folgenden das Problem des Sinnverlustes in den Vordergrund.
4 Vgl. zum Folgenden die Heidegger-Interpretation bei E. Tugendhat, Selbstbewußtsein und Selbstbestimmung, Frankfurt/M. 1979, S. 200 ff.; s. ferner U. Wolf, Das Problem des moralischen Sollens, Berlin/New York 1984, S. 157 ff.
5 So schon Aristoteles, Rhetorik, 2. Buch; s. a. A. Kenny, Action, Emotion and Will, London 1963.
6 E. Tugendhat, a.a.O., S. 202.
7 Vgl. U. Wolf, a.a.O., S. 160 f.
8 Vgl. U. Wolf, Was es heißt, sein Leben zu leben, in: Philosophische Rundschau, Heft 1, 1986 (zit. n. Ms.).
9 Op. cit., S. 21 f.
10 U. Wolf weist darüber hinaus auf eine besondere und grundsätzliche

Paradoxie der modernen Existenz hin, insofern sich beide Aspekte, Wertintention und Ganzheitsintention, in ihren Realisierungsversuchen wechselseitig durchkreuzen. Darauf und auf die unterschiedlichen Konzeptionen von Ganzheitsentwürfen gehe ich hier nicht ein; s. U. Wolf, a.a.O.
11 Mit diesem Ausdruck kritisiert Tugendhat Heidegger, s. E. Tugendhat, a.a.O., S. 165.
12 Niklas Luhmann, Soziologische Aufklärung, Köln/Opladen 1970, S. 264.
13 In N. Luhmann, Die Autopoiesis des Bewußtseins, in: Soziale Welt, Jg. 36, Heft 4, 1985 kompliziert sich der Ansatz: elementare Ereignisse sind Gedanken (S. 406), die basale »Operation« des Bezeichnens-anhand-einer-Unterscheidung ist »Beobachten« und erst beobachtete (?) Gedanken sind Vorstellungen (ebd.).
14 Siehe E. Angehrn, Geschichte und Identität, Berlin/New York 1985, S. 236 ff.
15 N. Luhmann, Die Autopoiesis..., a.a.O., S. 442.
16 Vgl. op. cit., S. 439 ff.
17 Vgl. op. cit., S. 409.
18 Vgl. op. cit., S. 419 f.
19 Ich würde freilich gerne wissen, was es genau heißt, daß ein Gedanke einen anderen Gedanken »beobachtet«. Hier, wie schon bei der Erläuterung des Verweisungscharakters von Sinn (vgl. 93), vermute ich, daß sich Luhmann mit für ihn ungewollten Folgen am okularen Wahrnehmungsmodell von Husserl orientiert.
20 Siehe zum Begriff »Immunsystem« für den Fall sozialer Systeme, S. 504-512.
21 U. Wolf, Was es heißt, sein Leben zu leben, a.a.O.
22 J.-P. Sartre, Das Sein und das Nichts, Hamburg 1966, S. 687.
23 Vgl. op. cit., S. 688 f.
24 M. Heidegger, Sein und Zeit, Tübingen [10]1963, S. 62.
25 Vgl. die Ausführungen in G. Teubner, Hyperzyklus in Recht und Organisation (in diesem Band, S. 89 ff.). – J. Habermas sieht hier in der Amputierung des »Selbst« der autopoietischen Selbstbeziehung den Grund für Luhmanns Verzicht auf die Möglichkeit »vernünftiger Identität«; das gilt nach Habermas auch für Gesellschaften. Vgl. J. Habermas, Der philosophische Diskurs der Moderne, Frankfurt/M. 1985, S. 431 f.
26 Luhmann selbst spricht von einer »Typik von Sinn*bedarf*, die dem Bewußtsein die eigene Autopoiesis im Wechsel aller spezifischen Sinnstrukturen *garantiert*« (299 f., Herv. v. Vf.). Auch hier ist »Lebenssinn« gefragt, um Sinnverlust abzuwehren.
27 Vgl. G. Lohmann, Die zögernde Begrüßung der Moderne. Zu Georg Simmels Diagnose moderner Lebensstile, in: B. Lutz (Hrsg.), Soziolo-

gie und gesellschaftliche Entwicklung, Verhdlg. des 22. Dt. Soziologentages, Frankfurt/New York 1985, S. 543 ff.
28 Aus früheren Arbeiten nur zwei Beispiele: N. Luhmann, Politische Theorie im Wohlfahrtsstaat, München/Wien 1981, S. 122, u. N. Luhmann, Liebe als Passion, Frankfurt/M. 1982, S. 222. – Schon früh ist dieser Zug der Luhmannschen Theorie bemerkt worden: siehe die vorzügliche Arbeit von W. Lipp, Anomie, Handlungsmöglichkeit, Opportunismus, in: Z. f. d. G. Staatswissenschaft, 128. Bd., Heft 2, S. 344 ff., und F. Scholz' umsichtige Analyse der »praktischen Intention« der »Krisenvermeidung«, ders., Freiheit als Indifferenz, Frankfurt/M. 1981, S. 154 ff.

III
Kommunikation

Max Miller
Selbstreferenz und Differenzerfahrung
Einige Überlegungen zu Luhmanns Theorie sozialer Systeme

Einleitung

Selbstreferenz ist einer der zentralen Grundbegriffe in Niklas Luhmanns Grundriß einer allgemeinen Theorie sozialer Systeme (1984; im folg. SS). Der Begriff ›Selbstreferenz‹ bezeichnet ein ›Sichzusichverhalten‹; und dieses ›Sichzusichverhalten‹ wird von Luhmann im wesentlichen als ›Selbstbestimmung‹ verstanden.
Diese Verwendungsweise des Begriffs ›Selbstreferenz‹ erinnert an den Begriff ›Selbstbewußtsein‹ in der Philosophie der Aufklärung. Zumindest von Fichte und Hegel wird Selbstbewußtsein ebenfalls als Selbstbestimmung verstanden und, in diesem Sinne, zum Prinzip einer vernünftigen Praxis erhoben. Luhmann distanziert sich jedoch von den subjektphilosophischen und ontologischen Prämissen dieser philosophischen Tradition. Ein Nachhall an frühere Auseinandersetzungen, etwa in Luhmanns Antrittsvorlesung (Luhmann 1970, S. 66-91), findet sich im vorliegenden Werk jedoch nur noch in kurzen Statements wie »(...) es gibt keine Gesamtformel des Guten und Richtigen mehr (...) Dem System fehlt die Vernunft« (SS, S. 134).
Was immer auf der Ebene sinnverarbeitender Systeme, also auf der Ebene psychischer und sozialer Systeme, sich aufgrund selbstreferentieller Operationen selbst bestimmt, bleibt für Luhmann prinzipiell an unterschiedliche Systemreferenzen und damit an eine Inkongruenz von Perspektiven gebunden. Und was immer in der Interaktion zwischen sozialen Systemen als höherstufiges soziales System emergiert, begründet damit zugleich eine eigene egozentrische Perspektive. Die Rationalität eines Systems kann nicht mehr durch Bezug auf ein übergeordnetes, umfassendes System geklärt werden (vgl. SS, S. 641). Die Gesellschaft verfügt über kein Makrosubjekt, in dem sie sich in ihrer Gesamtheit selbst vergegenwärtigen könnte (vgl. SS, S. 645). Damit scheint es auch keine kollektiv geltende kritische Instanz mehr

geben zu können. »Das Differenzierungsprinzip der modernen Gesellschaft macht die Rationalitätsfrage dringlicher – und zugleich unlösbarer« (SS, S. 645).

Luhmanns empirische These, daß sich moderne Gesellschaften nur noch auf Komplexitätssteigerung einstellen und darin nicht mehr kritisch Abstand zu sich selbst gewinnen können, und seine theoretische These, daß dies aus der Logik der selbstreferentiellen Konstitution sozialer Systeme zwangsläufig folgt, provozieren die Frage, ob mit Luhmanns Konstitutionslogik der Kontingenzspielraum für eine empirische Rekonstruktion von elementaren Mechanismen der Gesellschaftsentwicklung bereits erschöpft ist oder ob alternative empirische Rekonstruktionen möglich sind, die einen davor bewahren, das Konzept einer kritischen und in diesem Sinne rationalen Selbstbestimmung, sei es auf der Ebene sozialer Gruppen, sei es auf der Ebene einer Gesellschaft insgesamt, prinzipiell fallen lassen zu müssen.

In diesem Sinne hat Habermas (1985, S. 434 f.) unlängst gegen Luhmann eingewendet, daß sich auch in funktional ausdifferenzierten Gesellschaften »Öffentlichkeiten (...) als höherstufige Intersubjektivitäten begreifen (lassen). In ihnen können sich identitätsbildende kollektive Selbstzuschreibungen artikulieren. Und in der höher aggregierten Öffentlichkeit auch ein gesamtgesellschaftliches Bewußtsein«.

Das, was Luhmann einer Gesellschaft grundsätzlich als sinnvolle Möglichkeit bestreitet, nämlich normativ Abstand zu sich selbst zu gewinnen, setzt voraus, daß es *kollektive Reflexionsprozesse* geben kann, die zumindest zu kollektiv akzeptierten Krisenwahrnehmungen und, als Reaktion darauf, zu kollektiv akzeptierten normativen Innovationen führen können; und daß eine Gesellschaft dann, wenn sie von ihren selbst erzeugten Krisen überrollt wird, dies einer Blockierung eines empirisch grundsätzlich möglichen gesellschaftlichen Lernprozesses zu verdanken hat.

Kollektive Reflexionsprozesse setzen eine mutualistische Grundorganisation voraus. Sie vollziehen sich als Diskurs bzw. Argumentation. Nun zeigt sich jedoch, daß im Gesamtaufbau von Luhmanns Theorie der selbstreferentiellen Konstitution sozialer Systeme die Annahme einer mutualistischen Grundorganisation sozialer Systeme ebenfalls eine entscheidende Rolle spielt. Das, worin sich ein soziales System selbst bestimmt, die selbstselektive Reduktion seines eigenen Möglichkeitsüberschusses, ist für Luhmann ein Resultat kommunikativer Prozesse (SS, S. 66 f.). »Selbstreferenz (...) setzt ein Prinzip voraus, das man als multiple Konstitution bezeichnen könnte (...) In der Literatur spricht man auch von Dialog (...)« (SS, S. 65).

Ein Kritiker, der Luhmanns Theoriegebäude mit Hilfe einer Theorie kollektiver Reflexionsprozesse unterlaufen möchte, fühlt sich damit von vornherein entwaffnet. Nicht nur scheinen die eigenen Theorieanstrengungen von Luhmanns sehr viel umfassenderem Theorieentwurf absorbiert zu werden; sie scheinen sich im Kontext von Luhmanns Theoriebildung auch noch selbst zu widerlegen. Eine mögliche Kontroverse verlagert sich dann zwangsläufig auf die Ebene elementarer Grundannahmen; und es kann dann zunächst einmal nur darum gehen, ob es gelingt, auf dieser Ebene überhaupt relevante Streitfragen aufzubauen.

Die folgenden Kommentare beschränken sich deshalb weitgehend auf eine Erörterung von elementaren Grundannahmen in Luhmanns Theorieentwurf. Luhmanns detaillierte Ausarbeitung seiner Systemtheorie und seine makrosoziologischen Einzelanalysen bleiben somit weitgehend unberücksichtigt. Es soll lediglich versucht werden, einige Anhaltspunkte für die These zu liefern, daß Luhmann aufgrund bestimmter analytischer Vorentscheidungen das in der mutualistischen Grundorganisation sozialer Systeme bereits auf einer elementaren Ebene angelegte kritische Rationalitätspotential von vornherein verfehlt. Der Ausgangspunkt für diese analytischen Vorentscheidungen liegt in Luhmanns Begriff ›Selbstreferenz‹; und sie betreffen die Art und Weise, in der Luhmann Selbstreferenz von *Differenzerfahrungen* abhängig macht.

Luhmann orientiert sich bei seiner Explikation des Begriffs ›Selbstreferenz‹ vor allem an dem, was in Kybernetik und ›cognitive science‹ (vgl. z. B. Johnson-Laird 1983) etwa unter dem Titel ›self-awareness‹ abgehandelt wird. Eine kurze Skizze dieser Begriffsexplikation soll zunächst zeigen, welchen Grundfragen sich Luhmann in seinem Werk mit seinem Konzept einer selbstreferentiellen Konstitution sozialer Systeme zuwendet.

1. Rekursivität, Selbstreferenz und Autopoiesis

In Russell Hobans Geschichte ›Der Mausevater und sein Sohn‹ spielt eine Hundefutter-Dose eine wichtige Rolle. Auf dem orangefarbenen Etikett steht in weißen Buchstaben ›Bonzo-Hundefutter‹. Darunter sieht man das Bild eines kleinen, schwarzweiß gefleckten Hundes, der auf den Hinterbeinen läuft und mit Kochmütze und Schürze bekleidet ist. Der Hund trägt ein Tablett, auf dem wiederum eine Dose Bonzo-Hundefutter steht, auf deren Etikett wiederum ein kleiner, schwarzweiß gefleckter Hund, ganz genau derselbe, jedoch viel kleiner, auf den Hinterbeinen läuft und ein Tablett trägt, auf dem wiederum eine Dose Bonzo-Hundefutter steht, und immer so weiter, bis die Hunde zu klein werden, um mit dem Auge noch verfolgt werden zu können.

Was befindet sich jenseits des letzten sichtbaren Hundes? Ein infiniter Regreß von Selbstrepräsentationen transzendiert empirische Wahrnehmungen. Für einen Computer ließe sich jedoch leicht eine rekursive Prozedur definieren, d. h. eine Menge von Regeln, die sich auf ihren eigenen Output anwenden lassen; und der Computer könnte immer kleinere Werte der relevanten Variablen für eine Selbsteinbettung jenes Dosenetikettes berechnen – und dies ad infinitum. Jenseits des letzten sichtbaren Hundes befindet sich eine prinzipiell unendliche Anzahl von immer kleineren rekurrenten Repräsentationen jenes selben Hundes. Der prinzipiell unendlichen Anzahl von immer kleineren Selbstrepräsentationen des Etikettes ›Bonzo-Hundefutter‹ entspricht eine prinzipiell *unendliche* Anzahl von rekursiven Anwendungen einer *endlichen* Menge anfangs festgelegter Regeln.

Rekursivität beschreibt das Phänomen einer immer gleichen *Selbstreproduktion*, gleichgültig ob es sich dabei z. B. um Zellteilungen, um ineinander verschachtelte Relativsätze, um eine Reiz-Reaktionskette oder um eine Sequenz sich stetig verkleinernder Selbstrepräsentationen eines Bildes handelt: Ein Ereignis oder Ereignisresultat wendet die Regeln, nach denen es erzeugt worden ist, auf sich selbst an, um sich erneut zu aktualisieren. Auch eine weitgehend gleiche Wiederholung bestimmter Episoden der sozialen Interaktion oder eine weitgehend gleiche Reproduktion komplexer sozialer Handlungszusammenhänge folgen zumindest annäherungsweise einem solchen rekursiven Schema; z. B. wenn

Konkurrenzverhalten in sozialen Konstellationen resultiert, die Konkurrenzverhalten erneut auslösen, oder wenn Konjunkturzyklen immer wieder den Ausgangspunkt erreichen, der sie erneut in Bewegung setzt.

Für Luhmann ist diese Form einer rekursiven Selbstreproduktion – wenn sie in einer extremen Weise ein immer Gleiches produziert – jedoch nur ein Ausdruck für das, was er reine oder tautologische Selbstreferenz nennt. Sofern Selbstreferenz in dieser reinen oder tautologischen Form in der gesellschaftlichen Wirklichkeit überhaupt vorkommt, bildet sie für Luhmann lediglich einen instabilen Grenzfall dessen, was er unter der selbstreferentiellen Konstitution bzw. *autopoietischen Reproduktion* sozialer Systeme versteht. Soziale Systeme bestehen nicht aus einem Konglomerat vorfabrizierter Bausteine, die sich rekursiv auf immer gleiche Weise reproduzieren, sondern aus emergenten Ordnungen, die, indem sie sich konstituieren, die Elemente, aus denen sie bestehen, und die Regeln oder Strukturen, die diese Elemente verknüpfen, selbst noch konstituieren müssen (vgl. z. B. SS, S. 233 u. 258).

Vielleicht läßt sich dies etwas einfacher auch so ausdrücken, daß eine ›autopoietische Reproduktion‹ nicht lediglich die rekursive Anwendung festgelegter Regeln beinhaltet (wie im Falle der rekursiven Selbstrepräsentationen des Etikettes ›Bonzo-Hundefutter‹), sondern vielmehr diese Regeln in den Prozeß einer ›autopoietischen Reproduktion‹ (und damit evtl. einer Veränderung bzw. Fortentwicklung) mit einbezieht. Und die Frage ist dann, wodurch ein Selbst, wenn es kein Selbst (in Form a priori festgelegter Regeln oder Strukturen) mehr voraussetzen kann, sich dann noch selbst reproduzieren und darin bestimmen kann.

Mit dieser Frage befindet man sich bereits mitten in Luhmanns Überlegungen zu einer Theorie der selbstreferentiellen Konstitution sozialer Systeme. Und Luhmanns generelle Antwort auf diese Frage lautet: »Differenz ist Funktionsprämisse selbstreferentieller Operationen« (SS, S. 35).

Bevor auf diese Antwort etwas näher eingegangen wird, zunächst ein kurzer Überblick über drei Formen der Selbstreferenz, die Luhmann unterscheidet (vgl. vor allem SS, S. 600 ff.):

(a) Basale Selbstreferenz:
Das Selbst, das sich hier auf sich selbst bezieht, ist die nicht weiter auflösbare (insbesondere psychologisch nicht weiter reduzierbare) elementare Sinneinheit sozialer Systeme: eine kommunikative Handlung (im weitesten Sinne). Wenn eine kommunikative Handlung anschlußfähig sein bzw. eine Folgehandlung auslösen und somit auf dieser elementaren Ebene die Reproduktion eines sozialen Systems sichergestellt werden können soll, so muß sie sich als eine mögliche Folge der vorausgehenden bzw. als Prämisse einer möglichen Folgehandlung verstehen; d. h. sie muß durch Einbeziehung eines solchen Handlungszusammenhanges auf sich selbst Bezug nehmen (vgl. dazu auch SS, S. 198 f.). Basale Selbstreferenz ist Voraussetzung für eine höherstufige Form der Selbstreferenz, nämlich für prozessuale Selbstreferenz bzw. »Reflexivität« (SS, S. 601).

(b) Reflexivität (prozessuale Selbstreferenz):
Mit jeder weiteren kommunikativen Handlung wird zugleich die Kohärenz der jeweiligen Sequenz von Kommunikation mitgeprüft. »Man kann erst am Anschlußverhalten kontrollieren, ob man verstanden worden ist« (SS, S. 199); und durch Kommunikationen über Kommunikationen kann diese Verstehenskontrolle explizit durchgeführt werden. Das Selbst, das sich hier auf sich selbst bezieht, ist der Kommunikationsprozeß. ›Prozessuale Selbstreferenz‹ meint dann, daß eine mögliche Kohärenz in der Abfolge von Reaktionserwartungen und Erwartungsreaktionen vorausgesetzt wird (vgl. SS, S. 601) und der Kommunikationsprozeß unter Einbeziehung eines solchen Kohärenzzusammenhanges auf sich selbst Bezug nimmt.
Wenn basale und prozessuale Selbstreferenz sich jedoch nicht in einer endlosen Iterierung von ›Selbstspiegelungen‹ verlieren sollen, müssen sie sich einem sozialen System als einem Insgesamt kollektiv akzeptierter Erwartungen zuordnen. Sie setzen demnach eine Systemreferenz voraus, zugleich sind sie jedoch selbst eine Voraussetzung für eine weitere höherstufige Form der Selbstreferenz, nämlich einer Reflexion auf der Ebene eben jenes sozialen Systems.

(c) Reflexion (Selbstreferenz als Systemreferenz):
Ein Insgesamt kollektiv akzeptierter Erwartungen läßt sich nur

dann eingrenzen, wenn es zugleich kollektiv nicht Akzeptiertes ausgrenzt. Dies ist nur möglich, wenn die Differenz von System und Umwelt ins System selbst eingeführt wird und sich das System mit Hilfe dieser Differenz selbst konstituiert (vgl. z. B. SS, S. 63). Das Selbst, das sich hier auf sich selbst bezieht, ist ein soziales System. Selbstreferenz als Systemreferenz meint dann, daß mögliche System/Umwelt-Differenzen vorausgesetzt werden (z. B. wenn die ›Selbstdarstellung‹ eines Systemes von der Umwelt des Systems, z. B. anderen Systemen, nicht ohne weiteres akzeptiert wird) und das System dann unter Einbeziehung solcher auch anders möglichen Differenzen Bezug auf sich selbst nimmt.

Selbstreferenz als Systemreferenz erfordert, daß ein System über Prozesse der Selbstbeobachtung eine Selbstbeschreibung anfertigt; und dies setzt Elemente und Prozesse eines solchen Systemes und damit basale und prozessuale Selbstreferenz voraus (vgl. SS, S. 618). Andererseits muß jedoch sichergestellt sein, daß sich die Elemente und Prozesse dieses Systems als Elemente und Prozesse dieses Systems und nicht als irgend etwas anderes reproduzieren; und dies setzt für diese Formen von Selbstreferenz bereits die höherstufige Form der Selbstreferenz als Systemreferenz voraus (vgl. SS, S. 63).

Diese kurze und skizzenhafte Zusammenfassung von Luhmanns Darstellung dieser drei Formen von Selbstreferenz und ihrer Interdependenz in der selbstreferentiellen Konstitution sozialer Systeme macht zumindest deutlich, daß diese Theorie in der Tat »eine freischwebend konsolidierte Realität, ein sich selbst gründendes Unternehmen« (SS, S. 173) behandelt. Und dies gibt dieser Theorie nicht nur, wie Luhmann meint, »einen eigentümlichen Stimmungsgehalt«; es macht sie auch, und zwar in allen theoretischen Verzweigungen und Verästelungen, die Luhmann vornimmt, außerordentlich schwer verständlich. Zwar behandelt Luhmann nahezu jede Frage und jeden Einwand, die sich im Leser artikulieren mögen; aber für den Leser, der sich auf Luhmanns Ansatz nicht von vornherein einstimmen läßt, mag dann die Anschlußfähigkeit von Luhmanns Erläuterungen bzw. die Anschlußfähigkeit der eigenen Einwände zu einem unlösbaren Problem werden.

Eine Frage, für die dies im besonderen Maße gilt, ist die Frage, welche Rolle menschliche Subjekte in diesem sozialen Konstitu-

tionszusammenhang spielen. Luhmann gibt auf diese Frage mehrere Antworten; und auf einige davon werde ich im folgenden noch zurückkommen.
Eine andere Frage betrifft die Korrelation bzw. Interdependenz der drei unterschiedlichen Formen einer selbstreferentiellen Konstitution sozialer Systeme. Wenn sich nicht nur kommunikative Handlungen und die Erwartungsstrukturen eines sozialen Systems, sondern auch noch basale Selbstreferenz und Selbstreferenz als Systemreferenz wechselseitig voraussetzen und damit jede dieser Formen von Selbstreferenz die andere als eine Komponente ihrer selbst enthält, wie kann sich dann dieser schwindelerregende Reflexionszusammenhang überhaupt aus einer Dynamik im Stillstand in einen Prozeß der Entwicklung sozialer Strukturen transformieren?
Dies führt zu einer weiteren und grundlegenden Frage, die Luhmanns Unterscheidung von drei Formen der Selbstreferenz vorausgeht; nämlich zur Frage, wie ein Selbst (sei es als Element, als Prozeß oder als System) überhaupt sich selbst auf eine nichttautologische Weise bestimmen (und darin eventuell weiterentwickeln) kann, indem es sich gegenüber anderem als different setzt. Diese Frage steht im Zentrum von Luhmanns eigenen Überlegungen. Und da in dieser Frage alle Fäden von Luhmanns Theoriebildung zusammenlaufen, kann an Luhmanns Antworten auf diese Frage abgelesen werden, welche Grundannahmen seiner Rekonstruktion von elementaren Mechanismen der Reproduktion und Evolution von Gesellschaften zugrunde liegen, und inwiefern sich auf dieser elementaren Ebene von Luhmanns Theoriekonstruktion möglicherweise eine alternative Sichtweise auf der Basis des Konzeptes ›kollektiver Reflexions- und Lernprozesse‹ als Gegenposition zu Luhmann entwickeln läßt.
Luhmanns Grundfrage, wie ein Selbst sich selbst überhaupt auf eine nichttautologische Weise bestimmen (und darin eventuell auf einer strukturellen Ebene weiterentwickeln) kann, ist nicht nur eine Frage, die z. B. die Philosophie der Aufklärung bewegt hat; es ist eine Grundfrage aller auf psychische oder soziale Systeme gerichteten empirischen Lern- und Entwicklungstheorien (bzw. Evolutionstheorien). Innerhalb dieses Bereiches einer nichtspekulativen, empirischen Theoriebildung ist diese Grundfrage jedoch bislang (wenn man von Luhmanns Arbeiten absieht) allenfalls von mikrosoziologischen bzw. ontogenetischen Theorean-

sätzen einigermaßen durchreflektiert worden. Eine Erörterung dieser Grundfrage wird somit sinnvollerweise Ergebnisse von Theoriediskussionen innerhalb dieses Bereiches nicht gänzlich außer acht lassen. Auf die Frage, wie sich mikro- und makrosoziologische Ansätze aufeinander beziehen lassen bzw. wie sich entsprechende unterschiedliche Formen selbstreferentieller Prozesse aufeinander beziehen könnten, kann nur zum Schluß kurz eingegangen werden.

2. Selbsttranszendierung

Die theoretische Signifikanz von Luhmanns These, daß Differenz die Funktionsprämisse selbstreferentieller Operationen darstelle, liegt zunächst einmal vor allem darin, daß sie eine paradoxe Problemlage aller subjektzentrierten kognitivistischen Lern- und Entwicklungstheorien deutlich macht. Denn die Frage, wie »Differenzerfahrung (...) Bedingung der Möglichkeit von Informationsgewinn und Informationsverarbeitung« (SS, S. 13) sein kann, ist lediglich eine Variante der Grundfrage aller Lern- und Entwicklungstheorien, nämlich: wie sich in einem psychischen oder sozialen System aufgrund von empirischen Erfahrungen etwas in einem strukturellen Sinne Neues entwickeln kann.

Subjektzentrierte Ansätze lassen sich dadurch charakterisieren, (a) daß im Falle psychischer Systeme zwischen Stimulus und Response (oder bei Luhmann: ›Erleben‹ und ›Handeln‹) bestimmte Variablen, z. B. Ideen, Konzepte etc., und im Falle sozialer Systeme zwischen Input (Perzeptionen) und Output (Handlungen bzw. Handlungsprodukte) höher aggregierte Wissensbestände bzw. Erwartungsstrukturen (vgl. SS, S. 397 ff.) intervenieren; und (b) daß dann das, was das jeweilige System an Erfahrungen bzw. Informationen gewinnen und verarbeiten kann, von seinen bereits existierenden Wissensstrukturen abhängt. Es kann dann eigentlich nichts strukturell Neues mehr geben, denn dies würde eine Selbsttranszendierung des lernenden Systems erfordern. Genau die dafür relevanten Erfahrungen könnte dieses System jedoch gar nicht mehr als lernrelevant identifizieren. Selbsttranszendierung setzt eine Erfahrung des Neuen und damit eine Erfahrungskonstitution voraus, die das einzelne Subjekt, sei es ein psychisches oder ein soziales System, allein aufgrund seiner bereits entwickelten internen Strukturen prinzipiell nicht mehr leisten kann. Strukturelles Lernen wird somit für subjektzentrierte Ansätze zu einer paradoxen Angelegenheit.

Dieses Paradox läßt sich dann nur dadurch umgehen, daß das in der Entwicklung strukturell Neue als eine im jeweiligen System naturhaft angelegte Potenz aufgefaßt wird, die ihre eigene Aktualisierung hervorzubringen vermag. Es liegt deshalb in der Konsequenz eines subjektzentrierten Ansatzes im Bereich der Entwicklungspsychologie, daß im wesentlichen ein reifungstheoretischer Erklärungsmodus für strukturelles Lernen gewählt wird (vgl. z. B. moderne, von Chomsky beeinflußte Spracherwerbstheorien). Und auch im Falle von Piagets subjektzentrierter genetischer Epistemologie, die von Piaget selbst und von vielen seiner Interpreten als eine ›Überwindung‹ reifungstheoretischer Erklärungsmodelle verstanden wird, liefern Schwierigkeiten und innere Widersprüche ein reiches Anschauungsmaterial für diesen internen Zwang subjektzentrierter Ansätze zur Konstruktion reifungstheoretischer Erklärungsmodelle (vgl. dazu Miller 1986).

Hinsichtlich einer möglichen strukturellen Entwicklung im Bereich sozialer Systeme wird jedoch die These einer naturhaft angelegten Potenz, etwa die Annahme einer in allen Individuen gleichermaßen angelegten ›Vernünftigkeit‹, kaum noch jemanden überzeugen können. Hier zeigt sich von vornherein, daß das Paradox strukturellen Lernens ein Paradox subjektzentrierter Ansätze ist. Und Luhmanns vielfältiger Kritik des Subjektbegriffs ist deshalb zumindest darin zuzustimmen, daß sie alle in einem transzendentalen Sinne subjekttheoretischen Begründungen für einen strukturellen Wandel sozialer Systeme zurückweist.

Dies führt zur Frage, wie denn nun Luhmann seinerseits die Möglichkeit einer Selbsttranszendierung im Falle der selbstreferentiellen Konstitution sozialer Systeme begründet. Wenn selbstreferentielle Systeme die Fähigkeit besitzen, »Beziehungen zu sich selbst herzustellen und diese Beziehungen zu differenzieren gegen Beziehungen zu ihrer Umwelt« (SS, S. 31), und wenn dadurch eine Differenzerfahrung möglich sein soll, die zu einer Selbstbestimmung und Neubestimmung und damit eventuell zu einer strukturellen Fortentwicklung führen kann, wie wird dann diese Differenzerfahrung ihrerseits konstituiert? Wenn sie aus-

schließlich als eine Leistung bzw. eine Konstruktion des betreffenden Systems begriffen würde, so müßte dies ja wiederum zur paradoxen Problemlage subjektzentrierter Ansätze zurückführen.
Luhmann versucht diese Frage im wesentlichen auf der Basis seines eigentümlichen ›Sinnbegriffes‹ und, davon ausgehend, u. a. mit Hilfe der Annahme einer mutualistischen Grundorganisation sozialer Systeme zu beantworten.

3. Sinn und die Dynamik des kollektiv Geltenden

Nach Luhmann (vgl. SS, S. 92 ff.) unterscheiden sich psychische und soziale Systeme von allen anderen Systemen (z. B. biologischer oder physikalischer Art) dadurch, daß ihre Grenzen Sinngrenzen sind. Alles Erleben oder Handeln bzw. jeglicher Input oder Output muß über diese Sinngrenzen vermittelt werden. Sinn wird damit zur »Weltform« dieser Systeme, denn er übergreift die Differenz von System und Umwelt, indem Sinngrenzen sowohl nach innen als auch nach außen verweisen (vgl. SS, S. 95). Die jeweilige Sinngrenze ist jedoch durch das jeweilige System bedingt. In ihr manifestieren sich die Selektionen, durch die ein System die letztlich unfaßbare interne und externe Komplexität reduziert. Und diese Leistung des Systems kann in selbstreferentiellen Prozessen durch eine Thematisierung der eigenen System/Umwelt-Differenz vom System selbst reflektiert und dadurch (eventuell neu) bestimmt werden (vgl. SS, S. 96).
Die dafür erforderliche Differenzerfahrung wird von Luhmann jedoch nicht mehr als eine ausschließliche Leistung des Systems selbst begriffen, sondern von einer »Selbstbeweglichkeit des Sinngeschehens« (SS, S. 101) abhängig gemacht. Für dieses Sinngeschehen gibt es keinen ›Träger‹ etwa in Form eines (transzendentalen) Bewußtseins. »Sinn trägt sich selbst, indem er seine eigene Reproduktion selbstreferentiell ermöglicht« (SS, S. 141). Alles Sinnerleben projiziert sich von selbst in ein Darüberhinaus von vielen anderen Möglichkeiten weiteren Erlebens und Handelns und kann sich dann darin selbst wiederfinden (vgl. SS, S. 130).
Ein System, das seine eigenen Sinngrenzen reflektiert, muß somit zwangsläufig Sinnüberschüsse mitreproduzieren. Es kann seine eigene System/Umwelt-Differenz immer nur als eine unter vielen

anderen gleichfalls möglichen System/Umwelt-Differenzen identifizieren; und dies eröffnet Chancen für eine innovative Systembildung (vgl. SS, S. 258). Das System kann gar nicht anders als sich durch Selbstreferenz selbst zu transzendieren. Es wird durch das Sinngeschehen dazu gezwungen. »Die Selbstbeweglichkeit des Sinngeschehens ist Autopoiesis par excellence« (SS, S. 101).

Luhmanns ›Sinnbegriff‹ scheint somit einen Ausweg aus der zuvor erörterten paradoxen Problemlage subjektzentrierter Ansätze zu eröffnen: die Bedingungen der Möglichkeit einer Differenzerfahrung liegen nicht ausschließlich im Subjekt (psychisches oder soziales System) selbst, sondern in einem Subjekt und Objekt bzw. System und Umwelt übergreifenden Sinngeschehen. Dieses ›Sinnkonzept‹ Luhmanns basiert auf einer Relationierung der beiden modallogischen Begriffe ›Aktualität‹ und ›Möglichkeit‹. Diese Relationierung scheint bei Luhmann jedoch zwei unterschiedliche Deutungen zuzulassen, und mit keiner dieser Deutungen läßt sich, genau besehen, das Problem einer Differenzerfahrung als Erfahrungsbasis für eine Selbsttranszendierung lösen.

Das *erste* dieser beiden Relationierungskonzepte entspricht dem ›extremen Realismus‹ der ›possible world semantics‹ von David Lewis (vgl. z. B. 1973; s. auch die Kritik von Stalnaker 1984). Das Mögliche ist dann genau so real wie das Aktuelle. Das Aktuelle bzw. die aktuelle Welt ist nur eine unter vielen anderen existierenden möglichen Welten. So schreibt Lewis (1973, S. 84): »It is uncontroversially true that things might have been otherwise than they are. I believe, and so do you, that things could have been different in countless ways. But what does this mean? (...) It says that there exist many entities of a certain description, to wit, ›ways things could have been‹ (...) I therefore believe in the existence of entities which might be called ›ways things could have been‹. I prefer to call them ›possible worlds‹«.

Ähnlich scheint Luhmann davon auszugehen, daß das Mögliche in einem höherstufigen Sinne, nämlich mögliche Differenzen von gerade Aktuellem und Möglichkeitshorizont, etwas real Existierendes ist und daß es aufgefaßt werden kann als eine Selbstbeschreibung der Welt als einem Letzthorizont allen Sinnes (vgl. SS, S. 100 ff.). Daraus folgt dann für Luhmann, daß man sich »von jedem Ausgangspunkt (...) zu allen anderen Möglichkeiten der Welt fortbewegen (kann)« (SS, S. 106).

Diese objektivistische Sinnkonzeption scheint jedoch nicht nur reichlich metaphysikverdächtig zu sein und einen geeigneten Fall für die Anwendung von Occam's Razor darzustellen; das Konzept einer objektiv vorhandenen und sich selbst bewegenden Vielfalt möglicher Sinn- bzw. Differenzerfahrungen macht es außerdem unverständlich, wie für das einzelne Subjekt bzw. System überhaupt noch eine bestimmte Differenzerfahrung und damit eine selbstreferentielle Bestimmung möglich ist. Ähnlich wie im Falle empiristischer bzw. behavioristischer Ansätze wird es einer sein Verständnis überschreitenden Vielfalt objektiver Sinnereignisse ausgesetzt; und da sich diese Vielfalt nicht von alleine zu einer bestimmten Differenzerfahrung verdichtet, muß sich eine selbstreferentielle Bestimmung in dieser Vielfalt verlieren.

Das *zweite* von Luhmanns Relationierungskonzepten entgeht dieser Schwierigkeit, aber nur um den Preis, daß es auf die Ausgangslage subjektzentrierter Ansätze zurückfällt.

In dieser Version wird das Mögliche auf das aktuell Gegebene bezogen. Sinn ist die »Differenz von aktual Gegebenem und auf Grund dieser Gegebenheit Möglichem« (SS, S. 111). Mögliches existiert dann nur in Abhängigkeit von dem, was aktuell gegeben ist (vgl. SS, S. 152). Der Ausdruck ›aktuell‹ ist dabei indexikalisch zu verstehen. Was aktuell gegeben ist, hängt hinsichtlich seiner Referenz davon ab, für wen oder für was das jeweils aktuell Gegebene gilt. Die sich aus der Differenz von Aktuellem und Möglichem ableitende Information ist dann »nur im System, nur dank dessen Selbstreferenz, nur dank dessen Auffassungsschema möglich« (SS, S. 104).

Das System stellt seine Fragen bzw. formuliert seine Hypothesen und überprüft, was sich davon in seiner Umwelt bestätigen bzw. falsifizieren läßt. Information erscheint damit als eine »Selektion, die nicht das System, sondern die Umwelt vollzieht« (SS, S. 104). Daraus folgt für Luhmann, daß der Umweltbezug intern als »Interdependenzunterbrecher« eingesetzt werden und dadurch das in aller Selbstreferenz enthaltene Problem der Zirkularität gelöst werden kann (vgl. SS, S. 65). Aber was geschieht, wenn sich ein System durch seine Informationen nicht selbst bestätigen kann? Solche Informationen werden vom System als *Störungen* erfahren; und als Störung etablieren sie gerade keine Differenzerfahrung, aufgrund derer sich dieses System strukturell selbst

transzendieren könnte. Zwar mag es erkennen, daß seine Auffassungsschemata bzw. Hypothesen (Möglichkeitsunterstellungen) empirisch unangemessen sind, aber diese Erfahrung liefert nicht zugleich empirisch angemessenere Hypothesen; sie liefert noch keine Hinweise bzw. Differenzen, die als Erfahrungsbasis für ein strukturell (bzw. hinsichtlich seiner Grundprämissen) angemesseneres Auffassungsschema dienen könnten. Genau dies kennzeichnet die paradoxe Problemlage subjektzentrierter Ansätze.
Wenn diese Einwände stichhaltig sind, so folgt daraus, daß die zentrale Frage Luhmanns, wie über eine Differenzerfahrung eine selbstreferentielle Bestimmung möglich ist, mit Luhmanns ›Sinnbegriff‹ nicht zu lösen ist. Und es schließt sich die Frage an, ob ein ›Sinnbegriff‹ denkbar ist, der weder objektivistisch noch subjektivistisch konzipiert wird und der zugleich die Bedingungen der Möglichkeit einer Differenzerfahrung als Erfahrungsbasis für eine strukturelle Selbsttranszendierung zu klären vermag. Dazu einige kurze Anmerkungen, in denen alternativ zu Luhmann von einem Konzept kollektiver Reflexions- bzw. Lernprozesse ausgegangen wird.
Auch Luhmanns Begriff einer ›Sinngrenze‹, die zwischen System und Umwelt vermittelt, setzt voraus, daß ein System zu einem bestimmten Zeitpunkt seine Wissenselemente bzw. Überzeugungen auf eine Menge von Grundüberzeugungen zurückführt, die für dieses System zu diesem Zeitpunkt fraglos und damit unmittelbar gelten. Andernfalls wäre der Begriff ›Sinngrenze‹ kaum verständlich. Was solche Grundüberzeugungen sein könnten, beschreibt Wittgenstein (1960, § 217, vgl. auch § 211) anschaulich unter dem Titel ›Konventionen‹ bzw. ›Lebensformen‹: »Habe ich die Begründungen erschöpft, so bin ich nun auf dem harten Felsen angelangt, und mein Spaten biegt sich zurück. Ich bin dann geneigt zu sagen: ›So handle ich eben‹«. Eine solche Grenzziehung kann ihre eigene Überzeugungskraft jedoch nur daraus beziehen, daß für sie eine kollektive Geltung unterstellt wird. Und diese Grenzziehung kann deshalb durch kollektive Reflexionsprozesse thematisiert werden und damit eine *Dynamik des kollektiv Geltenden* in Gang setzen. Ein System (sei es ein psychisches System, sei es ein soziales System im Kontext von Intersystembeziehungen) kann sich hinsichtlich seiner Sinngrenzen dieser Dynamik des kollektiv Geltenden zumindest nicht völlig entziehen, es sei denn durch eine Flucht in pathologische

Sinngrenzen. Durch kollektive Reflexionsprozesse kann geklärt werden, was zum Bereich des kollektiv Geltenden zählt, was als eine Erweiterung bzw. Einschränkung dieses Bereiches gilt und wann dieser Bereich erweitert oder eingeschränkt werden muß (nämlich dann, wenn sich erweist, daß eine Menge kollektiv geltender Überzeugungen Selbstwidersprüche enthält). Wenn Sinngrenzen sich ändern, so ist dies demnach weder eine Folge eines objektivistisch sich vollziehenden Sinngeschehens noch eine Folge eines vom jeweiligen System monologisch vollzogenen Konstruktionsprozesses. Sinngrenzen werden von den einzelnen Subjekten in kollektiven Reflexionsprozessen erzeugt, und sie können dann ihren eigenen Urhebern etwa im Sinne von Poppers Welt 3 Entitäten (vgl. Popper 1972) als gleichsam objektive und autonome Sinnzusammenhänge gegenübertreten. Aber dennoch bleiben sie ein Resultat dieser kollektiven Reflexionsprozesse, und jede weitere Dynamik des kollektiv Geltenden bleibt an den Vollzug dieser kollektiven Prozesse gebunden (vgl. dazu ausführlich Miller 1986).

Träger von Sinn bzw. eines Sinngeschehens sind dieser Auffassung zufolge kollektive Reflexionsprozesse, und da sich diese als intermentale Prozesse bzw. als Argumentationsprozesse beschreiben lassen, können alle Sinnoperationen als mentale Entitäten aufgefaßt werden, obgleich ihr Resultat eine Sinnproduktion darstellt, die sich nicht mehr einzelnen Subjekten zuschreiben läßt. Damit bleiben alle Prädikate wie ›beschreiben‹, ›beobachten‹, ›referieren‹, ›thematisieren‹, ›unterscheiden‹ und ›zurechnen‹ das, was sie sind, nämlich mentale Prädikate, die einen bewußtseinsfähigen Träger voraussetzen; und man muß nicht wie Luhmann die Sprache verändern wollen, um ein bestimmtes ›Sinnkonzept‹ verteidigen zu können (vgl. z. B. SS, S. 115 und 595).

Dieses Konzept kollektiver Reflexionsprozesse bewährt sich zunächst einmal an der Frage, wie Differenzerfahrungen als Erfahrungsbasis für eine selbstreferentielle Bestimmung möglich sind. Wenn in einem Experiment eine Hypothese durch empirische Daten falsifiziert wird, wenn Verhaltenserwartungen von ego permanent mit den Verhaltenserwartungen von alter ego konfligieren oder wenn eine Gesellschaft aufgrund ihrer kollektiven Entscheidungsstrukturen gegen ihre kollektiven Intentionen ihre Umwelt zerstört, so lassen sich alle diese Erfahrungen zunächst einmal als Störungen beschreiben. Es sind, könnte man sagen,

›abstrakte Negationen‹ der jeweiligen Hypothesen, Verhaltenserwartungen bzw. Entscheidungsstrukturen.
Aus Störungen dieser Art wird jedoch nur dann eine Differenzerfahrung, die in struktureller Hinsicht eine Selbsttranszendierung auslösen kann, wenn diese Störungen als eine bestimmte, d. h. begründete Negation der eigenen Wissens-, Erwartungs- oder Entscheidungsstrukturen aufgefaßt werden können. Die Konstruktion von Negationen ist der Erfahrungsmechanismus, der eine Fort- und Höherentwicklung auf der Ebene von Strukturen ermöglicht. Dies ist genau die Problemkonstellation in der genetischen Epistemologie des späten Piaget (vgl. 1975 und 1980). Zugleich zeigt sich auch in diesem Zusammenhang, daß subjektzentrierte Ansätze gerade nicht erklären können, wie aufgrund bereits existierender Wissensstrukturen eine bestimmte Negation derselben Strukturen möglich sein kann.
Eine andere Problemlage ergibt sich jedoch im Falle kollektiver Reflexionsprozesse. Die Dynamik des kollektiv Geltenden wird durch argumentative Widersprüche gesteuert. Wenn ein Widerspruch aufgrund argumentativer Prozesse ins kollektiv Geltende überführt werden kann, so zwingt dies das psychische oder soziale System, dem dieser Widerspruch gilt, zu einer Erweiterung seiner Sinngrenzen und evtl. zu entsprechenden strukturellen Veränderungen. Natürlich kann ein System dann seine eigenen Lernprozesse blockieren, aber dies ändert nichts daran, daß es eine Differenzerfahrung gemacht hat, aufgrund derer es hätte lernen können (vgl. dazu ausführlich Miller 1986).
Nun hat Luhmann jedoch, wie bereits erwähnt, ebenfalls eine selbstreferentielle Bestimmung (auf der Ebene von Elementen, Prozessen und Systemen) von einem mutualistischen oder dialogischen Konstitutionszusammenhang abhängig gemacht (vgl. z. B. SS, S. 65 ff.). Und so stellt sich die Frage, ob Luhmann in diesem Zusammenhang doch noch weitere Gesichtspunkte zur Lösung des Problems von Selbstreferenz und Differenzerfahrung entwickelt oder ob sich auch in diesem Zusammenhang zeigen läßt, daß dieses Grundproblem innerhalb von Luhmanns Theoriegebäude ungelöst bleibt. Die Antwort, die im folgenden noch kurz belegt werden soll, lautet: dieses Grundproblem bleibt ungelöst; und der Grund dafür liegt nicht zuletzt darin, daß Luhmann das in kommunikativen Prozessen inhärent angelegte Rationalitätspotential systematisch außer acht läßt.

4. Doppelte Kontingenz und koordinierter Dissens

»Man kann allen Sinn daraufhin abfragen, ob ein anderer ihn genau so erlebt wie ich oder anders« (SS, S. 119). Luhmann bezeichnet dies als die ›Sozialdimension‹ allen Sinnes, die er als gleichrangig und in interdependenten Beziehungen mit der ›Sachdimension‹ und ›Zeitdimension‹ allen Sinnes behandelt.

Wenn nun aber ein anderer ein Sinnmoment anders erlebt als ich, so geht der Frage, ob und wie eventuell ein gemeinsames Sinnerlebnis möglich ist, bereits die Frage voraus, ob und wie Differenzen des Sinnerlebens gemeinsam identifiziert werden können. Erst ein koordiniertes Verständnis von Differenzen scheint Differenzerfahrungen innerhalb der Sozialdimension ihre spezifische Qualität zu verleihen. Ein solches koordiniertes Verständnis ist von vornherein auf eine Einheitsbildung angelegt – oder, wie Luhmann sagen würde, »auf die Identität von Identität und Differenz«. Und die Frage ist dann, was für eine mutualistische Grundorganisation sozialer Systeme eine solche Einheitsbildung bedeuten und wie eine solche Leistung erbracht werden kann.

Luhmann sieht dies alles jedoch ganz anders. Überlegungen, wie sie eben skizziert worden sind, werden von ihm der Dialektik zugeordnet, von der er sich distanziert (vgl. SS, S. 607). Differenz »wirkt nur als Differenz. Nur als Differenz macht sie es möglich, Informations-Verarbeitungsprozesse anzuschließen« (SS, S. 41). Daß man sich darüber hinaus auch noch irgendwie an der Einheit der Differenz orientieren könnte, wird von ihm als ein Sonderfall betrachtet (vgl. SS, S. 597), der für die Art und Weise, wie innerhalb der Sozialdimension Differenzerfahrungen eine selbstreferentielle Konstitution sozialer Systeme ermöglichen, keine grundlegende Bedeutung besitze.

Bereits daran kann man unschwer erkennen, wie sich Luhmanns ›Sinnbegriff‹ auf sein Verständnis der dialogischen Konstitution einer selbstreferentiellen Bestimmung auswirkt. Wenn Differenzerfahrungen ohnehin nur im Sinne von ›Störungen‹ aufgefaßt werden und sich diese Störungen letztlich einem Sinngeschehen verdanken, das sich über die Köpfe sinnverarbeitender Subjekte bzw. Systeme hinweg ereignet, scheint für irgendein Konzept der Einheit der Differenz kein Bedarf mehr zu bestehen. Worin kann dann jedoch für Luhmann überhaupt noch die spezifische Leistung einer mutualistischen Grundorganisation sozialer Systeme

bestehen; und können dann aus kommunikativen Prozessen überhaupt noch der Aufbau einer sozialen Ordnung und eine selbstreferentielle und damit potentiell strukturell höherstufige Selbstbestimmung eines sozialen Systems erklärt werden?
Luhmanns Überlegungen setzen am Problem der ›doppelten Kontingenz‹ an. »Wenn jeder kontingent handelt, also jeder auch anders handeln kann und jeder dies von sich selbst und den anderen weiß und in Rechnung stellt, ist es zunächst unwahrscheinlich, daß eigenes Handeln überhaupt Anknüpfungspunkte (und damit: Sinngebung) im Handeln anderer findet« (SS, S. 163). Damit wird zugleich unwahrscheinlich, daß soziales Handeln, d. h. ein Handeln auf der Grundlage von ›Wir-Intentionen‹ und eines entsprechenden ›gemeinsamen Wissens‹ (vgl. Tuomela 1984), überhaupt stattfinden kann.
In einem ersten Schritt wird nun von Luhmann Parsons' Lösungsvorschlag, nämlich daß soziales Handeln eine normative Orientierung an einem ›shared symbolic system‹ voraussetzt, auf eine interessante Weise weiterentwickelt. Mit der Unterstellung eines immer schon vorhandenen normativen bzw. kulturellen Codes kann das Problem der doppelten Kontingenz nicht angemessen gelöst werden, denn es wird dann nur auf das weitere Problem verschoben, wie dieser Code überhaupt entstehen und wie ein eventueller Wandel überhaupt möglich sein kann (vgl. SS, S. 149 f.). Luhmann kehrt deshalb die Erklärungsrichtung von Parsons' Lösungsvorschlag um und stellt die Frage, wie das Problem der doppelten Kontingenz für selbstreferentielle Systeme zum Problem und darin autokatalytisch wirksam werden und sich dann selbst lösen, d. h. selbst die Emergenz einer sozialen Ordnung ermöglichen kann (vgl. z. B. SS, S. 657).
Im Fortgang von Luhmanns Überlegungen beginnen jedoch die beiden Fragen, wie das Problem der doppelten Kontingenz als Problem Wirkungen haben kann (vgl. SS, S. 169) und wie das Problem der doppelten Kontingenz sich selbst lösen kann (vgl. SS, S. 166), ineinander überzugehen. Dies kommt besonders deutlich an der folgenden Stelle zum Ausdruck, an der die autokatalytische Wirksamkeit des Problems der doppelten Kontingenz sich fast übergangslos in eine Lösung des Problems der doppelten Kontingenz transformiert: »Ego erfährt Alter als alter Ego. Er erfährt mit der *Nichtidentität der Perspektiven* aber zugleich *die Identität dieser Erfahrung* auf *beiden* Seiten. Für beide ist die

Situation dadurch unbestimmbar, instabil, unerträglich. In *dieser* Erfahrung *konvergieren* die Perspektiven, und das ermöglicht es, ein Interesse an Negation dieser Negativität, ein Interesse an Bestimmung zu unterstellen. Damit ist, in Begriffen der allgemeinen Systemtheorie formuliert, ein ›state of conditional readiness‹ gegeben, eine Systembildungsmöglichkeit im Wartestand, die nahezu jeden Zufall benutzen kann, um Strukturen zu entwikkeln« (SS, S. 172). Jede Selbstfestlegung von ego oder alter ego, wie zufällig sie auch immer entstanden oder intendiert worden ist, gewinnt Informations- und Anschlußwert für das Handeln des anderen und bewirkt damit eine »Transformation von Zufällen in Strukturaufbauwahrscheinlichkeiten« (SS, S. 170). »Ohne ›noise‹ kein System (...) unter dieser Bedingung ist das Entstehen von (wie immer kurzlebiger, wie immer konfliktreicher) Ordnung normal« (SS, S. 166).

Man staunt über diese elegante Lösung und kann sie dennoch einfach nicht verstehen. Die Erfahrung zweier Akteure, daß sie sich nicht verständigen können, soll bereits über eine Reihe von Zufällen, Anstößen und Irrtümern dazu führen können, daß sie sich verständigen können. Man sieht da kaum noch, wie überhaupt Mißverständnisse entstehen und sich, wie der Alltag zeigt, sehr leicht verfestigen können. Und noch weniger versteht man, wie sich allein aufgrund der autokatalytischen Wirksamkeit des Problems der doppelten Kontingenz Selbstfestlegungen in eine »gelungene Koppelung von Selektionen« (SS, S. 218) verwandeln und damit eine »Konsolidierung von Erwartungen« und den Aufbau von Erwartungsstrukturen ermöglichen können. Man hat den Eindruck, daß Luhmann seine Methode, »Normales für unwahrscheinlich zu erklären« (SS, S. 162), hier derart überfordert, daß nicht mehr zu sehen ist, wie er den Weg vom Unwahrscheinlichen zum Wahrscheinlichen zurückfinden kann.

Wenn eine mutualistische Form der Selbstreferenz auch für Luhmann bedeutet, »daß die Handlung sich selbst in der Perspektive des alter Ego kontrolliert« (SS, S. 183), so setzt dies Methoden zur Koordinierung von Perspektiven voraus – Methoden, die einen wie auch immer unklaren anfänglichen Dissens (und in diesem Sinne eine Störung bzw. einen zufälligen Anstoß) in einen koordinierten Dissens überführen können. Andernfalls wäre nicht zu verstehen, was es überhaupt heißen kann, daß eine Handlung – oder wie man entgegen Luhmann eher zu sagen geneigt wäre –, daß ego eine Handlung bzw. eine Kommunikation in der Perspektive des alter Ego kontrollieren bzw. bestimmen kann. Ohne einen koordinierten Dissens würde man erwarten, daß Störungen eben Störungen bleiben, und dann jedenfalls – wie bereits die vorausgegangenen Erörterungen zur Relation von Selbstreferenz und Differenzerfahrung nahelegten – keine Strukturbildungsprozesse in Gang setzen können.

Wenn diese kritischen Hinweise zutreffend sind, so folgt daraus, daß Luhmann auf einer sehr elementaren Ebene seiner Rekonstruktion der mutualistischen Grundorganisation sozialer Systeme nicht verständlich machen kann, wie die doppelkontingente Konditionierung selbstreferentieller Prozesse den Aufbau bzw. die strukturelle Fortentwicklung einer sozialen Ordnung ermöglichen kann. Es bleibt unklar, wie in einem Dialog oder Konflikt Differenzerfahrungen von den Beteiligten gemeinsam identifiziert werden können, so daß jeder auf den anderen hin handeln kann, weil er weiß, wie er selbst in der Umwelt des anderen durch diesen erlebt wird (vgl. SS, S. 161), und es bleibt dann ebenfalls unklar, wie sich gemeinsame Erwartungen bilden können.

Auch ein kursorischer Überblick über die weiteren Kapitel von Luhmanns Werk führt dazu, daß bei aller Bewunderung, die man den theoretischen und empirischen Analysen Luhmanns zollen muß, sich doch auch eine Enttäuschung darüber einstellt, daß da, wo diese Grundprobleme einer mutualistischen Organisation sozialer Systeme wieder auftauchen, Luhmann lediglich rekursiv auf die autokatalytische Kapazität des Problems der doppelten Kontingenz, sich selbst zu lösen, hinweist.

So wird *Kommunikation* »durch die Erfahrung der doppelten Kontingenz induziert, kommt unter dieser Bedingung so gut wie zwangsläufig zustande und führt daraufhin zur Ausbildung von Strukturen, die sich unter solchen Bedingungen bewähren« (SS, S. 236). Kommunikation wird dann im weiteren von Luhmann als ein »dreistelliger Selektionsprozeß« (SS, S. 194) aufgefaßt; und entscheidend ist dabei die dritte Selektion, die sich auf »die Unterscheidung der Information von ihrer Mitteilung« (SS, S. 195) bezieht. Luhmann versteht darunter im wesentlichen das Problem, wie Kommunikationspartner einen gemeinsamen Kontext für ein gemeinsames Verständnis der mit einer Mitteilung jeweils intendierten Information erzeugen können. Aber es bleibt

dann völlig unklar, wie Koordinationsprobleme durch gemeinsam identifizierte Differenzerfahrungen aufgelöst werden könnten.
Auf der Ebene von Intersystembeziehungen, deren selbstreferentielle Struktur von Luhmann unter dem Begriff *Interpenetration* diskutiert wird, geht es dann darum, wie Systeme durch eine wechselseitig selbstreferentielle Beziehung, die durch jeweilige Differenzerfahrungen mit dem anderen System vermittelt werden, die jeweils eigene Komplexität zum Aufbau des anderen Systems zur Verfügung stellen können. Da eigene Komplexität aufgrund ihrer Kontingenz für das andere System prinzipiell unfaßbare, fremde Komplexität bleibt, kann sie nie ganz ins andere System überführt werden. Dennoch ist für Interpenetrationsverhältnisse entscheidend, »daß die Grenzen des einen Systems in den Operationsbereich des anderen übernommen werden können« (SS, S. 295), denn sonst ließe sich Interpenetration von einer wechselseitig egozentrischen und in diesem Sinne tautologischen Selbstreferenz nicht mehr unterscheiden. Wiederum stellt sich die Frage, wie die für eine ›gelingende‹ Interpenetration erforderlichen gemeinsamen Differenzerfahrungen möglich sind.
Eine Aufklärung dieser Frage erhofft man sich schließlich an Hand von Luhmanns Überlegungen zur Struktur von *Widersprüchen* (vgl. SS, S. 488 ff.). »Ihr Auslöseanlaß und der Katalysator ihrer eigenen Ordnung ist eine Negativversion von doppelter Kontingenz (...) Ego betrachtet (zunächst in Grenzen, dann allgemein) das, was Alter schadet, eben deshalb als eigenen Nutzen, weil er annimmt, daß Alter das, was Ego schadet, als eigenen Nutzen ansieht. Entsprechendes gilt für Alter. Auf *beiden* Seiten also *doppelte Kontingenz*. Das Interpretationsmuster rastet bei den Erwartungen in bezug auf alter Ego ein: Ego nimmt an, daß Alter (als alter Ego) das Konfliktmuster schon praktiziert (wie immer vorsichtig, verdeckt, begrenzt) und zieht daraus für sich Konsequenzen. Alter beobachtet dies und zieht daraus für sich die Konsequenzen« (SS, S. 531).
Eine solche Beschreibung von Widersprüchen läßt noch völlig offen, ob sich Ego und Alter im Prozeß dieser wechselseitigen Unterstellungen und der sich daraus ableitenden Selbstreferenzen nur im Bereich ihrer jeweiligen egozentrischen Vorstellungswelten aufhalten, und es bleibt unklar, inwieweit Konfliktpartner in

der Beobachtung der Konsequenzen, die der jeweils andere zu ziehen scheint, eine zirkuläre Selbstreferenz vermeiden und damit einer »Einheitszumutung« gerecht werden können, von der auch Luhmann meint, daß sie Widersprüche als Widersprüche konstituiert (vgl. SS, S. 498).

Der Begriff ›*koordinierter Dissens*‹ meint nicht, daß die davon Betroffenen diesen Dissens auch schon problemlos durch einen Konsens auflösen könnten; auch nicht, daß die davon Betroffenen hinsichtlich ihrer divergierenden Perspektiven eine volle Transparenz herstellen können. Er bringt lediglich zum Ausdruck, daß Differenzerfahrungen ein koordiniertes Verständnis voraussetzen müssen, wenn durch sie eine nichttautologische selbstreferentielle Bestimmung psychischer oder sozialer Systeme möglich sein soll. Und er führt dann zu der weiteren Frage, welche Strukturen oder Methoden den entsprechenden kollektiven Reflexionsprozessen zugrunde liegen müssen, damit ein ›koordinierter Dissens‹ entstehen kann, und ob sich aufgrund unterschiedlicher Strukturen bzw. Methoden unterschiedliche Formen eines ›koordinierten Dissenses‹ und in diesem Sinne unterschiedliche Formen einer ›kommunikativen Rationalität‹ ergeben können.

Solche Fragen schließen üblicherweise an das an, was in der Theorie des symbolischen Interaktionismus und in der Sozialpsychologie (soziale Kognition) unter dem Begriff ›*Koordination von Perspektiven*‹ theoretisch und empirisch analysiert worden ist. Luhmann hat auf Schwachstellen in dieser Theorietradition hingewiesen (vgl. SS, S. 154). Zumindest in zahlreichen Fällen (z. B. auch bei Selman 1980) konzentriert sich die Theoriebildung auf soziokognitive Einstellungen einzelner Subjekte (z. B. auf ihre Fähigkeit zur ›multiplen Rollenübernahme‹) und nicht auf die intersubjektiven, kommunikativen Mechanismen einer Koordination von Perspektiven. Die Theorie behandelt dann in der Tat nur »die halbierte doppelte Kontingenz« (SS, a.a.O.). Über Luhmanns Kritik hinaus wäre noch anzuführen, daß die Rede von Perspektiven, z. B. im Hinblick auf das Konstrukt einer ›objektiven Perspektive‹ bzw. eines ›sich Versetzens in eine Beobachterperspektive‹, zumeist nur metaphorisch ausfällt. Niemand kann sich ja faktisch (oder im wörtlichen Sinne des Meadschen Vokabulars) in die Perspektive eines Gegenübers bzw. einer dritten Person oder gar in die Perspektive des ›Great Companion‹ (wie

William James in ›Principles of Psychology‹ Gott nennt), der denkbar höchsten Stufe von Meads ›generalized other‹, versetzen. Auch hier kommt es letztlich darauf an, die kommunikativen Mechanismen empirisch zu rekonstruieren, die einer Koordination von Perspektiven auf unterschiedlichen Strukturebenen (z. B. auf der Ebene einer sogenannten ›subjektiven Koordination‹ und auf der Ebene einer sogenannten ›objektiven Koordination‹) zugrunde liegen.

Dies führt zurück zur Frage, aufgrund welcher kommunikativen Mechanismen ein ›koordinierter Dissens‹ möglich ist. Im Rahmen einer Theorie kollktiver Reflexionsprozesse läßt sich diese Frage reformulieren als die Frage, auf welche Weise durch welche Formen argumentativer Widersprüche sich die Dynamik des kollektiv Geltenden steuern läßt. Darauf kann hier im einzelnen nicht mehr eingegangen werden. Der Hinweis mag hier genügen, daß sich bislang zumindest für den Bereich der Ontogenese und der entsprechenden mikrosoziologischen Untersuchungen empirisch zeigen läßt, daß in einfachen Interaktionssystemen der empirische Vollzug kollektiver Reflexionsprozesse potentiell den Übergang zu neuen Formen einer Logik der Argumentation (Formen argumentativer Widersprüche) auslösen kann – Formen, die systematisch aufeinander aufbauen und jeweils neue und rational höherstufige Restriktionen formulieren über das, was dann jeweils als Erwartungsstruktur im Sinne normativer bzw. moralischer Konzepte noch kollektiv akzeptiert werden kann (vgl. Miller 1986).

Man wird sogleich einwenden, daß dies möglicherweise für kollektive Reflexionsprozesse innerhalb einfacher Interaktionssysteme gelten kann, aber für eine Entwicklung innerhalb höher aggregierter Systeme deshalb noch lange nicht zu gelten braucht, und dieser Einwand ist berechtigt. Auf einen möglichen Einwand dieser Art kann im Rahmen des vorliegenden Kommentares nicht mehr eingegangen werden. Es müßte dann u. a. das Problem einer möglichen Konversion bzw. Übersetzbarkeit zwischen unterschiedlichen symbolisch generalisierten Medien diskutiert und analysiert werden, ob und inwiefern sich dabei ein elaboriertes Konzept einer ›kritischen Öffentlichkeit‹ bewähren kann.

Mit den vorausgegangenen Erörterungen wurde ein im Vergleich dazu sehr begrenztes Ziel verfolgt. Dieses Ziel ist erreicht worden, wenn die vorausgegangenen Kommentare überzeugende

Anhaltspunkte dafür liefern, daß das für eine mutualistische Grundorganisation zentrale Problem der doppelten Kontingenz im Hinblick auf den Zusammenhang von Selbstreferenz und Differenzerfahrungen nicht angemessen rekonstruiert wird, wenn es ausschließlich unter dem Gesichtspunkt eines autokatalytischen Aktionsdruckes analysiert wird; wenn es hinsichtlich der Emergenz gemeinsamer Erwartungsstrukturen überhaupt wirksam werden können soll, so erfordert dies zugleich die Lösung des Problems, wie ein in kommunikativen Prozessen inhärent angelegtes Rationalitätspotential entfaltet werden kann.

5. Schlußbemerkung

Luhmanns Zweifel an der Möglichkeit einer kritischen Selbstdistanzierung auf der Ebene höher aggregierter sozialer Systeme und seine Zweifel an der Lösbarkeit der Rationalitätsfrage auf der Ebene der Gesellschaft lassen sich aufgrund der vorausgegangenen Kommentare nicht ausräumen. Aber an Hand einer Analyse von Luhmanns Diskussion der Konzepte ›Selbstreferenz‹, ›Sinn‹ und ›doppelte Kontingenz‹ zeigte sich doch immerhin, daß seine Rekonstruktion von elementaren kommunikativen Mechanismen der Gesellschaftsentwicklung auf einem inkosistenten und darin doppelt scheiternden ›Sinnkonzept‹ aufbaut und eine grundlegende Dimension kommunikativer Prozesse, nämlich die Koordinierung divergierender Perspektiven und die damit möglichen kommunikativen Rationalitätsstrukturen, systematisch außer acht läßt.

Auf der anderen Seite wird das in Ansätzen skizzierte Konzept kollektiver Reflexions- und Lernprozesse, zumindest dann, wenn es auf soziologische Makrobereiche angewendet werden soll, schnell den Verdacht auf sich ziehen, eine Reprise der ›alteuropäischen Vernunft‹ einleiten zu wollen.

Aber auch mit kollektiven Reflexions- und Lernprozessen ist es wie mit der Lernäischen Hydra, nämlich daß wir mit den Lichtern, die wir gelegentlich anzünden, nur den Rand zur Dunkelheit vergrößern. Kollektive Lernprozesse führen nicht zu einer unabänderlichen Gesamtformel des Richtigen und Guten; und ihre Leistung liegt zumindest nicht primär in der Erzeugung irgendeines Gemeinsinnes, sondern im potentiellen Aufbau rational fortschreitend höherstufiger Verfahren zur gemeinsamen Identifikation sozialer Differenzen. Und was dann noch als ein gemeinsamer Gesichtspunkt für eine Kritik aller systemspezifischen Selektionen entwickelt werden kann, ist nicht, wie Luhmann meint, per se ein »Maß der eigenen Unwahrscheinlichkeit« (SS, S. 646), sondern seine Wahrscheinlichkeit bemißt sich nach dem, was in kollektiven Reflexions- und Lernprozessen an Rationalitätsstrukturen bereits erzeugt worden ist.

Literatur

Habermas, J. (1985), Exkurs zu Luhmanns systemtheoretischer Aneignung der subjektphilosophischen Erbmasse. In: J. Habermas, Der philosophische Diskurs der Moderne. Frankfurt: Suhrkamp, S. 426-445.
Hoban, R. (1979), Der Mausevater und sein Sohn. Frankfurt: Insel Verlag.
Johnson-Laird, P. N. (1983), Mental Models. Cambridge: Cambridge University Press.
Lewis, D. (1973), Counterfactuals. Oxford: Blackwell.
Luhmann, N. (1970), Soziologische Aufklärung. In: N. Luhmann, Soziologische Aufklärung Bd. 1. Opladen: Westdeutscher Verlag, S. 66-91.
– (1984), Soziale Systeme. Grundriß einer allgemeinen Theorie. Frankfurt: Suhrkamp.
Miller, M. (1986), Kollektive Lernprozesse. Studien zur Grundlegung einer soziologischen Lerntheorie. Frankfurt: Suhrkamp.
Piaget, J. (1975), L'équilibration des structures cognitives. Paris: Presses Universitaires de Paris.
– (1980), Experiments in Contradiction. Chicago: The University of Chicago Press.
Popper, K. R. (1972), Objective Knowledge. Oxford: At the Clarendon Press.
Selman, R. L. (1980), The Growth of Interpersonal Understanding. New York: Academic Press.
Stalnaker, R. C. (1984), Inquiry. Cambridge, Mass.: The MIT Press.
Tuomela, R. (1984), A Theory of Social Action. Dordrecht: Reidel.
Wittgenstein, L. (1960), Philosophische Untersuchungen. Frankfurt: Suhrkamp.

Hans-Joachim Giegel
Interpenetration und reflexive Bestimmung des Verhältnisses von psychischem und sozialem System

I

Das Verhältnis von psychischem und sozialem System läßt sich nach sehr unterschiedlichen Gesichtspunkten bestimmen. Man kann untersuchen, wie diese Systeme sich im Aufbau ihrer eigenen Komplexität wechselweise ermöglichen. Das Interesse richtet sich hier auf die Form, in der soziale Kommunikation als Bedingung der Sozialisation von Individuen wirkt und umgekehrt Bewußtseinsprozesse Grundlagen für den Aufbau von Kommunikation liefern. Man kann das Verhältnis auch in *funktionalistischer* Perspektive betrachten und fragen, inwiefern ein mit kommunikativer Komplexität ausgestattetes Individuum funktional für die Reproduktion sozialer Kommunikation und umgekehrt Kommunikation funktional für die Reproduktion von Bewußtseinsprozessen ist. Man kann schließlich aber auch danach fragen, inwiefern ein bestimmtes sich herausbildendes Verhältnis von Individuum und Gesellschaft *angemessen* ist. Die Frage unterstellt, daß im Verhältnis von Individuum und Gesellschaft danach unterschieden werden kann, ob dieses angemessen oder unangemessen ist. Ein Urteil, das die Angemessenheit oder Unangemessenheit dieses Verhältnisses feststellt, nenne ich *Beziehungsurteil*. Beziehungsurteile werden nicht nur von außen an psychische und soziale Systeme herangetragen, sondern innerhalb dieser Systeme selber ausgesprochen. Im letzteren Fall spreche ich von *reflexiven Beziehungsurteilen*.

Wegen der Möglichkeit der reflexiven Verwendung von Beziehungsurteilen läßt sich ein gegebenes Verhältnis von psychischem und sozialem System auch danach bestimmen, inwieweit diese Systeme hier in der Lage sind, adäquate reflexive Beziehungsurteile abzugeben oder nicht. Schließlich läßt sich fragen, inwieweit eine adäquate Reflexion auf das Verhältnis von psychischem und sozialem System praktisch auf die Gestaltung dieses Verhältnisses

Einfluß nehmen kann. Es ist zu klären, ob Individuum und Gesellschaft in einem solchen Verhältnis zueinander stehen, daß die Reflexion auf dieses Verhältnis ein Bestimmungsgrund für dieses darstellt.

Die Frage nach der Angemessenheit des Verhältnisses von psychischem und sozialem System wie die nach der Möglichkeit von reflexiven Beziehungsurteilen als Bestimmungsgrund sozialer Beziehungen suchen vor allem nach *Bindungswirkungen*, die psychische Systeme, auf einer entsprechenden Stufe der Entwicklung, auf soziale Systeme ausüben, sowie nach den aus der spezifischen Struktur des sozialen Systems sich ergebenden Chancen, daß diese Bindungswirkungen sich real Geltung verschaffen können.

Die frühe Sozialphilosophie der bürgerlichen Gesellschaft hatte – nachdem die Grundlagen der aristotelischen Theorie destruiert waren und daher das Verhältnis von Individuum und Gesellschaft nicht mehr länger nach dem Muster des Organismus begriffen werden konnte, der als natürliche Einheit seiner Elemente diese sich ihrer Natur gemäß entfalten läßt, und entsprechend die Angemessenheit dieses Verhältnisses nicht mehr so zu bestimmen war, daß die Natur des Individuums sich gleichsam naturwüchsig in die gesellschaftliche Ordnung hineinverlängert – dieses Verhältnis überhaupt nicht mehr unter dem Gesichtspunkt der Angemessenheit, sondern nur noch im funktionalistischen Sinn reflektieren können. Die Struktur des Menschen, die Hobbes vor Augen hatte, ließ es nur zu, die gesellschaftliche Ordnung im Gegensatz zu ihr zu denken. Die gesellschaftliche Ordnung erschien als äußere Bedingung der Sicherung der Reproduktion des Menschen, als Abwehr der in ihm angelegten selbstdestruktiven Tendenzen.

Erst nachdem die Struktur des Menschen tiefer gefaßt, nämlich auf Freiheit umgedacht und dementsprechend die Möglichkeit der Selbsttransformation des Subjekts, seiner unmittelbaren Interessen, seiner partikularen Existenz und individuellen Besonderheit im vernünftigen Wollen des Allgemeinen als seine wesentliche Bestimmung verstanden worden war, ergab sich ein neuer Begriff der Angemessenheit des Verhältnisses von Individuum und Gesellschaft. Gesellschaftliche Ordnung ist, wie Hegel dachte, der Subjektivität dann angemessen, wenn sie in ihren Institutionen die verschiedenen Momente in der Bestimmung des

Subjekts zu ihrem Recht kommen läßt und dabei dem vernünftigen Allgemeinen als Grund des gesamten Prozesses Geltung verschafft. Zu dieser Ordnung gehört es, daß sie das Individuum so in ihr plaziert, daß dieses sich durch Bildung auf den Standpunkt der Freiheit erheben und von diesem Standpunkt aus die gesellschaftliche Ordnung, in die es eingebettet ist, als Gegenstand seines eigenen vernünftigen Wollens begreifen kann.[1] Es ist das erst auf Grundlage der gesellschaftlichen Ordnung mögliche und durch sie hervorgebrachte vernünftige Wollen des Subjekts, das seine Geltung in den Institutionen der Gesellschaft verlangt.

Die als eigene Teildisziplin sich ausdifferenzierende Soziologie hat von ihrem Beginn an die Suche nach einem aus der Grundstruktur von Subjektivität als solcher sich bestimmenden angemessenen Verhältnis von Individuum und Gesellschaft aufgegeben. Stattdessen versieht sie dieses Verhältnis mit einem historischen Index, betrachtet es im Kontext eines, in Begriffen Parsons' gesprochen, spezifischen historisch vorgegebenen kulturellen Wertmusters. Aus der gesellschaftlichen Ordnung selber heraus kann, da diese an ihr vorgegebene Werte gebunden ist, nicht mehr die Angemessenheit dieser Abhängigkeit kontrolliert werden.[2] Innerhalb des vorgegebenen kulturellen Kontextes tritt dann aber die Frage nach der Angemessenheit des Verhältnisses von Individuum und Gesellschaft wieder hervor: Wenn das Individuum wesentlich dadurch zum Mitglied eines sozialen Handlungssystems wird, daß es die geltenden kulturellen Werte internalisiert, so ist gesellschaftliche Ordnung nur dadurch möglich, daß die institutionelle Struktur ihrerseits diesen Werten entspricht. Die Frage nach der Angemessenheit sozialer Beziehungen wird zu einer nach der Korrespondenz von internalisierten und institutionalisierten Werten. Es geht von dem in die geltenden kulturellen Werte einsozialisierten Subjekt eine Bindungswirkung aus, der in sozialen Systemen entsprochen werden muß.[3] Daraus ergibt sich dann ein Begriff der Spannung (strain), der neben dem Fall, daß Werte nicht richtig internalisiert sind, auch den Fall umfaßt, daß legitime Ansprüche nicht befriedigt werden.

II

In Luhmanns Theorie sozialer Systeme zählt das, was die Soziologie von Durkheim bis Parsons als den Angelpunkt sozialer Ordnung angesehen hat, nämlich das Institutionalisierung und Internalisierung steuernde kulturelle Wertsystem, nicht mehr zu den tragenden Grundbegriffen.[4] Psychisches und soziales System werden, ohne Bezug auf Werte, abstrakter gefaßt, nämlich als Sinn prozessierende Systeme, die selbstreferentiell operieren, im einen Fall über Bewußtsein, im anderen über Kommunikation. Die Reproduktion von Sinnsystemen erfolgt dadurch, daß die Anschlußfähigkeit sinnhafter Operationen gewährleistet wird.

Aus der selbstreferentiellen Operationsweise von psychischen und sozialen Systemen folgt, daß sie, obwohl notwendige Bedingung für die Existenz des anderen, jeweils füreinander Umwelt sind. Aber damit ist ihre Beziehung zueinander nicht genau genug charakterisiert. Luhmann sieht den Unterschied dieser Beziehung zu einem sonst bestehenden System-Umwelt-Verhältnis im Vorgang der *Interpenetration*: Jedes der Systeme stellt wechselseitig »die eigene Komplexität ... zum Aufbau des anderen Systems zur Verfügung«.[5] Im Verhältnis von psychischem und sozialem System kann also durch Übernahme von im anderen System entwickelten komplexen Formen der Sinnverarbeitung die Komplexität der eigenen Sinnstruktur gesteigert werden. Die Art der Interpenetration wechselt im Verlauf der historischen Entwicklung, insbesondere aufgrund der Komplexitätssteigerung der Gesellschaft.

Die durch Interpenetration zustande kommende Beziehung von Individuum und Gesellschaft kann auf ihre *Funktionalität* hin überprüft werden. Zum Beispiel kann man fragen, ob unter Bedingungen der modernen Gesellschaft Personen durch Interpenetrationsprozesse genügend komplexe Strukturen erhalten, um die von ihnen geforderten Leistungen zu erbringen und die ihnen zugemuteten Belastungen zu tragen.[6] Unklar ist zunächst, ob, nachdem die Parsonssche Anbindung der Interpenetration an kulturelle Wertmuster aufgegeben ist, überhaupt noch eine Grundlage dafür existiert, die Frage nach der *Angemessenheit* des durch Interpenetration zustande kommenden Verhältnisses von Individuum und Gesellschaft zu stellen. Luhmann selber weist sie ab.[7]

Ich möchte im folgenden zeigen, daß Luhmann die nähere Bestimmung des Interpenetrationsprozesses so vornimmt, daß in der Tat nicht mehr erkennbar ist, wie noch die Frage nach der Angemessenheit des durch Interpenetration zustande kommenden Verhältnisses gestellt und ein Geltungsanspruch für reflexive Beziehungsurteile behauptet werden könnte. Auf der Grundlage seines Interpenetrationskonzeptes werden zwar begriffliche Differenzierungen hinsichtlich der Art und des Ausmaßes der in Interpenetrationsprozessen erfolgenden *Ausstattung* mit Komplexität entwickelt, dabei bleiben aber, was die Struktur der Beziehung selber anbelangt, die zwischen Individuum und Gesellschaft besteht, wesentliche Differenzierungen ungeklärt. Das läßt sich sowohl am Problem der Übersetzbarkeit von Sinn (III) wie am Problem des (durch Gegenkommunikation gestützten) Sich-geltend-Machens von Subjektivität (IV) und schließlich auch am Problem der kausalen Strukturierung durch Interpenetrationsprozesse (V) nachweisen.

III

Durch Interpenetration stellen Bewußtsein und Kommunikation sich wechselseitig Komplexität zur Verfügung, »ohne daß beides verschmolzen wird.«[8] Die Systeme sind dadurch integriert, daß sie dasselbe Differenzschema zur Verarbeitung von Informationen verwenden. Dabei bleibt aber die selbstreferentielle Struktur, die Bewußtseinsprozesse einerseits, soziale Kommunikation andererseits aufweisen, erhalten, so daß »die Differenz der Systeme im Prozeß des Interpenetrierens reproduziert wird.«[9] Für Luhmann kann deshalb das im Bewußtsein Gemeinte nicht identisch mit dem in der Kommunikation Gemeinten sein. Im strengen Sinn läßt sich ein Sinnelement nicht aus dem einen Kontext in den anderen übersetzen. Denn ein Sinnelement erhält seine spezifische Bestimmung gerade aus dem jeweiligen selbstreferentiellen Geschehen, in das es eingebettet ist, diese muß also verlorengehen, wenn das Sinnelement in einen anderen Kontext übertragen wird. Natürlich kann ein Gedanke, den ein Individuum bei sich verfolgt, kommuniziert werden. Aber damit gerät er in einen anderen selbstreferentiell gesteuerten Sinnzusammenhang und wird dadurch notwendigerweise umdefiniert. Von einer anderen

Seite her stellt sich die Relativierung von Sinn auf seinen jeweiligen Kontext so dar, daß das Individuum nicht einfach seine Gedanken in Kommunikationsprozesse einfügen kann, sondern diese erst in eine Form bringen muß, in der sie Anschluß an die Kommunikation finden können.[10]

Schwierigkeiten der Übersetzung ergeben sich schon dadurch, daß die volle Komplexität des Bewußtseins nicht für die Kommunikation verfügbar ist und umgekehrt.[11] In einem Bewußtseinszusammenhang ist ein Sinnelement, etwa ein Gedanke oder ein Gefühl oder ein Handlungsimpuls, immer in eine komplexe Struktur von Verweisungen auf andere Gedanken, Gefühle, Handlungsimpulse eingebunden, von denen es erst seine spezifische Färbung erhält. Bei der Übersetzung dieses Sinnelements in Kommunikation kann diese komplexe Struktur nicht in ihrer Konkretheit, sondern nur in selektiver und abstrahierter Form wieder erscheinen. Umgekehrt weisen kommunizierte Sinnelemente, etwa eine Frage oder ein Befehl, ihrerseits einen so komplexen Verweisungszusammenhang auf, daß sie ebenfalls nicht in ihrer konkreten Erscheinung, sondern nur über einen Abstraktionsprozeß ins Bewußtsein gehoben werden können.

Aber bei den grenzüberschreitenden Bewegungen, die zwischen Bewußtsein und Kommunikation hin und her laufen, geht es nicht nur um Generalisierung und Abstraktion. Im Übergang von einem zum anderen System treten auch Verschiebungen und sogar Verkehrungen auf, die das Übertragene verzerren und seine Identität aufheben. Die in einer Kommunikation bezeichneten Interessen etwa müssen sich keineswegs mit denen der Individuen decken, denen sie zugeschrieben werden. Selbst wenn das Individuum selber sein Interesse in der Kommunikation artikuliert, muß es dieses bei sich nicht in derselben Form erleben, in der es kommuniziert wird. Was es erlebt, wird in der selbstreferentiellen Struktur der Kommunikation neu bestimmt.[12]

Die entscheidende Frage ist nun die, ob die aus der selbstreferentiellen Struktur von Bewußtsein und Kommunikation abgeleitete Nicht-Identität des übersetzten Sinns als eine *prinzipielle* zu fassen ist oder ob sich Vermittlungsmechanismen, die auf der Grundlage der festgestellten Differenz operieren, aufweisen lassen, von deren Wirkungsweise es abhängt, *wie* adäquat eine Übersetzung ausfällt. Gibt es Kontrollmechanismen, die den Übergang von einem selbstreferentiellen Zusammenhang in den

anderen so steuern können, daß Verzerrungen des Übersetzten vermieden oder korrigiert werden?
Die Suche nach solchen Kontrollmechanismen kann sich auf zwei Tatbestände stützen. Der erste Tatbestand ist von Mead als Erklärungsgrund für die Entstehung des Selbstverhältnisses, das ein Individuum sich gegenüber gewinnt, benannt worden.[13] Da begründete Zweifel daran bestehen, daß das Bewußtsein aus eigenen Operationen heraus zu einer regelgesteuerten Identifizierung von Bewußtseinsinhalten in der Lage sein könnte, in jedem Fall aber die Selbstbeobachtung von komplexen Bewußtseinsinhalten ohnehin nur über Sprache läuft, bedient sich der Zugang zu den eigenen Bewußtseinsinhalten nicht nur der gleichen Mittel wie der Zugang zum kommunizierten Sinngeschehen, sondern der letztere ist sogar als der ursprünglichere anzusehen, der, wenn entwickelt, dann für das Operieren der Selbstbeobachtung des Bewußtseins genutzt werden kann.[14] Die Selbstbeobachtung der eigenen Person, ihrer Gedanken, Interessen usw., bildet sich deshalb auch nur in dem Maße heraus, wie man seine Stellung gegenüber komplementär agierenden Interaktionspartnern bezogen und dabei über ein kommuniziertes (teilweise auf Bewußtsein rückzurechnendes) Sinngeschehen zu kommunizieren gelernt hat.
Aus der Tatsache, daß die Selbstbeobachtung des Bewußtseins und die Identifikation von kommuniziertem Sinn sich der gleichen Mechanismen bedienen, läßt sich freilich nicht ableiten, daß eine Identität von Bewußtem und Kommuniziertem bestehen müßte. Es können Diskrepanzen eintreten. Ein Gefühl oder ein Gedanke können in der Tiefe des Bewußtseins eine so spezifische Färbung haben, daß sie nicht in die vorgegebenen Strukturen eines kommunikativen Geschehens zu übersetzen sind. Hier kommt nun ein zweiter Tatbestand zum Tragen. Dem im System des Bewußtseins und im System der Kommunikation prozessierten Sinn steht die Differenz von System/Umwelt zur Verfügung. Dementsprechend kann ein System nicht nur das in ihm hervorgebrachte Geschehen beobachten, sondern auch noch die Stellung dieses Geschehens im Verhältnis zum Geschehen in der Umwelt reflektieren.[15] Es erfährt nicht nur sich selbst, sondern beobachtet auch die Erfahrung, die seine Umwelt mit ihm macht. Auf diese Weise kann z. B. das Bewußtsein selber noch eine Vorstellung davon gewinnen, daß eine Kommunikation eine unangemessene

oder falsche Vorstellung des von ihm Gedachten gewinnt. Es kann sogar, wie die oft vergeblichen Anstrengungen, Gefühle zu kommunizieren, demonstrieren, ein eigener Kommunikationsbeitrag sein, an dem es eine solche Diskrepanz entdeckt. Es ist nicht nur so, daß Gefühle oft verzerrt kommuniziert werden, man kann auch in Erfahrung bringen, daß das, was man fühlt, nicht dem entspricht, was man kommuniziert.

Umgekehrt kann die Differenz von bewußtem Erleben und Kommunikation auch kommuniziert werden.[16] Man kann sich darüber verständigen, daß man durch die Art der Kommunikation eine mitgeteilte Erfahrung verzerren oder entstellen kann, und Anstrengungen unternehmen, die Kommunikation gegenüber solchen Verzerrungen abzusichern.

Nicht nur weist die Erfahrung der Diskrepanz von Bewußtem und Kommuniziertem diese nicht als eine prinzipielle, sondern als eine von spezifischen Bedingungen abhängige Differenz aus. Sie kann auch Bemühungen in Gang setzen, die Differenz zum Verschwinden zu bringen oder so klein wie möglich zu halten. Es zeigt sich also, daß die Beziehung von Bewußtsein und Kommunikation nicht durch eine prinzipielle Nicht-Identität bestimmt ist, sondern es von der reflexiven Erfassung dieser Beziehung und den daraus folgenden Korrekturversuchen selber noch abhängt, wie diese Beziehung sich gestaltet.

Dabei ist das Vermögen, das Verhältnis von Bewußtsein und Kommunikation reflexiv zu erfahren, selbst ein wesentliches Moment dieses Verhältnisses. Je nachdem, ob dieses Vermögen sich ausbilden und dadurch die Differenz zwischen beiden Systemen kontrolliert werden kann oder ob seine Ausbildung blockiert ist und dann eine unbewußte, unüberwindliche Distanz zwischen den Systemen besteht, nimmt ihr Verhältnis zueinander einen gänzlich anderen Charakter an. Das Vermögen zu einer solchen Reflexion ist nun aber von der Struktur der Kommunikation und den von dieser in Gang gesetzten Interpenetrationsprozessen abhängig. Das heißt, daß Interpenetrationsprozesse nicht nur die Wirkung haben, die miteinander interpenetrierenden Systeme mit Komplexität auszustatten, sondern daß von dem spezifischen Inhalt dieses Prozesses auch noch die *Art der Beziehung zwischen den Systemen* reguliert wird. Je nach Bestimmung des Interpenetrationsprozesses ergeben sich ganz unterschiedliche Stellungen des psychischen zum sozialen System.

Ist also das Problem der Differenz von Bewußtsein und Kommunikation durch Reflexion und von dieser ausgelöste Korrekturprozesse wenn nicht zum Verschwinden zu bringen, so doch zu entschärfen? Man könnte daran zweifeln und diesen Zweifel nun wieder auf die prinzipielle Differenz von Bewußtsein und Kommunikation stützen. Die reflexive Erfahrung der Differenz von Bewußtsein und Kommunikation vollzieht sich ja wiederum nur aus einem der in sich selbstreferentiell gesteuerten zirkulären Prozesse heraus, entweder dem des Bewußtseins oder dem der Kommunikation. Macht das Bewußtsein die Erfahrung dieser Differenz, so ist diese eben eine für das Bewußtsein. Nichts verhindert, daß, wenn diese Differenzerfahrung kommuniziert wird, sie anders prozessiert wird als im Bewußtsein. Natürlich könnte auch diese Differenz wieder bewußt gemacht werden usw. Offensichtlich handelt es sich bei der Differenz von Bewußtsein und Kommunikation um eine jener Differenzen, die auf jeder Stufe der Reflexion zunächst beseitigt werden können, aber nur um sich auf der nächsten Stufe wieder geltend zu machen. Es ist eben dieser prinzipiell gefaßte Zweifel, der Luhmanns Interpenetrationskonzept zugrunde liegt.[17]

Es ist wichtig zu sehen, daß der Zweifel in dieser prinzipiellen Form sich nicht nur auf das Verhältnis von psychischem und sozialem System richtet. Er tritt überall in Erscheinung, wo eine Übersetzung von Sinn von einem System in ein anderes erfolgt. So ist etwa davon auszugehen, daß Sinn, der in *einem* gesellschaftlichen Teilsystem prozessiert wird, nicht angemessen in ein anderes Teilsystem übersetzt werden kann.[18] Und selbst noch in das Verhältnis eines Systems zu sich selber spielt diese Diskrepanz hinein. Die mitlaufende Selbstbeobachtung in einem System kann, da sie einen eigenen selbstreferentiellen Zusammenhang aufbaut, die Sinnstrukturen des Systems sich nicht angemessen aneignen.[19] Der Zweifel trifft in dieser Weise generell die Möglichkeit, Sinn als identischen zu reproduzieren.[20] Er gehört zu jenen Problemstellungen, die, nach dem Beispiel der Lügnerparadoxie, sich rasch in Antinomien und Paradoxien verlieren. Wie läßt sich ein solches Problem behandeln?

Daß der geäußerte Zweifel in seiner prinzipiellen Gestalt zu Paradoxien führt, kann man als Beweis dafür nehmen, daß er theoretisch nicht zu kontrollieren sei, und entsprechend, aus pragmatischen Gründen, die Aufgabe des Zweifels fordern. Man

zweifelt dann am Sinn eines solchen Zweifels, unterstellt, daß dieser Zweifel nur dadurch zustande kommt, daß man den Bereich eines pragmatisch gesicherten Sprachgebrauchs verläßt und durch eine leerlaufende Sprachverwendung getäuscht wird.[21]
Es gibt aber auch Versuche, trotz der pragmatistischen Bedenken mit begrifflichen Mitteln die bei einem prinzipiell gefaßten Zweifel entstehenden Paradoxien unter Kontrolle zu bringen. Ein solcher Versuch stellt z. B. das Bemühen Hegels dar, eine Grundoperation ausfindig zu machen, von der her die paradoxe Einheit von Gegensätzen gedacht werden kann, und die Bewegung dieser Grundoperation über die verschiedenen Stufen ihrer Entfaltung zu verfolgen.[22] Die Hegelsche Formel der Identität von Identität und Differenz etwa ist ein solches Resultat der begrifflich kontrollierten Entwicklung der von ihm aufgefundenen Grundoperation. Auch Luhmann scheint eine solche Lösung zu suchen. Ich sehe allerdings nicht, wie bei ihm die Umkehrung der Hegelschen Formel (»Differenz von Identität und Differenz«[23]) zureichend entwickelt wäre, so daß die aus ihr folgenden Paradoxien begrifflich kontrolliert werden könnten. Die Formel, anstatt eine Klärung des geäußerten Zweifels herbeizuführen, wiederholt nur diesen Zweifel, indem sie ihm eine allgemeine Form verleiht. Die pragmatistischen Bedenken gegen die prinzipielle Fassung des Zweifels können aber damit nicht widerlegt werden.
Wir haben bisher, wenn es darum ging, daß ein Bewußtsein oder eine Kommunikation sich auf eine Person richtet, von Individuen geredet. Nun ist freilich in der Kommunikation vielfach gar nicht von bestimmten Individuen, sondern in einem allgemeinen Sinn von psychischen Systemen, etwa von Arbeitern oder Gesellschaftsmitgliedern, die Rede. Man könnte nun der Ansicht sein, daß hier ein weiterer prinzipieller Gegensatz von Bewußtsein und Kommunikation eintritt, insofern im Bewußtsein das konkrete Individuum, in der Kommunikation aber nach bestimmten Merkmalen generalisierte Personen thematisiert werden. Der Einwand ist zunächst schon deshalb unzutreffend, weil er übersieht, daß nicht nur in der Kommunikation, sondern auch im psychischen System von der konkreten Individualität von Menschen abstrahiert werden kann. Das Individuum kann sich ebenso wie die Kommunikation Gedanken über *den* Arbeiter oder *die* Individuen machen. Es kann insbesondere sich selber in einer allgemeinen Form, z. B. in seiner Eigenschaft als Mensch, vorstellen.

Gewiß ist ein generalisiertes Urteil über Menschen, Gesellschaftsmitglieder usw. mit besonderen Risiken behaftet, aber dies gilt nicht nur, wenn ein reflexives Urteil in kommunikativen Prozessen, sondern auch wenn es im Zusammenhang des Bewußtseins ausgesprochen wird. Zudem können auch hier die Risiken kontrolliert werden. Es mag zwar sein, daß, wenn etwa von den Interessen *der* Arbeiter die Rede ist, damit nur ungenau die Interessenlage konkreter Arbeiter getroffen ist. Aber solche Diskrepanzen lassen sich wiederum bearbeiten, weil sie, eine entsprechende Kommunikationsstruktur vorausgesetzt, ihrerseits kommuniziert werden können.

Ich fasse die Überlegungen dieses Abschnitts zusammen. Das Luhmannsche Interpenetrationskonzept läßt eine prinzipielle Distanz zwischen dem selbstreferentiell operierenden System des Bewußtseins und dem selbstreferentiell operierenden System der Kommunikation bestehen. Es beleuchtet die Möglichkeit der eigenen *Ausstattung* mit Komplexität, die jedes der Systeme im Zugriff auf das andere gewinnnt. Dabei verschwindet die Tatsache, daß es noch von der Struktur sozialer Kommunikation und der durch diese ausgelösten Interpenetrationsprozesse abhängt, in welchem Ausmaß die Beziehung zwischen Kommunikation und Bewußtsein durch Reflexion kontrolliert werden kann. Das wiederum zwingt Luhmann, eine prinzipielle Nicht-Übersetzbarkeit von Sinn von einem System in das andere zu unterstellen. Im folgenden werden wir sehen, welche Konsequenzen dieses Interpenetrationskonzept für die Behandlung von reflexiven Beziehungsurteilen hat.

IV

Angemessenheit des Verhältnisses von sozialem und psychischem System bedeutet mehr als Übersetzbarkeit von Sinn von einem in das andere System. Sie zielt, wie noch zu erläutern sein wird, darauf ab, daß in der Struktur eines sozialen Systems die aus der Reflexion der Möglichkeiten von Subjektivität sich bildenden und in reflexiven Beziehungsurteilen formulierten Ansprüche in der Kommunikation Geltung erlangen. *Reflexive Beziehungsurteile* sind Teil der in allen Sinnprozessen mitlaufenden Selbstbeobachtung. Sie treten sowohl in Bewußtseins- wie in Kommunikationsprozessen auf. Beispiele für von psychischen Systemen produzierte Beziehungsurteile sind etwa der Ärger über das Gerichtswesen, mit dem ein Individuum auf einen verlorenen Prozeß reagiert, oder das Gefühl des Vertrauens, das es dem politischen System entgegenbringt, Beispiele für kommunizierte Beziehungsurteile die Selbstdarstellung des Rechtssystems, in dem eine Übereinstimmung von Rechtsprechung und Rechtsbedürfnissen der Bevölkerung festgestellt wird, oder die in Gegenkommunikation[24] auftretende Kritik, daß legitime Interessen durch die Gesellschaft nicht zureichend befriedigt werden. Reflexive Urteile dieser Art werden von Luhmann so behandelt, als wäre ausgeschlossen, daß sie den Status gültiger Erkenntnisse gewinnen könnten. Dabei spielt es keine Rolle, ob das Urteil affirmativer oder kritischer Natur ist. Bei keinem reflexiven Urteil, also auch nicht bei einem negativen, wie es in Kritik, konflikthaftem Widerspruch oder der Forderung nach Interessenbefriedigung geäußert wird, ist davon auszugehen, daß es bezeichnen würde, was als angemessene Stellung der Individuen zur Gesellschaft zu gelten hat. Luhmanns Vorbehalt ergibt sich als innere Konsequenz aus seinem Interpenetrationskonzept, darüber hinaus aber aus grundsätzlichen Überlegungen zu den Reflexionsmöglichkeiten in komplexen gesellschaftlichen Systemen.

Problematisch müssen reflexive Beziehungsurteile für Luhmann schon darum sein, weil das Interpenetrationskonzept, das er verwendet, Übersetzbarkeit von Sinn strenggenommen ausschließt. Das im individuellen Bewußtsein prozessierte Urteil ist aufgrund dessen selbstreferentieller Geschlossenheit als solches ohnehin gesellschaftlich irrelevant, es mag die Kommunikation »reizen«, »Auslöser«[25] dafür sein, daß in ihr die Reflexion einsetzt, aber eine unmittelbare Bindung der Kommunikation an das individuell prozessierte Urteil ist ausgeschlossen.

Welche Bedeutung kommt unter dieser Bedingung dem im reflexiven Kommunikationsprozeß erzeugten Beziehungsurteil zu? Es kann nicht auf das Urteil des Individuums als solches zurückgreifen, sondern muß sich das Individuum und seine Stellung zur Gesellschaft nach eigenen Referenzen rekonstruieren.[26] Dementsprechend werden im kommunizierten Beziehungsurteil die Gesellschaft und das von der Gesellschaft solchermaßen vorgestellte Individuum aufeinander bezogen. Wenn etwa in einer Selbstbeschreibung des Rechtssystems ein angemessenes Verhältnis von

Rechtspraxis und Rechtsperson festgestellt wird, dann gehen in dieses Urteil nicht die vom Individuum gemachten und verarbeiteten Erfahrungen von Rechtsprozessen ein, vielmehr wird in dem Urteil Bezug genommen auf das Individuum, wie es im selbstreferentiellen Operieren des Rechtssystems abgebildet wird. Auch die Einbeziehung von Mitteilungen des Individuums, die es im Rechtssystem über seine Einstellung zu diesem macht, etwa die Behauptung, daß es sich unangemessen behandelt sieht, kann diese prinzipielle Differenz nicht aufheben, denn diese Mitteilungen folgen wiederum den Produktionsbedingungen der Kommunikation und unterscheiden sich von daher grundsätzlich von dem, was das Individuum ›sich denkt‹. Wenn psychisch prozessierte Beziehungsurteile als solche ein gesellschaftlich irrelevantes Ereignis sind, so bleiben kommunizierte Beziehungsurteile eine Ausdeutung der perspektivischen Sicht des Kommunikationszusammenhangs.

Nun können wir freilich davon ausgehen, daß, wie im vorangegangenen gezeigt, das Übersetzungsproblem lösbar ist. Aber auch damit ist die Gültigkeit von Beziehungsurteilen noch keineswegs gesichert. Neben dem Übersetzungsproblem gibt es nämlich eine andere, von Luhmann benannte, grundsätzliche Schwierigkeit, aufgrund derer die Gültigkeit solcher Urteile in Frage gestellt ist. Die Komplexität sinnprozessierender Systeme, insbesondere der Gesellschaft, kann in Selbstbeobachtung gar nicht erfaßt werden.[27] Die Reflexion operiert unter selektiven Gesichtspunkten und bewegt sich in einem spezifischen, die eigenen Sinnprozesse steuernden selbstreferentiellen Verweisungszusammenhang. Dementsprechend gibt es in der Gesellschaft auch nicht einen ausgezeichneten Ort, von dem aus der Gesamtzusammenhang zu überblicken und eine überlegene Reflexion möglich wäre. Es gibt unterschiedlich angelegte Reflexionen, die jeweils nach Maßgabe der funktionalen Ausrichtung der Teilsysteme, aus denen heraus sie erfolgen, selektive Perspektiven einnehmen und deren Erkenntnisleistung darum nicht nach dem einfachen Kriterium unterschieden werden kann, ob sie wahr oder falsch ist.[28]

Wenn in dieser Weise selbstreflexive Kommunikation die Beziehung von Individuum und Gesellschaft nur partiell oder selektiv zu erfassen vermag, gilt dies nach Luhmann erst recht für Reflexionen im psychischen System. Wo immer er auf eine Reflexion gesellschaftlicher Zusammenhänge aus der Sicht des psychischen

Systems stößt, stellt er deren Borniertheit und Einseitigkeit fest. Wenn etwa Organisationsmitglieder Entfremdung gegenüber der formalen Struktur von Organisationen empfinden oder Bürger vom Wohlfahrtsstaat eine Kompensation für von ihnen wahrgenommene Benachteiligungen verlangen[29], so ist dies eben Ausdruck der Tatsache, daß sie sich keinen zureichenden Begriff von der Notwendigkeit und Funktionalität der kritisierten gesellschaftlichen Verhältnisse machen können. Darüber hinaus haben psychische Systeme die Tendenz, sich in ihrer *unmittelbaren* Verfassung (ihren gegebenen Vorstellungen, Interessen usw.) als Maßstab gesellschaftlicher Verhältnisse zu setzen, was die Gültigkeit des von ihnen ausgesprochenen Urteils in besonderer Weise in Frage stellt.[30] Aber noch aus einem anderen Grund erscheint die Blockierung eines angemessenen reflexiven Beziehungsurteils auf der Seite des psychischen Systems weit ausgeprägter als auf der Seite des sozialen. Luhmann sieht, daß trotz der aufgrund der Selbstreferentialität von Sinnprozessen unvermeidlichen Relativität der Sichtweise, mit der ein System sich oder ein anderes System analysiert, eine *Steigerung der Rationalität* der Analyse nicht ausgeschlossen ist. Auch wenn kein Teilsystem einen Standpunkt besitzt, von dem es ein System in seiner vollen Komplexität zu überblicken vermöchte, können bestimmte Systeme, etwa Wissenschaft, die Fähigkeit erlangen, das Vermögen der Systemanalyse zu steigern und dieses gesteigerte Analysevermögen an andere Teilsysteme weiterzugeben. So unterliegt mitunter nicht nur der Bürger einem Irrtum über die Funktionsweise des Wohlfahrtsstaates, sondern auch dieser selber, indem er sich die Verpflichtung auferlegt, eine ständige Erweiterung der Versorgung der Bevölkerung mit wohlfahrtsstaatlichen Maßnahmen voranzutreiben.[31] Aber die selbstreferentielle Blockierung einer angemessenen Reflexion kann beim letzteren, wie Luhmann glaubt, immerhin dadurch durchbrochen werden, daß er die Resultate einer wissenschaftlichen Reflexion auf seine Funktionsbestimmung sich aneignen und damit eine falsche Selbstbestimmung korrigieren kann.[32] Sieht Luhmann in dieser Weise eine Möglichkeit der Rationalisierung von Systemanalyse, so stellt sich gerade in dieser Hinsicht das Rationalitätsgefälle zwischen sozialem und psychischem System in noch entschiedenerer Form dar. Der Rationalisierungsmöglichkeit, die Luhmann für den Wohlfahrtsstaat sieht, entspricht keine auf der Seite der Bürger. Die Rationalisierungsmöglichkeit bleibt eine des sozialen Systems, schlägt nicht auf das Individuum durch, das seine Umwelt bildet. Dieses bleibt auf seine selbstreferentiell vereinseitigte Sichtweise fixiert, gewinnt nicht eine überlegene Sicht der gesellschaftlichen Verhältnisse und bezieht nur aus seiner unmittelbaren Verfassung den Bezugspunkt für sein reflexives Urteil. *So fixiert und von Rationalisierungsanstrengungen abgeschnitten, kommt das Individuum nicht über die Stellung hinaus, die Kommunikation nur »reizen«, sie aber keineswegs an seine eigene Reflexion binden zu können.* Wegen dieser Fixierung des Individuums an seine Unmittelbarkeit ist die Kommunikation geradezu gezwungen, ihren eigenen Weg zu suchen und sich vom Urteil des Individuums freizumachen.[33] So reproduziert sich auf dieser Stufe noch einmal die Distanz von psychischem und sozialem System, die im Luhmannschen Interpenetrationskonzept grundsätzlich angelegt ist.

Freilich wäre diese von Luhmann hervorgehobene ›fixierte‹ Form der Individualität gerade im Hinblick auf ihr Unvermögen, eine angemessene Stellung zum sozialen System zu entwickeln, erst daraufhin zu analysieren, ob sie tatsächlich prinzipieller Natur ist oder sich nicht kontingenten Bindungen verdankt, spezifischen Strukturen des vorgegebenen sozialen Systems, dem gegenüber das Individuum seine beschränkte Stellung einnimmt. Und weiterhin, ob das Individuum nicht unter anderen sozialen Bedingungen diesen gegenüber eine ganz andere, nämlich die eigene Unmittelbarkeit kritisierende und damit eine angemessene Form des Beziehungsurteils ermöglichende Stellung gewinnen könnte. Um diese zentrale Differenz zu verdeutlichen, möchte ich drei unterschiedlich strukturierte soziale Situationen, die ich im folgenden skizziere, miteinander vergleichen. Alle drei dieser sozialen Situationen sind durch Machtkommunikation bestimmt, unterscheiden sich aber in dem Ausmaß, in dem sie Optionen für mögliche alternative Strukturierungen der Situation offenhalten.

– Die *erste* Situation soll durch eine Machtkommunikation bestimmt sein, bei der die Machtunterworfenen ihre Lage als alternativlos erfahren. Sie bilden ihren Willen unter Anerkennung der bestehenden Machtkommunikation aus, erfahren also weder die Machtkommunikation als eine Struktur sozialer Ordnung, die im Raum anderer Möglichkeiten zu beurteilen und unter Umständen zu ersetzen ist, noch bilden sie andere

Interessen als die ihnen in der Machtkommunikation zugestandenen aus. Das Individuum erfährt sich wie selbstverständlich in seiner Unmittelbarkeit.
- Die *zweite* Situation soll durch eine Machtkommunikation bestimmt sein, bei der zwar die grundlegende Struktur der Machtkommunikation nicht im Lichte anderer Möglichkeiten reflektiert wird, wohl aber andere Interessen als die in der Machtkommunikation zunächst zugelassenen sich in Gegenkommunikation artikulieren. Auch hier bezieht sich das Individuum auf sich in seiner unmittelbaren Verfassung, z. B. auf seine faktisch vorhandenen Interessen.
- Die *dritte* Situation schließlich soll dadurch bestimmt sein, daß die grundlegende Struktur der als Koordinationsmechanismus vorgegebenen Machtkommunikation aufgrund von Gegenkommunikation reflektiert und dabei der Selbstbeobachtung so zugänglich wird, daß andere Möglichkeiten sozialer Koordination mitreflektiert werden und damit in der Reflexion sich die Frage nach Vor- und Nachteilen funktionaler Äquivalente stellt. Dabei wird nun die Individualität nicht in ihrer Unmittelbarkeit, sondern als in der Reflexion selber zur Disposition stehende und sich verändernde vorgestellt.

Wir können diese drei Situationen *erstens* unter dem das Luhmannsche Interpenetrationskonzept leitenden Gesichtspunkt betrachten, wie sich jeweils soziales und psychisches System ihre Komplexität wechselseitig zur Verfügung stellen. Im ersten Fall beispielsweise läßt sich feststellen, daß aufgrund der über machtmäßige Kettenbildung erfolgenden weiträumigen und verläßlichen Durchsetzung kollektiver Entscheidungen der zeitliche Horizont individueller Planungsprozesse erweitert wird und auf dieser Grundlage komplexere Handlungspläne entworfen werden können. Andererseits weisen psychische Prozesse hier insofern eine geringe Komplexität auf, weil sie keinen Zugang zu der latent gehaltenen Funktion der Machtausübung und damit auch nicht zu möglichen funktionalen Äquivalenten gewinnen. Demgegenüber steigt im dritten Fall die Komplexität psychischer Prozesse gerade aus dem Grund, weil die Machtkommunikation hier nicht per se als funktionsnotwendig, sondern unter funktionalen Gesichtspunkten als austauschbar erscheint und darum das Individuum zu der komplexen Reflexionsleistung gezwungen wird, funktionale Äquivalente zu durchdenken.

Wir können *zweitens* einen funktionalistischen Maßstab an die skizzierten Situationen anlegen. Man könnte z. B. im zweiten Fall fragen, inwiefern die Öffnung der Kommunikation für Gegenkommunikation dazu beitragen kann, eine für die moderne funktionsdifferenzierte Sozialordnung genügend komplexe Persönlichkeit hervorzubringen. Oder ob die unter dieser Bedingung sich herausbildende Persönlichkeit nicht eher disfunktional ist, weil sie über zu wenig innere Regulatoren verfügt, die zur Herstellung einer stabilen Handlungsorganisation erforderlich sind.

Wir können aber *drittens* auch fragen, wie angemessen die in den unterschiedlichen Verhältnissen geäußerten reflexiven Beziehungsurteile sind und welche Bedeutung ihnen zukommt. Unterstellt, daß im ersten Fall die mit der Machtbeziehung einhergehende kommunizierte Selbstthematisierung der sozialen Situation positiv ausfällt und ebenso das Individuum, das sich ganz auf die Struktur der Machtkommunikation einläßt, zu einer positiven Stellungnahme tendiert, so würde das reflexive Urteil trotz der vorhandenen Übereinstimmung von Kommunikation und Bewußtsein keine Gültigkeit haben, da es ohne reflexiven Abstand gezwungenermaßen nur die selektive Perspektive des in seiner Unmittelbarkeit befangenen sozialen und psychischen Geschehens zum Ausdruck bringt. Es würde nach der einen Seite das Individuum in seiner vorgegebenen Form zum Maßstab machen und andererseits die Gesellschaft nicht in ihren wesentlichen Grundlagen, sondern nur im Hinblick auf die in der kommunizierten Selbsteinschätzung der Institutionen als selbstverständlich unterstellten Ordnungsleistungen thematisieren.

Im zweiten Fall setzt die Gegenkommunikation das Subjekt in Bewegung. Aber die Virtualisierung der vorgegebenen Sinnstruktur erfolgt nur in einem begrenzten Bereich der Interessen. Das Individuum wird vorgestellt als ein solches, das noch weitere Interessen aufweist als die, deren Befriedigung die Machtkommunikation zuläßt. Wie immer das reflexive Urteil ausfallen mag – die Gesellschaftsstruktur kann wegen der von ihr ausgelösten Dynamik positiv beurteilt werden, andererseits mag sie unangemessen erscheinen, weil sie in vieler Hinsicht die geforderte Interessenbefriedigung verweigert –, es orientiert sich, ähnlich wie im ersten Fall, an einer weitgehend fixierten Stellung des Individuums, hält sich etwa an die unmittelbar dem Individuum sich aufdrängenden Interessen. Grundlegend andere Beziehungen von Individuum und Gesellschaft, durch die auch die Interessen selber ganz anders bestimmt sein könnten, werden von der Reflexion nicht erfaßt. Entsprechend kann sie auch nicht die unmittelbare Erscheinung der Individualität im Lichte solcher anderen Möglichkeiten kritisch beleuchten noch die Gesellschaft anders als nach ihrer Fähigkeit beurteilen, auf die vorgegebene Stellung der Individuen bezogene Ordnungsleistungen zu erbringen.

Erst im dritten Fall beginnt sich die Existenzform des Individuums als ganze zu virtualisieren, indem diese im Licht anderer gesellschaftlicher Verhältnisse und der von diesen ausgebildeten Beziehungen zum Individuum reflektiert wird. Die entscheidende Veränderung gegenüber den vorangegangenen Fällen besteht darin, daß hier das Individuum an mehreren Kommunikationen teilnimmt – beispielsweise an Machtkommunikation und symmetrisch strukturierter Gegenkommunikation –, und zwar nicht in Form eines rollenförmigen Wechsels zwischen den funktional ausdifferenzierten Teilsystemen der Gesellschaft, sondern in Form einer Auseinandersetzung mit konkurrierenden Strukturierungsmöglichkeiten sozialer Ordnung. Auf der Grundlage dieser Erfahrung kann sich die Fähigkeit zur hypothetischen Vergegenwärtigung alternativer Möglichkeiten der Beziehung von Individuum und Gesellschaft entwickeln und damit das reflexive Beziehungsurteil im Lichte dieser hypothetischen Möglichkeiten ausgesprochen werden.[34]

Hinsichtlich der Möglichkeit seiner Gültigkeit ist entscheidend, daß das reflexive Beziehungsurteil es hier *erstens* nicht mehr mit einer fixierten, sondern in Bewegung geratenen, virtualisierten Bestimmung des Individuums zu tun hat. Es löst sich *zweitens* von der Selbstdarstellung der vorgegebenen Institutionen und reflektiert sie im Lichte von Möglichkeiten einer alternativen Strukturierung gesellschaftlicher Ordnung. *Drittens* eröffnet sich damit die Chance, daß es das gesellschaftlich vorhandene Rationalitätspotential für sich nutzt. Gegenkommunikation bietet als solche noch keine Garantie dafür, daß ein zureichender Begriff der gesellschaftlichen Ordnung gewonnen wird. Sie kann sich in einer folgenlosen Negativkopie der reflektierten gesellschaftlichen Struktur erschöpfen – was dann geradezu die latent bleibende Funktion erfüllen kann, diese Struktur zu bestätigen –, sie kann sich aber auch in unkontrollierten Projekten einer besseren Welt verlieren. Es bedarf einer besonderen Konstellation der mitwirkenden Bedingungen – neben den Möglichkeiten der wissenschaftlichen Reflexion etwa spezifischer Lebensbedingungen der in der Gegenkommunikation sich engagierenden Schichten –, damit in der reflexiven Kommunikation das gesellschaftlich verfügbare Rationalitätspotential für die Analyse der Gesellschaft genutzt wird. Unter solchen Bedingungen kann sich aber gerade die ausgelöste Bewegung des Individuums als der entscheidende Antrieb erweisen, sich das verfügbare Analysepotential, auch jenseits der Grenzen des Wissenschaftssystems, anzueignen.

Viertens bietet gerade die Virtualisierung der vorgegebenen Bestimmungen des Individuums die Chance, daß die im Zuge des Kommunikationsprozesses auftretenden Differenzen von Bewußtsein und Kommunikation selber noch in diesen eingebracht werden. Während die bloße Selbstdarstellung der Institutionen das Individuum, das sich ›seine Gedanken‹ macht, gleichsam außen vorhält, kann Gegenkommunikation die Differenz von bewußten und kommunizierten Sinnzusammenhängen in sich aufnehmen und durcharbeiten.[35] Das wiederum erhöht die Chance, daß das Individuum auf der Höhe der gesellschaftlichen Kommunikation und des hier verfügbaren Rationalitätspotentials zu operieren lernt.

Fünftens schließlich – und damit kehren wir zu unserer Ausgangsfrage zurück – ergibt sich aus dieser Konstellation heraus die Möglichkeit, daß das Individuum eine *andere Stellung zur gesellschaftlichen Kommunikation* einnimmt, als sie sich bei einer Fixierung des Individuums auf seine vorgegebenen Bestimmungen ergibt. In dem Maße, wie in der Kommunikation die Differenz zum Individuum überbrückt wird und dieses sich das kommunikativ entwickelte Rationalitätspotential verfügbar macht, hört es auf, die Kommunikation nur zu ›reizen‹, es kann vielmehr für das von ihm Gedachte in der Kommunikation Geltung beanspruchen. *Die Kommunikation bestimmt sich hier so, daß das von dieser Kommunikation bestimmte Individuum zu deren Bestimmungsgrund werden kann.*[36]

Für die Struktur des sozialen Systems, das eine solche Stellung des Individuums ermöglicht, ist eine Gegenkommunikation in der Form entscheidend, daß sie die Selbstverständlichkeit, die in der Selbstdarstellung sozialer Strukturen behauptet wird, durch

Reflexion anderer Strukturmöglichkeiten erschüttert. Auch Luhmann betont die Bedeutung, die Negation, funktionale Analyse und Widerspruch für die Dynamisierung der Kommunikation haben.[37] Und er stellt fest, daß die damit gesteigerte Komplexität sozialer Systeme über Interpenetration dem Individuum zur Verfügung gestellt wird. Aber Luhmann sieht nicht, daß für Interpenetrationsprozesse neben der Dimension der Ausstattung mit Komplexität eine andere Dimension zentral ist: die Art der Stellung des Individuums zur Kommunikation. Luhmann hält auch unter der Bedingung, daß die Kommunikation sich mit Hilfe von funktionaler Analyse und Widerspruch dynamisiert, daran fest, daß 1. aufgrund der unüberbrückbaren Differenz von psychischem und sozialem System das Individuum die Kommunikation nur ›reizen‹ kann und 2. der in der Kommunikation prozessierte Sinn in der Beziehung zu den Operationen des psychischen Systems prinzipiell bestimmt ist.[38] Demgegenüber hat die vorangegangene Analyse die Struktur einer Beziehung von psychischem und sozialem System freigelegt, in der aufgrund einer spezifischen Struktur der Kommunikation diese dem Individuum die Chance eröffnet, das von ihm Gedachte selber zum Bestimmungsgrund der Kommunikation zu machen. Gewiß, das Individuum »bringt von sich aus nichts Brauchbares hervor«.[39] Aber das ist nicht der Punkt. Es geht vielmehr darum, daß Kommunikationen Individuen so zur Übernahme des vorhandenen Rationalitätspotentials ›reizen‹, daß diese mit ihren Gedanken Bindungswirkungen erzeugen, denen sich die Kommunikation nicht entziehen kann.

Eine solche Struktur der Kommunikation mit dem von ihr herbeigeführten Verhältnis von psychischem und sozialem System ist Voraussetzung dafür, daß das diese Beziehung reflektierende Urteil Gültigkeit gewinnen kann.[40] Das reflexive Urteil bezieht sich selber in seiner Aussage mit ein. Seine Gültigkeit ist daher daran gebunden, daß es praktisch wahr in dem Sinn ist, daß es in ihm selber das im Individuum Gedachte und das im sozialen System Kommunizierte zusammenschließt, also in seinem eigenen Prozessieren die angemessene Beziehung von Individuum und Gesellschaft realisiert, die es zum Ausdruck bringen will.

V

Wir haben im Vorangegangenen gezeigt, daß Luhmann in seinem Interpenetrationskonzept eine zentrale Differenz, die für die durch Interpenetration bestimmte Stellung des psychischen zum sozialen System konstitutiv ist, ausblendet. Nun läßt sich die Vernachlässigung dieser Differenz bis in Luhmanns Behandlung der *Grundoperation der Interpenetration* zurückverfolgen. Auch hier stoßen wir auf ein Differenzierungsdefizit der Theorie. Der nicht thematisierten Differenz in der Stellung der Systeme zueinander entspricht auf dieser Analyseebene die von Luhmann ebenfalls vernachlässigte Differenz in der Art der *kausal bewirkten Strukturbildung*, die im Interpenetrationsprozeß oder spezifischer: im Sozialisationsprozeß erfolgt. Luhmann wendet sich entschieden gegen die Vorstellung, daß im Sozialisationsprozeß kausal auf den zu Sozialisierenden eingewirkt wird.[41] Der Kausalvorstellung stellt er die Vorstellung des selbstreferentiell operierenden psychischen Systems gegenüber, das sich selbst sozialisiert und sich dabei, nach eigenen Differenzierungsschemata, für Einflüsse aus seiner Umwelt öffnet. Die Umwelt wirkt gewiß mit ihren spezifischen Bestimmungen auf den Sozialisationsprozeß ein, aber entscheidend sind die selbstreferentiell gesteuerten Prozesse und die von diesen benützten Schemata, über die allein diese Bestimmungen im Sozialisanden eine Resonanz finden.
So wichtig der Hinweis von Luhmann auf die Bedeutung von selbstreferentiell operierenden Selbstsozialisationsprozessen ist, das Ausblenden kausaler Analysen[42] wird dadurch nicht nur nicht gerechtfertigt, sondern führt dann auch dazu, daß eine für den Sozialisationsprozeß zentrale Differenz in der Art der Einwirkung der Umwelt auf den Sozialisanden unbegriffen bleibt. Wir können uns das Problem an einem aus der Forschung zur gelernten Hilflosigkeit bekannten Vorgang verdeutlichen.[43] Lernbereitschaft, die Bereitschaft, sich neuen Erfahrungen auszusetzen und die Umwelt zu explorieren, ist wesentlich davon abhängig, daß der Lernende Erfolge, die er erzielt, internal stabil attribuiert, d. h. auf seine eigenen Fähigkeiten zurückführt und sich damit der erforderlichen Fähigkeiten zum Lernen gewiß ist. In dem Maße, wie dieses Selbstbewußtsein erschüttert wird, der Lernende also seine Erfolge nicht mehr seiner Fähigkeit, sondern etwa Anstrengung oder glücklichen Umständen zuschreibt, wird

er demotiviert, sich den zum Lernen nötigen neuen Erfahrungen auszusetzen. Damit stellt sich aber der ihn blockierende Kreislauf ein, daß er wegen eines mangelnden Selbstbewußtseins keine Lernerfolge erzielt und umgekehrt aufgrund des Ausbleibens von Lernerfolgen die negative Selbsteinschätzung nicht mehr korrigieren kann: ein selbstreferentieller Kreislauf, in dem die einzelnen Elemente nur mit Bezug auf andere Elemente dieses Prozesses sich bestimmen. Umgekehrt kann sich auch ein offensiv operierender selbstreferentieller Kreislauf entwickeln: die Anstrengungen, mit denen Lernerfolge gesucht werden, bestätigen mit den eintretenden Erfolgen die positive Selbsteinschätzung und werden von dieser wiederum angetrieben.

Nun sind es aber häufig gerade *von außen auf den Sozialisanden einwirkende Bedingungen*, die entscheiden, welcher dieser selbstreferentiell operierenden Kreisläufe in Gang gesetzt wird. Das Bewußtsein der eigenen Fähigkeiten bildet sich in Kommunikation mit anderen Individuen, insbesondere relevanten Bezugspersonen, heraus. Über solche Kommunikation wird der Sozialisand beeinflußt, etwa der Schüler durch den Lehrer, der ihm eine Mitteilung über seine als unzureichend oder hervorragend eingeschätzten Fähigkeiten macht. Eine solche Einwirkung vollzieht sich nicht in Form einer direkten Übertragung des in der Umwelt produzierten Sinns in das psychische System hinein.[44] Kommuniziert ein Lehrer mit einem Schüler, so hängt es von dessen Verarbeitungsstruktur ab, ob das Kommunizierte übernommen wird oder nicht. Das heißt nun allerdings nicht, daß Übernahme oder Nichtübernahme des Kommunizierten nicht von außen beeinflußbar wäre oder daß es gleichgültig sei, ob kommuniziert wird oder nicht. Gegeben die Verarbeitungsstrukturen etwa von Schülern, ist es sehr unwahrscheinlich, daß diese sich einer konsistenten, zeitlich und sozial generalisierten Beeinflussung ihrer Selbsteinschätzung entziehen könnten.[45]

Hinzu kommt, daß der Sozialisand die Konsequenzen, die sich aus der Aufnahme einer Information für die Entwicklung eines spezifischen selbstreferentiellen Kreislaufes ergeben, sich gar nicht vor Augen führen kann. Bezogen auf den einen Extremfall: Er weiß nicht, daß die von ihm aufgenommene Information so auf ihn wirkt, daß er blockiert ist, Informationen aufzunehmen. Mit welchen Differenzschemata der Sozialisand immer die von außen kommenden Informationen selbstreferentiell reproduziert – z. B. kann er Informationen nach angenehm und unangenehm differenzieren und danach seine Anschlußoperationen ausrichten –, die Differenz eines sich offensiv entfaltenden und eines sich schließenden selbstreferentiellen Kreislaufes ist ihm zur Verarbeitung seiner Information zunächst nicht verfügbar. Er gerät ohne Bewußtsein dieser Differenz in diesen Kreislauf hinein.

Diese Überlegungen lassen sich verallgemeinern und auf das Problem der Interpenetration zurückbeziehen. Nicht nur familiäre oder schulische Kommunikationen üben, wie beschrieben, eine kausale Wirkung auf psychische Systeme aus, solche Wirkungen werden auch durch Kommunikationsstrukturen, die der Gesellschaft als ganzer zugrunde liegen, z. B. Machtkommunikation und Schichtendifferenzierung, hervorgerufen. Und nicht nur ist von diesen Wirkungen die kognitive Verarbeitungsstruktur betroffen, sondern ebenso auch etwa die Handlungsorganisation oder der Steuerungsmechanismus von individuellen Biographien.[46] Im Verhältnis von Kommunikation und psychischem System muß generell beides zusammengedacht werden: die selbstreferentielle Geschlossenheit des psychischen Systems und die kausale Einwirkung der Kommunikation auf dessen Verarbeitungsstruktur. Die beeinflussende Kommunikation operiert in doppelter Weise: einerseits stellt sie für das psychische System ein Umweltfaktum dar, das durch seine selbstreferentielle Verarbeitungsstruktur hindurch prozessiert wird, andererseits wird durch die Aufnahme solcher Informationen *die Verarbeitungsstruktur selber tangiert*.

Daraus ergeben sich Konsequenzen für das Interpenetrationskonzept. Wenn Luhmann Interpenetration von psychischem und sozialem System als Übernahme der vom anderen System bereitgestellten Komplexität begreift, übersieht er, daß vorgängig durch Einwirkung von Kommunikation auf das psychische System eine grundsätzliche Entscheidung herbeigeführt wird, nämlich die, welche Verarbeitungsstruktur im psychischen System zugelassen wird. Luhmann sieht zwar, daß Unterschiede in der Kommunikationsstruktur, etwa der, ob sie ihre Funktionsweise offenlegt oder, z. B. durch Coupiertechnik, latent hält,[47] sich auf den Interpenetrationsprozeß auswirken, aber er verfolgt nicht, welche Konsequenzen diese Unterschiede für die Verarbeitungsstruktur psychischer Systeme haben. Je nachdem, welche Verarbeitungsstruktur herbeigeführt wird, ist es dem psychischen System *mehr oder weniger* möglich, die Komplexität des sozialen Systems für sich zu nutzen. Interpenetration führt in erster Linie nicht einfach zur Aneignung von Komplexität, sondern zu einer durch Aneignung von Komplexität bestimmten *Selektion der Möglichkeit der Komplexitätsaneignung*. Und sie ist dann in zweiter Linie nicht Zur-Verfügung-Stellen und Übernahme von Komplexität, sondern ebenso auch, in geringerem oder höherem Ausmaß, *Blockierung von Komplexitätsaneignung*.

Erst wenn der Prozeß kausaler Einwirkung auf das psychische System in seiner grundlegenden Bedeutung begriffen ist, kann eine weitere, für die Stellung des psychischen zum sozialen System zentrale Differenz expliziert werden. Das Individuum kann die durch äußere Einwirkung entstehenden Abhängigkeiten, ohne sich dessen bewußt zu sein, selber reproduzieren, es kann aber diese auch reflektieren und sich von ihnen zu befreien suchen. Dabei hängt es wieder von der Art des durch Interpenetration zunächst herbeigeführten selbstreferentiellen Geschehens ab, ob die Kausalität der äußeren Einwirkung sich unerreichbar für Reflexionsprozesse naturwüchsig fortsetzt oder durch Reflexion gebrochen werden kann.[48] Ein sich schließender Kreislauf wird durch das auf ihn einwirkende kausale Geschehen insofern doppelt getroffen, als er aus sich heraus kaum die Ressourcen hervorzubringen vermag, um die ihn blockierende Grundoperation unter seine Kontrolle zu bringen. Interpenetration hat also auch nach dieser Seite eine reflexive Struktur. Sie bestimmt in ihrem eigenen Vollzug, inwieweit die interpenetrierenden Systeme über sie verfügen können. Es ist gerade dieser reflexive Vollzug von Interpenetrationsprozessen, über den sie eine spezifische Stellung des Individuums zur Gesellschaft herbeiführen.

Wir hatten im Vorangegangenen die Differenz eines in seiner Unmittelbarkeit fixierten und sich nicht in die Kommunikation übersetzenden und eines sich virtualisierenden und in der Kommunikation Geltung beanspruchenden psychischen Systems eingeführt. Welche dieser Stellungen zur Kommunikation realisiert wird, läßt sich nur mit Hilfe eines Interpenetrationskonzepts aufdecken, das die kausale Einwirkung äußerer Bedingungen auf die selbstreferentielle Struktur von psychischen Systemen mit ihren unterschiedlichen Effekten berücksichtigt. Umgekehrt kommt ein Interpenetrationskonzept, das diese kausale Einwirkung und die aus ihr folgenden Effekte vernachlässigt und dann nur noch ein wechselseitiges Sich-zur-Verfügung-Stellen von Komplexität feststellt, in Schwierigkeiten, wenn es darum geht, unterschiedliche Stellungen des psychischen Systems zur Kommunikation zu bezeichnen. Paradoxerweise verlangt gerade die von Luhmann zur Regel erklärte Struktur einer Individualität, die sich nicht in die Kommunikation übersetzen kann und ihre vorgegebenen Bestimmungen ungebrochen behauptet, zu ihrer Erklärung im besonderen Maße, daß jene Mechanismen kausaler Einwirkung analysiert werden, die Luhmann unbeleuchtet läßt. Solange die spezifische Wirkungsweise dieser Mechanismen nicht erfaßt ist, sind die empirisch vorgefundenen Beschränkungen und Selektivitäten von Bewußtseinsprozessen nur auf die hohe, die Verarbeitungskapazität psychischer Systeme übersteigende Komplexität der Gesellschaft zu beziehen. Sie können nicht als Resultat von durch Interpenetration herbeigeführten Blockierungen der Komplexitätsaneignung, sondern nur als angesichts unfaßbarer hoher Komplexität notwendig selektive Perspektiven erscheinen. Erst mit der Einbeziehung der Mechanismen kausaler Einwirkung kann das Problem eines für die Struktur von Subjektivität destruktiven Interpenetrationsprozesses formuliert und mit Blick darauf die Frage der Angemessenheit des Verhältnisses von psychischem und sozialem System gestellt werden.

VI

Um die Möglichkeiten und die reflexive Struktur von Interpenetrationsprozessen zu klären, haben wir im Vorangegangenen zwei unterschiedliche Formen von Subjektivität einander gegenübergestellt: das in Distanz zur gesellschaftlichen Kommunikation stehende und auf seine vorgegebenen Bestimmungen fixierte Individuum einerseits und das sich unter Aneignung des gesellschaftlich verfügbaren Rationalitätspotentials reflektierende und sich in der Kommunikation Geltung verschaffende Individuum andererseits. Wir haben gesehen, daß die Differenzen des Interpenetrationsprozesses, die in der Analyse dieser beiden Subjektformen hervortraten, sich mit dem Luhmannschen Interpenetrationskonzept nicht fassen lassen. Ich möchte abschließend einen Gesichtspunkt behandeln, unter dem nun für Luhmann die Differenz der beiden Subjektformen relevant wird und der ihn dazu führt, ihnen in historischer Perspektive sehr unterschiedliche Realisierungschancen einzuräumen. Es geht um die Einschätzung der Möglichkeiten von Reflexion, genauer: der »Belastung«[49], die die Ausweitung von Reflexionsprozessen mit sich bringt. Aufgrund der Tatsache, »daß die moderne Gesellschaft ... die Neinsagepotenz beträchtlich erhöht hat«[50], eine »Steigerung der Funktionsorientierung«[51] und der damit einhergehenden Suche nach funktionalen Äquivalenten, nicht nur im Bereich der Wissenschaft, herbeiführt und darüber Reflexionsprozesse in Gang setzt, sieht Luhmann die Belastungen für Kommunikationsprozesse, erst recht aber für psychische Systeme rasch ansteigen, so daß sich die Frage stellt, bis zu welcher Grenze die steigenden Reflexionslasten noch tragbar sind.

Umgekehrt erscheinen damit all jene Tendenzen in der modernen Gesellschaft, bei denen eine weitgehende Entkopplung von gesellschaftlicher Entwicklung und der Möglichkeit des Individuums, diese Entwicklung zu reflektieren, eintritt, als den Reproduktionsbedingungen komplexer gesellschaftlicher Systeme angemessen.[52] Allein auf diese Weise ist es, wie Luhmann meint, möglich, daß die Komplexität von Kommunikationen in modernen Gesellschaften weiter steigt und gleichzeitig die Individuen dadurch nicht zu steigenden Reflexionslasten genötigt werden, die sie dann schließlich nicht mehr tragen könnten. Bei steigender Dynamik der Gesellschaft bleibt deshalb Latenz eine fundamentale Notwendigkeit. Damit wird das Individuum nicht seiner Möglichkeiten beraubt, vielmehr kann es gerade dadurch, daß es an bestimmten Stellen zum Verzicht genötigt wird, in anderer Hinsicht Freiheiten erfahren.[53]

Fürsorgeformeln haben meist ihre eigenen Latenzen. Luhmann übersieht in seiner Besorgnis über zu stark steigende Belastungen, die Reflexionen erzeugen könnten, zweierlei. Zunächst bedeutet Zugang des Individuums zu den Möglichkeiten der Reflexion nicht, daß es alle diese Reflexionsmöglichkeiten wahrnimmt. Das heißt, es ist zu unterscheiden zwischen der Latenz, die den *Zugang* zu Reflexionsmöglichkeiten *versperrt*, und der Latenz, die durch *Entscheidung* für die Nicht-Inanspruchnahme von Reflexion geschaffen wird oder bestehen bleibt. Wenn die Psychoanalyse enthüllt, wie ein Zugang zu den Latenzen der Biographie zu gewinnen ist, so kann man sich gleichwohl dafür ent-

scheiden, sich nicht in eine Therapie zu begeben, d. h. biographische Latenzen aufrechtzuerhalten. Und man kann noch wissen, daß diese Entscheidung aufgrund innerer Widerstände, also latenter Gründe, zustande kommen kann. Auf diese Weise können Belastungen durch Reflexion gezielt reguliert werden. Das Individuum dadurch zu entlasten, daß der Zugang zu Reflexionsmöglichkeiten gar nicht erst eröffnet wird, erzeugt dagegen das Risiko (also die Belastung), daß die Reflexion auch dann, wenn es notwendig wäre, nicht zur Verfügung steht.
Zweitens übersieht die Besorgnis über untragbare Belastungen, daß die *Latenz ihrerseits Belastungen hervorruft*. Wenn die Verdrängung vor der Erinnerung an traumatische Bedrohungen schützt, so erzeugen die aus ihr resultierenden Symptome ihrerseits Schmerzen. Das Subjekt, in Verhältnissen befangen, deren Funktionsweise es nicht begreift, agiert mitunter in Formen, die selber zur Belastung werden. Das könnte auch für das Individuum gelten, das seine Ansprüche an den Wohlfahrtsstaat richtet. Man muß nicht von der Sorge um die ›Belastungen‹, die der Politik aus den Ansprüchen der schlechter gestellten Mitglieder der Gesellschaft erwachsen, getrieben sein, wenn man feststellt, daß die Anspruchssteigerung, so sehr sie aus der Lage der Fordernden begreifbar ist, gemessen an den Möglichkeiten der historischen Entwicklung in vieler Hinsicht ein Problem darstellt, daß sie, etwa aus ökologischen Gründen, selbstdestruktiv ist, tieferliegende Versagungen verdeckt und, wenn sie zu Erfolgen führt, gerade den Begünstigten neue Belastungen auflädt.[54] Es müßten also, wenn man Belastungen aufgrund von Reflexionsprozessen sieht, zumindest die Belastungen dagegen gehalten werden, die aus der Latenz erwachsen.
Schließlich wäre zu fragen, welche Probleme die aufgrund von Reflexionen hervorgerufenen Belastungen erzeugen würden und wie hoch wir sie einzuschätzen hätten. Angenommen, daß die Belastungen, die uns aus der Latenz gesellschaftlicher Prozesse erwachsen – und dazu gehören auch die unter diesen Bedingungen erzeugten Irrationalitäten der Individuen –, gefährlich ansteigen würden und der Preis, der für einen Abbau dieser Belastungen zu zahlen wäre, im Anwachsen der Reflexionslasten bestünde, warum sollten wir ihn nicht zahlen?

Anmerkungen

1 »Die *frei* sich wissende *Substanz*, in welcher das absolute *Sollen* eben so sehr *Seyn* ist, hat als Geist eines *Volkes* Wirklichkeit. Die abstracte Diremtion dieses Geistes ist die Vereinzelung *in Personen*, von deren Selbständigkeit er die innere Macht und Nothwendigkeit ist. Die Person aber weiß als denkende Intelligenz jene Substanz als ihr eigenes Wesen, – hört in dieser Gesinnung auf, Accidenz derselben zu seyn, – schaut sie als ihren absoluten Endzweck in der Wirklichkeit sowohl als erreichtes *Diesseits* an, als sie denselben durch ihre *Thätigkeit hervorbringt*, aber als Etwas, das vielmehr schlechthin ist; so vollbringt sie ohne die wählende Reflexion ihre Pflicht als das *Ihrige* und als *Seyendes* und hat in dieser Nothwendigkeit sich selbst und ihre wirkliche Freiheit.« G.W.F. Hegel: Sämtliche Werke, hrsg. von H. Glockner, Band 10, System der Philosophie, 3. Teil, § 514, S. 397f. Vgl. Dieter Henrich, Logische Form und reale Totalität, in: Dieter Henrich/Rolf-Peter Horstmann, Hegels Philosophie des Rechts, Stuttgart 1982, S. 428-450.
2 Das drückt sich in der Stellung des kulturellen Systems als Umwelt des sozialen Systems und in seiner höheren Plazierung in der Steuerungshierarchie der Handlungssysteme aus. Vgl. dazu Jürgen Habermas, Theorie des kommunikativen Handelns, Band 2, Frankfurt 1981, S. 325 ff.
3 Vgl. Jeffrey Alexander, Revolution, Reaction, and Reform. The Change Theory of Parsons' Middle Period, in: Sociological Inquiry 51 (1981), S. 267-280; Habermas, a.a.O. (1981), S. 344 ff.
4 Vgl. Niklas Luhmann, Soziale Systeme, Frankfurt 1984, S. 140 und 150.
5 Luhmann, a.a.O. (1984), S. 290.
6 Vgl. Niklas Luhmann, Grundrechte als Institution, Berlin 1965, S. 53 ff.
7 In ironischer, die Sinnlosigkeit der Frage betonender Form: »Er (der Mensch, H.J.G.) ist nicht mehr Maß der Gesellschaft ... Denn wer wollte ernsthaft und durchdacht behaupten, daß die Gesellschaft nach dem Bilde des Menschen, Kopf oben usw., geformt werden könnte.« Luhmann, a.a.O. (1984), S. 289.
8 Luhmann, a.a.O. (1984), S. 315.
9 Luhmann, a.a.O. (1984), S. 293.
10 »Im Verhältnis von Bewußtseinssystemen und Gesellschaftssystemen ist mithin nochmals mit einer Resonanzschwelle zu rechnen, die sehr scharf selegiert ... Auch Bewußtseinssysteme können in der gesellschaftlichen Kommunikation daher, wenn sie sich nicht von vorneherein den gesellschaftlichen Bedingungen der Kommunikabilität fügen, nur Irritationen, Störungen oder Ausweichthemen produzieren.«

Niklas Luhmann, Ökologische Kommunikation, Opladen 1986, S. 64 f.

11 »Interpenetrierende Systeme können die Variationsmöglichkeiten der Komplexität des jeweils anderen Systems nicht voll ausnutzen, das heißt, nie ganz und gar ins eigene System überführen.« Luhmann, a.a.O. (1984), S. 311. Für eine präzisere Fassung des Gedankens vgl. Ulrich Oevermann u. a., Die Methodologie einer »objektiven Hermeneutik« und ihre allgemeine forschungslogische Bedeutung in den Sozialwissenschaften, in: Hans-Georg Soeffner (Hrsg.), Interpretative Verfahren in den Sozial- und Textwissenschaften, Stuttgart 1979.

12 »Was immer an ›ökologischem Bewußtsein‹ in einem Bewußtsein empirisch vor sich gehen mag: von da bis zu einer gesellschaftlich wirksamen Kommunikation ist es ein weiter Weg.« Luhmann, a.a.O. (1986), S. 64. Vgl. Niklas Luhmann, Politische Theorie im Wohlfahrtsstaat, München 1981, S. 31.

13 George Herbert Mead, Geist, Identität und Gesellschaft, Frankfurt 1968, 180 ff.

14 Zu den systematischen Überlegungen, die Wittgenstein und W. Sellars in dieser Richtung entwickelt haben, vgl. Hans-Joachim Giegel, Die Logik der seelischen Ereignisse, Frankfurt 1969, S. 73 ff. und 108 ff.

15 Luhmann, a.a.O. (1984), S. 64, 291 ff., 619.

16 »Und genau diese Differenz von Bewußtsein und Gesellschaft kann dann ihrerseits wieder Thema von Kommunikation werden – aber man kommuniziert dann über ›Entfremdung‹, ›Apathie‹, Resignation oder Protest der Jugend...« Luhmann, a.a.O. (1986), S. 64 f. Vgl. Luhmann, a.a.O. (1984), S. 601 f.

17 »Die Schwierigkeit, dies einzusehen, liegt darin begründet, daß jedes Bewußtsein, das dies einzusehen versucht, selbst ein selbstreferentiell geschlossenes System ist und sich deshalb nicht aus dem Bewußtsein hinausbegeben kann. Vom Bewußtsein her kann auch Kommunikation nur bewußt betrieben und auf weiter mögliches Bewußtsein hin angelegt werden.« Luhmann, a.a.O. (1984), S. 143.

18 Luhmann, a.a.O. (1981), S. 50 ff. Vgl. dazu Gunther Teubner, Hyperzyklus in Recht und Organisation: Zum Verhältnis von Selbstbeobachtung, Selbstkonstitution und Autopoiese, in diesem Band.

19 »Eine funktionale Re-analyse hätte von der Funktion einer Selbstbeschreibung des Systems im System auszugehen. Sie würde damit sehr rasch zu der Einsicht kommen, daß jede Selbstbeschreibung das System, das sie beschreibt, vereinfacht modelliert, also Komplexität reduziert, also Differenz erzeugt...« Luhmann, a.a.O. (1986), S. 255. Vgl. Luhmann, a.a.O. (1984), S. 89, 234, 624.

20 Das Problem wird grundlegend in Quines Theorie der ›Indeterminacy of Translation‹ behandelt. Vgl. Willard van Orman Quine, Word and Object, Cambridge Mass. 1960.

21 »Der Arzt fragt: ›Wie fühlt er sich?‹ Die Krankenschwester sagt: ›Er stöhnt.‹ Ein Bericht über's Benehmen. Aber muß die Frage für die beiden überhaupt existieren, ob dieses Stöhnen wirklich echt, wirklich der Ausdruck von etwas ist? ... ›Aber diese machen dann eben eine stillschweigende Voraussetzung.‹ Dann ruht der Vorgang unseres Sprachspiels immer auf einer stillschweigenden Voraussetzung... Besteht eine Voraussetzung nicht, wo ein Zweifel besteht? Und der Zweifel kann gänzlich fehlen. Das Zweifeln hat ein Ende... Ist die Zuversicht gerechtfertigt? – Was die Menschen als Rechtfertigung gelten lassen, – zeigt, wie sie denken und leben.« Ludwig Wittgenstein, Philosophische Untersuchungen, in: Schriften 1, Frankfurt 1960, S. 490 f. und 410. Vgl. dazu Giegel, a.a.O. (1969), S. 136 ff.
22 Vgl. D. Henrich, Hegels Grundoperation, in: Ute Guzzoni u. a. (Hg.), Der Idealismus und seine Gegenwart, Hamburg 1976, S. 208-230.
23 Luhmann, a.a.O. (1984), S. 26, 100, 607.
24 Alle basalen funktionstragenden Kommunikationsprozesse der Gesellschaft, z. B. Machtkommunikation, geldgesteuerte Tauschprozesse oder wissenschaftliche Diskurse, sichern bestimmte Sinnbereiche durch selbstreferentielles Operieren so ab, daß erhebliche Schwellen für Negationsprozesse bestehen. Von *Gegenkommunikation* rede ich, wenn durch eine Kommunikationsprozesse reflektierende Kommunikation solche Negationsschwellen überwunden werden. Die Bedeutung einer Gegenkommunikation hängt davon ab, inwieweit der Sinnzusammenhang, der zunächst vor Negationen geschützt war und dem nun widersprochen wird, nur partieller Natur ist – das gilt z. B. für unbefriedte Interessen oder non-decisions im politischen Prozeß – oder so umfassend ist, daß er bis in die tragenden Fundamente einer Institution hinabreicht.
25 Luhmann, a.a.O. (1984), S. 68, und ders., a.a.O. (1986), S. 65.
26 »›Psychologisches‹ dieser Art gehört mithin mit zur emergenten Realität sozialer Systeme, die sich der Autokatalyse durch doppelte Kontingenz verdankt. Dies heißt keineswegs, daß es sich um eine Scheinwelt, um Fiktionen, um bloße Worte handele im Vergleich zu den harten Fakten der zugrundeliegenden Systeme selbst.« Niklas Luhmann, a.a.O. (1984), S. 159.
27 »Aus einer empirisch orientierten Analyse selbstreferentieller Systeme ergibt sich vielmehr, daß die Einheit des Systems, die letztlich im Vollzug der autopoietischen Reproduktion besteht, nur in der Form ›mitlaufender‹ Selbstreferenz in das System wiedereingeführt wird. Das erfordert eine Operation, die wir gelegentlich schon als Selbstsimplifikation bezeichnet haben.« Luhmann, a.a.O. (1984), S. 624. Vgl. Luhmann, a.a.O. (1981), S. 69.
28 »Der Wohlfahrtsstaat macht es sich leicht, indem er sich auf Annahmen über das Funktionieren der jeweils beobachteten Systeme stützt,

die nicht so rasch widerlegt werden können und die Beobachtungen hinreichend erklären. Diese Annahmen sind auch keineswegs ›falsch‹.« Luhmann, a.a.O. (1981), S. 54.

29 Vgl. Niklas Luhmann, Funktionen und Folgen formaler Organisation, Berlin 1964, S. 390 ff., und ders., a.a.O. (1981), S. 14 und 29.
30 Vgl. Luhmann, a.a.O. (1984), S. 365 und 633.
31 Vgl. Luhmann, a.a.O. (1981), S. 58 ff. und 151 ff.
32 Luhmann, a.a.O. (1981), S. 55 f., 68 f., 130 ff.
33 Vgl. Luhmann, a.a.O. (1984), S. 592 und Luhmann, a.a.O. (1986), S. 65.
34 Vgl. dazu die an Piaget anschließenden Ausführungen von Habermas zur Dezentralisierung des Weltverständnisses, in: Jürgen Habermas, Theorie des kommunikativen Handelns, Band 1, Frankfurt 1981, S. 106 ff. Ferner ders., Moralbewußtsein und kommunikatives Handeln, Frankfurt 1983, S. 72 ff.
35 Die Friedensbewegung etwa kann, gegenläufig zu der von ihr verbreiteten Angst-Semantik, die Erfahrung von Individuen diskutieren, daß sie *keine* Angst haben.
36 Im Begriff einer solchen Kommunikation liegt also nicht nur, daß in ihr Diskursregeln gelten, die den Individuen Kommunikation ermöglichen, sondern daß die Kommunikation auch Individuen so sozialisiert, daß sie diese Möglichkeiten ergreifen können. Wenn Habermas einerseits diese beiden Seiten in ideale Sprechsituation und empirische Bedingungen der Ausbildung eines postkonventionellen Bewußtseins auseinanderfallen läßt, so führt er sie andererseits in dem Gedanken der Rationalisierung der Lebenswelt wieder zusammen: »Die kulturelle Überlieferung muß sich in ihren kognitiven und evaluativen Bestandteilen so weit mit spezialisierten Argumentationen rückkoppeln lassen, daß die entsprechenden Lernprozesse gesellschaftlich institutionalisiert werden können.« Habermas, a.a.O. (1981), Band 1, S. 109.
37 Vgl. Luhmann, a.a.O. (1984), S. 404 ff., 463 ff., 488 ff.
38 Luhmann, a.a.O. (1986), S. 65 ff.
39 Luhmann, a.a.O. (1986), S. 67.
40 Generell gilt, daß die Möglichkeit der Gültigkeit von reflexiven Urteilen abhängig ist von den Verhältnissen, auf die sie sich richten. So ist ein Urteil über eigene Interessen nur dann als wahr anzusehen, wenn die sozialen Bedingungen Interessenbildung und -wahrnehmung zulassen. Vgl. Steven Lukes, Power, London 1974, S. 34 ff. Ebenso ist die Möglichkeit eines wahren Urteils eines Patienten über den Erfolg einer psychoanalytischen Therapie nur dann gegeben, wenn die Therapie erfolgreich war. Vgl. Hans-Joachim Giegel, Emanzipation und Reflexion, in: Hermeneutik und Ideologiekritik, Frankfurt 1971, S. 244-282, hier S. 267.

41 Vgl. a.a.O. (1984), S. 325 ff. Ferner Niklas Luhmann/Karl Eberhard Schorr, Das Technologiedefizit der Erziehung und die Pädagogik, in: dies. (Hg.), Zwischen Technologie und Selbstreferenz, Frankfurt 1982, S. 11-40.
42 Etwa in der Form, daß man von Kausalbeziehungen zu Kausalattributionen überwechselt. Vgl. Luhmann/Schorr, a.a.O. (1982), S. 18 ff.
43 Vgl. Abramson, L. Y./Seligman, M. E. P./Teasdale, J. D., Learned helplessness in humans: Critique and reformulation, in: Journal of Abnormal Psychology 87 (1978), S. 49-74. Susan Roth, Learned helplessness in humans: A review and a revised model, in: Journal of Personality 48 (1980), S. 103-133.
44 Vgl. Niklas Luhmann, Die Autopoiesis des Bewußtseins, in: Soziale Welt 36 (1985), S. 402-446, hier S. 427.
45 Dweck, C. S./Goetz, T. E./Strauss, N., Sex differences in learned helplessness: IV. An experimental and naturalistic study of failure generalization and its mediators, in: Journal of Personality & Social Psychology 38 (1980), S. 441-452. Dweck, C. S./Wortman, C. B., Neglected Parallels in Cognitive, Affective, and Coping Responses, in: Krohne, H. W./Laux, L., Achievement, Stress, and Anxiety, Washington, New York, London 1982, S. 93-125.
46 Zu Blockierungserscheinungen im Handlungsvermögen und in der Steuerung von Biographie aufgrund einer in ihrem Verursachungsmechanismus latent bleibenden Klassendifferenzierung vgl. Jerome Rabow/Sherry L. Berkman/Ronald Kessler, The Culture of Poverty and Learned Helplessness: A Social Psychological Perspective, in: Sociological Inquiry 53 (1983), S. 419-434. Ferner Hans-Joachim Giegel, Individualisierung, Selbstrestriktion und soziale Ungleichheit, in: Bernd Giesen/Hans Haferkamp (Hg.), Soziologie der sozialen Ungleichheit (im Druck). Die umgekehrte Beziehung, nämlich der Zusammenhang zwischen Kritik ideologischer Kommunikation und komplexer Persönlichkeitsstruktur, wird beschrieben in: Rainer Döbert/Gertrud Nunner-Winkler, Adoleszenzkrise und Identitätsbildung, Frankfurt 1975.
47 Vgl. Luhmann, a.a.O. (1984), S. 458 und 613 ff.
48 Diesen Unterschied hat Habermas am Beispiel der durch eine traumatisierende, ›verzerrte‹ Kommunikation herbeigeführten und aufrechterhaltenen Verdrängung und der diese Verdrängung rückgängig machenden therapeutischen Kommunikation entwickelt. Vgl. Jürgen Habermas, Erkenntnis und Interesse, Frankfurt 1968, S. 311 ff. Vgl. dazu Giegel, a.a.O. (1971), S. 259 f. und 268 ff.
49 Luhmann, a.a.O. (1984), S. 613.
50 Luhmann, a.a.O. (1984), S. 550. In diesem Punkt übertreibt Luhmann bisweilen. Vgl. etwa seine Analyse der im Wohlfahrtsstaat aufgebauten ›Anspruchsinflation‹. Luhmann, a.a.O. (1981), S. 14 ff. und 29.

Dazu Michael Th. Greven, Vom Wohlfahrtsstaat zum autoritären Staat der ›reinen‹ Politik? in: Politische Vierteljahresschrift – Literatur 2 (1982), S. 143-152, hier S. 148.
51 Luhmann, a.a.O. (1984), S. 408, vgl. auch S. 463 f.
52 Luhmann, a.a.O. (1984), S. 592.
53 Luhmann hat eine solche ›Ethik‹ schon früh im Auge gehabt. Vgl. dazu Hans-Joachim Giegel, System und Krise. Kritik der Luhmannschen Gesellschaftstheorie, Frankfurt 1975, S. 137 ff.
54 Hier macht sich der auch sonst zu beobachtende Fehler bemerkbar, Probleme als Bezugspunkt für Strukturanalysen anzusetzen, die ihrerseits erst durch diese Struktur erzeugt werden oder ihre spezifische Form gewinnen. Vgl. Giegel, a.a.O. (1975), S. 83 und 115.

IV
Strukturelle Differenzierung

Helmut Willke
Differenzierung und Integration
in Luhmanns Theorie sozialer Systeme

> »Ordnung und Unordnung sind zwei äußerste Zustände, in denen sich die menschliche Natur nicht wohl fühlt. Das Individuum erstrebt eine in jeder Weise angenehme Epoche, in der es die größte Freiheit und die größte Hilfe von anderen genießt. Es findet sie beim Beginn des Untergangs eines sozialen Systems. Dann herrscht ein köstlicher, zwischen Ordnung und Unordnung schwebender Zustand. Alles nur mögliche Gute, das die Ordnung der Gewalten und Pflichten mit sich bringt, ist erreicht; und man kann jetzt die erste Lockerung des Systems genießen.«
>
> Paul Valéry

1 Is there a difference?

Luhmanns Absicht ist die Entwicklung einer universalistischen soziologischen Theorie; einer Theorie sozialer Systeme. In ein Forschungsprogramm übersetzt heißt dies, daß die Frage zu klären ist: *Wie sind soziale Systeme möglich?* An diesem Punkt kann man nun die Vielfalt der Erscheinungen nutzen und sich einem bestimmten System zuwenden, also den Weg der Konkretisierung gehen. Man kann aber auch die Erscheinung der Vielfalt nutzen und sich der Komplexität als Grundproblem zuwenden, also den Weg der Abstraktion gehen. Dieser letztere Weg führt zu dem allgemeinen Problem der Ordnung, der Ordnung von Vielfalt, und damit zurück zum Begriff des Systems. Nach diesem Abstraktionsschritt heißt nun die Forschungsfrage: *Wie ist Ordnung möglich?* An diesem Punkt kann man nun die Vielfalt der Ordnungen von Komplexität nutzen und sich einer bestimmten Ordnungsform zuwenden, also die Wege der Reduktion von Komplexität verfolgen. Man kann aber auch die Ordnung der Ordnung nutzen und sich Erkenntnisgewinn durch weitere Abstraktion versprechen. Fragt man so nach einer Grammatik, einer Codierung oder Selbstprogrammierung von Ordnung, so stößt man auf den zunächst frappierenden Satz, daß Ordnung nur im Hinblick auf Rauschen und Notwendigkeit nur im Hinblick auf Zufall beobachtbar ist und daß es die Beobachtung (und die Bedingungen der Möglichkeit der Beobachtung) ist, welche Ordnung konstituiert.

Nach diesem weiteren Abstraktionsschritt heißt dann die Forschungsfrage: *Wie ist Beobachtung möglich?* Ich denke, es erleichtert ein Verständnis von Luhmanns Theorie sozialer Systeme, wenn man sich klarmacht, daß Luhmann – an dieser Frage der Bedingungen der Möglichkeit der Beobachtung angekommen – sich nicht mehr mit den Antwortangeboten von Philosophie und Erkenntnistheorie begnügt. Vielmehr nutzt er zwei hochspezifische Angebote aus Logik[1] und Erkenntnisbiologie[2], welche in einem zentralen Punkt konvergieren: der zirkulären Konstruktion von Selbstreferenz der Beobachtung als Bedingung der Möglichkeit der Beobachtung von selbstreferentiellen Systemen.

Demnach ist Beobachtung möglich durch die Interaktion zweier Systeme, welche die Fähigkeit haben zu diskriminieren: also Differenzen oder Unterscheidungen zu setzen und zu bezeichnen. So formuliert George Spencer-Brown: »... we cannot make an indication without drawing a distinction ... Once a distinction is drawn, ... each side of the boundary, being distinct, can be indicated.«[3] Maturana ergänzt dies mit der grundlegenden Einsicht, daß eine Beobachtung nichts über den beobachteten Bereich aussagt, sondern über den Beobachter, weil die Logik der Beobachtung diejenige des beobachtenden Systems und seiner kognitiven Struktur ist.[4] Dies gilt selbst für den von Maturana nicht berücksichtigten Fall der Selbstbeobachtung, weil ein System, das sich selbst beobachtet, natürlich nichts über sich selbst wissen kann, sondern nur etwas über seine kognitive Struktur (die, wenn sie sich ihrerseits selbst beobachtet, sich zugleich beim Beobachten beobachtet und so in eine Zirkularität gerät, die zu Problemen führen kann).

Ganz analog gilt auch in bezug auf moderne Gesellschaften, daß eine auf das Ganze von Gesellschaft gerichtete Beobachtung (oder Erkenntnis) allenfalls in spezialisierten Wissenssystemen als Gesellschaftstheorie – also in der Form einer Selbstbeschreibung von Gesellschaft – zustande kommt, nicht aber »als ein Wissen der ganzen Gesellschaft von sich selbst«.[5] Und ebenso gilt für jedes komplexe System, daß es nicht insgesamt noch einmal in sich selbst vorkommen kann, sondern allenfalls als simplifizierte Selbstbeschreibung des Systems im System. Jede Beobachtung – und jede Erkenntnis – durch ein selbstreferentielles System setzt also voraus, daß dieses System für sich selbst Unterscheidungen trifft und damit Differenzen benennt (oder: Beobachtungsschemata wählt), nach denen es seine Welt organisiert. Zusätzliche Plausibilität gewinnen diese Überlegungen aus zwei Richtungen. Zum einen hat Gregory Bateson gezeigt, daß »mentale Systeme« Informationen nur dadurch gewinnen können, daß sie vergleichen, das heißt auf Unterschiede reagieren. Grundlage jeder Informationsverarbeitung und damit jeder Kommunikation und jedes Verstehens ist nach Bateson das Prozessieren von Differenzen: »Man sollte sich immer an die Tatsache erinnern, daß Information die Umwandlung eines Unterschiedes ist.«[6] Auch hiernach lautet die Antwort auf die Frage: Wie ist Beobachtung möglich?: durch das Setzen und Prozessieren von Differenzen. Zum anderen hat neben Bateson auch Heinz von Foerster auf die grundlegende Bedeutung von Differenzen hingewiesen. Er schlägt vor, die Prozesse des Erkennens als unbegrenzte rekursive Errechnungsprozesse (also: das rekursive Errechnen von Errechnungen von ...) aufzufassen.[7] Angestoßen wird dieser Errechnungsprozeß z. B. in neuronalen Netzwerken durch Differenzen in Form unterschiedlicher Intensitäten von Erregungsursachen, nicht aber durch die Art, das ›Was‹ oder die physikalische Natur einer Erregungsursache. Damit untermauert v. Foerster seine zentrale Idee der Möglichkeit einer »Ordnung aus Chaos« (»order from noise«[8]), auf welche weiter unten zurückzukommen ist.

Wir können also in Luhmanns Theoriebautechnik zunächst diese drei Abstraktionsschritte beobachten, die zu der genannten Folge von Fragestellungen führen:

1. Wie sind soziale Systeme möglich?
2. Wie ist Ordnung möglich?
3. Wie ist Beobachtung möglich?

Und wir können dann verfolgen, wie die durch Abstraktion gewonnenen Erkenntnisse grundlegender epistemologischer Art über die Bedingungen der Möglichkeit des Beobachtens sich

auswirken als neue Kontexte (oder als »reframing«) für die Beantwortung der Fragen nach der Möglichkeit von Ordnung und der Möglichkeit von sozialen Systemen.
Ich möchte dies im folgenden an einem einzigen Problemgesichtspunkt durchspielen: dem Problem der Ordnung sozialer Systeme durch Differenzbildung.
Betrachtet man einerseits Beobachtung als eine basale Operation der Handhabung von Unterscheidungen[9] und sieht man andererseits die Prozessierung von Differenzen als Form der Gewinnung von Informationen, dann rückt *Differenzbildung oder Differenzierung* an einen archimedischen Punkt der Theoriearchitektur. Man macht die Operation der Diskriminierung und Bezeichnung (oder der Unterscheidung und Benennung; oder der Differenzbildung und -prozessierung) zum Angelpunkt des Prozesses, durch den Ordnung in die Welt kommt. In gewisser Weise hat die Soziologie dies immer schon berücksichtigt, indem sie seit ihren Anfängen bei Smith, Marx, Spencer, Durkheim, Simmel und Weber den Prozeß und das Problem der sozialen Differenzierung zum Leitthema gemacht hat.[10] An der Veränderung der Differenzierungsthematik läßt sich der Paradigmenwechsel in der Soziologie insgesamt, insbesondere aber in der Systemtheorie deshalb besonders deutlich machen, weil diese Veränderung nicht nur das Verständnis sozialer Differenzierung betrifft, sondern zugleich die Frage, wie gesellschaftliche Ordnung möglich sei[11] und wie diese Ordnung erkannt werden könne.

II Die groben Unterschiede – drei Formen der Differenzbildung

Zu der auf die Soziologie überkommenen Erbmasse der Klassik, der Scholastik und noch der aufgeklärten Philosophie gehört die das Ordnungsdenken beherrschende Differenz von Teil und Ganzem. Nicht nur, daß der Systembegriff selbst sich der Frage verdankt, wie Teile sich zu einem Ganzen ordnen und wie dann das Verhältnis zwischen dem Zusammenhang der Teile und dem Ganzen zu denken sei[12]; das Problem der Ordnung selbst war auf die Differenz von Teil und Ganzem so unerbittlich fixiert, daß die Paradoxie einer Genese von Ordnung aus Ordnung nicht einmal in der bereits abgeschwächten Form des Vorwurfs der Tautologie auffiel.¹³ Sogar noch Anfang des 20. Jahrhunderts war der naturwissenschaftlich orientierte Versuch der Beschreibung der Genese der Ordnung lebender Systeme in die Formel gefaßt: Ordnung aus Ordnung.¹⁴

Innerhalb des Rahmens dieser Leitdifferenz von Teil und Ganzem gilt heute nahezu unangefochten die Vorstellung, daß Evolution erklärbar sei und sich ausdrücke in einer Abfolge des Primats von Differenzierungsprinzipien: von segmentärer über hierarchische zu funktionaler Differenzierung. Dies ist so bekannt, daß ich darauf nicht weiter einzugehen brauche.¹⁵ Interessant daran ist zweierlei: Zum einen spiegelt die zunehmende Raffinesse der Differenzbildung – Differenz von (gleichen) Teilen, Differenz von (hierarchischen) Ebenen, Differenz von (interdependenten) Funktionen – ein evolutionär problematischer werdendes Verhältnis von Komplexität und Ordnung. Zum anderen taucht im Prinzip der funktionalen Differenzierung erstmals Reflexivität der Differenzbildung insofern auf, als die systemkonstituierende Differenz von Teil und Ganzem nun als Binnendifferenzierung in beliebiger Tiefe in das System hinein gestaffelt werden kann, indem die Teile ihrerseits – nach einem Wechsel der Referenzebene – begriffen werden als aus weiteren Teilen zusammengesetzte Ganze.

Es ist keineswegs so, daß dieses auf der Leitdifferenz von Teil und Ganzem aufbauende Paradigma inzwischen bedeutungslos wäre. Eher kann man sagen, daß es überholt und überformt worden ist durch ein Paradigma, welches auf der *Leitdifferenz von System und Umwelt* aufbaut. Zwar wird damit nicht überhaupt erst eine Theorie der Systemdifferenzierung begründet;¹⁶ aber die Differenzierungstheorie wird auf eine neue Grundlage – auf eine neue Form der Differenzierung oder eine neue Leitdifferenz – umgestellt. Dies allerdings mit weitreichenden theoretischen Konsequenzen.

Mit der Darwinschen Entdeckung der Evolution von Organismen und später der Entwicklung der Allgemeinen Systemtheorie rückte die Sichtweise in den Vordergrund, daß Systeme auf dem Hintergrund und in Differenz zu ihrer Umwelt zu verstehen seien. Systeme grenzen sich einerseits gegenüber einer sie umgebenden Umwelt aus; andererseits werden sie von ihrer Umwelt in den Bedingungen ihrer Möglichkeit konditioniert und sind so von ihr abhängig und passen sich ihr an. Ein besonderer Vorteil des Paradigmas von System und Umwelt liegt darin, Systemdifferenzierung als Wiederholung der Differenz von System und Umwelt innerhalb von Systemen zu begreifen und somit den Aufbau und die Regulierung interner Systemkomplexität in eine direkte Abhängigkeit bringen zu können mit Besonderheiten in der Struktur von Umweltkomplexität. Unter dem Leitbegriff der »requisite variety« (Ashby) hat dies etwa Kybernetik, Evolutionstheorie und Organisationssoziologie stark beeinflußt und zur Dominanz des Konzepts offener, adaptiver Systeme in der Systemtheorie geführt.[17]

Obwohl Luhmann innerhalb dieses Paradigmas systemtheoretisch sozialisiert worden ist, hat er sehr früh gegenüber dem Leitbegriff der »requisite variety« die theoretisch raffiniertere Differenz zwischen Umweltkomplexität und (geringerer) Systemkomplexität ins Spiel gebracht. Dies erlaubte ihm, einerseits die Einheit der Differenz von System und Umwelt im Problem der Komplexität, andererseits die Funktion der Differenz von System und Umwelt in der Selektivität und im Aufbau reduktiver Ordnungen zu sehen. Systembildung erscheint dann als eine Strategie der Erzeugung selektiver oder reduktiver Ordnung.

Daraus ergeben sich wichtige Konsequenzen insbesondere im Hinblick auf Komplexität und Selbstreferenz. Als selektive und reduktive Ordnungen entstehen Systeme, wenn zwei Bedingungen erfüllt sind: wenn zum einen durch die Schaffung von Grenzen gegenüber dem Chaos kontingenter Ereignisse in der Welt Inseln eingeschränkter Beliebigkeit entstehen und wenn zum anderen die Relationen zwischen den Systemelementen und den eingegrenzten Teilen (vor allem aus Gründen der Zeit) nicht mehr vollständig realisiert werden können. Dann werden nach einem bestimmten Relationierungsmuster nur noch bestimmte selektive Relationen zwischen den Teilen zugelassen. Diese Koinzidenz von produktiver Relationierung und Selektivität der Relationen grenzt Systeme sowohl gegen Unordnung – dem Chaos kontingenter Umwelt – wie auch gegen perfekte Ordnung (Überordnung, vollständige Relationierung der Teile) ab. Sie konstituiert somit auf der Grundlage der Differenz von überkontingenter Umwelt und reduktiver Ordnung des Systems ein System mit (notwendigen) Eigenschaften: Eigenkomplexität und Selbstreferenz.

Eigenkomplexität bezeichnet die Eigenschaft eines Systems, das Chaos unbegrenzter Kontingenz nicht nur zu reduzieren, sondern in eine spezifische Ordnung zu transformieren, und zwar nach Regeln, welche zumindest auch von den Anschluß- und Koordinationsbedingungen der jeweils im System bereits aufgebauten Eigenkomplexität abhängen. Lancelot Whyte hat diese Idee unter dem Leitbegriff der »internen Faktoren der Evolution«[18] zu einem Wendepunkt der modernen Evolutionstheorie gemacht.

Es liegt auf der Hand, daß mit der Betonung der Eigenkomplexität von Systemen ein Moment stärker ins Spiel kommt, welches der bislang leitenden Vorstellung der Offenheit, Abhängigkeit und Anpassungsfähigkeit dynamischer Systeme entgegenläuft: nämlich das Moment der Autonomie, der Eigendynamik und der Selbststeuerung.

Noch stärker wird diese Umgewichtung bei der Betrachtung von *Selbstreferentialität*. Wenn ein System aus Elementen bestehend gedacht wird, welche nicht vollständig und schon gar nicht linear verkoppelt sind, sondern eben selektiv nach Vernetzungsmustern, die von der Art der Ordnung der Eigenkomplexität des Systems bestimmt sind, dann sind auch Ordnungen denkbar, die sich von der Trivialität des einfachen input-output-Schemas gelöst haben. Insbesondere wird denkbar und dann beobachtbar, daß Ereignisse im System sich nicht mehr notwendigerweise auf Ereignisse außerhalb des Systems beziehen oder von ihnen abhängen, sondern von anderen Ereignissen innerhalb des Systems. Der Grundgedanke ist natürlich nicht neu. Spätestens seit Kant bleibt der Verdacht virulent, daß es nicht Umwelten sind, die Systeme nach ihren Bedingungen formen, sondern daß Systeme nach eingebauten Apriori ihre Umwelten konstruieren. Es ist die Radikalisierung dieses Gedankens zu einer Theorie selbstreferentieller, autopoietischer Systeme, welche die Grundlage bildet für ein neues Paradigma auch in der Systemtheorie: das Paradigma selbstreferentieller autopoietischer Systeme.

Der Übersichtlichkeit halber fasse ich die groben Unterschiede der Differenzierungsformen in den drei wichtigsten Paradigmen der Systemtheorie zusammen:

1. *Leitdifferenz Teil-Ganzes:* Systeme werden gesehen als das Zusammenspiel von Teilen zu einem Ganzen. Die innere Ordnung dieses Zusammenspiels wird durch evolutionär variable Differenzierungsprinzipien (segmentär, hierarchisch, funktional) bestimmt. Ordnung wird verstanden als eine aus der umfassende-

ren Ordnung abgeleitete Ordnung: »order from order« (Schrödinger).

2. *Leitdifferenz System-Umwelt:* Systeme konstituieren sich in Abgrenzung von ihrer Umwelt. Die Ordnung des Zusammenspiels von System und Umwelt wird durch evolutionär variable Muster der Selektivität bestimmt. Der Grad der Koppelung zwischen System und Umwelt reicht von sehr eng und direkt (z. B. in der Kontingenztheorie der Organisation) über lose (»loosely coupled systems«[19]) bis zu einer generativen Wechselseitigkeit (z. B. in der Interorganisations- und Evolutionstheorie der Organisation[20]).

Ordnung ergibt sich aus reduktiven Mustern von Selektivität, welche die Transformation unbestimmter Umweltkomplexität in bestimmte Systemkomplexität leisten: Ordnung durch Selektivität.

3. *Leitdifferenz Selbstreferenz-Fremdreferenz:* Systeme konstituieren sich durch die Beobachtung von Differenzen und den intern regulierten Bezug auf die so gewonnenen Informationen. Die Ordnung des Zusammenhangs von Selbstreferenz und Fremdreferenz ist nicht mehr als Identität, sondern nur noch ihrerseits als Differenz zu begreifen. Sie kann nur beobachtet oder erschlossen werden und ist deshalb notwendig systemrelativ und ohne äußeren Bezugspunkt. (Sie muß also als Differenz von Identität und Differenz einschließlich ihrer Verweisung auf Außersystemisches in das System eingeführt und dort handhabbar gemacht werden – dies nennt George Spencer-Brown »re-entry«[21] –, so daß die Codierung des Systems in seiner Leitdifferenz auch noch die Umweltbeobachtung des Systems prägt.) Die Ordnung eines Systems folgt nicht mehr aus einer höheren, umfassenderen Ordnung, sondern bildet sich in der Auseinandersetzung mit Turbulenzen der Umwelt: »order from noise«.[22]

Luhmann baut seine Theorie sozialer Systeme auf diesem neuen Paradigma der Selbstreferenz auf. Allerdings präzisiert er dieses Paradigma durch einige sehr weitsichtige und weitreichende theorie-architektonische Entscheidungen:

1. Er generalisiert das ursprünglich biologisch-neurophysiologische Konzept der Autopoiese[23] zu einer Konzeption der kontinuierlichen Selbstreproduktion aller komplexen, dynamischen Systeme, also auch sozialer Systeme.

2. Er betrachtet im Anschluß an v. Foerster Autopoiese als eine

Form der Ordnung von Systemen, die eine Selbstbestimmung von Elementen, Strukturen und Identitäten auch und gerade in der Auseinandersetzung mit Unordnung, Kontingenz und Störungen zuläßt und erzwingt.[24]
3. Und er präzisiert als neue erkenntnisleitende Differenz die Differenz von Identität und Differenz.[25]
Insbesondere der letzte Punkt ist in seiner theoretischen und theoriegenerierenden Bedeutung kaum zu überschätzen. Ich möchte seine Bedeutung am Beispiel einiger Teile des ersten Kapitels des hier zu verhandelnden Buches über Soziale Systeme illustrieren. Dieses Kapitel beinhaltet die Exposition einer differenztheoretischen Fundierung der Systemtheorie.

III Die feinen Unterschiede – eine differenztheoretische Reformulierung einiger systemtheoretischer Grundbegriffe

Die Kosten eines Erkenntnisgewinns durch Abstraktion liegen unter anderem darin, daß Veränderungen in der Fassung der Leitbegriffe diffizile Re-Arrangements im Arsenal der wichtigeren Arbeitsbegriffe nach sich ziehen. Zugleich hat gerade dies gewichtige Vorteile. Zum einen kann der Theoriearchitekt wie der Igel den nachhechelnden Kritiker- und Kommentatoren-Hasen immer zurufen: »Ich bin schon hier«, wenn er nur rasch genug die Leitbegriffe modifiziert. Zum anderen kommt der mögliche Erkenntnisgewinn eben erst dann zum Vorschein, wenn die abweichende leitbegriffliche Perspektive das bereits Bekannte in einem neuen Licht erscheinen läßt. In Abgrenzung von Spencer-Brown[26] könnte man formulieren, daß es frappierend ist zu sehen, wie wir in allen ableitenden Disziplinen durch eine Mischung aus Kontemplation, symbolischer Repräsentation, Kommunion und Kommunikation herauszufinden versuchen, was wir nicht wissen können – und daß diese Suche alles ist, worum es geht.[27]
Im folgenden werden die Begriffe System, Systemdifferenzierung, Kausalität, Komplexität und Konditionierung als Beispiele behandelt. Ziel ist herauszuarbeiten, wie eine differenztheoretische Fassung dieser Begriffe sich auswirkt, welche Probleme und Perspektiven sich dabei ergeben.

1. *Der Begriff des Systems* hat seine radikalste selbstreferentielle Ausformulierung sicherlich in der Theorie der Autopoiese gefunden. Demgegenüber besteht Luhmann zu Recht darauf, nicht den Systembegriff, sondern die Differenz von System und Umwelt zum Ausgangspunkt des Versuches zu machen, den »Explosivstoff Selbstreferenz«[28] in die Systemtheorie einzubauen, oder genauer: die Systemtheorie als Theorie selbstreferentieller Systeme zu formulieren. Es ist die *Differenz von System und Umwelt*, welche noch der Autopoiese eines Systems als konstitutive Bedingung der Selbstkonstituierung vorausgeht; und welche erst der Paradoxie selbstreferentieller Konstituierung eines Systems den Stachel nimmt. Differenz ist somit »Funktionsprämisse selbstreferentieller Operationen«[29] und jede interne Differenzbildung und Differenzierung setzt die Differenz von System und Umwelt als Leitdifferenz voraus.

Daß in der Umwelt sozialer Systeme vor allem andere Systeme eine Rolle spielen, ist weder neu[30] noch überraschend, nachdem etwa Interorganisationstheorie oder Netzwerkanalyse dies in den Vordergrund gerückt haben. Die relevante Frage ist eher, welche Rolle andere Systeme spielen *können*, wenn sie sich allesamt nur als selbstreferentielle black boxes gegenüberstehen.

2. *Der Begriff der Systemdifferenzierung* rückt auch aufgrund dieser weitgehend ungeklärten Frage in eine theoretisch noch wichtigere Stelle ein. Denn so zwingend der Schluß wird, daß Unterschied und Abfolge segmentärer, hierarchischer und funktionaler Differenzierungsmuster nur Sinn machen innerhalb eines Paradigmas von Teil und Ganzem; und so sehr sich aufdrängt, daß die Relationierungsmuster zwischen Systemen auch als Differenzierungsmuster eines Gesamtsystems (in der Organisationsforschung etwa eines Organisations-Sets[31]) betrachtet werden können; so problematisch und ungeklärt ist bislang die Frage, wie über alle Differenzierungsformen hinweg die Inklusion von Systemen in Systemkontexte einerseits und die Exklusion von Umwelten durch selbstreferentiell codierte Systemrelevanzen andererseits zu einer Einheit kommen können.

Die Differenz von Systemdifferenzierung und Systemrelationierung ist interpretierbar als Differenz zwischen inneren und äußeren Umwelten (environments/invironments). Zu dieser Differenz hat Luhmann insbesondere am Beispiel des Marktes[32] frappierende Analysen vorgelegt. Aber die Frage bleibt doch, ob die Differenzierungstheorie durch die anscheinend naturwüchsige Lust an Autopoiese nicht stärker erschüttert ist, als selbst Luhmann dies anzunehmen bereit ist. Dies erweist sich etwa daran, daß Luhmann zwar richtig zwischen zwei Formen der Dekomposition eines Systems unterscheidet, nämlich zum einen Dekomposition in Teilsysteme, zum anderen Dekomposition in Elemente. Aber entgegen Luhmann sind natürlich in beiden Formen der Dekomposition Relationen wesentlich: als Relationen zwischen Teilsystemen und als Relationen zwischen Elementen. Beide Formen der Dekomposition sind daher Gegenstand einer Theorie der Systemdifferenzierung; und sowohl Relationen zwischen Teilsystemen wie auch zwischen Elementen sind Momente von Systemkomplexität (zum letzteren siehe unten Punkt IV).

3. Wichtige Veränderungen ergeben sich aus der neuen Leitdifferenz von Identität und Differenz auch für den *Begriff der Kausalität*. Wovon hängt die Bewirkung von Ereignissen in differenzierten Systemen ab? Sicherlich nach wie vor von der Gesamtheit notwendiger und hinreichender Bedingungen. Aber diese Bedingungen erscheinen jetzt als differentiell verteilt, nämlich verteilt nach der *Differenz von Produktion und genereller Kausalität*. Von Produktion spricht Luhmann, wenn »einige, aber nicht alle Ursachen, die zum Bewirken bestimmter Wirkungen nötig sind, unter Kontrolle durch ein System eingesetzt werden können.«[33] Ein System wie etwa ein Unternehmen oder eine Universität versammelt einen Komplex ›produktiver Ursachen‹ innerhalb seiner Grenzen, um in eigener Regie seine Elemente, seine Strukturen und sich selbst zu reproduzieren. Das macht dieses System noch nicht unabhängig von äußeren Kausalfaktoren. Aber diese externen Faktoren können sich nur noch auswirken als Kontextbedingungen der Möglichkeit systemischer Produktion; sie können die Form der Produktion selbst nicht mehr determinieren.

Die Differenz von kontextuellen und produktiven Bedingungen erlaubt es, die Differenz von System und Umwelt auch für den besonders resistenten Bereich der Kausalität fruchtbar zu machen. Der so strenge und majestätische Begriff der Kausalität verliert, differenztheoretisch gesehen, seine Eindeutigkeit und Linearität. Ob Kausalität das Bewegungsprinzip der Natur schlechthin ist oder aber nur als Ordnungsprinzip in den Köpfen von Beobachtern existiert[34], bleibt offen. In systemtheoretischer Sicht verflüchtigt sich Kausalität in ein Netzwerk von Relationen, dessen Ordnung nicht von durchgehenden, strengen Kausalitäten, sondern von Reproduktionszwängen bestimmt wird. Für ein System und seine Autopoiese kommt es darauf an, die jeweils »passenden« (im Sinne von E. v. Glasersfeld[35]) Operationen zu finden und anzuschließen. Was aber ›paßt‹, wird definiert durch das System selbst, also viel eher durch spezifische Selektivitäten und Restriktionen (»constraints«) als durch generelle Ursache-Wirkungs-Beziehungen. So wäre denn auch systemische Produktion – wie Vico es für Wissenschaft bereits Anfang des 18. Jahrhunderts formulierte – »nichts anderes, als die Dinge in schöne Beziehung zueinander zu bringen.«[36]

4. Diese ›schöne Beziehung‹ erweist sich bei genauerem Hinsehen als komplexe Beziehung. Warum komplex? *Systemkomplexität* ergibt sich in selbstreferentiellen Systemen daraus, daß die Operationen des Systems auf andere Operationen innerhalb des Systems Bezug nehmen – aber eben nicht alle auf alle. Das Zusammenwirken unterschiedlicher Elemente zur Reproduktion ihrer selbst (d. h. eben dieser Elemente) erfordert eine hochgradige Selektivität der Relationen zwischen den Elementen eines Systems. Denn schon bei einer mittleren Zahl von Elementen würde deren vollständige Relationierung nicht nur nahezu unbegrenzte Zeit erfordern; eine Ausschöpfung aller Möglichkeiten der Relationierung würde die internen selektiven Restriktionen aufheben, welche Grundlage der Stabilisierung des Unwahrscheinlichen und mithin Grundlage von Evolution sind. Eine aufschlußreiche Fassung des Begriffs der Systemkomplexität ergibt sich so aus der Differenz von *Element und Relation*. Der Grad der Selektivität der Relationierung der Elemente eines Systems verhält sich umgekehrt proportional zur Systemkomplexität. Extrem hohe Selektivität (d. h.: nur noch ganz wenig ist intern zugelassen) ergibt Sub-Komplexität im Sinne einer Reduktion auf ganz wenige Optionen. Extrem geringe Selektivität erzeugt Hyper-Komplexität (d. h.: beinahe alles ist intern zugelassen) im Sinne einer Einbeziehung nahezu aller denkbaren Alternativen. Interessant und produktiv erscheint dann der mittlere Bereich organisierter Komplexität.[37] Er ist durch bestimmte *Muster* der Selektivität in der Relationierung der Elemente eines Systems gekennzeichnet.

Luhmann geht zwar bei der Fassung seines Komplexitätsbegriffes von der Differenz von Element und Relation aus, sieht aber erstaunlicherweise zunächst nur einen linearen Zusammenhang zwischen Selektivität und Komplexität. Er definiert: »Als komplex wollen wir eine zusammenhängende Menge von Elementen bezeichnen, wenn auf Grund immanenter Beschränkungen der Verknüpfungskapazität der Elemente nicht mehr jedes Element jederzeit mit jedem anderen verknüpft werden kann.«[38] Er definiert Komplexität also als Selektionsnotwendigkeit und schafft sich selbst damit die Schwierigkeit, Selektivität und Komplexitäts*reduktion* nicht mehr auseinanderziehen zu können. Da dies nicht akzeptabel erscheint, muß er nachträglich[39] als ›eigentliche‹ Selektionsnotwendigkeit die Differenz von zwei Komplexitäten (nämlich: vollständiger einerseits und strukturierter andererseits) ansehen.

Ich denke, daß der Bezug auf das Problem der Ordnung hier weiterhilft. Systeme organisieren die unbewältigbare Kontingenz vollkommener Entropie einerseits und die zeitlich unbewältigbare Komplexität vollkommener Ordnung andererseits durch die Selektion bestimmter *Relationen* einerseits und durch die *Selektion* bestimmter Relationen andererseits. In der einen Hinsicht verknüpfen sie zufällige Variationen zu produktiven (und schließlich: selbstreproduktiven) Relationen (Modellfall: *Eigens* Hyperzyklus) und schaffen durch Grenzbildung ein »domestiziertes« inneres Milieu, in welchem bestimmte, herausgehobene Relationen zwischen Teilen kontrollierte Operationen ermöglichen. In dieser Hinsicht *produzieren* Systeme Relationen zwischen an sich kontingenten Ereignissen unter dem Aspekt der Erzeugung relativer Ordnung. Sie verdichten Zufälle zu Notwendigkeiten im Hinblick auf die Reproduktion der für ihre Reproduktion notwendigen Zufälle. Sie schaffen so Ordnung aus Chaos durch eine Strukturierung des Zufalls.

In der anderen Hinsicht *selegieren* sie aus der Unzahl möglicher Relationen zwischen ihren Elementen genau diejenigen Verknüpfungen und Anschlüsse, welche für die Kontinuierung der Operationsweise des Systems erforderlich sind. In dieser Hinsicht reduzieren Systeme die zwischen ihren Elementen möglichen Relationen unter dem Aspekt der Strukturierung (Organisation) ihrer Eigenkomplexität. Sie lösen die Starrheit vollkommener Interdependenz, vollkommener Relationierung und vollkommener Ordnung durch den Einbau von Freiheitsgraden der Verknüpfung. Sie erreichen damit einen variablen Grad der Kopplung ihrer Elemente – und mit dieser Variation die Voraussetzung für Evolution. So erscheint organisierte Komplexität in der Tat als ein Produkt verdoppelter Negation. Durch die Differenz von System und Umwelt, durch Grenzbildung und durch diese Begrenzung auf bestimmte herausgehobene Relationen negiert ein System Unordnung und das Chaos vollkommener Kontingenz. Und es negiert partiell und selektiv diese Negation durch die Einfügung »wohlgeordneter Übel« (in Form begrenzter Unordnung) in die vollkommene Ordnung.

5. Luhmann bringt an dieser Stelle der internen wechselseitigen Infizierung von Ordnung und Chaos den *Begriff der Konditionierung*, um die *Differenz von Potentialität und Aktualisierung von Relationen* zu beschreiben. Die durch Konditionalisierung geregelten Bedingungen der Aktualisierung von Möglichkeiten verweisen auf ein Regelwerk oder eine Tiefenstruktur der Selbststeuerung komplexer Systeme: Der Ablauf der systemischen Operationen ist intern konditioniert nach den je spezifischen Notwendigkeiten der Autopoiese des Systems. (Im Falle der genetischen Selbststeuerung der Zelle ist dies durch die Wirkungsweise von »Inhibitoren« erklärt worden, die im Zusammenspiel mit »Aktivatoren« eine variable Negation der Negation erlauben. Die Frage bleibt auch hier, wer oder was den Einsatz von Inhibitoren und Aktivatoren steuert.)

Die bei Luhmann zu beobachtende differenztheoretische Reformulierung zentraler systemtheoretischer Begriffe, die ich an einigen Beispielen vorgeführt habe, kulminiert im ersten Kapitel darin, in einem mehrfachen Anlauf den Begriff der Komplexität neu zu fassen. Dies führt zweifelsohne zu aufschlußreichen Umstellungen und Analysen. Aber ich denke, daß im Ergebnis Luhmann gerade an diesem zentralen Punkt von seiner eigenen Geschichte der Betonung des Zusammenhangs von Komplexitätsdifferenz zwischen Umwelt und System und von Komplexitätsreduktion eingeholt wird. Beide Annahmen, sowohl diejenige einer notwendig höheren Komplexität der Umwelt gegenüber dem System, wie auch die daraus folgende der Notwendigkeit der Komplexitätsreduktion, erscheinen mir nicht mehr als gerechtfertigt. Ich möchte dies in knappster Weise begründen.

Die bereits erwähnte wichtige Differenzierung zwischen der Umwelt von Systemen und *Systemen* in der Umwelt von Systemen zwingt m. E. endgültig zu der Einsicht, daß in der Umwelt von Systemen Komplexität überhaupt nur insofern auftritt, als es die Komplexität anderer Systeme ist. *Nur Systeme können komplex sein, nicht aber die Umwelt.* Denn diese muß differenztheoretisch zwingend als Unordnung, als reine Kontingenz interpretiert werden. Sobald in der Aufteilung des Universums durch die Differenz zwischen System und Umwelt auf der Seite der Umwelt eine neue Differenz gesetzt wird, entsteht dort ein neues System – und multiple Umwelten. Die Umwelt selbst, ohne Systeme in ihr, ist für das System purer Zufall. Systemkomplexität baut sich nicht auf in Abgrenzung von Umweltkomplexität, also durch Reduktion, sondern in Abgrenzung von Unordnung, also durch Produktion bestimmter, nichtzufälliger Relationen. »Daß das System zur Selektion gezwungen ist«, sagt Luhmann, »ergibt sich schon aus dieser eigenen Komplexität.«[40] Eben! Und nur daraus. »Welche Ordnung in der Relationierung seiner Elemente gewählt wird«, ergibt sich dann nicht »aus der Komplexitätsdifferenz zur Umwelt«, wie Luhmann sagt[41], sondern ausschließlich aus der intern generierten Struktur der Selbststeuerung eines autopoietischen Systems.

Folgt man diesem Gedanken, dann wird auch deutlich, daß es im Verhältnis zwischen System und Umwelt nicht um Komplexitätsreduktion geht, auch nicht um die »Reduktion einer Komplexität durch eine andere«[42], sondern um die Produktion von Komplexität aus Kontingenz, also um die Produktion von Ordnung aus Chaos. Und im Verhältnis zwischen Systemen – für entwickelte Systeme wohl der Hauptfall von System-Umwelt-Relation insofern, als jedenfalls für alle sozialen Systeme andere Systeme in ihrer Umwelt vorhanden und relevant sind – kann es schon gar nicht um Komplexitätsreduktion gehen; denn welche sollte dort welche reduzieren? Vielmehr scheint es aufschlußreicher zu sein, hier im Verhältnis zwischen Systemen eine Relation der *Komplexitätstransformation* anzunehmen. Unter anderem würde diese Konzeption einen präzisen Anschluß erlauben an die Vorstellung der partiellen Offenheit operativ geschlossener (autopoietischer) Systeme: Offen sind autopoietische Systeme insofern, als sie gemäß ihren Leitdifferenzen Informationen produzieren aus einem »pool«, der in einem Netzwerk gekoppelter Systeme als

Prozeß der Transformation von Differenzen entsteht. Ich nehme an, daß diese Transformation von Differenzen Kernstück des allgemeineren Prozesses der Komplexitätstransformation ist. Damit wäre auch ein Zugang eröffnet, die ebenfalls grundlegende Differenz von Selbstreferenz und Fremdreferenz adäquat zu fassen. Während Luhmann zum Begriff und Problem der Selbstreferenz unübertroffene Analysen vorgelegt hat[43], ist weitgehend ungeklärt, wie für autopoietische Systeme Fremdreferenz möglich sein soll. Und es ist insbesondere ungeklärt, wie jene »transferential operations«[44], das Hin- und Herspielen zwischen Selbstreferenz und Fremdreferenz möglich sein sollen, welche garantieren, daß aus der gleichzeitigen Geschlossenheit und Offenheit autopoietischer Systeme keine Paradoxie resultiert, sondern ein Steigerungsverhältnis.

Strukturell gekoppelte Systeme transformieren (wechselseitig) ihre Komplexität in der Weise, daß sie einander konditionalisieren, d. h. Einschränkungen im Sinne von »constraints« als Bedingungen der Aktualisierung möglicher Operationen füreinander setzen. Fremdreferenz ist demnach gegeben, wenn ein System im Vollzug seiner internen Operationen auf externe Konditionalisierungen Bezug nimmt. Daraus läßt sich folgern, daß die Differenz von Selbstreferenz und Fremdreferenz erklärbar wird als Bezugnahme auf externe bzw. interne Konditionalisierungen und daß nur interne Konditionalisierungen durch einen eigenen Code gesteuert werden.

Dies belegt aus dem Problemgesichtspunkt der Konditionalisierung möglicher Operationen heraus noch einmal den Zusammenhang zwischen Systemdifferenzierung und Systemrelationierung. Und es trägt dazu bei, plausibel zu machen, daß eine Theorie der Systemdifferenzierung, welche beide Aspekte zu erfassen imstande sein soll, als eine *Theorie der Differenzen* (der Differenzbildung und der Prozessierung von Differenzen) gearbeitet sein muß.

IV Differenz und Identität

Die traditionelle Differenzierungstheorie hatte ihren Widerpart immer schon in einer »Integrationstheorie«, welche erklären sollte, wie denn nun die differenzierten Teile von Gesellschaft zu einer Einheit zurückfinden könnten.[45] So betrachtet etwa Spencer Differenzierung und Integration als einander bedingende, komplementäre Prozesse, die den Aufbau komplexer Systeme ermöglichen.[46] Simmel faßt Differenzierung und Integration als einen wechselseitigen Prozeß auf, in dem ein »Erscheinungskomplex nach gewissen Gesichtspunkten hin differenziert und die Resultate der Differenzierung zu einem höheren Gebilde zusammengeschlossen werden.«[47] Durkheim bringt insofern einen neuen Gedanken ein, als er – insbesondere im Gegensatz zu den Utilitaristen – sich nicht mit der Annahme einer automatischen Integrationswirkung funktionaler Interdependenzen begnügt. Für ihn ist normative Integration Vorbedingung der Möglichkeit funktionaler Integration: Die individuellen vertraglichen Austauschprozesse sind eingebettet in eine Gesellschaftsstruktur, die aus den institutionalisierten sozialen Regeln und Normen, insbesondere dem Rechtssystem besteht.[48] Es braucht hier nicht weiter ausgeführt zu werden, daß Parsons diesen Gedanken radikalisierte und einerseits Integration als zentrales Problem soziologischer Analyse postulierte, andererseits das Werte- und Normensystem einer Gesellschaft als wichtigste integrative Instanz ansah.[49] Schließlich bringt Lockwood mit der Unterscheidung zwischen Sozialintegration und Systemintegration[50] eine ungeklärte und wohl eher irreführende Differenz in die Integrationsdiskussion herein, welche trotz ihrer Unzulänglichkeit und unklaren Abgrenzung von Habermas an zentraler Stelle[51] aufgegriffen wird.

Klar ist, daß diese Art von Integrationstheorien nur im Rahmen des Paradigmas von Teil und Ganzem Sinn machen. Ihr Problem ist, wie die – segmentär, hierarchisch oder funktional – differenzierten Teile von Gesellschaft zu einem funktionierenden und evolutionsfähigen Ganzen verbunden werden können. Im Paradigma der Leitdifferenz von System und Umwelt verändert sich diese Problemsicht einschneidend. Natürlich bleibt das faktische Problem der internen Abstimmung unterschiedlicher Teile eines Systems weiter bestehen. Aber dieses Problem wird überlagert von der vorrangigen Frage, wie die Einheit des Systems gegenüber einer als turbulent, unsicher und risikoreich perzipierten Umwelt stabilisiert und erhalten werden könne.

Folgerichtig hat das Problem der Integration oder des Zusammenhangs von Differenzierung und Integration in Luhmanns Theorie sozialer Systeme keine Bedeutung mehr. An seine Stelle tritt zunächst das Problem der *Reflexion* und schließlich im Kontext des Paradigmas der Selbstreferenz das Problem der *Rationalität*. All dies scheint wieder ›nur‹ auf Begriffsverschiebungen und Begriffsklärungen hinauszulaufen. Aber der Schein trügt. Mit dem Problemkreis Integration/Reflexion/Rationalität werden die Weichen für zwei grundlegende Fragen systemtheoretischer Analyse gestellt: die Frage nach der Möglichkeit der Selbst-Erkenntnis sozialer Systeme im Sinne der Herstellung identitätsverbürgender Selbstbeschreibungen; und die Frage nach der Möglichkeit der Fremd-Erkenntnis sozialer Systeme im Sinne des Transparentwerdens oder des ›Verstehens‹ fremder autopoietischer Systeme durch instruktive Interaktion.

1. Reflexion als Strategie der Identitätsbildung

In früheren Schriften unterscheidet Luhmann drei Systemreferenzen von Teilsystemen in differenzierten Systemen: diejenige zum umfassenden Gesamtsystem, diejenige zu anderen Teilsystemen und diejenige zu sich selbst.[52] Der letztere Aspekt, den Luhmann in die Kategorie der *Reflexion* faßt, ergibt neue Perspektiven für die Differenzierungs- und Integrationsproblematik. Luhmann verwendet Reflexion einmal als Selbstbesinnung auf die eigene Identität, was am Beispiel des Wissenschaftssystems etwa in der Grundlagenforschung geschieht. Reflexion meint aber auch Selbstthematisierung, durch welche ermöglicht werde, »daß die Einheit des Systems für Teile des Systems – seien es Teilsysteme, Teilprozesse, gelegentliche Akte – zugänglich wird. Reflexion ist insofern eine Form der Partizipation. Ein Teil kann das Ganze zwar nicht sein, kann es aber thematisieren, indem er es sinnhaft identifiziert und auf eine ausgegrenzte Umwelt bezieht.«[53] Schließlich meint Reflexion auch, daß funktional ausdifferenzierte Teilsysteme einerseits ihre Identität in ihrer spezifischen Funktion finden, andererseits sich selbst zugleich als adäquate Umwelt anderer Teilsysteme begreifen lernen und die daraus folgenden Restriktionen und Abstimmungszwänge in das eigene Entscheidungskalkül einbauen.[54]

In der Theorie sozialer Systeme werden diese verschiedenen Aspekte differenztheoretisch zusammengepackt und Reflexion als der Fall definiert, in dem Systemreferenz und Selbstreferenz zusammenfallen; dieser Fall trete ein, wenn das System die Differenz von System und Umwelt im Sinne eines »re-entry« wieder in das System einführt. Voraussetzung für die Fähigkeit eines sozialen Systems zur Reflexion ist, daß es sich selbst beobachten und schließlich über die Produktion semantischer Anknüpfungspunkte auch sich selbst beschreiben kann.[55] Selbstbeobachtung und Selbstbeschreibung sind, wohlgemerkt, zwei höchst voraussetzungsvolle Operationsweisen komplexer, selbstreferentieller Systeme.

Über *Selbstbeobachtung* erschließt ein System seine eigene Einheit auf dem Hintergrund der Differenz zu seiner Umwelt. Beobachten läßt sich all das, was in der Form irgendeiner Differenz vorliegt oder in diese Form gebracht werden kann – vorausgesetzt, daß die *Form* der Differenz für die Sensoren des Beobachters (im Falle sozialer Systeme also: die Beobachtungskriterien) einen Sinn macht. Die Einheit eines Systems läßt sich von außen beobachten, wenn das System insgesamt von seiner Umwelt sich abhebt, etwa als Figur-Hintergrund-Konfiguration oder als Prozessoreinheit eines spezifischen Sinnes, welcher von anderen Sinndomänen sich unterscheiden läßt. So hängt etwa die soziologische Beobachtung dessen, was eine ›Familie‹, ein ›Unternehmen‹, eine ›Organisation‹, eine ›Fakultät‹ oder eine ›soziale Bewegung‹ sein könnte, davon ab, ob es gelingt, spezifische, ausgegrenzte Sinndomänen zu markieren, welche einen eigenständigen Kommunikationszusammenhang konstituieren.

Die Einheit eines Systems läßt sich von diesem System selbst beobachten, wenn sie die Einheit einer Differenz ist. Die Beobachtung einer Einheit setzt also bereits eine transjunktive Operation (im Sinne von G. Guenther)[56] voraus. Denn ein Beobachter kann diese Einheit der Differenz nur im Hinblick auf eine von dieser Einheit unterscheidbare andere Einheit, also wiederum als Differenz, beobachten. So muß sich z. B. die Einheit der Differenz von Produzentenrolle und Konsumentenrolle, welche als »Markt« beobachtbar sein soll, gegenüber anderen Formen möglicher Einheit – wie etwa Zuteilung, Planung, potlatch oder »grants-economy« – absetzen. In Schwierigkeiten kommt man deshalb bei der Beobachtung der Einheit von System und Umwelt! Sie ist nur beobachtbar im Hinblick auf andere Systeme und andere Umwelten; also strenggenommen nur dann, wenn in der Umwelt eines Systems auch andere Systeme erkennbar sind *und* die Folgerung unabweisbar ist, daß für diese anderen Systeme auch deren Umwelt anders aussehen muß. Genau dieser Gedankengang scheint der präziseren Rekonstruktion der Identitätsbildung des Kindes bei Piaget zugrunde zu liegen[57]: Es kommt nicht nur darauf an, daß das Kind über die Erkundung verschiedener Nahräume allmählich seine Differenz zur Umwelt entdeckt; wesentlich ist, daß es (zunächst) in der Person der Mutter eine andere Einheit in der Umwelt beobachtet, deren Umwelt sich von seiner eigenen unterscheidet.[58]

Reflexion läßt sich dann präziser beschreiben als die Beobachtungen der Wirkungen der eigenen Identität in der Umwelt (und der Rückwirkungen dieser Wirkungen auf sich selbst) *im Unterschied zu den Wirkungen, die andere Systeme in ihrer Umwelt erzeugen*. Die Besonderheit dieser Rekonstruktion und der Möglichkeiten selbstreferentieller Systeme ergibt sich daraus, daß diese ›anderen‹ Systeme auch unterschiedliche (veränderte) Identitäten desselben Systems sein können. Reflexion beruht insofern tatsächlich darauf, daß ein System die Differenz von System und Umwelt (immer) wieder in das System einführt. Ein Lerneffekt im Sinne eines Prozesses der Selbständerung tritt allerdings erst dann ein, wenn die mitlaufende Selbstbeobachtung des Systems dazu führt, daß aus dem »variety pool« möglicher Identitäten diejenigen bevorzugt werden, welche eine bessere Passung zu je gegebenen oder perzipierten Umwelten erlauben.

Dieses Geschäft der Einpassung der eigenen Identität in den Strom wechselnder und unterschiedlich relevanter Umweltereignisse wird stärker selbstreferentiell in die Operationsweise des Systems eingebunden, wenn es gelingt, Selbstbeobachtungen über Gedächtnisse irgendeiner Art (seien dies Semantiken, Schrift, Bild, materialisierte Programme, etc.) als *Selbstbeschreibungen* zu fixieren. Denn nun können sich Operationen des Systems – z. B. Kommunikationen – auf die Selbstbeschreibung des Systems im System beziehen; und genau dies schafft die Möglichkeit, Fixpunkte der Operationsweise des Systems in das System selbst zu verlagern, nämlich in eine Beschreibung der Identität des Systems durch das System im System. Genau in diesem Sinne ist Reflexion eine paradoxe Strategie: Sie ermöglicht erst die Identitätsfindung eines Systems in der verschränkten Absetzung von anderen Systemen und anderen Umwelten; und sie ermöglicht es dann auch, daß als Selbstbeschreibung diese Identität selbst zum Bezugspunkt der Operationen des Systems wird, und somit eine identitätsbildende Differenz in eine identitätsverbürgende Einheit umschlägt. Dieses Dilemma läßt sich auflösen, wenn in die Tiefenstruktur der Selbststeuerung des Systems die Regel eingebaut ist, daß es nicht nur sich selbst genügen, sondern zugleich auch geeignete Umwelt anderer Systeme sein muß. Denn dann gehört zur Selbstbeschreibung und mithin zur Operationsweise des Systems die Kombination von Selbstreferenz und Fremdreferenz; oder in den bislang verwendeten Begriffen formuliert: die Auflösung und Rekombination von Selbstbeschreibungen durch Selbstbeobachtung und die Kontrolle der eigenen Identität an den externen Wirkungen dieser Identität.

2. Identität und Rationalität

Luhmann allerdings greift auf diese von ihm selbst mitentwickelte Bedeutung des Begriffs der Reflexion im 6. Abschnitt des 11. Kapitels zwar zurück, wechselt dann aber im 10. Abschnitt desselben Kapitels genau für die Operation des Wiedereinführens »der Differenz in das Differente« den Begriff der Reflexion durch den der *Rationalität* aus.[59] Seine Begründung, daß Rationalität gegeben sei, »wenn auf die Einheit der Differenz reflektiert wird«[60], überzeugt nicht. Denn jede Reflexion, wenn sie denn die Differenz von System und Umwelt in das System wiedereinführt, muß nicht nur die Einheit dieser Differenz im Sinn haben, sondern sogar eine spezielle Ausprägung dieser Einheit in Differenz zu einer anderen möglichen oder realen Einheit. Luhmann braucht also den Titel der Rationalität gar nicht, und konsequenterweise bleibt die Besonderheit oder Relevanz von Rationalität in der Theorie sozialer Systeme merkwürdig unterbelichtet.

Welche besondere Operationsweise eines Systems könnte dann aber den Titel der Rationalität verdienen?

Nach meinem Eindruck indiziert die Unklarheit des Rationalitäts-Begriffs bei Luhmann eine strategisch plazierte Leerstelle. Diese betrifft die Frage nach der *Identität sozialer Systeme*. Daß die Identität sozialer Systeme sich nicht aus Zwecken oder Zielen herleiten lasse, hat Luhmann klar genug belegt.[61] Doch woraus sonst? Eine frühe, inzwischen kaum präzisierte, nach wie vor unbefriedigende Antwort ist: aus Reduktion von Komplexität.[62]

Über die Reflexion kommt Systemidentität zwar ins Spiel; denn in der Reflexion nehmen Systemoperationen Bezug auf die eigene beobachtete oder beschriebene Identität. Aber Reflexion setzt die Konstituierung von Identität bereits voraus, und es bleibt in und für die Reflexion abgedunkelt, welcher Mechanismus Identität konstituiert.

Eine präzisere Fassung des Komplexitätsbegriffes (s. oben III) läßt nun einen Anschluß an die Luhmannsche Formel der ›Reduktion von Komplexität‹ zu, welche die Konstituierung von Systemidentität in der spezifischen Art der Komplexitätsverarbeitung sieht, also in der *spezifischen Selektivität eines Systems*. Diese Sicht entspricht der evolutionstheoretischen Zentralität von Selektion und selektiver Retention[63] für die Konstituierung unterschiedlicher lebender Systeme. Von Identität läßt sich demnach sprechen, wenn ein System seine Operationen unter selbstdefinierte und kontrollierte Kriterien der Selektivität bringt. Und die spezifische Identität eines sozialen Systems folgt dann aus zweierlei: aus den spezifischen Kriterien der Selektivität, die festlegen, welche Operationen im System realisierbar und anschließbar sind; und darüber hinaus daraus, daß diese Kriterien nicht extern determiniert werden, sondern aus der Eigengesetzlichkeit einer hyperzyklischen Geschlossenheit der Operationsweise des Systems resultieren. Die Nähe dieser Formulierungen zur Definition von Autopoiese läßt vermuten, daß überhaupt nur autopoietische Systeme Identität im hier gemeinten Sinn ausbilden können. Festzuhalten bleibt, daß Identität eines sozialen Systems damit gerade nicht mehr etwas Feststehendes, Invariantes ist.[64] Vielmehr ändert sich die Identität eines Systems mit der Veränderung der Kriterien der Selektivität. Entscheidend ist nur, daß diese Veränderung nicht extern determiniert werden kann, sondern nur als ein Prozeß der Selbständerung denkbar ist.

Identität ist ein roher Diamant. Unverwechselbar zwar, aber es fehlt die Einpassung in einen Rahmen. Wir wissen nun bereits, daß genau dieser Sprung vom weltvergessenen Operieren eines autopoietischen Systems zur Einpassung dieses Systems in eine Umwelt mit anderen autopoietischen Systemen durch Reflexion geleistet werden soll. Reflexion impliziert eine reziproke Selbstbeschränkung der Möglichkeiten von Systemen im Hinblick auf die (Überlebens-)Notwendigkeiten anderer Systeme. Damit ist immerhin über bloßes autopoietisches Operieren hinaus die Ko-

Evolution von Systemen erreicht. Und genau damit begnügt sich Luhmann. Selbst seine Einbeziehung des Begriffs der Rationalität führt nicht darüber hinaus. Die Analyse endet in dem Satz: »Fürs Überleben genügt Evolution.«[65] Genügt für das Überleben sozialer Systeme Evolution? Wer daran heute noch glauben mag, ist entweder ein beneidenswerter Optimist – oder ein heimlicher Fatalist.

Mir scheint, daß Vertrauen in bloße Evolution heute nicht mehr gerechtfertigt ist.[66] Dafür ist die Bruchquote von Evolution zu hoch. Worum es auch im Hinblick auf die Selektion möglicher Identitäten sozialer Systeme gehen müßte, kann als Aufgabe der *Zivilisierung der Evolution* umschrieben werden. Auch für eine Allgemeine Theorie sozialer Systeme scheint mir eine Antwort auf die Frage unverzichtbar zu sein, wie soziale Systeme eine *vernünftige* Identität ausbilden können.[67] Diese Vernunft hat mit Rationalität insofern zu tun, als beide nicht mehr inhaltlich-material bestimmt, sondern unter Bedingungen hoher Komplexität und Risiken nur noch prozedural entwickelt werden können. Die entsprechenden Vorschläge von Herbert Simon für die Rationalitätstheorie[68] oder von Wiethölter, Teubner und anderen für die Rechtstheorie[69] können hier die Richtung weisen. Jedenfalls reicht für die Entwicklung der Identität, der Rationalität und der Vernunft sozialer Systeme Evolution im Sinne eines inkrementalen Durchwurstelns nicht mehr aus. Evolution ist unberechenbar. Um für moderne Gesellschaften erträglich zu sein, muß Evolution in einen Rahmen gebracht und unter kontextuelle Vorgaben gestellt werden, welche aus den möglichen Entwicklungsrichtungen sozialer Systeme diejenigen fördern, welche auch weiterhin die Wahl zwischen Optionen zulassen. Nur in diesem Sinne hat die Forderung nach einer Zivilisierung der Evolution eine ethische Konnotation; es ist der ethische Imperativ, den Heinz v. Foerster in die Form gebracht hat: »Handle stets so, daß die Anzahl der Wahlmöglichkeiten größer wird.«[70]

Anmerkungen

1 Spencer-Brown 1979.
2 Maturana 1982.
3 Spencer-Brown 1979, 1.
4 Maturana 1982, 64.
5 Habermas 1985, 435; sehr zweifelhaft erscheint allerdings, ob »Öffentlichkeit« ein funktionales Äquivalent zur verlorengegangenen Einheit von Gesellschaft darstellt.
6 Bateson 1983, 412.
7 Von Foerster 1985b, 44 ff.
8 Von Foerster 1981, 14 ff.
9 Luhmann 1984, 63, mit Verweis auf Maturana 1981.
10 Vgl. Willke 1978.
11 Vgl. Luhmann 1984, 555 ff.
12 Vgl. zur Begriffsgeschichte Nachweise bei Luhmann 1984, 20.
13 Natürlich gilt dies nur cum grano salis: Schon in der Hochscholastik wurde die Notwendigkeit einer Mittellage zwischen Chaos und perfekter Ordnung in der Überlegung ausgedrückt, daß die Einfügung »wohlgeordneter Übel« die Schönheit des Ganzen steigere. Vgl. Hübener 1984, 1263 ff.
14 Schrödinger, zit. bei Günther 1976, 339 ff.
15 Vgl. Willke 1978.
16 Wie Luhmann 1984, 37, meint.
17 Besonders deutlich Buckley 1974.
18 Whyte 1965.
19 Weick 1976.
20 Beispielhaft Aldrich 1979.
21 Spencer-Brown 1979, 69 ff.
22 Von Foerster 1984.
23 Vor allem: Maturana 1982; Varela 1979; Zeleny 1981.
24 Luhmann 1984, 122 f.
25 Ebd., 26.
26 Spencer-Brown 1979, XXIII: »In arriving at proofs, I have often been struck by the apparent alignment of mathematics with psycho-analytic theory. In each discipline we attempt to find out, by a mixture of contemplation, symbolic representation, communion, and communication, what it is we already know.«
27 »Searching is the end«: Simon 1983, 70.
28 Luhmann 1984, 656.
29 Im Anschluß an v. Foerster: Luhmann 1984, 35.
30 Vgl. Willke 1978.
31 Vgl. Aldrich/Whetten 1981.
32 Luhmann 1985b.

33 Luhmann 1984, 40.
34 Vgl. Klaus/Buhr 1972, 562 f.: Einerseits ist nach Holbach (1770) die Welt eine »unermeßliche und ununterbrochene Kette von Ursachen und Wirkungen«, andererseits sagt Mach (1904): »In der Natur gibt es keine Ursache und keine Wirkung.«
35 Von Glasersfeld 1985, 22 ff.
36 Zit. bei v. Glasersfeld 1985, 28.
37 Überblick bei La Porte 1975.
38 Luhmann 1984, 46.
39 Ebd., 50.
40 Ebd., 48.
41 Ebd.
42 Ebd., 50.
43 Ebd., 57 ff.
44 Braten 1984.
45 Überblick bei Willke 1978; vgl. auch Willke 1983, 83 ff.
46 Vgl. Willke 1983, 87 f.
47 Simmel 1890, 124.
48 Durkheim 1966, 206 ff.
49 Vgl. Parsons 1961, 40 ff.
50 Lockwood 1970.
51 Vgl. Habermas 1976, 112 f.; ders., 1981, Bd. II, 226 f., 458 ff.
52 Luhmann 1975, 198.
53 Luhmann 1975, 73.
54 Luhmann 1973, 172 ff.; ders., 1975, 86.
55 Luhmann 1984, 617 f.
56 Günther 1976, 189 ff.
57 Vgl. Piaget 1973, 222 ff.
58 Vgl. Piaget 1971, 349 ff., grundlegend zum Prozeß der »Schließung« ›offener Systeme‹.
59 Luhmann 1984, 640 ff.
60 Luhmann 1984, 640.
61 Luhmann 1973.
62 Luhmann 1973, 14.
63 Vgl. Campbell 1969.
64 Vgl. dazu Habermas 1976, 85, 95 und Luhmann 1985a.
65 Luhmann 1984, 645.
66 Willke 1984.
67 Im Anschluß an Habermas 1976, 92 ff.
68 Vgl. Simon 1978 und 1983.
69 Vgl. Wiethölter 1982 und 1986; Teubner 1982 und 1986; Teubner/Willke 1984.
70 Von Foerster 1985a, 41.

Literatur

Aldrich, Howard (1979), Organizations and Environments. Englewood Cliffs, N. J. (Prentice Hall).

Aldrich, Howard/David Whetten (1981), Organization-sets, Action-sets and Networks: Making the most of Simplicity. In: Nystrom, P. C./ W. H. Starbuck (Eds.), Handbook of Organizational Design, Vol. 1, Oxford, S. 385-409.

Bateson, Gregory (1972), Steps to an Ecology of Mind. New York. Deutsch: Ökologie des Geistes, Frankfurt 1983 (Suhrkamp).

Braten, Stein (1984), The Third Position – Beyond Artificial and Autopoietic Reduction. In: Cybernetes 1984, 13, S. 157-163.

Buckley, Walter (1974), Society as a Complex Adaptive System. In: ders., (Ed.), Modern Systems Research for the Behavioral Scientist. Chicago, S. 490-513.

Campbell, Donald (1969), Variation and Selective Retention in Socio-Cultural Evolution. In: General Systems 14, S. 69-85.

Durkheim, Émile (1893), (1966), The Division of Labor in Society. Transl. by G. Simpson, 3. Aufl., New York (Free Press).

Foerster, Heinz von (1981), Observing Systems. Seaside Cal. (Intersystems Publications).

– (1984), Principles of Self-Organization – In a Socio-Managerial Context. In: H. Ulrich/G. Probst (Eds.), Selforganization and Management of Social Systems. Berlin u. a. (Springer), S. 2-24.

– (1985a), Sicht und Einsicht. Braunschweig/Wiesbaden (Fr. Vieweg & Sohn).

– (1985b), Das Konstruieren einer Wirklichkeit. In: Paul Watzlawick (Hg.), Die erfundene Wirklichkeit. München–Zürich, 2. Aufl., 1985 (Piper), S. 39-60.

Glasersfeld, Ernst von (1985), Einführung in den radikalen Konstruktivismus. In: Paul Watzlawick (Hg.), Die erfundene Wirklichkeit. München–Zürich (Piper), S. 16-38.

Günther, Gotthard (1976), Cybernetic Ontology and Transjunctional Operations, in: ders., Beiträge zur Grundlegung einer operationsfähigen Dialektik, Vol. 1. Hamburg (Meiner), S. 249-328.

Habermas, Jürgen (1976), Zur Rekonstruktion des historischen Materialismus. Frankfurt (Suhrkamp).

– (1981), Theorie des kommunikativen Handelns. 2 Bde. Frankfurt (Suhrkamp).

– (1985), Der Philosophische Diskurs der Moderne. Frankfurt (Suhrkamp).

Hübener, Wolfgang (1984), Art. Ordnung. Historisches Wörterbuch der Philosophie, Bd. 6, hrsg. v. Joachim Ritter und Karlfried Gründer. Basel–Stuttgart (Schwabe & Co.), S. 1249-1279.

Klaus, Georg/Manfred Buhr (Hg.) (1972), Philosophisches Wörterbuch. 2 Bde. Berlin (das europäische Buch).

La Porte, Todd (Ed.) (1975), Organized Social Complexity. Challenge to Politics and Policy. Princeton. New Jersey (Princeton UP).

Lockwood, David (1966), Soziale Integration und Systemintegration. In: Wolfgang Zapf (Hg.), Theorien des sozialen Wandels. Köln–Berlin (Kiepenheuer & Witsch) 1970.

Luhmann, Niklas (1973), Politische Verfassungen im Kontext des Gesellschaftssystems. In: Der Staat 12, S. 1-22 und 165-182.

– (1975), Soziologische Aufklärung 2. Opladen (Westdeutscher Verlag).

– (1984), Soziale Systeme. Grundriß einer allgemeinen Theorie. Frankfurt (Suhrkamp).

– (1985a), Individuum, Individualität, Individualismus. Unveröffentl. Manuskript, Bielefeld.

– (1985b), Ist der Markt ein System? Manuskript, Bielefeld.

Maturana, Humberto (1981), Autopoiesis. In: Milan Zeleny (Ed.), Autopoiesis. A Theory of Living Organizations. New York–Oxford (North Holland), S. 21-33.

– (1982), Erkennen: Die Organisation und Verkörperung von Wirklichkeit. Braunschweig/Wiesbaden (Vieweg).

Parsons, Talcott (1961), An Outline of the Social System. General Introduction II. In: Parsons/Shils/Naegele/Pitts (Eds.), Theories of Society. New York/London (Free Press) 1965, S. 30-79.

Piaget, Jean (1971), Biology and Knowledge. Chicago (University Press).

– (1973), Das moralische Urteil beim Kinde. Frankfurt (Suhrkamp).

Simmel, Georg (1890), Über sociale Differenzierung. Leipzig (Duncker & Humblot).

Simon, Herbert (1978), Rationality as Process and as Product of Thought. In: American Economic Association Review 68, 1978, S. 1-16.

– (1983), Reason in Human Affairs. Stanford (Stanford University Press).

Spencer-Brown, George (1979), Laws of Form. New York (Dutton).

Teubner, Gunther (1982), Reflexives Recht. In: Archiv für Rechts- und Sozialphilosophie 68, S. 13-59.

– (1986), After Legal Instrumentalism? Strategic Models of Post-Regulatory Law. In: ders. (Ed.), Dilemmas of Law in the Welfare State. Berlin–New York (de Gruyter), S. 299-326.

Teubner, Gunther/Helmut Willke (1984), Kontext und Autonomie: Gesellschaftliche Selbststeuerung durch reflexives Recht. In: Zeitschrift für Rechtssoziologie 1/1984, S. 4-35.

Varela, Francisco (1979), Principles of Biological Autonomy. New York, Oxford (North Holland).

Weick, Karl (1976), Educational Organizations as Loosely Coupled Systems. In: Administrative Science Quarterly 2, S. 1-19.
Whyte, Lancelot (1965), Internal Factors in Evolution. London (Tavistock Publications).
Wiethölter, Rudolf (1982), Entwicklung des Rechtsbegriffs. In: V. Gessner/G. Winter (Hg.), Rechtsformen der Verflechtung von Staat und Wirtschaft. Opladen (Westdeutscher Verlag), S. 38-59.
– (1986), Materialization and Proceduralization in Modern Law. In: Gunther Teubner (Ed.), Dilemmas of Law in the Welfare State. Berlin-New York (de Gruyter), S. 221-249.
Willke, Helmut (1978), Zum Problem der Integration komplexer Sozialsysteme: ein theoretisches Konzept. In: KZfSS 30, S. 228-252.
– (1983), Entzauberung des Staates. Überlegungen zu einer gesellschaftlichen Steuerungstheorie. Königstein/Ts. (Athenäum).
– (1984), Gesellschaftssteuerung. In: Manfred Glagow (Hg.), Gesellschaftssteuerung zwischen Korporatismus und Subsidiarität. Bielefeld (AJZ), S. 29-53.
Zeleny, Milan (Ed.) (1981), Autopoiesis. A Theory of Living Organizations. New York/Oxford (North Holland).

Karl Otto Hondrich
Die andere Seite
sozialer Differenzierung

I

Zwei Fragen sorgen dafür, daß das Interesse an sozialer Differenzierung für Soziologen nach wie vor ein zentrales ist: die Frage nach bedeutsamen Trennungs- und Verwerfungslinien in gegenwärtigen Gesellschaften und die Frage, wie und nach welcher Logik sich innere Gliederung und äußere Grenzen des sozialen Lebens bei fortschreitender Vergesellschaftung verschieben. Wohin also geht die Reise, wo kommt sie her, und wo stehen wir gerade? Im Grunde sind es empirische Fragen, zum Teil von großer historischer Reichweite und deshalb empirisch schwer zu beantworten, aber auch was die Gegenwart angeht, ist von einem Bemühen um differenziertere *empirische* Bestimmung von Differenzierungsgraden wenig zu spüren – ausgenommen die Ansätze von Peter Blau und Versuche in der Organisationssoziologie (Blau 1977, Türk 1975).

Differenzierungstheorie, so mein Eindruck, ist vorwiegend die Suggestiv-Skizze von großen Plausibilitätslinien, mit der ein Manko an empirischen Beobachtungen und In-Frage-Stellung überdeckt wird. Sie ist weit entfernt davon, sich – in bester wissenschaftlicher Tradition – ein spannungsreiches Prüffeld von Theorie und Empirie oder von konkurrierenden Erklärungsansätzen aufzubauen. Talcott Parsons (1951, 1966, 1971) und Niklas Luhmann (1977, 1980, 1984, 1986) haben Durkheim zwar substantiell beerbt. Sein methodologisches Erbe scheint aber dabei verlorengegangen zu sein.

Luhmann stellt die Geschichte sozialer Differenzierung als eine des wechselnden ›Primats‹ bzw. der ›Umstellung‹ von segmentärer auf stratifikatorische und neuerdings, seit dem 18. Jahrhundert, auf funktionale Differenzierung dar. Er folgt damit den Klassikern, Herbert Spencers allgemeinem »Gesetz der Evolution« von »unbestimmter unzusammenhängender Homogenität zu bestimmter zusammenhängender Heterogenität« und Émile

Durkheims Entwicklungslinie von der segmentär gegliederten Stammesgesellschaft mit gleichartigen, aber unabhängig voneinander operierenden Familienclans zur Gesellschaft mit ausgeprägter sozialer (anstelle nur ›natürlicher‹) Arbeitsteilung, und schiebt eine stratifikatorische Differenzierungsphase als zusätzliche Entwicklungsstufe dazwischen. Auch damit bleibt er einem bei Soziologen wie bei Laien gleichermaßen populären und konsensuellen Verständnis moderner Gesellschaftsentwicklung treu: Hatte schon Spencer den Übergang von militärischen zu industriellen Gesellschaftsformen und Marx das Ende der Klassengesellschaft vorausgesehen, hatten Tocqueville und Durkheim den Siegeszug der Zugangs- und Chancengleichheit angekündigt, so schlagen die neueren Formeln von der nivellierten Mittelstandsgesellschaft, vom Statusverlust der Statuskriterien zugunsten von Leistungskriterien und von der Erosion der Amtsautorität zugunsten funktionaler Autorität in die gleiche Kerbe. Läßt sich soviel Plausibilität, die von Luhmann selbstredend in der ihm eigenen Sprache erhöht wird, noch in Frage stellen?

Der Fokus für Luhmanns Vorstellung von sozialer Differenzierung scheint der Begriff der Kommunikation zu sein – ganz in Übereinstimmung mit der zentralen Rolle, die Kommunikation als Grundeinheit sozialer Systeme in seinem Theoriegebäude spielt. »Funktionale Differenzierung selegiert Kommunikationsprozesse um spezielle Funktionen herum, die auf der Ebene von Gesellschaft selbst zu erfüllen sind« (1977, S. 35). Das heißt nicht nur, daß jedes funktionale Teilsystem seine eigene Art von Sinn hat und Leistungen erstellt, durch deren Übertragung es mit anderen Lebenssphären in unterschiedlicher Weise verbunden ist, sondern auch, daß es Kommunikationseigenarten hat, die bedeutungsvoll von denen anderer Teilsysteme abgegrenzt sind: Wenn ich zum Arzt gehe, sollen Liebe und Politik ausgeklammert werden, oder höchstens insofern zur Sprache kommen, als sie meine Krankheit oder Heilungschancen betreffen; in der Liebe, für die die Fiktion gilt, daß man über alles reden könne, soll gleichwohl in anderer Weise als beim Arzt gesprochen werden, nämlich affektiv und nicht affektiv neutral ...

Wenn die Rede vom Primat funktionaler Differenzierung in der Neuzeit ernst genommen werden soll und wenn sich funktionale Differenzierung über Kommunikationsbegrenzungen konstituieren soll, dann muß sich erweisen, daß solche Grenzen heute

wichtiger sind als die Kommunikationsgrenzen zwischen Oberschichten und Unterschichten, die für stratifikatorische Differenzierung charakteristisch sind. Analog wäre zu folgern, daß in frühmenschlichen Gesellschaften die wichtigsten Grenzlinien die zwischen Sippen oder Stämmen sind – seit Durkheim als Segmente bezeichnet –, weil angenommen wird, daß sie räumlich getrennt und relativ unabhängig nebeneinander existieren; weil ihnen Überschüsse und Technologien fehlen, können sie, aus heutiger Sicht, kaum Oben-Unten-Unterschiede und auf sozialer Arbeitsteilung beruhende funktionale Teilsysteme entwickeln.
Gibt uns diese Darstellung, die auf der einen Seite nicht mehr enthält als eine äußerst geraffte und kondensierte empirische Charakterisierung von Stufen der Vergesellschaftung, andererseits aber Theorie insofern ist, als sie die These von der Bedeutungsabfolge oder ›Umstellung‹ der ›primären‹ Differenzierungsformen im langfristigen Prozeß der Vergesellschaftung propagiert, die Chance, sie empirisch und/oder theoretisch zu widerlegen? Sicher nicht dadurch, daß man nachweist, jede der drei Differenzierungsformen existiere auf jeder der drei Vergesellschaftungsstufen. Das Argument ist geschenkt, da es von niemandem bestritten wird (allenfalls wird es von Luhmann, besonders was die funktionale Gliederung der frühen und die segmentäre Gliederung der späten Vergesellschaftung betrifft, unterbelichtet). Es geht vielmehr um die These vom wechselnden *Primat* der Differenzierungsformen.
Ich will mich damit anhand von vier Fragen auseinandersetzen: Erstens, was heißt es und was kann es heißen, von Differenzierungsformen als primären, also jeweils erstrangigen oder wichtigsten oder sozial bedeutungsvollsten zu sprechen? Zweitens, wenn man sich auf eine bestimmte Bedeutung von bedeutungsvoll einläßt, was spricht empirisch dafür und dagegen, daß sich die drei Differenzierungsformen in ihrer Bedeutung abgelöst haben? Drittens, wie steht es um eine theoretische Begründung der These vom Bedeutungswandel sozialer Differenzierungsformen in kausalgenetisch erklärender Perspektive? Und schließlich, welche Begründung gibt es aus funktionalistisch-systemtheoretischer Sicht? Die Diskussion dieser Fragen wird zu dem Ergebnis führen, daß der von Luhmann fortgeführte traditionelle Entwurf sozialer Evolution als einer historischen Abfolge primärer Differenzierungsformen nicht haltbar ist.

An seine Stelle setze ich die Thesen von der *gleichrangigen* Differenzierung der Differenzierungsformen und von der Selbstdifferenzierung und Verschränkung der Differenzierungsformen. Die Thesen können »stark«, gleichsam als Gesetze formuliert werden. Verstoßen Gesellschaften dagegen, hat das Konsequenzen, die empirisch angezeigt werden: durch die besondere Ausprägung der Differenz zwischen Offizial- und Untergrundstruktur oder durch verminderte Selbststeuerung bzw. Effizienz – immer im Vergleich zu anderen Gesellschaften.

Damit ist auch angedeutet, wo eine Theorie sozialer Differenzierung neu ansetzen sollte: nicht bei der Evolution von Gesellschaften, sondern bei den Funktionsbedingungen sich selbst organisierender Systeme. Diese erzeugen nicht nur die Differenzierung einer »zweiten Ebene«, also die Unterscheidung zwischen offiziell und inoffiziell; sie produzieren zugleich mit jeder Differenzierung auch deren Gegenteile: Indifferenz und Diffusität. Das ist die *andere Seite* sozialer Differenzierung.

II

Differenzierung ist der Vorgang, in dem Unterscheidungen gemacht werden – in der Regel Unterscheidungen, die es vorher nicht gab; Differenzierung kann also als Innovation behandelt werden, im Gegensatz zur *Differenziertheit*, die den Zustand eines Systems bezeichnet, das seine inneren und äußeren Unterscheidungslinien beibehält oder reproduziert. Auch Differenziertheit kann im Zeitablauf als Prozeß verstanden werden: als Prozeß, in dem dieselben Unterscheidungen immer wieder bestätigt werden. *Dedifferenzierung* ist demnach der Prozeß, in dem Unterscheidungen verlorengehen.

Differenzierenkönnen ist für alle Lebewesen lebenswichtig. Ohne Unterscheidungen zwischen Eßbarem und Unverdaulichem, zwischen Warm und Kalt, zwischen feindlicher und freundlicher Umwelt kann man nicht am Leben bleiben. Der Evolution haben wir es zu verdanken, daß die differenzierenden Apparate in so unterschiedlichen Systemen wie dem Buschwindröschen und dem Menschen ähnliche Überlebensleistungen erbringen: Sie differenzieren ihre Umwelt, so weit sie es brauchen, und behandeln den Rest mit Indifferenz als indifferent. Vielleicht kann man das beliebte Spiel Was-unterscheidet-den-Menschen-von-anderen-Lebewesen um die Antwort-Version erweitern: daß er, mit Hilfe eines ausdifferenzierten Reflexionsapparates, spielerisch, ins Blaue hinein, vorwegnehmend, ohne Brauchbarkeitszwänge differenzieren kann – Marcel Prousts Feinzeichnungen der menschlichen Gefühlsregungen gehören zu diesem Differenzierungsüberschuß ebenso wie die Konstruktion von Mikro- und Makroskopen und Parsonianischen pattern variables, die wir nicht zu kennen brauchen, um zu leben oder um besser zu leben.

Die Beziehungen zwischen solchen *analytischen* Differenzierungen und den *realen*, die im alltäglichen Leben eine Rolle spielen, sind komplex; erstere können sich in letztere verwandeln, also eine reale Bedeutung erlangen, sie können diese aber auch völlig verfehlen, ja zu wirklichen Täuschungen führen. Ich vermute, daß das Instrumentarium analytischer Differenzierung, mit dem wir heute arbeiten, solchen empirischen Täuschungen in bezug auf frühere, aber auch in bezug auf gegenwärtige Gesellschaften Vorschub leistet.

Soziale Differenzierung ist die Unterscheidung eines gleichzeitigen Zusammenhangs zwischen mindestens zwei Lebewesen von anderen gleichzeitigen Zusammenhängen zwischen denselben oder anderen Lebewesen. (Die Charakterisierung »gleichzeitig« ist notwendig, um soziale Zusammenhänge von genetischen zu unterscheiden.) Kann es mehrere unterscheidbare und tatsächlich unterschiedene Zusammenhänge zwischen denselben Lebewesen (im folgenden: Personen) geben? Ja, ein und dieselbe Dyade zum Beispiel kann viele Beziehungen zugleich enthalten: die zwischen Mann und Frau, Vater und Mutter, Freund und Freundin, Chefin und Mitarbeiter etc. Die Zusammenhänge unterscheiden sich ihrer Aufgabe nach, sie sind inhaltlich auseinanderzuhalten, die Differenzierung ist rein *funktionaler Art*. Im Gegensatz dazu ist die Unterscheidung von vier Personen, die wir als zwei Ehepaare bezeichnen, eine reine *Größengliederung* des sozialen Zusammenhangs, in diesem Falle auch *segmentäre* Differenzierung genannt, weil es sich um zwei *gleichartige* Untereinheiten handelt, die zudem noch *relativ unabhängig* voneinander existieren können.

Nicht jede Größengliederung ist jedoch in diesem Sinne eine segmentäre. Handelt es sich bei den vier Personen um Eltern und zwei Kinder, dann haben wir mit dieser Benennung sowohl eine

Größengliederung – zwei mal zwei Personen – als auch eine Funktionsgliederung vorgenommen. Noch genauer gesagt: Wir haben zugleich eine Differenzierung nach Funktionen *und* nach Größe *und* nach Personen vorgenommen. Die funktionale Differenzierung läuft nicht, wie im ersten Beispiel, quer durch die Personen hindurch, sondern ist auch eine zwischen Personen. Diese Kombination von funktionaler, Größen- und Personendifferenzierung ist wohl der Normalfall.

Die Charakterisierung von funktionaler Differenzierung als einer Differenzierung, die die Personen durchschneidet und keine Grenzen zwischen Personen zieht, ist nur eine gedankliche Konstruktion und trifft in keinem Fall die soziale Realität. Auch die »reine« funktionale Differenzierung setzt immer eine Größen- und Personenbegrenzung voraus, selbst wenn diese Begrenzung nicht immer scharf und genau bekannt ist. In den meisten Fällen ist, wenn funktionale Differenzierung vorgenommen wird, eine Größen- und Personendifferenz nicht nur quasi statisch gegeben (wie in unserem ersten Beispiel); sondern Größendifferenzierung und Personendifferenzierung gehen mit der funktionalen Differenzierung einher.

Mit anderen Worten: Jede soziale Realität, die Systemcharakter hat, ist *nach außen und nach innen* unter mehreren Aspekten differenziert: den funktionalen, den Größen- und den personalen Aspekt habe ich genannt. Aspekte sozialer Regelungsmechanismen – wenn man will: die Unterklasse von Funktionen, die die Übertragung und Kontrolle von Sinn regelt – sowie räumliche und zeitliche Aspekte ebenso wie Aspekte der »vertikalen« oder stratifikatorischen Gliederung können hinzugefügt werden (Hondrich 1982); vertikale Differenzierung läßt sich im Prinzip auch als funktionale – im Hinblick auf Koordinations- und Entwicklungsfunktionen – verstehen, was nicht ausschließt, daß sie dysfunktional werden kann.

III

Diese Bemerkungen vorweg, um zu zeigen, daß die Beschränkung auf zwei oder drei Differenzierungstypen der Realität des sozialen Differenzierungsgeschehens nicht nur nicht gerecht wird, sondern auch in sich noch wenig durchdacht ist. Aller-

dings: Kann man angesichts der Unendlichkeit sozialer Differenzierungsmöglichkeiten und der großen Zahl sozio-realer Differenzierungen nicht den Standpunkt verteidigen, mit der Unterscheidung von segmentärer, stratifikatorischer und funktionaler Differenzierung die bedeutungsvollsten und in ihrer historischen Abfolge auch jeweils »primären« Differenzierungstypen erfaßt zu haben?
Was kann hier bedeutungsvoll, was primär heißen?
Bedeutungsvoll sind soziale Unterscheidungen wie die zwischen Wir und Sie (Drinnen und Draußen), Hoch- und Niedrigstehend, Zur-Sache-Gehörend und Abwegig für die Mitglieder eines sozialen Verbandes, weil sie über die Identität des Verbandes auch ihre personale Identität konstituieren helfen. Es genügt dazu nicht, daß Unterscheidungen für den Sozialverband als Ganzes und nach außen getroffen werden. Die Unterscheidungen müssen auch – sozial und psychisch – nach innen gehen, sie müssen konkret erlebbar sein, so daß sie soziales und personales Selbstgefühl zugleich konstituieren können.
Eine Unterscheidung also ist bedeutungsvoll, wenn sie von den Beteiligten und Betroffenen so erlebt wird. Wann wird sie am bedeutungsvollsten erlebt? Man könnte antworten: wenn sie eine Grenze darstellt, über die hinweg keine Kommunikation möglich ist. Dann wäre die Unterscheidung zwischen solchen Gesellschaften am wichtigsten, die überhaupt keinen Kontakt miteinander haben, die letztlich gar nicht voneinander wissen. Aber eine solche Unterscheidung ist gerade nicht sozial bedeutsam, sie ist, für die betroffenen Gesellschaften, einfach überflüssig.
Wir müssen neu ansetzen: Eine soziale Unterscheidung ist dann besonders bedeutungsvoll, wenn sie eine reale Grenzlinie für Kommunikationen darstellt, so daß beiderseits der Grenze *mehr* kommuniziert wird als über die Grenze hinweg. Diese Vorstellung von sozialer Grenze als Kommunikationsscheide erscheint zunächst sehr plausibel, sie hat aber zwei Nachteile, die es fast unmöglich machen, zwischen mehr oder weniger bedeutungsvollen sozialen Grenzen zu differenzieren. Zum ersten: Solange nur von mehr oder weniger Kommunikation die Rede ist, bleibt außer Betracht, daß die Bedeutung der Grenze gerade darin bestehen kann, nicht zwischen Quantitäten, sondern zwischen inhaltlich andersartigen Kommunikationen zu unterscheiden. Trägt man dem durch eine Erweiterung der Definition Rechnung,

indem man die soziale Bedeutung einer Grenze dadurch definiert, daß sie *mehr* und/oder *andersartige* Kommunikationen voneinander trennt, dann fehlt ein übergeordnetes Kriterium, mit dessen Hilfe man die Quantitäten-Grenze oder die Arten-Grenze als bedeutungsvoller einstufen kann: Über den ›Primat‹ von segmentärer oder funktionaler Differenzierung läßt sich so eben nicht entscheiden. Zum zweiten: Eine Grenze zwischen Kommunikationen kann nur dann sozial bedeutungsvoll sein, wenn sie nicht hermetisch geschlossen, sondern in gewisser Weise und in einem gewissen Maß durchlässig ist. (Aufgrund dieser Einsicht mußten wir den allerersten Definitionsvorschlag fallenlassen.) So gesehen kann aber dann das quantitative Minimum von grenzüberschreitender Kommunikation kein Indikator mehr dafür sein, daß die Grenze bedeutungsvoller ist als eine andere, die mehr Kommunikationen durchläßt.

Also müssen wir einen dritten Anlauf nehmen: Eine soziale Unterscheidung ist dann besonders bedeutsam, wenn sie eine reale Grenzlinie für Kommunikationen bildet, die möglich sind und angestrebt werden, aber durch die Grenzlinie verhindert oder abgeschwächt werden. Darin kommt zum Ausdruck, daß Kommunikationen, wie alle sozialen Phänomene, unweigerlich einen Wertigkeits- und Konfliktaspekt haben; sie sind nicht neutral, es ist uns nicht gleichgültig, ob, mit wem und wieviel wir kommunizieren, und obwohl Grenzen der Kommunikation ebenfalls ihren Wert haben und geschätzt werden, stehen sie doch dem Wert diffundierender Kommunikation entgegen. Unser Verhältnis zu ihnen ist ambivalent und konfliktgeladen: Reale soziale Differenzierungen sind immer Konfliktlinien, in mehrfacher Bedeutung: Sozial gesehen konstituieren sie den Konflikt zwischen denen, die sie scheiden; zweitens zwischen denen, die die Grenzlinien niederreißen, und denjenigen, die sie stärken wollen; drittens zwischen denjenigen, die als einzelne über die Grenze wollen, ohne sie niederzureißen, und denen, die ihnen von der anderen Seite den Zugang verwehren; viertens schließlich den Konflikt zwischen den erfolgreichen oder erfolglosen Grenzgängern und denjenigen, die zurückbleiben. All diese sozialen Konflikte brauchen nicht äußerlich in Erscheinung zu treten – als latente Konflikte haben sie auch dann eine soziale Realität, wenn sie nur in den Köpfen der Beteiligten ihr Wesen treiben; spannungsaufbauend sind sie auch so.

Für eine soziale Differenzierung wie die zwischen Adelsstand und Bürgertum läßt sich, der vorgeschlagenen Definition zufolge, angeben, ob sie bedeutsamer oder bedeutungsloser wird: Sie nimmt an Bedeutung zu, wenn ein größerer und/oder mächtigerer Teil der Gesellschaft Kommunikationen über die Grenze hinweg für möglich und erstrebenswert hält und wenn zugleich die Grenze nicht durchlässiger wird; anders gesagt, wenn die Konflikte über die Grenze stärker werden. Die Grenze zwischen Adel und Bürgertum wird bedeutungsloser, wenn, ceteris paribus, die Grenze durchlässiger wird; oder wenn es unmöglicher und weniger erstrebenswert erscheint, sie zu durchbrechen; oder wenn es leichter möglich, aber weniger erstrebenswert erscheint – so etwa erleben wir die Grenze zwischen Adel und Bürgertum heute als relativ bedeutungslos.

Die Bedeutungsbestimmung sozialer Differenzierung über Konflikte, die anschwellen und abflauen können, läßt sich durchaus auch aus der soziologischen Tradition begründen. Wichtiger erscheint mir jedoch, daß sie dem Alltagsverständnis sozialer Differenzierung entspricht: Soziale Unterscheidungen sind um so bedeutsamer oder einschneidender, je konfliktträchtiger sie sind.

Das empirische Problem, festzustellen, welche Differenzierungs- bzw. Konfliktlinien nun jeweils die bedeutsamsten sind und wie sie sich in ihrem Gewicht gegeneinander verschieben, wird dadurch zwar schärfer umrissen, aber nicht gelöst. Der Teufel liegt auch hier im Detail. Es kommt wohl aufs Ausprobieren an. Eine Probe soll zunächst auf die These von der wechselnden Bedeutsamkeit segmentärer, stratifikatorischer und funktionaler Differenzierung gemacht werden.

IV

Für jede der drei Vergesellschaftungsstufen der primitiven, traditionalen und modernen Gesellschaft kann gefragt werden, welcher Differenzierungstyp in ihnen der bedeutsamste war. Im Vergleich der drei Stufen ist zu fragen, ob die Differenzierungstypen ihre Bedeutung gegeneinander verschoben haben.

»Bald bilden sich Banden, bald lösen sie sich auf, sie entstehen und vergehen in kurzer Zeit. Im Verlauf von wenigen Monaten verändern sich Zusammensetzung, Bestand und Verteilung manchmal von Grund auf. Politische Intrigen innerhalb derselben Bande und Kraftproben mit anderen Gruppen erzwingen diese Veränderungen, so daß Größe, Bestehen und Niedergang der Gruppe sowie des einzelnen manchmal eine Frage von Wochen sind.« Claude Lévi-Strauss' (1960, S. 273) Bericht über die südamerikanischen Nambikwara, zu denen ihn die Suche nach der »einfachst möglichen Form einer Gesellschaft« (S. 285) geführt hat und von denen er meint, »daß es wohl kein Volk auf der Welt gibt, das weniger strukturiert ist« (S. 272), kann geradezu als Paradeschilderung segmentierender Prozesse gelten, die als überlebenswichtige Anpassung an widrige und ärmliche Umweltbedingungen zu erklären sind.

Segmentierung als primäre Differenzierungsform also, könnte man meinen. Aber lesen wir weiter: »Wie geht die Aufteilung in unzählige kleine Gruppen nun vor sich? In der ursprünglichen Gruppe gibt es Männer, die als Häuptlinge anerkannt sind und die zum Mittelpunkt der Bandenbildung werden.

Die Bedeutung einer solchen Bande und der mehr oder weniger dauerhafte Charakter, den sie während einer bestimmten Zeit besitzt, hängen davon ab, ob es dem Häuptling gelingt, seinen Rang zu bewahren und seine Stellung zu verbessern. Die politische Macht erscheint nicht als Folge der kollektiven Bedürfnisse, vielmehr wird die Gruppe erst von einem potentiellen Häuptling geschaffen, dank ihm entsteht sie und von ihm erhält sie Form und Größe« (ebd., S. 273). Stratifikatorische Differenzierung also als primäre, bedeutungsvollste Differenzierungsform in dem Sinne, daß der von Lévi-Strauss eindrucksvoll beschriebene Aktivitäts- und Statusunterschied zwischen dem Häuptling und den übrigen Gruppenmitgliedern sowohl den Zusammenhalt der Gruppe (Integration) als auch die Grenzen zwischen den verschiedenen Gruppen, also die Segmentierung bestimmt.

Doch halt: »Um die Einstellung der beiden Geschlechter zueinander zu verstehen, müssen wir die grundlegende Bedeutung erfassen, die bei den Nambikwara dem Paar zukommt. Das Paar ist die wirtschaftliche und psychologische Einheit schlechthin. In diesen nomadisierenden Gruppen, die sich andauernd auflösen, um sich wieder neu zu bilden, erscheint das Paar, wenigstens in der Theorie, als die einzige feste Wirklichkeit. Das Paar allein sorgt für das Überleben der Gruppenmitglieder. Die Nambik-

wara haben eine doppelte Wirtschaft, die Männer sind Jäger und Gärtner, die Frauen sammeln Früchte und Wurzeln ...« (S. 246). In der Theorie der sozialen Differenzierung nun, um die es uns geht, ist das Paar der Urtyp funktionaler Differenzierung: ein soziales System, in dem alle Beteiligten und Beobachter auf welcher Vergesellschaftungsstufe auch immer ohne Zweifel eine Unterscheidung zwischen zwei *ungleichartigen*, aber aufeinander *angewiesenen* Funktionen machen, die sich zu einer übergeordneten reproduktiven Funktion ergänzen, oft auch zu weiteren produktiven Funktionen. Funktionale Differenzierung ist die primäre!
Nun hat allerdings Luhmann bei seiner Primat-Theorie der Differenzierungsformen gar nicht die funktionale Differenzierung der ›natürlichen Arbeitsteilung‹ im Auge, sondern die weitergetriebene Ausdifferenzierung der funktionalen Teilsysteme Wirtschaft, Religion, Familie, Krieg etc. Das Merkmal dieser Teilsysteme ist, daß sie nicht zwischen Personen, sondern zwischen Sinngehalten unterscheiden, und daß alle Personen an allen Sinnsystemen, entweder als Produzenten oder als Konsumenten, teilhaben. Eine solche Ausdifferenzierung, so Luhmann (1980, S. 27), habe es in Europa nur einmal gegeben. Will man aber nicht von vornherein den tautologischen Zirkel schließen, daß modernes Europa gleich funktionaler Differenzierung und funktionale Differenzierung gleich modernem Europa ist, dann kann man bei Lévi-Strauss nachlesen, daß die Nambikwara, die hier nur als Ehrenretter für alle auch theoretisch vergewaltigten Gesellschaften stehen, in ihrem eigenen Verständnis sehr wohl Sinngrenzen zwischen Krieg und Spiel, Wirtschaften und Lieben gezogen haben, die zugleich bedeutungsvolle Kommunikationsunterschiede konstituieren und alle Personen an allen Sinnsystemen, produzierend oder konsumierend, teilhaben lassen.
Die empirische Argumentation führt zu folgenden Schlüssen: Erstens, die These vom Primat segmentärer Differenzierung vor anderen Differenzierungsformen in frühen bzw. einfachen Gesellschaften ist nicht haltbar. Zweitens, funktionale und stratifikatorische Differenzierung sind in diesen Gesellschaften nicht nur ebenso vorhanden, sondern mindestens ebenso wichtig oder »primär« wie segmentäre Differenzierung. Drittens, alle Differenzierungsformen sind aber, aus unserer heutigen Sicht, sehr schwach ausgeprägt, und zwar in mehrfachem Sinne: Als Grenzlinien für

Kommunikationen sind sie leicht zu überspringen, aufgrund sozialer und räumlicher Nähe und geringer Themenvielfalt kommt man mit Angehörigen anderer Gruppen und anderem Status ebenso in Kontakt wie mit verschiedenen Sinngehalten, für die es kaum eine Trennung zwischen öffentlicher und privater Behandlung gibt. Ferner sind sowohl Gruppenzugehörigkeit als auch Ansehens- und Häuptlingsstatus als auch thematische Abgrenzungen prekär und stehen persönlich zur Disposition. Schließlich sind die Grenzziehungen auch als soziale Strukturen nicht verfestigt und kaum institutionalisiert, so daß Lévi-Strauss von einer Gesellschaft mit schwacher Struktur sprechen kann.
Ich bin mit diesen Schlüssen noch im Rahmen eines ethnozentrischen und gegenwartsbezogenen Denkens geblieben, das den vielfältigen und höchst bedeutungsvollen Feinunterscheidungen, den Schicklichkeitsregelungen, Sprachabstufungen und Gefühlscodes der sogenannten primitiven Gesellschaften nicht Rechnung trägt und die evolutionistische Annahme enthält, daß es eine Entwicklung von wenig zu viel und von schwacher zu starker Differenziertheit gibt. Dafür spricht, makroskopisch, daß Vergesellschaftung als Größenwachstum und materielle Akkumulation tatsächlich ihre Differenzierungsmöglichkeiten unendlich vergrößert. Mikroskopisch indessen sind auch in den scheinbar einfachen Gesellschaften die Unterscheidungsmöglichkeiten quasi unbeschränkt, und die Betroffenen machen davon in dem Maße Gebrauch, in dem es »nötig« ist – jedenfalls in größerem Maße, als es der Beobachter von außen erkennt. Wahrscheinlich geht ein Teil dieser Differenzierungen in dem Maße, in dem es neue Differenziertheit gibt, in einer »neuen Diffusität« verloren. Denn mag das Differenzierungspotential von Gesellschaften und Individuen auch unendlich sein, ihre Differenzierungs*kapazität* ist es nicht: In der Wahrnehmung und Konstitution von *bedeutungsvollen* Unterscheidungen sind wir beschränkt, und es erscheint fraglich, ob sich im Laufe weniger tausend Jahre diese Kapazität erheblich steigern konnte.
Zurück zur These vom Wechsel primärer Differenzierungsformen. Was spricht, im Hinblick auf moderne Gesellschaften, dafür, daß diese sich von Segmentierung und Stratifizierung »umgestellt« haben und bei einem Primat der funktionalen Differenzierung angekommen sein könnten? Dafür spricht, daß die zu Lebenssphären zusammengefaßten funktionalen Aufgliederun-

gen: Religion, Wirtschaft, Politik, Wissenschaft, Familie etc., je eigene Kommunikationsinhalte, -stile und -regeln gegeneinander ausdifferenziert haben und daß die dadurch entstandenen Kommunikationsgrenzen durchaus konfliktgenerierend sind. Die von Max Weber (1964) für die verschiedenen Lebenssphären herauspräparierten Eigenrationalitäten haben sich in einer Weise gesteigert und in Gegensatz, manchmal in Konkurrenz zueinander gesetzt, daß die vom religiösen Ethos bestimmten Menschen die Politik, die Politiker die wirtschaftlichen Zusammenhänge und alle zusammen die Wissenschaftler nicht mehr verstehen. Dieses Unverständnis kann sich auf Inhalte, Motive und Versprachlichung des Handelns erstrecken – im Hinblick auf das letztere ist wahrscheinlich die Wissenschaft der am weitesten »herausdifferenzierte«, den anderen Sphären entfremdeste Bereich.

Es gibt viele farbige Belege dafür, wie die funktionalen Teilsysteme über ihre professionellen Repräsentanten und Eliten miteinander in Konflikt geraten: Pfarrer protestieren gegen Betriebsstillegungen, Pro familia gerät unter Beschuß des Familienministers – um aber die These vom Primat funktionaler Bereichsdifferenzierung stützen zu können, müßte gezeigt werden, daß diese Konflikte schärfer und prägender sind als Konflikte innerhalb eines Funktionalbereichs, zum Beispiel zwischen Politikern und Politikern, und bedeutsamer auch als Konflikte zwischen Hoch- und Niedriggestellten in Hierarchien und Schichten oder als Konflikte zwischen Segmenten, seien diese Staaten, Unternehmen oder Familien. Der Augenschein spricht dagegen; oder doch nicht? Empirische Untersuchungen unter derartigen Fragestellungen stehen aus.

Nun könnte man sagen, daß die eigentliche Probe auf die Primatsthese anders aussehen muß: Da funktionale Differenzierung, idealtypisch, voraussetzt, daß jeder von uns an allen funktionalen Teilsystemen in der einen oder anderen Rolle teilhat, müssen wir die Grenzen zwischen den Systemen verinnerlicht haben und die Konflikte zwischen ihnen in uns selbst austragen. Webers Analyse vom Aufeinandertreffen der religiösen, politischen, erotischen Sphären ist spürbar von der Leidenschaft, ja Tragik solcher Konflikte bewegt.

Auf heutige Verhältnisse übertragen: Wenn intrapersonale Konflikte zwischen Rollen oder Funktionsbildern als Staatsbürgerin, Lehrerin, Familienmutter, Geliebte, Gewerkschafterin, Konsumentin, Sportlerin etc. von einer Frau als schwerwiegender empfunden werden als ihre »stratifikatorischen« Konflikte mit Vorgesetzten oder Untergebenen oder die »segmentären« Konflikte mit anderen Ethnien, Staaten, Schulen oder konkurrierenden Gewerkschaften, dann kann man mit Fug von einem Primat funktionaler Differenzierung vor anderen Differenzierungsformen sprechen. Was sagt unsere empirische Erfahrung dazu? Meine Vermutung ist vorläufig: Die kommunikativen Grenzlinien, die Konflikte erzeugen und als Grenzen umkämpft sind, sind zwischen Personen unterschiedlichen Status und unterschiedlicher sozialer Zugehörigkeit stärker und schärfer oder mindestens genauso stark und scharf wie die Grenzen zwischen verschiedenen Funktionsbereichen, die wir in uns haben. Oder empfinden wir letztere tatsächlich als bedeutsamer, konfliktträchtiger und leidvoller als erstere?

Man kann die Frage nach dem Primat verschiedener Differenzierungsformen auch anders stellen: Was ist heute der schlimmere Verstoß: daß die Grenzen zwischen Politik und Geschäft, zwischen Amtshandlung und Liebe, zwischen Liebe und Freundschaft nicht eingehalten werden? Oder daß die Grenzen zwischen Statusgruppen nicht respektiert werden? Oder daß die Grenzen zwischen sozialen Segmenten mißachtet werden? Ganz eindeutig das letztere! Zwar kann man noch ein gewisses mißtrauisches Verständnis für den aufbringen, der seine Ehe, seine Partei, sein Land wechselt. Der Verstoß aber gegen den Exklusivcharakter segmentärer Mitgliedschaft, gleichsam das Reinheitsgebot des segmentären Prinzips, führt, gerade in der modernen Gesellschaft, in die illegalen, zumindest illegitimen Rollen des Bigamisten, des Opportunisten oder gar des Verräters.

Demgegenüber wird Doppelmitgliedschaft in ranghohen und -niedrigen Statusgruppen eher läßlich behandelt – aber nur, wenn sie von oben nach unten angestrebt wird!

Wie streng die kommunikative Zirkelbildung stratifikatorischer Art operiert, wenn sie von unten in Frage gestellt wird, zeigt das ethnomethodologische Experiment des Büroboten Günter Wallraff im Kölner Gerlingkonzern, der sein Mittagessen gesittet und in freundlicher Zurückhaltung in der Kantine für leitende Angestellte einnehmen wollte. Wie er zunächst beschworen wird einzusehen, daß die Herren unter sich sein wollen, und schließlich vom Werkschutz hinausgeschafft wird, ist durchaus auch

eine theoretische Lektüre wert (Günter Wallraff 1973). Noch aufschlußreicher als der komische und peinliche Vorgang selbst ist, daß der Ausgang uns einleuchtet. Aber: Wo bleibt der Primat der funktionalistischen Differenzierung in einem doch durch und durch modern und funktional organisierten (und nur so funktionsfähigen) Unternehmen?
Die Frage soll nicht rhetorisch bleiben. Die Antwort, und damit die Schlußfolgerung aus diesem Teil, lautet: Es gibt diesen Primat heute weder auf der Ebene der innerorganisatorischen Funktionsteilung noch auf der gesellschaftlichen Ebene der funktional differenzierten Lebenssphären. Was die organisatorische Funktionsdifferenzierung angeht, sind zwar ihre Grenzen nicht leicht zu überspringen, aber leichter als die offensichtlichen segmentären und hierarchischen Grenzen innerhalb der Organisation; übrigens kann Funktionsdiffusität durchaus – und stärker als Status- und Gruppendiffusität – unter Effizienzgesichtspunkten zum organisatorischen Prinzip erklärt werden (vgl. zum Beispiel Karl E. Weick 1977).
Den Grad und den Primat der funktionalen Differenzierung von Lebensbereichen einzuschätzen, ist jeder ein Fachmann, Fachmann allerdings weniger für die Differenziertheit als für die Diffusität der Dinge. Denn was immer uns über die thematische, kommunikative und normative Trennung der Lebensbereiche klar sein mag – das Unklare überwiegt: In welchem Maße bekommen Parteien Spenden aus der Wirtschaft; in welchem Maße und unter welchen Bedingungen dürfen sie es? Wie weit gehen in universitäre Personalentscheidungen wissenschaftliche, wie weit kollegial-bekanntschaftliche, wie weit fachpolitische und allgemeinpolitische Gesichtspunkte ein; und wie sollte es anders sein? Wie steht's mit Liebe im Büro? Wie mit Rechtskalkülen und Gerichtsdrohungen in der Familie? Und so weiter und so fort. Der Klärungsbedarf ist praktisch unendlich. Es sind gerade die Grauzonen der Diffusität, die die überall lauernden Grenzkonflikte zwischen den Lebensbereichen bzw. den sie regulierenden Prinzipien abfedern und erträglich machen. Wo die richtige Entscheidung nicht klar vorgeschrieben ist, wo man so oder so zwischen widerstreitenden Funktions-Loyalitäten vermitteln kann, da werden Konflikte nicht so brisant. Funktionale Grenzlinien, die unklar sind, können schwerlich Leitlinien werden.
Die Diffusität erfüllt ihre Funktion nicht nur im Alltag, sie steckt

auch in der Theorie: Was die Eigenrationalität der Lebensbereiche tatsächlich ist und wieviel Steigerung sie verträgt, wie weit die funktionalen Kernprinzipien oder »Kommunikationsmedien« wie Recht, Liebe, Macht, Effizienz sich tatsächlich »rein« ausdifferenzieren können oder wie weit sie zur eigenen Bestandssicherung der Interpenetration durch andere, konkurrierende Prinzipien bedürfen – das sind alles offene, offengelassene, vielleicht auch offen sein müssende Fragen einer Theorie funktionaler Differenzierung.

V

Kann eine so unvollständige, mit so viel – nicht nur vorläufigen! – Unklarheiten arbeitende Theorie aus sich heraus, also mit *theoretischen Argumenten*, die These vom historisch wechselnden Primat der Differenzierungsformen begründen? Wenn ich nichts überlesen habe, wird, theoretisch entwaffnend, dazu nirgends ein Versuch gemacht. Kausalgenetisch kann man eine solche Begründung immerhin, in der Durkheimschen Tradition, durch den Hinweis auf Wachstum von Bevölkerung und Bevölkerungsdichte liefern. Bei knappen Raum- und anderen natürlichen Ressourcen stößt das Aufteilen in umherstreifende Segmente als Überlebensstrategie an eine Grenze, die durch Ingeniosität und Arbeitsteilung, also durch funktionale Differenzierung, übersprungen werden kann. Diese kausalgenetische kann noch durch eine funktionalistische Erklärung erhärtet werden, wenn man sich vor Augen führt, daß der funktionale Differenzierungstyp die Funktion hat, sowohl Selektivität als auch Effizienz von sozialen Systemen zu steigern.

Das alles kann die Vervielfältigung und Verstärkung funktionaler Grenzziehung erklären. Aber führt es auch zu der Erklärung, daß ein solches Grenzziehungs-Prinzip in den dynamischen Gesellschaften der Neuzeit dominant wird, daß es den anderen Prinzipien sozusagen vorangeht, daß diese sich nach ihm richten müssen? Folgende Überlegungen seien dem entgegengestellt:
– Kausalgenetisch: Wenn es so ist, daß Bevölkerungswachstum auf beschränktem Raum den Anstoß für einen Schub funktionaler Differenzierung gegeben hat, der diese Differenzierungsform zu einer leitenden gemacht haben könnte, dann impliziert das

die Abhängigkeit funktionaler Grenzen von Größen-Grenzen sozialer Systeme: »leitend« oder »dominant« gegenüber den Sinn-Grenzen (die ja in ihrer reinen Erscheinung gar keine Größen- oder Personen-Begrenzungen dulden) können dann auch die sich verschiebenden Größen-Grenzen und die dahinterstehenden Macht-Mechanismen vertikaler Differenzierung sein. Es muß dann zumindest gefragt werden, ob der funktionale Differenzierungstyp so viel Eigendynamik entwickelt, daß er auch in schrumpfenden Gesellschaften fortdauert; ob sie solche Gesellschaften, entsprechend dem Größen-Drang funktionaler Differenzierung, tatsächlich zur Weltgesellschaft zusammenschweißt.
– Funktionalistisch: So wie der funktionale Differenzierungstyp das Prinzip von Dynamik und Steigerung durch Selektivität und Spezialisierung und damit auch das Prinzip der Steigerung von Gegensätzen und von Risiken verkörpert, so liegt die Funktion der Segmentierung in der Steigerung von Sicherheit durch Reduplikation des Gleichartigen. Erst wenn wir von einer Gesellschaft sagen können, daß sie Risiken höher schätzt als Sicherheit, können wir einen (Wert) Primat funktionaler Differenzierung annehmen. Solange man, funktionalistisch, von der Annahme ausgeht, daß moderne Gesellschaften wie andere lebende Systeme ihre Strukturierungsversuche unter dem Aspekt der Überlebenskapazität selegieren, verhalten sie sich vernünftig, wenn sie Risikosicherung und Risikosteigerung, also Segmentierung und funktionale Strukturierung, im Gleichschritt betreiben. (Natürlich können sie, empirisch, unvernünftig sein und sich ins Unglück reiten. Aber hier geht es darum, ob ein solcher Ritt auf dem funktionalen Differenzierungsprinzip theoretisch erklärbar ist!)
– Aus der Eigenlogik der Sinnsysteme ergibt sich, daß das auf Spezialisierung und Vergrößerung von Systemen und Austauschbarkeit von Personen drängende funktionale Differenzierungsprinzip im Bereich der *ökonomisch-instrumentellen* Leistungen die größten Entfaltungs- und Effizienzchancen hat. In der Sphäre der *emotional-affektiven* Beziehungen dagegen, in Liebe, Freundschaft, Kinderaufzucht und Erziehung, hätte das zu Ende gedachte Prinzip groteske und verheerende Folgen. Hier dominiert Segmentierung: Es gibt immer mehr, immer kleinere und auch dank kollektivierter Sozialpolitik immer mehr voneinander unabhängige Systeme mit immer festeren Grenzen der Privatheit.

Erst hinter dem Schutz solcher Grenzen können sich Diffusität und emphatische Personenbeziehungen entfalten. Andere Sinnsysteme liegen auf interessante Weise dazwischen, das politische System z. B. im Unterschied zum ökonomischen mit dem Erfordernis der symbolisch-affektiven und instrumentell-koordinativen hierarchischen Spitze. Von einem Primat funktionaler Differenzierung zu sprechen, heißt unter der Hand das Paradigma des erfolgreichen Wirtschaftsbetriebs zu einem gesamtgesellschaftlich dominanten zu erheben – eine Paradoxie insofern, als ja etwas ganz anderes, nämlich die Betonung der sinnhaften und strukturellen Vielfalt der funktionalen Teilsysteme gemeint ist.
– Will man, was ich nur mit großem Vorbehalt tue, für die verschiedenen gesellschaftlichen Lebenssphären eine jeweils dominante Differenzierungsform angeben (funktionale für die Wirtschaft, stratifikatorische für die Politik, segmentäre für die Familie), dann sollte man die Grenzen untersuchen, die in der Ausfaltung jedes Differenzierungstyps selbst liegen und deren Überschreitung als Überdehnung des jeweiligen Grundprinzips in reale Paradoxien führt.
– Der »evolutionär vernünftigen« Begrenzung eines Differenzierungsprinzips wird durch den Einschuß eines angemessenen Teils anderer Differenzierungsformen Rechnung getragen. So kommt die Funktionaldifferenzierung moderner Wirtschaftssysteme ohne die Segmentation in selbständige und teilweise über Konkurrenzmärkte miteinander in Beziehung stehende Unternehmen nicht aus. Sowohl der Erhalt bestehender Segmentation als auch das Offenhalten des Systems für neue Segmentierungen, die Innovationen darstellen und produzieren, ist für die Funktionsfähigkeit des Ganzen ausschlaggebend. Das zeigt sich an den Versuchs- und Irrtumsproben, die uns die Vielfalt der modernen Wirtschaftsordnungen beschert: Die Knebelung von Segmentierungsprozessen dadurch, daß man Entstehen und Unabhängigkeit von Unternehmen behindert und auf geplante großartige Funktionsdifferenzierung mit implizit ausgeweiteter Hierarchisierung vertraut, hat die Wirtschaftssysteme der sozialistischen Länder in einen eklatanten Effizienzrückstand gebracht.
Am ehesten ließe sich ein Primat funktionaler Differenzierung gegenüber anderen Differenzierungsformen theoretisch vielleicht noch mit Hinblick auf die *Integrationsfunktion* von Differenzierung verteidigen. Denn diese Funktion wird durch funktionale

Differenzierung offenbar eleganter erfüllt als durch andere Arten von Differenzierung: Segmentäre und stratifikatorische Differenzierung trennen die Menschen in Dazugehörende und Fremde und in »Uns hier unten – Euch da oben«; sie sind im Prinzip antiintegrativ und auf zusätzliche Integrationsmechanismen, nämlich auf einen hinreichenden Bestand an Gemeinschaftlichkeit über das Trennende hinweg oder auf Macht, angewiesen. Funktionale Differenzierung dagegen hat im Aufeinanderangewiesensein des Ungleichartigen einen quasi eingebauten Mechanismus der Zusammengehörigkeit, der *in* den Menschen wirkt. Man könnte sagen, daß soziale Systeme das Problem ihrer Integration durch funktionale Differenzierung in jeden einzelnen hineinverlagern: Jeder muß sehen, wie er religiöse, wirtschaftliche, familiale etc. Anforderungen ausgleicht. In dieser »Dezentralisierung« oder Auslagerung der Integrationsfunktion liegt ein Vorzug funktionaler Differenzierung. Aber sind dem nicht auch Risiken und Grenzen eingegeben? Ist diese Integrationsapparatur nicht auch auf stärkende Zusatzmechanismen aus anderen Differenzierungsformen angewiesen? Und kann sie tatsächlich nicht nur einen Primat, sondern sogar einen historisch wechselnden Primat der funktionalen Differenzierungsform begründen?

Solange diese Dinge nicht weiter geklärt sind, folgt für mich aus der Gesamtheit der theoretischen Argumente und empirischen Überlegungen: Die These vom historisch wechselnden Primat der Differenzierungsformen auf gesamtgesellschaftlicher Ebene ist durch die *These vom Gleichschritt der Differenzierungsformen* zu ersetzen. Zwar sind nicht alle Differenzierungsformen in jedem gesellschaftlichen Subsystem in gleichem Maße, mit gleicher Prägnanz und, wenn man will, mit gleicher Dominanz enthalten. Ihr Gleichschritt ist vielmehr darin zu sehen, daß sie sich im Zuge der Vergesellschaftung gleichermaßen gegeneinander ausdifferenzieren und, indem sie sich in Gegensatz zueinander setzen und einander ergänzen, zu sich selbst finden und sich verfestigen. Nicht nur die funktionalen Grenzziehungen werden deutlicher und bedeutsamer, sondern – auf Vergesellschaftung als Ganzes gesehen: im Gleichschritt! – auch die segmentären; ferner die vertikalen Unterscheidungen im Hinblick auf Leistungsungleichheiten, ungleiche Belohnungen und Macht; schließlich die Unterscheidungen der Regelungsmechanismen und die räumlichen und zeitlichen Grenzen.

Neben diese erste These, die die Ausdifferenzierung unterschiedlicher Differenzierungsformen gegeneinander betrifft, ist als zweite *These* die *der Selbstdifferenzierung jeder Differenzierungsform* zu stellen. Für segmentäre Differenzierung heißt das: Die ursprünglichen sozialen Segmente, die als Horden, Banden, Clans quasi *totalen* Charakter haben, weil sie Personen ganz und gar, im Hinblick auf alle überlebenswichtigen Leistungen umfassen, differenzieren sich in *partiale* Segmente, Vervielfältigungen von Sozialsystemen, die nur im Hinblick auf *Teil*leistungen oder -merkmale gleichartig und voneinander relativ unabhängig sind: Haushalte, Religionsgemeinschaften, politische Parteien, Gewerkschaften – kurz, alle Segmentierungen in modernen Gesellschaften haben diesen partialen Charakter, selbst diejenigen, die wie Gefängnisse und psychiatrische Anstalten für ihre Insassen eine totale Institution darstellen, im Kontext neuzeitlicher Gesellschaften nach außen aber nicht unabhängig sind. Auch die Selbstdifferenzierung von Funktionen verläuft über Partialisierung, wenn sie auch äußerlich in erster Linie als das Zusammenlegen von Funktionen erscheinen mag: Aus der Chemie und der Biologie entsteht die Biochemie – im Ergebnis sind aber aus zwei Wissenschaften drei und nicht eine geworden. Davon zu unterscheiden ist die gedankliche Integrationsform von Teilfunktionen zu Lebensbereichen (oder »funktionalen Subsystemen auf der gesellschaftlichen Ebene«), in diesem Beispiel: Wissenschaft.

Eine dritte These zum Komplex »Differenzierung von Differenzierung« ist die der *Verschränkung von Differenzierungsformen*. Für jedes soziale System gibt es eine angemessene Kombination und Ebenen-Gliederung verschiedener Differenzierungsformen. Dabei ist »Angemessenheit« zwar immer von sozialen Bewertungsmaßstäben, von Erwartungen an Sinn und Leistungen der Systeme abhängig. Was aber »realistischerweise« erwartbar ist, läßt sich über die empirisch-vergleichende Analyse von Resultaten und Implikationen unterschiedlicher Verschränkungsmuster, nach Durkheimschem Vorbild, ermitteln.

De facto kommt es zu immer subtileren Verschränkungen von partialer Segmentierung und Funktionsdifferenzierung: Ein Orchester ist segmentär differenziert, insofern alle gleichermaßen musizieren und die Musik weitergeht, wenn einer ausfällt: es ist funktional differenziert im Hinblick auf die verschiedenartigen Instrumentengruppen, die für kunstvolle Musik aufeinander angewiesen sind; jede Instrumentengruppe aber ist in sich wieder in dem Maße segmentiert, in dem ein und dasselbe Instrument mehrfach vorhanden ist. Wenn von drei Violinen eine ausfällt und ich als Zuhörer doch meine, in den ungeschmälerten Kunstgenuß gekommen zu sein, dann ist, für meine Ohren und für meine Theorie, die innere Differenzierung der Violingruppe eine segmentäre, deren risikomindernde Funktion sich bewährt hat. Wenn aber, im selben Konzert, mein musikkundiger und sensibler Nachbar sich die Haare rauft und erklärt, daß das Stück, wenn die dritte Violine fehlt, verhunzt ist, dann ist derselbe Zusammenhang, der für mich segmentär differenziert ist, für ihn funktional differenziert und höchst störanfällig.

Ich möchte dies generalisierend das *Orchesterproblem sozialer Differenzierung* nennen: Ein und dieselbe Differenzierung eines sozialen Systems kann zum selben Zeitpunkt als segmentäre oder als funktionale gedeutet werden. Die Deutung ist abhängig von der Bedeutung, die der Beobachter dem sozialen System gibt, und von den Leistungsansprüchen, die er stellt. Das Orchesterproblem spitzt sich vermutlich als Folge der Verschränkung verschiedener Differenzierungsformen zu, obwohl es auch für einfache Sozialsysteme besteht. Es ist in jedem Fall ein grundsätzlicheres Problem als das der Verschränkung: Es weist auf die *Mehrdeutigkeit* sozialer Differenzierungsprozesse für Beobachter und Beteiligte hin, je nach deren eigener sozialer Lage und dem Differenziertheitsgrad ihrer Wahrnehmung und Bedürfnisse.

Stellt nicht auch das Orchesterproblem sozialer Differenzierung die Redeweise vom Primat einer sozialen Differenzierungsform von Grund auf in Frage?

Können die hier entwickelten Thesen besser als die Primats-These die empirischen Vorgänge erklären, denen Luhmann besondere Aufmerksamkeit schenkt, besonders die Auflösung einer oberschichtspezifischen Kommunikation im 17./18. Jahrhundert, durch die sich die ›Umstellung‹ von stratifikatorischer auf funktionale Differenzierung ankündigen soll? Die Umstellung impliziert Gleichheit in bezug auf Zugangs- und Teilhabechancen, und der Druck auf die Oberschichten, sich zu öffnen, könnte in der Tat dadurch erklärt werden, daß funktionale und Leistungskriterien neuerdings gegenüber Statuskriterien dominant und deshalb offensiv thematisiert werden.

Eine solche Erklärung leidet allerdings an zwei ungelösten Problemen: Woher, wie und warum tauchen die Leistungskriterien auf, die da plötzlich dominant werden sollen? Und, damit zusammenhängend: Wie kann die Dominanz dieser Kriterien als neuartig behauptet werden, wenn sie schon in den Frühformen der Vergesellschaftung auf unmittelbare Weise strukturbildend und statusbestimmend waren? Die Horde und den Stamm konnte nur anführen, wer die von ihm erwarteten Führungs- und Großzügigkeitsleistungen erbrachte, und nur so lange, wie er leistungsfähig und -willig war!

Diese Probleme ergeben sich nicht, wenn die neuartige Thematisierung von Leistungskriterien im 18. Jahrhundert anders erklärt wird, nämlich so, daß die Oberschichten diesen schon immer wirksamen Kriterien, die erst zur sozialen Schichtung geführt haben, neuerdings – auf Grund veränderter Arbeitsteilung – nicht mehr gerecht werden können. Ganz unverblümt bringen das die elitenkritischen Schriften jener Zeit zum Ausdruck: »Bis zur Entdeckung des Schießpulvers mußte der alte Adel große politische Macht ausüben, weil er der Gesellschaft große Dienste leistete; er ... war damals die arbeitsamste Klasse, die es in Frankreich gab ..., aber ... die politischen Rechte des Adels sind nach und nach geschwunden, weil er aufhörte, nützlich zu sein« (Claude-Henri de Saint-Simon, 1957, S. 125).

Differenzierungstheoretisch gesprochen: Die Verbindung von funktionaler (Leistungs-)Differenzierung und Statusdifferenzierung, die ursprünglich sehr flexibel war und nur labile Sozialstrukturierung erlaubte, war allmählich dadurch stabilisiert worden, daß verwandtschaftliche Zugehörigkeit als Indikator für Leistung und Status zugleich hinzugezogen wurde. Segmentäre, funktionale und Statusdifferenzierung wurden quasi amalgamiert. Die dadurch zunächst gewonnene äußere Festigkeit von Sozialstrukturen wurde allerdings innerlich ausgehöhlt: Funktions- und Statusdifferenzierung konnten jetzt nicht mehr direkt miteinander variieren, sondern wurden in ihrem Verhältnis zueinander von familial-dynastischen, also segmentären Gliederungen, gleichsam gestört.

Entscheidend für die hier diskutierte Erklärung ist, daß die Amalgamierung von funktionaler, stratifikatorischer und segmentärer Differenzierung den Problemen einer sich beschleunigenden Vergesellschaftung nicht gewachsen ist und deshalb schubweise unter Auflösungsdruck gerät. Ein solcher Schub in der Ausdifferenzierung von Differenzierungsformen erklärt die semantischen und sozialen Wandlungen in den Oberschichten des 17./18. Jahrhunderts schlüssiger, als es die These vom auftauchenden Primat *einer* Differenzierungsform kann.

Die These von der *gleichrangigen* Ausdifferenzierung kann auch anhand der Frage geprüft werden, ob aus der Öffnung der Oberschichten in der Neuzeit nicht nur die funktionalen, sondern auch die Status- und Segmentlinien gestärkt hervorgegangen sind. Die Öffnung der Zugangschancen zu statushohen Schichten und Ämtern, besonders über die Prozeduren eines allgemeinen Wahlrechts, bedeutet in mehrfacher Hinsicht nicht ein Aufweichen, sondern eine Festigung der Schicht- und Statuslinien: Zum einen wird die Legitimation von hierarchischen und Elitepositionen dadurch entlastet, daß die Positionen über ein Regelsystem nicht qualifizierte bzw. akzeptierte Personen fernhalten oder wieder abschütteln können; die Positionen sind also weniger als zuvor durch die Personen gefährdet, die sie besetzen, und weniger auch durch die Außenstehenden, die herrschaftskritisch zum Angriff auf hierarchische Differenzierung schlechthin blasen. Zugleich sind dieselben Positionen aber auch besser gegen diejenigen Personen geschützt, die Zugang zu ihnen wollen: denn die offizielle Öffnung der Zugangschancen bedeutet faktisch auch immer eine Einschränkung des Zugangs a) durch die Regeln selbst (Wahlen nur alle vier Jahre, Ausschlußkriterien etc.) und b) durch die sozialen und persönlichen Ressourcen, die man haben muß, um die Regeln zu passieren, und nachher, um das eherne Gesetz der Oligarchie für sich arbeiten zu lassen. Die offizielle Aufweichung von Statusgrenzen als Zugangsgrenzen erhält diese Grenzen inoffiziell, und zwar um so besser, je mehr die Illusion der offenen Grenzen bleibt.

Auch die Grenzen zwischen den Segmenten haben von der Ausdifferenzierung profitiert: Sowohl Macht- als auch Leistungsüberlegungen haben in den Segmentierungen, in denen sich neue Familien, Liebespaare und Freundschaften bilden, nichts zu suchen (obwohl sie sich natürlich einschleichen). Familien, die kein dynastisches, politisches oder kapitalistisches Erbe zu hüten haben, sind nicht nur unabhängiger von Politik und Wirtschaft, sondern auch untereinander unabhängiger.

Vielleicht den stärksten Bedeutungsgewinn, wenn man denn gewichten will, haben aus dem neuzeitlichen Differenzierungsschub die Grenzen der Person gezogen. Die einzelne Person ist, zahlenmäßig gesehen, das Letzt- und Kleinstprodukt sozialer Segmentierung – eigentlich gibt es die Grenze an, wo Segmentierung als soziale sich selbst übertroffen und ein System kreiert hat, das selbst kein soziales mehr ist (obwohl es soziales Produkt ist und soziale Systeme in sich repräsentiert). Andererseits ist die Individualität der Person, wie wir spätestens seit Simmel wissen, ein Ergebnis funktionaler Differenzierung – einigen wir uns also darauf, daß sie das legitime Kind von segmentärer *und* funktionaler Differenzierung ist. Die geradezu emphatische Bedeutungserhöhung der Person-Grenzen, sowohl im individuellen Bewußtsein als auch in den sozialen Institutionen von Privatheit, Intimsphäre, Diskretion und Persönlichkeitsrechten, kann schlecht durch einen Primat funktionaler Differenzierung – wenn es ihn gäbe –, wohl aber durch eine wechselseitige Loslösung und Befreiung der Differenzierungstypen voneinander erklärt werden.

VI

Die in meinen Augen interessanteste Dimension sozialer Differenzierung kommt in Differenzierungstheorien nicht vor: die Unterscheidung von Offizial- und Untergrunddifferenzierung sozialer Systeme. Offizialdifferenzierung erkennt man an der idealtypischen oder idealisierenden Selbstbeschreibung sozialer Systeme. Die Charakterisierung eines politischen Systems als parlamentarische Demokratie oder Volksdemokratie, einer Wirtschaftsordnung als soziale Marktwirtschaft oder gelenkte Wirtschaft, einer Ehe als offene oder traditionelle, einer Gesellschaft als unter dem Primat funktionaler oder segmentärer Differenzierung stehend erzeugt bestimmte Strukturbilder, deren Realität zumindest soweit gesichert ist, als sie von einer Instanz – Regierung, Gewerkschaft, Wissenschaftler, manchmal auch: dem Volk – als legitime Vorlagen der Realität betrachtet und propagiert werden. Jeder weiß, daß es noch eine andere, »wahre« Realität gibt, aber wie klein auch der Abschnitt sein mag, in dem offizielle und »wahre« Realität sich decken, die offizielle Realität ist doch immer eine Realität sui generis, und aus dem Spannungsverhältnis der beiden Realitäten konstituiert sich eine Realität der dritten Art, die theoretisch interessanteste vermutlich.

Ist der Eindruck richtig, daß Differenzierungstheorien nur oder ganz überwiegend die Realität der ersten Art im Blick haben? Dann müßten sie durch Analysen ergänzt werden, die das Entstehen von Untergrundstrukturen und die Differenz zwischen den verschiedenen Realitäten erklären. Die nächstliegende Erklärung kommt aus den Offizialstrukturen selbst:
– Wenn die Differenzierung von Differenzierungstypen offiziell aufgehalten wird, bilden sich Untergrundstrukturen, die sich gegen die offiziellen Instanzen stellen. Eine herrschende Elite, die nicht bereit ist, die Verquickung von Stratifikation und Segmentation zu lösen und politisch bedeutenden Segmenten den Zugang zur Macht und zur offenen Organisation ihrer Interessen verwehrt, provoziert Untergrund-Organisationen, die den Umständen entsprechend eine vorrevolutionäre Situation herbeiführen können.
– Wird aber die Trennung der stratifikatorischen und der segmentären Differenzierungsform offiziell vollzogen, so daß alle gleiche Zugangsrechte zu statushohen Positionen haben, dann zeigt sich, wie stark faktisch oder inoffiziell die Verquickung der Differenzierungsformen noch bestehen bleibt. Die Schichtungsforschung zeigt, daß auch in der Offizialstruktur der gleichen Zugangschancen die inoffizielle Ungleichheit der Chancen oder Chancennutzung fortbesteht.
– Wird offiziell eine angemessene Verschränkung von segmentären und funktionalen Differenzierungsformen verfehlt, wie in zentral geplanten Wirtschaftssystemen häufig zu beobachten, dann bilden sich informale Kommunikationsnetze und Schwarze Märkte. Elemer Hankiss (1985) hat für Ungarn die Existenz einer solchen Zwei-Ebenen-Gesellschaft bis hinein in moralische und kulturelle Sphären verfolgt.

Verallgemeinernd kann man annehmen, daß das Spannungsverhältnis zwischen Offizial- und Untergrunddifferenzierung eines sozialen Systems um so größer wird, je mehr das System ein willentlich gemachtes und organisiertes ist. So gesehen sind Untergrunddifferenzierungen der Preis, den ein System dafür zahlt, daß es von einem »Tugendpfad der Naturwüchsigkeit« abweicht.

Soziale Systeme gehen ihrer Naturwüchsigkeit in zweifacher Hinsicht verlustig: Zum einen, gleichsam grundlegend, schon seit den Anfängen ihrer kulturellen Formung, weil jede Repräsentation der sozialen Welt durch Symbole und Reflexion ein Spannungsverhältnis zwischen dem kulturell Dargestellten und dem dabei Ausgesparten, nicht Erfaßten, Zurückgedrängten auftut. Verlust von Naturwüchsigkeit heißt hier nicht: Naturverlust, sondern Einrichtung einer Spannung zwischen den kulturell dargestellten und damit elementar legitimierten und den verborgen bleibenden, untergründigen Elementen sozialen Lebens.

Auf kurze Sicht wird diese Spannung überlagert und zum Teil verstärkt von einer anderen: der Diskrepanz zwischen den Kulturelementen, die unabsichtlich gewachsen sind, und solchen, die als absichtsvoll geplante dekretiert und offiziell legitimiert werden: als politische Verfassung und Wirtschaftsordnungen, als Rechtscodices, Wissenschaftslogiken und Diskursethiken. Angesichts solcher »Differenzierung nach Vorschrift« erscheinen die schon vorhandenen Kulturmuster als geradezu naturwüchsig. Je mehr bestimmt wird, was sein soll und was sein darf, um so mehr Elemente sozialer Kultur und sozialer Natur tauchen ab und bevölkern den Untergrund der nicht oder nicht öffentlich thematisierten Differenzierungsmuster. Es konstituiert sich eine Gegenwelt, im Vergleich zu der die legitimen, auch von der Soziologie aufgegriffenen Deutungsmuster sich fast wie eine Scheinwelt ausnehmen. Mehr noch: Die Differenzierung zwischen Offizial- und Untergrunddeutungen sozialer Strukturen wird selbst zu einem immer bedeutungsvolleren Charakteristikum fortschreitender Vergesellschaftung.

Auch unter diesem Gesichtspunkt müßte alles, was als Selbstdeutungsformeln zeitgenössischer Gesellschaften gehandelt wird, von »Rationalisierung der Welt« über »Leistungsgesellschaft« und »Chancengleichheit« bis hin zur »offenen Gesellschaft«, in Frage gestellt werden. Es sei denn, Soziologie als Differenzierungstheorie wollte sich von Anfang an einem »Primat der Legitimationsformeln« verschreiben. Dagegen möchte man die große Linie, die von Weber über Parsons zu Luhmann führt, doch gern in Schutz nehmen können. Kann man es?

Können wir einen »frischen« Zugang zu sozialer Differenzierung gewinnen, der uns aus dem autoritativen Griff der Klassiker löst, ohne uns auf Alltagsdeutungen zurückzuwerfen – einen Ansatz, der, wie man heute sagt, »auf der Höhe der Theorie« ist?

Eine Möglichkeit scheint mir zu sein, Differenzierungstheorie zunächst einmal konsequent von der Rolle zu befreien, die Geschichte menschlicher Gesellschaften in eigenen Begriffen nacherzählen zu sollen. Der Neuzugang zum Verständnis sozialer Differenzierung führt nicht über die Geschichte, sondern über die Theorie sozialer Systeme. Luhmann als Vorbild – ja, aber der Luhmann der autopoietischen Systeme, nicht der einer historisierenden Differenzierungs»theorie«, die aus der eigenen Systemtheorie kaum gelernt, nicht einmal Fragen übernommen hat. (Mir scheint übrigens, daß Parsons in ähnlicher Weise der Geschichte »erliegt«, wenn er versucht, sie in eigenen Begriffen zu reformulieren.)

Aus der Perspektive sich selbst steuernder Systeme ist zu fragen, in welcher Weise deren Fähigkeiten, nach außen und innen bedeutungsvolle Unterscheidungen zu treffen, beschränkt und erweiterbar sind. Die Kapazität zu differenzieren, die vom psycho-physischen Substrat her als quasi unendlich angesehen werden kann, ist sozial durch die jeweiligen empirischen Variationen und Mutationen eingegrenzt. Innerhalb dieser Möglichkeiten noch einmal begrenzt ist die Chance, *bedeutungsvoll* zu differenzieren. Bedeutung ist ein knappes Gut.

Wenn es diese Begrenzungen gibt, dann hat der »Versuch« sozialer Systeme, ihre Fähigkeit zur Selbststeuerung durch Differenzierung zu erhöhen, immer auch einen Preis: Preisgegeben werden frühere, schon vorhandene Unterscheidungen, die in Bedeutungslosigkeit zurücksinken; latent bleiben alternative Unterscheidungen, die im Konkurrenzkampf der Bedeutungen vorläufig unterliegen; *noch* nicht verwirklicht, allenfalls erahnt, sind mögliche Anschluß-Unterscheidungen, die sich neu eröffnen.

Mit anderen Worten: Jeder Differenzierungsprozeß erzeugt auch das Gegenteil von Differenzierung. Logischerweise, aber merkwürdig genug, hat dieses Gegenteil keine Erscheinung – hätte es sie, dann würde es auf die Seite der ausdifferenzierten Welt und nicht auf ihre Kehrseite des nicht mehr oder noch nicht, vielleicht des überhaupt nicht Differenzierbaren gehören. Vorläufig bieten sich für dieses Nicht-Differenzierte (unabhängig davon, ob es nicht mehr oder noch nicht differenziert ist) zwei Begriffe an: Diffusität und Indifferenz.

Was durch Differenzierung, vorwärts- oder rückwärtsgewandt, erzeugt wird, kann diffus genannt werden, sofern es, als Gegenstück des Differenzierten, verschwommen, vage, nicht benennbar, im Grenzfall als gar nicht existent erlebt wird – und doch

»irgendwie« mitlebt. Die durch Differenzierung produzierte Indifferenz dagegen, im Sinne von Gleichgültigkeit, setzt die Wahrnehmung von Grenzlinien voraus, die aber bedeutungslos sind: Das System kann sich ihnen gegenüber indifferent verhalten. So gesehen wäre Indifferenz graduell weniger weit von Differenziertheit entfernt als Diffusität – was den Gedanken nahelegt, daß das in der Differenzierung produzierte Gegenteil von Differenzierung paradoxerweise als ein differenziertes Phänomen aufgefaßt werden kann.

In diesen Überlegungen klingt unschwer an, was vorher über das Spannungsverhältnis von Offizial- und Untergrundstrukturen gesagt wurde. Die vordergründige Analogie läßt sich theoretisch fruchtbar machen, sofern die alltägliche Unterscheidung von Offiziellem und Inoffiziellem als Bestandteil der paradoxen Struktur von sozialer Differenzierung und diese aus den Funktionsbedingungen sich selbst organisierender Systeme begriffen wird.

In diesem Rahmen stellt sich für die Theorie die Frage, in welcher Weise und in welchem Grade die in der Systemdifferenzierung unter der Hand erzeugten Indifferenzen und Diffusitäten die Selbststeuerung der Systeme stützen oder sie durchkreuzen.

Die Frage nach den Grenzen der Selbststeuerung schließt sich an. Auf Anhieb mag es plausibel erscheinen, daß ein Mehr an Selbstorganisation soziale Systeme gegenüber Eingriffen, Störungen, Verwüstungen von außen unempfindlicher macht und deshalb »erstrebt« wird. Aber wo sind Schwellen, von denen an weitere Steigerungen der Selbststeuerung soziale Systeme nicht nur zu einer Gefahr für ihre Umwelt, sondern auch für sich selbst machen? Was für Selbststeuerung gilt, gilt auch für gesteigerte Reflexivität als eine besondere Art der Selbststeuerung.

Die Frage nach Grenzen der Selbststeuerung sozialer Systeme ist fast identisch mit der nach Grenzen sozialer Differenzierung. Aber auch diese Frage muß aus dem historisierenden Kontext gelöst werden, in dem sie heute steht: Nicht nur die Vorstellung ist abwegig, daß Differenzierung aus Diffusität folgt. Auch der »kritische« Anschlußgedanke, daß wir an einem Punkt angekommen sind, wo ein Zuviel an Differenzierung in Entdifferenzierung umschlägt, wird dem Problem nicht gerecht. Will man nicht vorschnell in falsche Konkretheiten und politische Konnotationen verfallen, dann muß man sich der Paradoxie stellen, daß die

Ausdifferenzierung sich selbst organisierender Sozialsysteme nach außen und innen immer auch zugleich Gegenteile – Indifferenz, Diffusität – produziert. Und das auf vielen Ebenen.

Wenn es eine notwendige Illusion von Theorie ist, »das Ganze« zu erfassen, dann heißt das für eine Theorie sozialer Differenzierung: auch deren andere Seite sehen zu wollen.

Literatur

Blau, Peter M. (1977), Inequality and Heterogeneity. A Primitive Theory of Social Structure, New York–London.

Hankiss, Elemer (1985), The »Second Society«. The Reduplication of the Social Paradigm in Contemporary Societies: The Case of Hungary, Budapest (Working Papers, Institute of Sociology, Hungarian Academy of Sciences).

Hondrich, Karl Otto (Hrsg.) (1982), Soziale Differenzierung. Langzeitanalysen zum Wandel von Politik, Arbeit und Familie. Frankfurt–New York.

Lévi-Strauss, Claude (1960), Traurige Tropen. Köln–Berlin.

Luhmann, Niklas (1977), Differentiation of Society. In: Canadian Journal of Sociology, 2, S. 30-53.

– (1980), Gesellschaftsstruktur und Semantik. Studien zur Wissenssoziologie der modernen Gesellschaft. Frankfurt am Main.

– (1984), Soziale Systeme. Grundriß einer allgemeinen Theorie. Frankfurt am Main.

– (1986), Differenzierung (noch nicht abgeschlossenes Manuskript).

Parsons, Talcott (1951), The Social System. Glencoe.

– (1966), Societies. Evolutionary and Comparative Perspectives. Englewood Cliffs.

– (1971), The System of Modern Societies. Englewood Cliffs.

Saint-Simon, Claude-Henri de (1957), Ausgewählte Texte. Berlin.

Türk, Klaus (1975), Typen, Komplexität und Kompliziertheit organisationaler Differenzierung. In: Soziale Welt, 1, S. 92-109.

Wallraff, Günter (1973), Gerling-Konzern – Als Portier und Bote. In: Bernt Engelmann/Günter Wallraff, Ihr da oben – wir da unten. Köln.

Weber, Max (1964), Richtungen und Stufen religiöser Weltablehnung. In: Soziologie - Weltgeschichtliche Analysen – Politik. Stuttgart, S. 441-483.

Weick, Karl E. (1977), Re-Punctuating the Problem. In: Paul S. Goodman u. a. (Hrsg.), New Perspectives on Organizational Effectiveness. San Francisco–Washington–London, S. 193-225.

V
Antworten und Fortführung der Diskussion

Niklas Luhmann
Autopoiesis
als soziologischer Begriff

Das in den vorstehenden Beiträgen diskutierte Buch[1] macht der Soziologie den Vorschlag, den Begriff der Autopoiesis zu übernehmen und damit eine tiefergelegte, auch elementare Operationen einbeziehende Theorie selbstreferentieller Systeme zu gewinnen. Dabei geht es weder um eine Analogie, denn der Begriff der Autopoiesis sprengt die ontologische Denktradition, die allein eine solche Analogie tragen könnte; er gibt, radikal und bis in die Physik hinein durchgeführt, die Annahme eines Weltseins auf, das Sein und Denken verbindet, und er verläßt die logische Tradition, die in bezug auf vorgegebenes Sein nur richtige und falsche Urteile zuließ unter Ausschluß dritter Möglichkeiten.[2] Noch geht es um einen nur metaphorischen Sprachgebrauch[3], das heißt: um eine nur linguistische Notlösung. Soll es sich um eine wissenschaftliche Theorie handeln, dann muß behauptet werden, der Sachverhalt sei so, wie die Theorie ihn beschreibt, auch wenn sogleich zugestanden wird, daß diese Behauptung nur eine wissenschaftliche (und zum Beispiel keine wirtschaftliche, politische, rechtliche, gesundheitsförderliche) Behauptung ist. Aber damit sind wir bereits mitten in den Problemen.

Im Augenblick ist es sicherlich zu früh, ein Urteil über die Annehmbarkeit dieses Vorschlags zu fällen, und der Vorschlag selbst ist, mehr als der Buchdruck erkennen läßt, von Unsicherheiten, Zweifeln und sich schon abzeichnenden Lernnotwendigkeiten geplagt. Es geht vor allem um ein Ausprobieren: »wie es wäre, wenn ...«. Daß das theoretische Konzept der Autopoiesis sozialer Systeme, mehr als erwartet, Aufmerksamkeit findet, liegt nicht zuletzt an diesen Unsicherheiten und an den vielen Möglichkeiten der Weiterarbeit, vor allem aber wohl daran, daß es gegenwärtig in dieser Anspruchslage kaum konkurrierende Theorieangebote gibt. Und auch andere Disziplinen (und nicht nur wissenschaftliche Disziplinen[4]) fühlen sich betroffen.

Eine Art »Sömmerring«-Effekt also? Reger geistiger Austausch? Ein weiteres »Prinzip der Lebenskraft«, ein neues Seelenorgan

vielleicht? Jedenfalls erinnert die Diskussion mich an das, was Hölderlin von dem Naturforscher seiner Zeit hielt:
»Gerne durchschau'n sie mit ihm das herrliche Körpergebäude,
Doch zur Zinne hinauf werden die Treppen zu steil.«
Die Zinne – das ist die Selbstreferenz, die Bedingtheit des Vollen durch das Leere, des Positiven durch das Negative. Jedermann sieht die massiven Zacken aufragen. Der Soziologe durchschaut die Zinne, er sieht die Löcher zwischen den Zacken, und die weisen nach unten. So kommt es zu dem soziologentypischen Hang nach unten, zu Oppositionsgeist, zu einer mit Verfremdungseifer betriebenen Entfremdungskritik. Was würde es nützen, wenn man nun auch noch die Treppen fände und besteigen könnte, um die Zinne aus der Nähe zu untersuchen? Die Fernsicht erlaubt schwache begriffliche Genauigkeit und (im positiven Sinne) »Spekulation«. Man kann mit »inkongruenten Perspektiven« (Kenneth Burke) arbeiten, generalisierten Motivverdacht hegen, Ideologiekritik treiben, latente Strukturen und Funktionen sichtbar machen, kurz: in Anspruch nehmen, die Verhältnisse zu durchschauen. Man mag daraufhin auf empirische Forschung hoffen. Ein anderer Weg (der empirische Forschung weder ablehnt noch ausschließt) ist es: den Anspruch an begriffliches Auflösevermögen und an theoretische Genauigkeit zu steigern.
Will man dieses Ziel weiterverfolgen, kommt man, zumindest bei Theorien mit Anspruch auf Universalkompetenz für ihren Gegenstandsbereich, um das Thema der Selbstreferenz nicht herum. Es steht heute im Mittelpunkt einer logischen, kybernetischen und erkenntnistheoretischen Diskussion und beginnt, verschiedene empirische Disziplinen zu affizieren. Achtet man auf das Ausmaß und die Radikalität der theoretischen Umstellungen, kommt man nicht umhin, einen »Paradigmawechsel« zu vermuten. Aber es handelt sich nicht um eine wissenschaftliche »Revolution«, wenn das heißen soll, daß sich eine neuartige Grundeinsicht plötzlich, also schnell, durchsetzt. Im Gegenteil: Die Entwicklung meines eigenen Denkens ebenso wie die Beobachtung der Theoriediskussion auf allgemeiner und auf soziologischer Ebene zeigen mir immer wieder, daß die im Prinzip der Selbstreferenz liegende Innovation zwar leicht, elegant und mit schönen Paradoxien ausgestattet zu formulieren ist, daß aber das Durchdenken der Konsequenzen Zeit braucht und vermutlich noch für manche Überraschungen sorgen wird.

So gibt es derzeit ein eigentümliches Mißverhältnis zwischen der Beachtung, die die Theorie der Autopoiesis findet, und dem Vollzug der Theorieumstellungen, die sie, ernst genommen, verlangen muß. Das macht es Kritikern schwer, ihre Position zu markieren, und läßt es als weithin offen erscheinen, in welchem Umfang traditionelles Theoriegut der Soziologie übernommen, reformuliert oder aufgegeben werden muß und was dabei eventuell verloren geht.

Natürlich das Subjekt und all das, was dem »Menschen« zugemutet oder angedichtet wird, wenn verlangt wird, man solle ihn als »Subjekt« beachten. Natürlich jede transzendentaltheoretische Position; denn ihr gegenüber muß man fragen, ob die Unterscheidung von transzendental und empirisch selbst transzendental ist oder empirisch, was in beiden Fällen in eine Paradoxie führt.[5] Ferner auch die Vorstellung, der Mensch sei – sei es als Leib, sei es als Person – eine beobachtungsunabhängig gegebene Einheit.[6] Und schließlich, für die Soziologie wohl am schmerzlichsten, jede *kategoriale* (das heißt: zur Primärdekomposition des Seins ansetzende) Verwendung des Handlungsbegriffs, die nach üblichem Verständnis zwangsläufig auf ein sinngebendes Subjekt verweist.[7]

Ob für diese und weitere Verzichte adäquater Ersatz geschaffen werden kann und ob die emanzipationskonservative Richtung in der Soziologie Unverzichtbares verteidigt oder nur Denkgewohnheiten festhält, ist derzeit nicht sicher auszumachen. Zum Teil macht es nicht die geringsten Schwierigkeiten, die Einwände der Kritik auszuräumen. Das gilt zum Beispiel für das Problem des kollektiven Lernens, denn gerade das Konzept der Autopoiesis dynamisiert das Strukturproblem wie keine Bestandstheorie zuvor.[8] Auch fällt es nicht schwer, einen formalen und einen emphatischen Sinnbegriff (sprachlich zum Beispiel sinnhaft/sinnvoll oder mit Alois Hahn Sinn-Sein/Sinn-Haben) zu unterscheiden, wobei der emphatische Sinnbegriff dann aber, weil Negation zulassend, systemrelativ gebraucht werden muß.[9] Es lohnt aber kaum, solche »Widerlegungen« hier im einzelnen vorzuführen. Die Schwierigkeiten für die Fortsetzung der Diskussion liegen eher darin, daß die Theorie selbstreferentieller Systeme ihrerseits mit ungelösten bzw. nur unklar formulierbaren Problemen ringt und daß hier Gründe dafür liegen, daß ihre Antworten unbefriedigend, unklar und oft zu abstrakt ausfallen.

Erschwerend kommt hinzu, daß diese Probleme keine Punkt-für-Punkt-Beziehung zu den Herzensanliegen der Tradition haben, so daß Theoriefortschritte im Bereich der Theorie selbstreferentieller Systeme nicht sofort in die Eliminierung von Bedenken umgesetzt werden können. Um diese Sachlage zu verdeutlichen, werde ich im folgenden mich nicht damit aufhalten zu zeigen, daß in meinem Buch »Soziale Systeme« genügend Anhaltspunkte für eine Beantwortung von Anfragen gegeben sind; sondern vordringlich dürfte interessieren, welche ungelösten oder unklar gestellten Probleme gegenwärtig den Stand der Forschung bestimmen.

1) Einen guten Einstieg gewinnen wir bei einem Problem, das scheinbar eine Randfrage darstellt: bei den Schwierigkeiten, die Helmut Spinner (mündlicher Diskussionsbeitrag) mit der These von der Unwahrscheinlichkeit des Wahrscheinlichen hatte. Eine Leerformel? Ein Paradox!

Die klassische, auf ein ontologisches Seinsverständnis gestützte Logik hatte sich schließlich genötigt gesehen, ihre Dreisatzsystematik (Satz von der Identität, Verbot von Widersprüchen, Satz vom ausgeschlossenen Dritten) durch einen Satz vom Grunde zu ergänzen.[10] Er schloß die Systematik, in der Identität ja nur ein Moment unter anderen ist, durch einen Einheitsgesichtspunkt ab. Was aber, wenn man sich daraufhin genötigt sehen würde, diesen Gesichtspunkt von etwas anderem zu unterscheiden, also Einheit als Differenz zu formulieren? Kann man alles, was ist, auf eine Differenz »gründen«?[11]

Hier hätte man mit Heidegger zu diskutieren. Statt dessen legen wir das Angebot der Evolutionstheorie vor: den Grund, daß etwas ist und nicht nicht ist, in der Unwahrscheinlichkeit seines Seins zu suchen und die Erklärungslast dafür zu übernehmen. Das heißt: Ein Beobachter von Evolution sieht diese als Paradox, als Unwahrscheinlichkeit des Wahrscheinlichen, und formuliert dann sein Gegenstandsverhältnis mit der Frage, wie es trotzdem möglich ist und ob es weiterhin so bleibt, wie es ist.

Es ist dann eine zweite Frage (und dies war die Frage von Helmut Spinner), wie man dies Unwahrscheinlichkeitstheorem aussagekräftig formulieren, wie man also der Paradoxie entkommen könne. Die bekannteste Möglichkeit liegt im Begriff der Entropie. Man könnte auch von der Annahme ausgehen, daß kein aktuelles Ereignis irgend etwas über die Wahrscheinlichkeit eines anderen Ereignisses besagen würde. Für soziologische Analysen bietet es sich an, das Theorem der doppelten Kontingenz zugrunde zu legen und die Unwahrscheinlichkeit in der Ausbildung komplementärer Erwartungen zu sehen, die dann durch Evolution gleichwohl erwartbar gemacht werden.[12] Ein weiteres, für Handlungstheoretiker attraktives Angebot wäre: von einem Überschuß an Möglichkeiten der Verknüpfung von Handlungen und damit der Möglichkeiten von Interaktion auszugehen.[13] Es fehlt also nicht an Möglichkeiten, aber unübersehbar ist, daß ihre Artikulation weitere Theorieschritte erfordert, sich durch Anschlußfähigkeit rechtfertigen muß und nicht aus dem evolutionären Paradox deduziert werden kann.

Dahinter steht letztlich die Frage nach dem »habitus« eines wissenschaftlichen Interesses. Wie gewinnt man die besseren Beobachtungsmöglichkeiten: wenn man Richtiges postuliert und sich dann für eine abweichende Realität interessiert oder wenn man zunächst Unwahrscheinlichkeit postuliert und sich dann gleichsam im Gegenstromprinzip dafür interessiert, wie Form trotzdem möglich wird und wie man an dem nun Wahrscheinlichen noch Spuren seiner Unwahrscheinlichkeit, Gefährdungen, Folgelasten usw. entdecken kann?

2) Wo es um Erkenntnistheorie geht, finden wir uns bereits im Bereich der Anwendung dieser Theorieentscheidung, da ja schließlich Erkenntnis selbst ein real mögliches (also unwahrscheinliches) Verhalten ist. Die Theorie autopoietischer Systeme führt zwingend zu erkenntnistheoretischen Positionen, die heute unter dem Titel »Konstruktivismus« erörtert werden. Damit ist sicher keine Rückkehr zu solipsistischen oder idealistischen Erkenntnistheorien gemeint, da stets von einer Differenz von System und Umwelt ausgegangen wird. Auch ist der Begriff der Kognition gegenüber der klassischen wahr/falsch-Codierung stark erweitert. Er kann am besten durch eine Definitionsreihe Beobachtung – Beschreibung – Kognition erläutert werden. Beobachtung ist die Verwendung einer Unterscheidung zur Bezeichnung der einen (also: nicht der anderen) Seite. Beschreibung ist die Anfertigung eines »Textes« (eines Artefakts, eines »scripts« etc.) auf Grund von Beobachtungen. Kognition ist die Veränderung eines Systemzustandes auf Grund von Beobachtungen (bzw. Beschreibungen). Damit läßt sich der Anspruch auf eine neuartige empirische Erkenntnistheorie anmelden, die von Differenz (nicht

von Einheit) ausgeht und auf Differenz (nicht auf Einheit) abzielt, sich also mit der Erzeugung von Differenzen durch Differenzen beschäftigt. So weit, so gut. Aber das Artikulationsniveau dieser Theorie reicht bei weitem noch nicht an den Ausarbeitungsgrad klassischer Erkenntnistheorien (etwa solcher transzendentaler Provenienz) heran, und wenn man nach der Konstruktion des Konstruktivismus fragt, werden anstelle einer Antwort oft nur Geschichten und Beispiele erzählt. Fast alle im folgenden behandelten Punkte hängen mit diesem Defizit zusammen, wenngleich sie auch unabhängig von erkenntnistheoretischen Fragen unmittelbar theorierelevant sind.

3) Die Stabilität von Kognitionen, aber auch die Stabilität der Reproduktion der Systemoperationen allgemein, läßt sich weder auf ein Wesen (im Sinne eines Seienden, das erklärt, was das Seiende ist) noch auf eine Tatsache der Vernunft (Kant), weder auf einen Grund noch auf ein Apriori zurückführen. Statt dessen bietet die Theorie selbstreferentieller Systeme (und darin ist sie verwandt mit anderen Konzepten der »Prozeduralisierung«) den Gedanken der Rekursivität an. Operationen werden auf die Resultate von Operationen angewandt, und bei hinreichend langer Wiederholung wird sich dann, so nimmt man an, diejenige Form herausfiltern, die unter diesen Bedingungen stabil sein kann. Die Theorie gibt keine Garantie dafür, daß jedes System solche Formen entwickeln kann. Für die Auswahl sorgt letztlich die Evolution.

Bisher gibt es für diesen Gedanken und damit für das, was Heinz von Foerster »Eigenbehaviours« oder »Eigenvalues« nennt[14], aber nur mathematische und biologische Forschungen. Man profitiert dabei von der oben genannten Erweiterung des Begriffs der Kognition. Das Prinzip wird generalisiert zu der Annahme, daß jedes System seine Realitätsannahmen in diesem Sinne rekursiv kontrolliert durch Beobachtung seiner Beobachtungen (second order observation, second order cybernetics)[15]. Aber wie das? Mit derselben Unterscheidung oder mit variierten Unterscheidungen, und wenn letzteres: Wie werden Variationsmöglichkeiten limitiert? Außerdem fehlen derzeit noch Forschungen, die ausprobieren, wie weit man mit diesem Prinzip der Rekursivität kommt, wenn man es auf den Bereich sinnhaft operierender bewußter bzw. sozialer Systeme überträgt.[16] Man kann also nur vermuten, daß auch durch Rekursivität gedanklicher und kommunikativer Operationen ständig Realität getestet wird[17], und dies mit Erfolg, weil die Umwelt der Systeme zwar unbekannt ist und unbekannt bleibt, aber jedenfalls nichtbeliebige, diskontinuierliche Verteilungen aufweist.

Diese Feststellungen gelten für andere Systeme ebenso wie für das Wissenschaftssystem selbst. Das Wissenschaftssystem hat seine Eigentheorie, seine Wissenschaftstheorie, mithin aus einem Vergleich mit anderen Systemen abzuziehen. Es operiert ständig mit Hilfe der internen Unterscheidung von Fremdreferenz und Selbstreferenz, in anderen Worten: gegenstandsorientiert und theorie- und methodenbewußt. Will man dies bestreiten, muß man zu einem »nur analytischen« Gegenstandsbegriff (Systembegriff, Strukturbegriff) übergehen. Das kann man natürlich tun, der Effekt ist aber, daß man dann nur noch die Komplexität des beobachtenden Systems und nicht mehr die Komplexität des beobachteten Systems, also auch nicht mehr die Erkenntnis konstituierende Komplexitätsdifferenz erfassen kann.

Nichts anderes war gemeint mit meiner oft als erkenntnistheoretisch naiv kritisierten Ausgangsthese: Es gibt soziale Systeme.

4) Diese Überlegung führt uns auf das Thema, ob und wie weit interne Simulationen überhaupt Zugang zu externen Verhältnissen gewähren können. Der strikte Konstruktivismus verneint dies, und unbestreitbar ist in der Tat, *daß kein System Operationen außerhalb der Systemgrenzen, also Operationen in seiner Umwelt vollziehen kann; und das heißt ganz konsequent, daß kein System durch eigene Operationen sich selbst mit der Umwelt verknüpfen kann*. Dies muß man ernst nehmen, und wenn irgendwo, zeigt sich an dieser Stelle die eigentümliche Ungenauigkeit der Vorstellungen klassischer Erkenntnistheorien, aber auch klassischer Systemtheorien. Mit anderen Worten: Eine Theorie, die behaupten will, es sei möglich, Systeme und Umwelten durch Prozesse zu verbinden (die dann streckenweise interne und streckenweise externe Prozesse sein müßten), wird gut beraten sein, wenn sie es vermeidet, genau anzugeben, um was für Prozesse es sich handelt. Aber andererseits ist es auch unhaltbar anzunehmen, ein System könne die eigenen Strukturen auf Grund eines bloßen Rauschens der Umwelt, auf Grund von Störung und Irritation aufbauen. Das würde viel zu lange dauern. Wenn aber nicht so, wie dann?

Die dem Konstruktivismus am ehesten angepaßte Antwort lautet, daß das System die Differenz von System und Umwelt in das System übernimmt in der Form eines »re-entry« einer Unterscheidung in das durch sie Unterschiedene (Spencer Brown). Das System sucht, mit anderen Worten, Formen, mit denen es die eigene Autopoiesis zugleich als geschlossen und als offen, als rekursiv und responsiv organisieren kann. In der Tat scheinen sowohl die auf Vorstellungen hinarbeitende Gedankenarbeit des Bewußtseins als auch die Informationen bearbeitende Kommunikation bei aller autopoietischen Geschlossenheit diese Offenheit für Umwelt wie zwangsläufig immer mitzuführen. Aber das erklärt nicht zureichend, wie ein Kontakt zwischen System und Umwelt (gesehen durch einen Beobachter) zustande kommt.

Die Weiterarbeit an diesem Problem wird mehr als bisher auf die Zeitlichkeit der autopoietischen Systeme achten müssen, und zwar in Umkehrung eines von Kant in der »Widerlegung des Idealismus«[18] benutzten Arguments: Nicht die Beharrlichkeit der Dinge beweist einem davon affizierten Bewußtsein ihr Dasein außerhalb des Bewußtseins, sondern die Ereignishaftigkeit der Operationsweise des autopoietischen Systems selber. Obwohl auch die Einheit eines Ereignisses ein internes Konstrukt ist, dem nichts in der Umwelt entspricht, ist für das System Umwelt in dieser Form durch Simultaneität erfaßbar, das heißt als Gleichzeitigkeit von dem, was im Moment im System und in der Umwelt aktuell ist. Und gerade daran, daß die eigene Autopoiesis die Ereignisse sofort de-aktualisiert und sich nicht an sie bindet, kann abgelesen werden, daß irgendeine Realität in der Umwelt *anders* weiterläuft und Ereignisse mit anderen Anschlüssen versorgt als im System selbst. Die auf Ereignisse begrenzte, sofort wieder verschwindende Aktualität macht mit ihrer Evidenz deutlich, daß das System sich laufend mit einer Umwelt integriert, aber sich gleichwohl im Hinblick auf besondere Horizonte der Selektion ausdifferenziert und nicht, wenn es sich einmal auf Umwelt einläßt, für immer an ihr kleben bleibt.[19] Und es ist diese Differenz, die letztlich die Extension von Raum- und Zeithorizonten erzwingt.

5) Was »Interpenetration« angeht, sei hier nur eine Überlegung nachgeschoben, die im Buch »Soziale Systeme« zwar aus den Prämissen folgt, aber nicht klar genug zum Ausdruck gebracht ist. Interpenetration kann nicht als Kommunikation, also auch nicht als Gegenkommunikation (Giegel) begriffen werden. Denn

Kommunikation ist ja immer eine Operation des sozialen Systems selber, also nicht etwas, was dieses System mit seiner Umwelt verbindet. Es gibt sicherlich Kommunikation zwischen sozialen Systemen, etwa zwischen Organisationen; aber dies ist dann notwendigerweise Kommunikation innerhalb umfassenderer Sozialsysteme, letztlich innerhalb der Gesellschaft. Es kann keine Kommunikation sozialer Systeme mit nichtsozialen Systemen geben[20], also auch keine Kommunikation zwischen Individuum und Gesellschaft. Es ist dann nur konsequent, wenn man bei der Klärung des Begriffs der Interpenetration nicht auf Kommunikation rekurriert, und zwar weder auf positive noch auf negative, weder auf konformistische noch auf oppositionelle Kommunikation.

Hier liegt denn auch der Grund für die Schwierigkeiten in der Ausarbeitung des Begriffs der Interpenetration. Wenn man auf die Theorie der Kommunikation als Basis der Definition und Erläuterung verzichten muß, muß man auf viel verzichten. Es bleibt dann nur die Möglichkeit, die im vorstehenden Abschnitt angedeutet ist: das Problem ganz aus der Sozialdimension in die Zeitdimension zu verlagern und Interpenetration als eine allgemeine Form der Koordination von System und Umwelt zu begreifen, die sich der Simultaneität von Ereignissen bedient und nur so zustande kommen kann.

6) Sind Ereignisse demnach identisch und different? Wer die Whiteheadsche Kosmologie kennt, wird durch diese Fragestellung nicht überrascht sein. Sie führt uns aber noch auf ein anderes Problem, nämlich auf die Vermutung, daß die autopoietische Produktion von Einheit zugleich ein Mittel ist, Paradoxien zu erzeugen und fruchtbar werden zu lassen. Man kann sich dies an den Paradoxien des binokularen Sehens verdeutlichen, das über den Eindruck der Formverschiedenheit desselben den Ausweg der Raumtiefe erzeugt.[21] Auch dies ist ein Thema, das ich wegen seiner immanenten Schwierigkeiten bei der Abfassung des Textes »Soziale Systeme« umgangen bzw. nur gestreift habe, obwohl eine Behandlung, wie mir die anschließenden Diskussionen zeigen, erforderlich gewesen wäre.

Paradoxien sind Widersprüche, die dazu einladen, eine Position zu beziehen mit der Folge, daß man sich damit auf die Gegenposition versetzt findet. Die Fruchtbarkeit von Paradoxien besteht gerade darin, daß sie logisch nicht aufgelöst werden können. In der Tradition war dies zunächst eine Entdeckung der Rhetorik gewesen und ist mit ihr in Verruf geraten.[22] Und erst sehr allmählich stellt sich heute ein Wiedergewinn dieser Einsicht in die kreative Funktion von paradoxierenden Beobachtungen ein, wobei »Kreativität« zunächst in pathologischen, dann zunehmend aber auch in morphogenetischen Systementwicklungen entdeckt wurde.[23]

Schwierigkeiten bereitet derzeit (wie generell bei Theorien über Abweichungsverstärkung) die Differenzierung von positiven und negativen, systemaufbauenden und systemblockierenden Paradoxien, zwischen kreativen und vitiösen Zirkeln. Ich vermute, daß dies nicht am (seinerseits natürlich paradoxen) Begriff der Paradoxie liegt, sondern an der Wahl von Formen für die Entparadoxierung bzw. in der Terminologie von Krippendorff[24]: für die Umwandlung unendlicher in endliche Informationslasten.[25] Vor allem aber hängt die Einschätzung von Paradoxien und ihrer Funktion mit einem weiteren Thema zusammen: dem Verhältnis von autopoietischen Operationen und Beobachtungen (einschließlich Selbstbeobachtungen) dieser Operationen. Und auch damit landen wir auf einem Terrain, das für Zwecke der soziologischen Analyse bei weitem noch nicht hinreichend aufbereitet ist. Denn es ist klar, daß Paradoxien, wie Logik überhaupt, stets nur die Beobachtung betreffen, während die faktischen Operationen durchaus unlogisch und ohne Rücksicht auf blockierende Paradoxien weiterlaufen können (denn die Evolution hat sich offensichtlich nicht die Zeit genommen, sich selbst logisch zu kontrollieren). Dies heißt aber keineswegs, daß dies Problem nur analytisch, nur wissenschaftlich von Belang sei, denn unser Beobachtungsbegriff ist weit genug gefaßt, um auch nichtwissenschaftliche Beobachtungen und Beschreibungen einzubeziehen. Die Frage ist also: Welche Bedeutung haben Beobachtungen und speziell Selbstbeobachtungen für die operative Autopoiesis sozialer Systeme (wobei vorauszusetzen ist, daß die Beobachtung selbst eine autopoietische Operation, im Falle sozialer Systeme also Kommunikation ist)?

7) Wenn man diese Frage beantworten könnte, könnte man dem Einwand von Johannes Berger begegnen, ein Strukturbegriff, der auf Regulierung der Autopoiesis durch Erwartung nächster Anschlußelemente abstellt, blende wichtige strukturtheoretische Einsichten der bisherigen Soziologie aus. Er blendet sie nicht aus,

er bezieht sie auf die Beobachtung des Systems und seiner Operationen.
Mit dieser Auskunft gelangt man freilich zu einem der schwierigsten Probleme der Diskussion über Autopoiesis: dem Verhältnis von autopoietischer Operation und Beobachtung. Das Problem liegt nicht in der Fassung des Begriffs. »Beobachtung« ist leicht zu definieren.[26] Unproblematisch ist ferner der Fall externer Beobachtung. Hier geht es nur um deren eigene Autopoiesis und um die dadurch ermöglichten und beschränkten Informationsgewinne. Unbestritten scheint auch zu sein, daß jede Beobachtung beschränkt ist durch die Autopoiesis des eigenen Systems und folglich ihre eigene Instrumentierung mit einem »blinden Fleck« bezahlen muß; daß sie also nicht sehen kann, daß sie nicht sehen kann, was sie nicht sehen kann. Gegenwärtig werden hauptsächlich die erkenntnistheoretischen Konsequenzen dieser Einsichten diskutiert. Aber haben sie auch operative Konsequenzen? Gibt es Arten autopoietischer Systeme, deren Autopoiesis davon abhängt, daß die sie durchführenden Operationen im selben System laufend beobachtet werden? Selbstbeobachtung also als Bedingung von Autopoiesis?
Dies habe ich für sinnhaft operierende Systeme, also für soziale Systeme und für psychische Systeme behauptet[27], und von dieser Theorieentscheidung hängt sehr viel ab. Sie führt zum Beispiel zu einem sehr engen Verhältnis von externen Beobachtungen und Selbstbeobachtungen, und sie enthält, je nachdem, wie man sie interpretiert, Vorentscheidungen über die Möglichkeiten des rekursiven Beobachtens von Beobachtungen und damit über die im System intern durchgeführte Realitätskontrolle.
Man kann daraufhin ohne Schwierigkeiten einsehen, daß es Zusammenhänge gibt (und ich bin vorsichtig genug, hier nicht schon gleich von Strukturen zu sprechen), die nicht zu Erwartungen gerinnen, etwa bestimmte typische Muster der Reaktion von Jugendlichen auf abnehmende Karriereaussichten, bestimmte Aggregatdaten der Wirtschaft und ihre Variation, etwa die von Berger genannten Daten der Einkommensverteilung. Zu »Strukturen« gerinnen solche Zusammenhänge jedoch nur, wenn sie beobachtet, und das heißt im sozialen System: kommuniziert werden. Sie bilden dann Erwartungen für die Autopoiesis der Selbstbeobachtung und Selbstbeschreibung des Systems. Der Vorteil dieser komplizierten Begriffsableitung ist: daß sie die

Aufmerksamkeit auf die Frage lenkt, innerhalb welcher Unterscheidungen bzw. gegen welche anderen Erwartungen solche Daten profiliert werden – so Einkommensverteilungsdaten möglicherweise innerhalb der gleich/ungleich-Unterscheidung (und wenn so: warum gerade so und nicht anders?). Man kann, daran anschließend, fragen, welche Unterscheidungsprojektionen eine Gesellschaft zur Informationsgewinnung verwendet, warum die einen und nicht die anderen Erfolg (zum Beispiel politischen Erfolg) haben und wie strukturelle Komplexität (etwa funktionale Differenzierung) mit Reichtum an Unterscheidungsvermögen, also Reichtum an Kapazität der Informationsgewinnung und -verarbeitung, korreliert. Wenn man den Ausdruck »latente Strukturen« beibehalten will, kann dies nach dieser Auffassung nur heißen, daß die Gesellschaft die Möglichkeit bereithält, sich selbst mit Hilfe des Schemas manifest/latent zu beobachten und auf diese Weise Zusammenhänge in Strukturen zu überführen.[28]

8) Ohne auf Fragen dieser Art, die in den vorstehenden Texten in Fülle zu finden sind, im notwendigen Detail eingehen zu können, möchte ich ein weiteres Problem erwähnen, das die Diskussion über Autopoiesis in den letzten Jahren zunehmend beherrscht und vor allem für den Beitrag von Gunther Teubner zentral ist, nämlich die Frage: ob und wie man sich vorstellen kann, daß autopoietische Systeme aus autopoietischen Systemen bestehen – zum Beispiel Gehirne aus Zellen oder Gesellschaften aus Menschen oder als differenzierte Systeme aus anderen autopoietischen Systemen. Schon die Fragestellung enthält einen irritierenden Widerspruch zum Begriff der Autopoiesis; mein Eindruck ist, daß hier zur Zeit die Hauptquelle von Konfusionen und Meinungsverschiedenheiten der »Autopoeten« zu suchen ist – ein Widerspruch, der gleichsam Raum schafft für Kontroversen.

Teubner will hier offenbar den Weg einer Abschwächung und stärkeren Aufgliederung des Gedankens der Autopoiesis beschreiten. Das ist einen Versuch wert. Ich selbst ziehe es (angesichts der gegenwärtigen Diskussionslage) vor, am strikten Begriff der Autopoiesis festzuhalten: Ein System ist autopoietisch oder es ist es nicht, es gibt keine halb autopoietischen, halb allopoietischen Systeme. Dann muß man alle Gradualisierungen mit Hilfe der System/Umwelt-Differenz behandeln, also von mehr oder weniger weitgehender Ausdifferenzierung des Systems sprechen und dabei auf die Komplexität des Systems und der für es faßbaren Umwelt abstellen. Es ist derzeit kaum möglich, an dieser Stelle zu entscheiden, welches Vorgehen das bessere ist. Man sollte beide Möglichkeiten nebeneinander ausprobieren – auf die Gefahr hin, daß dies Anhänger und Gegner der Theorie autopoietischer Systeme verwirrt.

9) Ein letzter Gesichtspunkt, der erwähnt werden muß, bereitet die gleichen (vielleicht sogar dieselben) Schwierigkeiten wie das Problem der Selbstreferenz. Es geht um das, was man einen »differenztheoretischen« Ansatz nennen könnte. Auch hier liegt weitgehend im dunkeln, wie sehr dieser Vorschlag übliche Denkvoraussetzungen berührt und verändert. Und auch hier kann man den Vorschlag leicht akzeptieren mit der Folge, daß man im Verlauf der weiteren Argumentation (oder auch der kritischen Erörterung von Theoriepositionen) wieder aus den Augen verliert, wozu man sich bekannt hatte.

Leicht akzeptieren deshalb, weil es differenztheoretische Ansätze in Hülle und Fülle schon gibt. Man mag an die Sprachtheorie von Saussure oder an die »Schrift« von Derrida denken, an die »personal constructs« von Kelly, an den Begriff der Information bei Bateson oder an die Logik von Spencer Brown, an die Evolutionstheorie Darwins (Differenz Variation/Selektion) oder an die Neo-Dialektik Hegels, die die Differenz der klassischen Dialektik von der Sozialdimension in die Zeitdimension verschiebt (aber dabei der Einheit im Begriff der Bewegung und in den dadurch bedingten Vorstellungen von Anfang und Ende immer noch eine dominierende Stellung zuweist). Vor allem ist die Kybernetik von Anfang an differenztheoretisch gedacht, denn ihr berühmter Thermostat reagiert nicht auf Temperatur, sondern auf Temperaturdifferenz. Ernst genommen, fordert ein differenztheoretischer Ansatz, daß alle Wissenschaft, wie oben bereits gesagt, es mit der Transformation von Differenzen in Differenzen zu tun hat und daß Einheit eigentlich nur als unscharf gesehene Differenz von Bedeutung ist.

Das kann man nicht zuletzt am Begriff der Selbstreferenz erläutern. Selbstreferenz läßt sich immer tautologisch formulieren: Die Gesellschaft ist das, was sie durch Kommunikation als Gesellschaft produziert. Gesellschaft = Gesellschaft. Eine Tautologie ist aber eine Paradoxie. Sie formuliert eine Unterscheidung, von der sie behauptet, daß es keine Unterscheidung ist, eine differenzlose Unterscheidung; sie behauptet etwas, was sich, wenn man es behauptet, als Gegenteil von dem erweist, was man behauptet. Die Figur der Selbstreferenz ist also, als Gegenstand einer Beobachtung genommen, eine Figur, an der sich der differenztheoretische Ansatz als paradox erweist. Man könnte dadurch in der Annahme bestärkt werden, daß das Zusammenschließen von selbstreferenztheoretischen und differenztheoretischen Ansätzen auf eine fundamentale Paradoxie aufläuft: auf eine Paradoxie jeder Beobachtung. The Same is Different, um einen Titel von Ranulph Glanville zu zitieren.[29] Das ist nicht zur Entmutigung gesagt, sondern als Hinweis darauf, daß der Schlüssel für Theoriebildung im Problem der Entparadoxierung von Paradoxien liegen dürfte, oder anders gesagt: in der kreativen Verwendung von Paradoxien, in der Transformation unendlicher in endliche Informationslasten, in der Überführung unbestimmbarer Komplexität in bestimmbare Komplexität. Einheitssüchtige Theorien müßten dann durch Theorien ersetzt werden, die zeigen können, wie man diesen Schritt vollziehen und Paradoxien auf fruchtbare Weise entparadoxieren kann.

Auch theoretisch orientierte Soziologen werden hier vielleicht von Schwindel gepackt werden oder dies sogar für Schwindel halten. Darum sei mit dem Hinweis geschlossen, daß es in der Soziologie mindestens eine gut eingeführte Lösung dieses Problems gibt: die »Mehrebenenanalyse« im Stile der Typentheorie nach Vorschlägen von Russell und Whitehead. Sie beruht offensichtlich auf einer (willkürlichen) Unterbrechung von Selbstreferenz, auf der bloßen Absicht der Entparadoxierung. Und wenn es schon eine fachlich bereits anerkannte Möglichkeit gibt: warum dann nicht auch andere?

Muß man nach all dem nun mit einer Art Währungsreform in der Soziologie rechnen? Muß man befürchten, daß die Soziologie auf das neue Paradigma der autopoietischen Systeme einschwenkt und alle Soziologen aufgefordert sind, ihre alten Münzen gegen neue, autopoietische umzutauschen? Keine Sorge, ein solcher Vorgang wäre viel zu kompliziert. Er würde viel zu viel Zeit brauchen, mehr Zeit, als jedem einzelnen aus Karrieregründen zur Verfügung steht. Wir werden bei einem pluralen Theoriewährungssystem bleiben, aber vielleicht läßt sich durch Mitführen von universalistischen Theorien dieses oder anderen Typs die Zirkulation im System beschleunigen.

Anmerkungen

1 Niklas Luhmann, Soziale Systeme. Grundriß einer allgemeinen Theorie, Frankfurt 1984.
2 Daß es sich bei dem, was hier knapp als ontologische Tradition gekennzeichnet ist, nicht um die Gesamtheit des alteuropäischen Denkens handelt, sei nur vorsorglich angemerkt. Die dominante Denkrichtung hat gerade dank ihrer hohen Transparenz immer auch Selbstbeobachtungen und Zweifel an sich selbst mitgeführt – etwa in der Theorie der Paradoxien, im Diskussionszusammenhang de futuris contingentibus, in der skeptischen Frage nach den Kriterien für die Wahl von Kriterien. Im großen und ganzen konnten aber solche Probleme marginalisiert oder in Religion aufgelöst werden.
3 Dieser Einwand ist anläßlich einer Tagung über »Autopoiesis and Law« am Europäischen Hochschulinstitut in Florenz (Dezember 1985) ausführlich diskutiert worden. Eine entsprechende Publikation wird vorbereitet.
4 Siehe etwa den Text von Vincenzo Perna zum Katalog der Ausstellung Bruno d'Arcevia, Rom 14. März – 11. April 1986 (Studio d'Arte Fraticelli).
5 Ich beziehe mich hier auf ein Gespräch mit Karl-Otto Apel. Apel hält an der durch die Transzendentalphilosophie gewonnenen Einsicht fest, aber das trägt der Forderung nicht Rechnung, jede Einsicht auf eine ihr vorausgehende Unterscheidung zu beziehen. Man kann eine Theorie natürlich mit der Unterscheidung von transzendental und empirisch anfangen (im Sinne der Aufforderung von George Spencer Brown: draw a distinction!). Aber dann ist es eben dieser Theorie unmöglich, sich von ihrer Unterscheidung zu unterscheiden – es sei denn durch eine selbstreferentielle Operation: durch self-indication. Vgl. zu dieser Weiterentwicklung des Kalküls von Spencer Brown Francisco Varela, A Calculus for Self-Reference, in: International Journal of General Systems 2 (1975), S. 5-24.
6 Hierzu auch Niklas Luhmann, Die Soziologie und der Mensch, in: Neue Sammlung 25 (1985), S. 33-41.
7 Nur vorsorglich und weil ich weiß, wie schwer es fällt, diese Konsequenz zu ziehen, sei nochmals darauf hingewiesen, daß der Begriff des »Kategorialen« im Text oben unterstrichen und erläutert ist. Es geht selbstverständlich nicht um einen Verzicht auf den Handlungsbegriff schlechthin, sondern um seine Rekonstruktion als Konstrukt von Zurechnungsprozessen im Kontext von Selbstbeobachtungen sozialer Systeme.
8 Allerdings sieht sie, als allgemeine Theorie, keinen zwingenden Grund, eine Präferenz für Lernen und gegen Nichtlernen zu formulieren. Warum sollte Lernen besser sein als Nichtlernen? Ist es nicht in

einer Art grausam, Schläfer zu wecken? Und müßte man nicht sogar annehmen, daß jede Steigerung von Lernfähigkeit eine entsprechende Steigerung von Nichtlernfähigkeit voraussetzt?

9 Voll zustimmen kann ich der These von Alois Hahn: die Erfahrung von Sinnlosigkeit sei auf das Scheitern von Selbstbeschreibungen zurückzuführen. Ich gebe auch gern zu, daß die Definition von Sinnlosigkeit durch Zeichenverwirrung unzulänglich ist. Ich hatte hierbei die Produktion von Sinnlosigkeit vor Augen und deshalb auf ein Verfahren abgestellt. Im übrigen finden wir uns hier in der Nähe von weithin ungeklärten Paradoxieproblemen: Wer Sinnlosigkeit behauptet oder anstrebt, produziert und genießt oft sogar Sinn, und wer Sinn als Sinn denken oder kommunizieren will, provoziert eben damit die Möglichkeit der Negation. Ich komme darauf weiter unten zurück.

10 Möglich war dies natürlich erst, nachdem die schöpfungstheologisch diktierte Annahme, der Anfang sei der Grund und hinter dem Anfang stehe der Schöpfer, aufgegeben oder auf Fragen der Religion relativiert werden konnte.

11 Vgl. zu dieser Fragestellung Bernhard Waldenfels, Die Abgründigkeit des Sinnes: Kritik an Husserls Idee der Grundlegung, in: Elisabeth Ströker (Hrsg.), Lebenswelt und Wissenschaft in der Philosophie Edmund Husserls, Frankfurt 1979, S. 124-142; neu gedruckt in: ders., In den Netzen der Lebenswelt, Frankfurt 1985, S. 15-33.

12 Vgl. hierzu und zu dem damit zusammenhängenden Begriff der Emergenz Klaus Gilgenmann, Autopoiesis und Selbstsozialisation: Zur systemtheoretischen Rekonstruktion von Sozialisationstheorie, in: Zeitschrift für Sozialisationsforschung und Erziehungssoziologie 6 (1986), S. 71-90.

13 Als Beleg dafür, *wie schnell* ein solches Konzept empirisch relevant gemacht werden kann, vgl. Elisabeth Colson, A Redundancy of Actors, in: Fredrik Barth (Hrsg.), Scale and Social Organization, Oslo 1978, S. 150-162.

14 Einige Beiträge jetzt in deutscher Übersetzung: Heinz von Foerster, Sicht und Einsicht, Braunschweig 1985.

15 Siehe für eine radikale Version dieser Theorie Ranulph Glanville, Inside every white box there are two black boxes trying to get out, in: Behavioral Sciences 27 (1982), S. 1-11.

16 Dieser Einwand bei Danilo Zolo, Autopoiesis: Critica di un paradigma conservatore, MicroMega 1 (1986), S. 129-173. Siehe auch ders., Reflexive Selbstbegründung der Soziologie und Autopoiesis: Über die epistemologischen Voraussetzungen der »Allgemeinen Theorie sozialer Systeme« Niklas Luhmanns, in: Soziale Welt 36 (1985), S. 519-534.

17 Ein wichtiger Hinweis hierzu ist: daß diese interne Realitätskontrolle

schon auf neurophysiologischer Ebene Konsistenz/Inkonsistenz-Prüfungen, also binäre Schematisierungen voraussetzt. Vgl. Heinz von Foerster, What is Memory that it may have Hindsight and Foresight as well? in: Samuel Bogoch (Hrsg.), The Future of the Brain Sciences, New York 1969, S. 19-64.

18 2. Aufl. der Kritik der reinen Vernunft, B 274 ff.

19 Untersuchungen über Gleichzeitigkeit in dieser Funktion gibt es vor allem in der Biologie. Die Soziologie kennt durch Alfred Schütz Rudimente eines ähnlichen Arguments. Vgl. den Abschnitt über »Die Gleichzeitigkeit des fremden Erlebnisstromes«, in: Der sinnhafte Aufbau der sozialen Welt: Eine Einleitung in die verstehende Soziologie, Wien 1932, S. 111 ff. Was hier auf das Problem der »Intersubjektivität« bezogen ist, gewinnt zusätzliche Relevanz, wenn man es auch, ja primär, auf das Verhältnis der Autopoiesis von Bewußtseinssystemen und von Kommunikationssystemen bezieht. Es wird damit für den gesamten Problemkreis der »Interpenetration« und damit für die Theorie der Sozialisation relevant. In dem entsprechenden Kapitel des Buches »Soziale Systeme« sind diese Fragen nicht zureichend berücksichtigt, weil die erkenntnistheoretischen Vorarbeiten mir noch nicht hinreichend soliden Grund zu bieten schienen. Bei den vielen Unklarheiten und Anfragen gerade in bezug auf den Begriff der Interpenetration muß ich diesen Entschluß zur Ausklammerung nachträglich bedauern.

20 Für einen Seitenblick auf theologische Konsequenzen siehe Niklas Luhmann, Läßt unsere Gesellschaft Kommunikation mit Gott zu? in: Hugo Bogensberger/Reinhard Kögerler (Hrsg.), Grammatik des Glaubens, St. Pölten–Wien 1985, S. 41-48. Aus Gesprächen mit Theologen über dieses Problem entnehme ich, daß die Theologie durchaus Möglichkeiten hat, auf den Topos der Kommunikation mit Gott zu verzichten und ausschließlich von Kommunikation unter Menschen als Form der Orientierung an Transzendenz auszugehen; so schwer es dann fallen mag, diese Theologie Glaubenden anzubieten, die »mit« Gott kommunizieren und sich so die Glaubensgewißheit durch Annahme ihrer Kommunikation bestätigen lassen möchten.

21 Vgl. auch dazu Heinz von Foerster, a.a.O. (1969).

22 Das typische Vorgehen war: in bezug auf übliche Meinungen und Präferenzen das Gegenteil zu behaupten *und dann dafür den Wahrheitsbeweis anzutreten, ohne die Wahrheit der üblichen Meinungen und Präferenzen zu bestreiten*. Sehr deutlich sichtbar etwa in den beiden Schriften von Ortensio Lando, Paradossi, cioè sententi fuori del commun parere, Vinegia 1545, und: Confutatione del libro de paradossi nuovamente composta in tre orationi distinta, o.O., o.J. (aber vermutlich annähernd gleichzeitig).

23 Für einen knappen Forschungsüberblick vgl. Klaus Krippendorff,

Paradox and Information, in: Brenda Dervin/Melvin J. Voigt (Hrsg.), Progress in Communication Sciences 5 (1984), S. 45-71. Ferner z. B. Yves Barel, Le paradoxe et le système: Essai sur le fantastique social, Grenoble 1979.
24 A.a.O., S. 54.
25 Für Überlegungen hierzu vgl. auch Niklas Luhmann, Die Theorie der Ordnung und die natürlichen Rechte, in: Rechtshistorisches Journal 3 (1984), S. 133-149; ders., Society, Meaning, Religion – Based on Self-Reference, in: Sociological Analysis 46 (1985), S. 5-20.
26 Siehe oben, S. 311. Die Abstraktion der Definition hat freilich die typische Folge, daß man sie beim weiteren Hören und Lesen vergißt und den Begriff im folgenden dann so versteht, als ob von menschlichen Augen die Rede sei. Auch versteht sich nach *unserem* Begriff der Beobachtung von selbst, daß man mit *anderen* Begriffen von Beobachtung *andere Beobachtungen beobachten würde*. Ein Beleg für die Annahme der Fruchtbarkeit von Paradoxien!
27 Vgl. Niklas Luhmann, Soziale Systeme, a.a.O., insb. S. 227 ff.; ders., Die Autopoiesis des Bewußtseins, in: Soziale Welt 36 (1985), S. 402-446.
28 Es sei hier nur noch angemerkt, daß seit Freud die Bedeutung latenter Phänomene vermutlich überschätzt wird, und dies auf Grund der Annahme, daß es für alle Latenzen einen *externen* Beobachter gebe, der sie richtig bzw. falsch beobachten und dadurch Kausalitäten (!) erkennen könne.
29 The Same is Different, in: Milan Zeleny (Hrsg.), Autopoiesis: A Theory of Living Organization, New York 1981, S. 252-262.

Hinweise zu den Autoren

Johannes *Berger*, geb. 1939, ist Professor für Soziologie an der Fakultät für Soziologie der Universität Bielefeld. Arbeitsschwerpunkte: Gesellschaftstheorie, Wirtschaftssoziologie, soziale Strukturen und sozialer Wandel, Modernisierungsprozesse. Jüngste Publikationen: Johannes Berger (Hrsg.), Die Moderne – Kontinuitäten und Zäsuren. Sonderband 4 der Zeitschrift ›Soziale Welt‹, Göttingen 1986; Johannes Berger, Volker Domeyer, Maria Funder, Lore Voigt-Weber (Hrsg.), Selbstverwaltete Betriebe in der Marktwirtschaft, Bielefeld 1986.

Hans-Joachim *Giegel*, geb. 1940, ist Professor für Soziologie an der Universität Marburg. Veröffentlichungen: Die Logik der seelischen Ereignisse. Zu Theorien von L. Wittgenstein und W. Sellars, Frankfurt 1969; System und Krise. Kritik der Luhmannschen Gesellschaftstheorie, Frankfurt 1975; (zusammen mit G. Frank und U. Billerbeck) Industriearbeit und Selbstbehauptung (erscheint 1987). Aufsätze zur Gesellschaftstheorie, Klassenanalyse und Biographieforschung.

Hans *Haferkamp*, geb. 1939 in Mülheim an der Ruhr. Studium der Soziologie, Wirtschaftswissenschaft, Statistik, Sozialpädagogik und Sozialarbeit in Münster, Bielefeld und Bochum. Promotion 1972 in Bielefeld. Seit 1974 Professor für Soziologie in Bremen. Neuere Publikationen: Herrschaft und Strafrecht (1980), Soziologie der Herrschaft (1983), Soziales Handeln, Theorie sozialen Verhaltens und sinnhaften Handelns, geplanter Handlungszusammenhänge und sozialer Strukturen (1987).

Alois *Hahn*, geb. 1941, studierte Soziologie, Ethnologie, Philosophie und Nationalökonomie in Freiburg und Frankfurt/M.; dort 1967 Promotion. Von 1967 bis 1971 war er Wissenschaftlicher Assistent für Soziologie in Tübingen, danach Dozent und Professor für Soziologie und Politik an der PH Esslingen. 1973 Habilitation in Tübingen. Seit 1974 Professor für Soziologie an der Universität Trier. 1987 Directeur d'Etudes Associé an der Ecole Pratique des Hautes Etudes. Arbeitsschwerpunkte: Familien-, Religions- und Kultursoziologie. Ausgewählte Veröffentlichungen: Einstellungen zum Tod und ihre soziale Bedingtheit (1968); (mit H. Braun) Wissenschaft von der Gesellschaft (1973); Systeme des Bedeutungswissens – Prolegomena zu einer Soziologie der Geisteswissenschaften (1973); Religion und der Verlust der Sinngebung (1974); Soziologie der Paradiesvorstellungen (1976); (mit H.A. Schubert/H.J. Siewert) Gemeindesoziologie (1979). Zahlreiche Beiträge vor allem in der Kölner Zeitschrift für Soziologie und Sozialpsychologie.

Karl Otto *Hondrich* habilitierte sich in Köln und ist seit 1972 Professor für Soziologie an der Universität Frankfurt. Er veröffentlichte u. a. Bücher über soziale Konflikte, Herrschaft, soziale Differenzierung und Bedürfnisse sowie über den Vergleich soziologischer Theorien. Gegenwärtig arbeitet er über Paradoxien des sozialen Wandels.

Georg *Lohmann*, geb. 1948, studierte Philosophie und Soziologie u. a. in Frankfurt/M., Heidelberg und London. 1978-1983 war er Wissenschaftlicher Assistent für Philosophie an der PH Berlin und an der FU Berlin. Promotion 1986 an der FU Berlin (Indifferenz und Gesellschaft). Mit E. Angehrn (Hrsg.), Ethik und Marx, Königstein/Ts. 1986; Veröffentlichungen über Marx, Simmel, Lukács und Horkheimer. Gegenwärtige Arbeitsschwerpunkte: Sozialphilosophie und Kultursoziologie.

Niklas *Luhmann*, geb. 1927, nach einem Studium der Rechtswissenschaft und nach mehrjähriger Tätigkeit in der Öffentlichen Verwaltung jetzt Professor für Soziologie an der Fakultät für Soziologie der Universität Bielefeld. Neuere Publikationen: Gesellschaftsstruktur und Semantik, 2 Bde., Frankfurt 1980/81; Liebe als Passion, Frankfurt 1982; Soziale Systeme, Frankfurt 1984, Ökologische Kommunikation, Opladen 1986.

Max *Miller* ist Privatdozent für Soziologie an der Universität Frankfurt, Heisenberg-Stipendiat der DFG und Gastwissenschaftler am Max-Planck-Institut für psychologische Forschung (München). Er war davor Mitarbeiter am Max-Planck-Institut für Bildungsforschung (Berlin), am Max-Planck-Institut für Psycholinguistik (Nijmegen) und am Max-Planck-Institut für Sozialwissenschaften (Starnberg/München). Seine gegenwärtigen Forschungsschwerpunkte sind soziokognitive und moralische Entwicklung, institutionelle Lernprozesse und Theorien kollektiven Handelns. Wichtige Veröffentlichungen: The Logic of Language Development in Early Childhood, Berlin/New York 1979; Kollektive Lernprozesse – Studien zur Grundlegung einer soziologischen Lerntheorie, Frankfurt 1986.

Michael *Schmid*, geb. 1943 in Baden-Baden, Promotion 1971 in Heidelberg, Habilitation 1977 in Augsburg, lehrt in Augsburg Soziologie und Wissenschaftsphilosophie, seit 1980 als Professor für Soziologie. Veröffentlichungen zur allgemeinen Soziologie und Wissenschaftstheorie in verschiedenen soziologischen und philosophischen Zeitschriften. Veröffentlichungen u. a.: Leerformeln und Ideologiekritik (1972); (zusammen mit B. Giesen) Wissenschaftstheorie (1976); Handlungsrationalität. Kritik einer dogmatischen Handlungswissenschaft (1979); Theorie sozialen Wandels (1982). Hauptarbeitsgebiete: Entwicklung einer soziologischen Theorie dynamischer Systeme und Philosophie der Sozialwissenschaften.

Gunther *Teubner*, geb. 1944, Professor für Privatrecht und Rechtssoziologie, Europäisches Hochschulinstitut Florenz, Studium der Rechtswissenschaften und Rechtssoziologie in Göttingen, Tübingen und Berkeley, Dr. jur. Tübingen 1970, Habilitation Tübingen 1977; Lehrtätigkeit Frankfurt 1977, seit 1977 Bremen, Berkeley 1980/81, seit 1981 Florenz. Veröffentlichungen: Standards und Direktiven in Generalklauseln, 1971; Public Status of Private Associations, 1974; Gegenseitige Vertragsuntreue, 1975; Organisationsdemokratie und Verbandsverfassung, 1978; Mitarbeiter am Alternativkommentar zum BGB 1979-81. Herausgeber und Co-Autor: Corporate Governance and Directors Liabilities, 1984; Dilemmas of Law in the Welfare State, 1985; Contract and Organisation, 1986; Juridification of Social Spheres, 1987; Autopoietic Law, 1987; State Law and Economy as Autopoietic Systems, 1987.

Helmut *Willke*, geb. 30. 4. 1945, Studium der Rechtswissenschaft und Soziologie in Tübingen und Köln; 1972 erstes jur. Staatsexamen; 1974 Promotion zum Dr. jur.; 1974 zweites jur. Examen; 1982 Habilitation im Fach Soziologie an der Universität zu Köln; 1983 Berufung zum Professor für Planungs- und Entscheidungstheorie an der Fakultät für Soziologie der Universität Bielefeld. Wichtigste Veröffentlichungen: Stand und Kritik der neueren Grundrechtstheorie 1975; Leitungswissenschaft in der DDR 1979; Systemtheorie 1982; Entzauberung des Staates 1983. Aufsätze zur Systemtheorie, Rechtstheorie, Gruppensoziologie. Derzeitiger Arbeitsschwerpunkt: Steuerungstheorie komplexer Sozialsysteme.